AF812982

Wandel strategischer Planungssysteme

Schriften zur Unternehmensplanung

Herausgegeben von Franz Xaver Bea, Alfred Kötzle und Erich Zahn

Band 82

PETER LANG

Frankfurt am Main · Berlin · Bern · Bruxelles · New York · Oxford · Wien

Michael Schön

Wandel strategischer Planungssysteme

Konzept für eine adaptive Unternehmensführung im turbulenten Umfeld

PETER LANG
Internationaler Verlag der Wissenschaften

Bibliografische Information der Deutschen Nationalbibliothek
Die Deutsche Nationalbibliothek verzeichnet diese Publikation in der Deutschen Nationalbibliografie; detaillierte bibliografische Daten sind im Internet über <http://www.d-nb.de> abrufbar.

Zugl.: Stuttgart, Univ., Diss., 2008

Umschlagabbildung:
Erich Zahn

D 93
ISSN 0175-8985
ISBN 978-3-631-58652-5

© Peter Lang GmbH
Internationaler Verlag der Wissenschaften
Frankfurt am Main 2009
Alle Rechte vorbehalten.

Das Werk einschließlich aller seiner Teile ist urheberrechtlich geschützt. Jede Verwertung außerhalb der engen Grenzen des Urheberrechtsgesetzes ist ohne Zustimmung des Verlages unzulässig und strafbar. Das gilt insbesondere für Vervielfältigungen, Übersetzungen, Mikroverfilmungen und die Einspeicherung und Verarbeitung in elektronischen Systemen.

www.peterlang.de

Für meine Eltern

Geleitwort

Wandel ist eine konstante Erscheinung der Realität. Systeme, die sich nicht im Einklang mit ihrer Umwelt verändern, laufen Gefahr, einem Selektionsmechnismus zum Opfer zu fallen. Das gilt auch für Unternehmen. Deren Überlebenswahrscheinlichkeit steigt mit ihrer Fähigkeit zur Koevolution – zur reaktiven Anpassung an Umweltänderungen einerseits und zur kreativen Einflussnahme auf Umweltänderungen andererseits. Während erstere als operative Fähigkeit in relativ stabilen Umwelten hinreichend sein mag, ist letzte als strategische Fähigkeit in dynamischen Umwelten gefordert und Ausdruck „evolutorischer Fitness". Diese impliziert neben Innovationen auf Produkt- und Prozessebene auch Veränderungen in den Führungssystemen und Denkhaltungen des Managements.

Herr Schön geht denn auch von der grundlegenden Annahme aus, dass in turbulenten Umfeldern zur Sicherstellung von Zukunftsfähigkeit auch und insbesondere die strategischen Managementsysteme kritisch hinterfragt, kontextspezifisch angepasst und kreativ weiterentwickelt werden müssen.

Die Arbeit ist dem Gebiet der Strategieprozessforschung, das im Vergleich zum Gebiet der Strategieinhaltsforschung weniger gut erschlossen ist, zuzuordnen. Sie fokussiert auf strategische Planungssysteme, die trotz grundsätzlicher Kritik offenbar nach wie vor die beliebteste Managementmethode nach Verbreitung und Zufriedenheit in der Unternehmenspraxis ist.

Mit Antworten auf Fragen nach der Anpassung strategischer Planungssysteme und ihrer Performancewirkung liefert die Arbeit einen beachtenswerten Beitrag zur Schließung einer Forschungslücke. Des Weiteren erlauben ihre Ergebnisse die Ableitung generischer Empfehlungen für die Unternehmenspraxis und sensibilisieren diese für die Bedeutung der Thematik.

Prof. Dr. Erich Zahn

Vorwort

Die vorliegende Arbeit entstand während meiner Tätigkeit als wissenschaftlicher Mitarbeiter am Lehrstuhl für Allgemeine Betriebswirtschaftslehre und Betriebswirtschaftliche Planung (LfP) der Universität Stuttgart. Sie spiegelt meine Faszination für strategisches Denken und Handeln als Leitlinie adaptiver Unternehmensführung wider. Grundlage und Rahmen meiner Forschung bildeten verschiedene Projekte – insbesondere der Sonderforschungsbereich 467 „Wandlungsfähige Unternehmensstrukturen für die variantenreiche Serienproduktion“ der DFG.

Meinem akademischen Lehrer und Doktorvater Prof. Dr. Erich Zahn gilt mein ganz besonderer Dank. Er hat meine Beschäftigung mit der Strategieforschung inspiriert, wohlwollend gefördert und stets mit hilfreichen Diskussionen und konstruktiv-kritischen Anregungen begleitet und damit maßgeblich zum Gelingen dieser Arbeit beigetragen. Seine ansteckende Begeisterungsfähigkeit und sein motivierender Führungsstil werden mir stets ein Vorbild sein. Ebenso gilt mein herzlicher Dank Prof. Dr. Günter Müller-Stewens für die Ermöglichung meines Forschungsaufenthaltes am Institut für Betriebswirtschaft der Hochschule St. Gallen und die freundliche Aufnahme in sein Team. Die persönlichen Gespräche und interessanten Diskussionen mit ihm und den Kollegen am Institut haben meine Forschungsarbeit geprägt und ungemein bereichert. Bedanken möchte ich mich auch bei Prof. Dr. Michael Reiß für die Übernahme des Zweitgutachtens.

Beste Voraussetzung für das Entstehen meiner Arbeit war die gute Zusammenarbeit mit den Kolleginnen und Kollegen am LfP. Zu nennen sind dabei insbesondere Dr. Sebastian Meyer und Dr. Michael Nowak, die durch zahlreiche Diskussionen und kritische Anmerkungen einen wertvollen Beitrag zu meinem Promotionsvorhaben leisteten. Besonders danken möchte ich meinem Freund und „Sparringspartner“ Dr. Sven Eckert. In vielen Diskussionen trug er dazu bei, das Fundament des Konzepts meiner Arbeit zu legen.

Ebenfalls danke ich Dipl.-Kffr. techn. Frauke Goll und Dr. André Reichel für ihre konstruktiven Hilfestellungen und die kritische Durchsicht meines Manuskripts. Dipl.-Kfm. techn. Stefan Frasch danke ich für die tatkräftige Mitwirkung bei Literaturrecherche und Abbildungserstellung. Mein Dank für die Unterstützung bei Konzeption und Durchführung der beiden empirischen Erhebungen gilt Prof. Dr. Stefan Foschiani und Severin Bathelt M.A.

Besonders möchte ich Rebekka danken. Sie hat mich und meine Arbeit mit viel Geduld und in der Schlussphase als „Lektorin“ tatkräftig unterstützt. Mein Dank gilt auch meinem Vater, der mir meine Ausbildung ermöglicht und mich auf meinem Lebensweg immer begleitet und unterstützt hat.

Ich werde diesen Lebensabschnitt in bester Erinnerung behalten.

Stuttgart, im Februar 2009 Michael Schön

Inhaltsverzeichnis

Abkürzungsverzeichnis

AMJ	Academy of Management Journal
AMR	Academy of Management Review
AP	Adaptionsprozess
BSC	Balanced Scorecard
CEO	Chief Executive Officer
DEV	durchschnittlich erklärte Varianz
FL ds.	durchschnittliche Faktorladung
FL min.	minimale Faktorladung
IuK-System	Informations- und Kommunikationssystem
KMU	kleine und mittlere Unternehmen
MGSe	Managementsysteme
N	Anzahl der untersuchten Fälle
PuK	Planung und Kontrolle
OE	Organisationsentwicklung
OT	Organizational Transformation
SFB 467	Sonderforschungsbereich 467 „Wandlungsfähige Unternehmensstrukturen für die variantenreiche Serienproduktion“ an der Universität Stuttgart
SPS	strategisches Planungssystem
SWOT	Strengths, Weaknesses, Opportunities & Threats
TMT	Topmanagement Team
WISU	Das Wirtschaftsstudium

Abbildungsverzeichnis

Tabellenverzeichnis

Zusammenfassung

Unternehmen, deren Umfelder durch hohe Komplexität und Dynamik gekennzeichnet sind, müssen vielfältigen und ständig neuen Herausforderungen entgegentreten. In solchen Umfeldern sind insbesondere Responsivität und Flexibilität gefordert. Damit Unternehmen in dem hier typischen schnellen Wandel bestehen können, müssen vor allem strategische Planungssysteme kontinuierlich hinterfragt und kontextabhängig angepasst werden. Solche Anpassungen lassen positive Performancewirkungen erwarten und erscheinen gerade in hochturbulenten Umfeldern unverzichtbar.

Die vorliegende Forschungsarbeit verfolgt das Ziel, Adaptionsprozesse strategischer Planungssysteme von Unternehmen in solchen Umfeldern zu analysieren, Einflussfaktoren auf diese Adaptionsprozesse zu beurteilen und prozessuale und inhaltliche Gestaltungsfelder zur Schaffung von Flexibilitätspotenzialen strategischer Planungssysteme sowie deren Anpassung an sich kontinuierlich verändernde Kontexte zu identifizieren.

Die Arbeit gliedert sich in die vier Teile Einführung, theoretische Fundierung, empirische Untersuchungen sowie Erkenntnisse und Folgerungen.

Im ersten Teil werden problemrelevante Entwicklungen in Praxis und Wissenschaft aufgezeigt und davon Forschungsbedarfe und -fragen abgeleitet. Ebenso werden der wissenschaftstheoretische Kontext und das Forschungsvorgehen dargestellt.

Der zweite Teil bildet die theoretische Basis der Arbeit und ist darauf ausgerichtet, einen Überblick über den aktuellen Stand des relevanten Forschungsfelds zu geben. Im Mittelpunkt stehen drei Elemente: (1) der Untersuchungskontext, d. h. das turbulente Umfeld und seine Implikationen, (2) das Erfahrungsobjekt, d. h. strategische Planungssysteme und (3) das Erkenntnisobjekt, der organisationale Wandel. Mit der Übersicht der theoretischen Grundlagen wird die Voraussetzung für die Auswertung zweier empirischer Studien geschaffen. Die Ausführungen münden in einem Untersuchungsrahmen für die Analyse der Adaption strategischer Planungssysteme und ermöglichen die Konkretisierung der Forschungsfragen.

Im dritten Teil werden bestehende empirische Untersuchungen sowie die beiden im Rahmen dieser Arbeit genutzten Studien des Verfassers vorgestellt. Entlang der Forschungsfragen wird das Datenmaterial mittels quantitativer und qualitativer Methoden der empirischen Forschung ausgewertet. Die Befunde werden als Grundlage der Ableitung von Hypothesen, begründeten Annahmen und Gestaltungsempfehlungen ausführlich diskutiert.

In Teil 4 werden die Erkenntnisse und ihre Implikationen zusammenfassend dargestellt. Im Betrachtungsmittelpunkt stehen zum einen die Charakteristika des Adaptionsprozesses sowie zum anderen seine zentralen Einflussfaktoren. Bezogen auf die Charakteristika ist insbesondere die hohe Veränderungsbereitschaft für eine Anpassung strategischer Planungssysteme und die positive Korrelation von Umfeldturbulenz und Adaptionsintensität hervorzuheben; ebenso ergeben die Untersuchungen, dass hauptsächlich Strategie(entstehungs)prozesse und strategische Analyse- und Planungsinstrumente angepasst werden, wobei Adaptionsprozesse meist sporadisch beginnen und situationsabhängig ausgeprägt ablaufen. Als Einflussfaktoren auf den Adaptionsprozess sind fast immer die obere und mittlere Führungsebene zu nennen, während im turbulenten Umfeld auch dezentrale Einheiten, Projektteams und Prozessverantwortliche verstärkt mit einbezogen werden; ebenso ist die organisationale Lernfähigkeit ein zentraler Einflussfaktor, der als Enabler von Adaptionsprozessen wirkt. Positiv wirken sich insbesondere die Einbindung verschiedener Lernträger, die Nutzung von Erfahrungswissen und der Einsatz verschiedener Lerninstrumente aus.

Im letzten Kapitel werden aus diesen Erkenntnissen Hypothesen und begründete Annahmen abgeleitet. Sie werden in Gestaltungsempfehlungen für die Initiierung und Ausgestaltung von Adaptionsprozessen strategischer Planungssysteme überführt und geben Anhaltspunkte für weitere wissenschaftliche Untersuchungen.

Abstract

Companies operating in highly complex and dynamic business environments are facing multifaceted and constantly changing challenges. Hence, companies have to feature capabilities like responsiveness and flexibility. In order to survive in such a rapidly changing environment particularly strategic planning systems have to be scrutinized continuously and to be adapted to the corporate context. That kind of adaptation leads most likely to an increasing business performance and seems to be indispensable in turbulent environments.

This research paper mainly aims at analysing processes of adapting strategic planning systems to turbulent contexts. Furthermore, influences on these processes are evaluated and possibilities for creating flexible strategic planning systems and for adapting these systems to continuously changing contexts are identified.

The paper comprises the following four parts: introduction, theoretical basis, empirical research as well as findings and conclusions.

Part 1 shows the relevant changes in research and practice. It deduces needs for research and develops the main research questions. Likewise, the epistemological perspective and the scientific approach are described and illustrated.

The second part presents the theoretical basis and provides an outline of the state of the art of the relevant field of research. Main focuses are: (1) the context of analysis (turbulent environments and their implications), (2) the research object (planning systems) and (3) the scientific object (organisational change). The delineation of these topics is the prerequisite for the analysis of two empirical studies. Finally, the research questions are further specified and an analytical framework is developed in order to explore the adaptation of strategic planning systems.

In part 3 published empirical studies are discussed and the author's studies about strategic planning systems are presented in depth. The data provided is analyzed and interpreted by the use of qualitative and quantitative methods. The findings are the basis for the development of hypotheses, reasonable assumptions and recommendations for the design of strategic planning systems.

Part 4 outlines findings and their implications. This means both the characteristics of the adaptation processes and their influencing factors are presented. Characteristics mean the readiness to change and the positive correlation between turbulence and the intensity of adaptation. Moreover, the results show that mainly strategy processes as well as strategic analysis and planning tools are being adapted. In most cases adaptation processes start sporadically and elapse context specifically. Influencing factors are mostly top and middle managers whereas in turbulent environments the impact of decentralized units, project teams and process owners increases. Furthermore, the ability for organisational learning as an enabler of adaptation processes becomes even more important. Another positive effect has the involvement of different players in organisational learning, the usage of knowledge generated through experiences and learning tools.

As main result of this research paper hypotheses and reasonable assumptions are formulated. They build the basis for recommendations concerning initiation and design of strategic planning systems.

1 Einführung und Vorgehensweise

1.1 Einleitung

„Ach, daß der Mensch so häufig irrt
und nie recht weiß, was kommen wird."
Wilhelm Busch

Unternehmen müssen in der heutigen Zeit vielfältigen Herausforderungen entgegentreten, um ihr zukünftiges Bestehen langfristig und nachhaltig zu sichern. Vorherrschender Wandel der Unternehmensumfelder ist dabei ein zentraler Faktor, der flexibles Handeln innerhalb der Unternehmensgrenzen erforderlich macht.[1] Verkürzte Produkt- und Technologielebenszyklen, stetig steigende Kundenanforderungen und ein wachsender Druck durch weltweit agierende Konkurrenten sind nur einige Beispiele für die Auswirkungen neuer Spielregeln im Wettbewerb.

Um diesen Herausforderungen der sich ständig verändernden Wettbewerbsrealitäten zu begegnen, werden im betriebswirtschaftlichen Schrifttum verschiedenste Strategien zur Bewältigung des Wandels thematisiert. Die Diskussion reicht von Hierarchieabbau und Outsourcing über Netzwerkunternehmen bis hin zum Aufbau lernender Organisationen. Weiterhin besteht allgemeiner Konsens darüber, dass in Unternehmen mit sich schnell verändernden Umfeldern eine andere, neue Art der Führung Einzug halten muss.[2] Mit anderen Worten, Organisationen müssen in der Lage sein, neue Potenziale zu entwickeln bzw. bestehende Potenziale flexibel zu rekombinieren, um schnell und gezielt auf sich verändernde, nicht vorhersehbare Marktanforderungen antworten zu können.[3] Zur Schaffung und Nutzung dieser Potenziale ist insbesondere in mittleren und großen Unternehmen eine Führung, die ausschließlich auf persönlicher Einflussnahme beruht, nicht mehr ausreichend. Vielmehr muss eine

---

1 Vgl. Sherman (1982), S. 4f.

2 „If there is any consensus on the nature of the management challenge today, it is that business environments are more dynamic, competitive, and unpredictable than ever before and businesses have to be more flexible, organic, and innovative in how they structure themselves. Different environmental characteristics and different organizational forms require new and different ways of defining business strategy. New concepts of strategy will inevitably require or be created by new and different processes." Camillus (1996), S. 6.

3 „Organizations must adapt to their environment if they are to remain viable." Duncan (1972), S. 313. Vgl. ähnlich Oelsnitz (2007), S. 679.

strukturelle Unterstützung durch strategische Managementsysteme, bspw. Ziel-, Planungs- und Kontrollsysteme erfolgen.[4] Im Vordergrund stehen dabei Gestaltungs-, Lenkungs- und Entwicklungsaufgaben.

In vielen Studien wurden strategischer Wandel oder die Schaffung bzw. Nutzung von Flexibilitätspotenzialen untersucht, jedoch waren diese Untersuchungen bislang zumeist auf funktionale Bereiche bzw. die Unternehmung[5] als Ganzes ausgerichtet.[6] Ziel der vorliegenden Arbeit ist es daher, für Unternehmen in turbulenten Umfeldern prozessuale (wie bspw. Veränderungsmechanismen) und inhaltliche (z. B. Planungsinstrumente) Gestaltungsfelder zur Schaffung von Flexibilitätspotenzialen strategischer Planungssysteme sowie deren Anpassung an sich kontinuierlich verändernde Kontexte zu identifizieren und zu analysieren.

Im Folgenden werden die zugrundeliegende Problemstellung aufgegriffen, die Zielsetzung der Arbeit und daraus abgeleitete Forschungsfragen formuliert und die Relevanz des gewählten Forschungsthemas diskutiert. Daran anschließend werden die Forschungskonzeption und das darauf basierende methodische Vorgehen erläutert, bevor am Ende dieser Einführung die inhaltliche Ausgestaltung der Arbeit erörtert wird.

1.2 Problemrelevante Entwicklungen und Forschungsbedarf

Zunächst werden relevante Entwicklungen in Forschung und Praxis analysiert und daraus die Problemstellung abgeleitet. Danach folgt eine Fokussierung auf die Kernfragestellungen sowie die Formulierung des Forschungsziels.

1.2.1 Problemrelevante Entwicklungen

Sich stark und schnell verändernde Unternehmensumfelder, insbesondere in technologisch disruptiven Branchen, ein durch globale Liberalisierung getriebener Wettbewerbsdruck sowie der anhaltende Wandel von Anbieter- zu Nachfragermärkten haben die Anforderungen an Unternehmen in der jüngeren Vergangenheit nachhaltig verändert. Nachfragermärkte erwarten individuelle Produkte und Dienstleistungen, während sich Produktlebenszyklen gleichzeitig

---

4 Vgl. Bamberger/Wrona (2004), S. 213. Diese Unterstützungsfunktion der Managementsysteme wird häufig in der Literatur vertreten. Vgl. Schwaninger (1994), S. 15, Mag (1995), S. 4, Link (2004), S. 26, Bleicher (2004), S. 362, Welge/Al-Laham (2005), S. 541ff. und Nilsson (2002), S. 41.

5 Die Begriffe Unternehmen und Unternehmung werden im Weiteren synonym verwendet.

6 Vgl. exemplarisch Mento u. a. (2002), S. 45ff. und Pettigrew u. a. (2001), S. 697ff.

verkürzen. Daher werden Schnelligkeit und Flexibilität bedingt durch kleiner werdende Intervalle von Produkt-, Prozess- oder auch Strategieinnovationen zu kritischen Erfolgsfaktoren.[7]

Unternehmensumfelder sind jedoch nicht per se durch hohe Turbulenz gekennzeichnet, sondern befinden sich stets in einem Zustand unterschiedlich stark ausgeprägter Turbulenz.[8] Dabei ist feststellbar, dass sich mit zunehmender Umfeldturbulenz die Anforderungen an Flexibilitätspotenziale bzw. Wandlungsfähigkeit von Unternehmen ändern.[9] Unternehmen sind deshalb gefordert, flexible Lösungen für Organisation und Strategien zu finden.[10]

Während für Unternehmen in weniger turbulenten Umfeldern in der betriebswirtschaftlichen Theorie und Praxis eine Vielzahl von Managementkonzepten bzw. -vorgehensweisen entwickelt und umgesetzt wurden, stehen diese Entwicklungen für die Führung in turbulenten Umfeldern noch am Anfang.[11] Verschiedene Autoren fordern daher, dass längerfristige Geschäftsplanungen mit hohem Detaillierungsgrad bspw. durch flexible Planungsverfahren ersetzt,[12] geplante Strategien durch emergente Strategien ergänzt[13] oder hierarchische Unternehmensstrukturen durch verteilte, teilautonome Organisationseinheiten abgelöst werden.[14] Dies macht insbesondere die kontinuierliche Anpassung von Strategieprozessen erforderlich und führt dazu, dass Unternehmen ohne Unterstützung ihrer Führungskräfte durch adäquate strategische Managementsysteme[15] nicht mehr hinreichend lenkbar sind.

---

7 Vgl. bspw. Kaluza/Blecker (2005b), S. 5, Foschiani (2003), S. 136f. sowie Christensen (1997)

8 Vgl. Buchner (2002), S. 94, Jahns (1999), S. 22f. und D'Aveni (1999), S. 130ff. Zum Begriff der Umfeldturbulenz vgl. die Ausführungen in Kapitel 2.2.3.

9 Siehe hierzu die Erkenntnisse des Sonderforschungsbereichs 467 „Wandlungsfähige Unternehmensstrukturen für die variantenreiche Serienproduktion“ an der Universität Stuttgart. Vgl. Westkämper/Zahn (2005). Vgl. auch Kapitel 2.4.3.5.

10 Vgl. Zahn (2003a) und Volberda (1996).

11 Vgl. Schwaninger (1994), S. 250 und Westkämper u. a. (2000), S. 22ff.

12 Vgl. Hope/Fraser (2003) und Buchner (2002), S. 167ff.

13 Unter emergenten Strategien werden bottom-up entstehende, im Gegensatz zu top-down geplanten, Strategien verstanden. Vgl. Mintzberg (1999), S. 720 und Mintzberg (1995), S. 30ff.

14 Teilautonome Leistungseinheiten sind identifizierbare und abgrenzbare Untereinheiten einer Organisation, wie bspw. Geschäftsbereiche, Abteilungen oder Teams. Vgl. Tilebein (2005), S. 34.

15 Unter dem Begriff (strategische) Managementsysteme sind „die formal verankerten Systeme für die Gestaltung, Lenkung und Entwicklung von Unternehmungen [...] zu subsumieren. Sie erfüllen den Zweck, durch strukturelle Vorkehrungen einen konstitutiven

1.2.2 Problemstellung und Forschungsbedarf

Grundlegende Annahme der Arbeit ist, dass in turbulenten Umfeldern zur Sicherstellung von Zukunftsfähigkeit und nachhaltig wirtschaftlichem Erfolg inkrementaler Wandel und Prozessoptimierung in produktiven und administrativen Teilbereichen des Unternehmens allein nicht ausreichen.[16] Vielmehr müssen Potenziale für eine strategische Beweglichkeit und prozessuale Flexibilität geschaffen werden,[17] was explizit auch das Führungssystem[18] des Unternehmens einschließt.[19] Es scheint zwingend notwendig zu sein, insbesondere die strategischen Managementsysteme kontinuierlich zu hinterfragen, weiterzuentwickeln und zu adaptieren.[20] So müssen strategische Managementsysteme die Veränderung als Zustand betrachten und für die Möglichkeit zur permanenten evolutiven Weiterentwicklung angelegt sein.[21] „*Excellent firms don't believe in excellence – only in constant improvement and constant change. That is, excellent firms of tomorrow will cherish impermanence – and thrive on chaos.*"[22]

Während diese Problemstellung einleuchtend und offensichtlich erscheinen mag, ist jedoch bislang weitgehend offen, wie die Adaption[23] strategischer Manage-

---

Beitrag zu einer möglichst weit in die Zukunft reichenden Sicherung der Lebensfähigkeit und Entwicklung einer Unternehmung zu leisten." Schwaninger (1994), S. 15.

16 Zahlreiche Verbesserungs- und Wandlungsansätze adressieren vornehmlich funktionale Systeme des Unternehmens, wie bspw. Produktion oder Logistik.

17 Vgl. exemplarisch Brehm (2003), Gagsch (2002), Burmann (2001) und Volberda (1996). Vgl. dazu auch die Ausführungen in Kapitel 2.4.3.5.

18 Unter dem Begriff Führungssystem soll im Folgenden die Gesamtheit aller strategischen Managementsysteme verstanden werden. Vgl. zu diesem Verständnis auch Bamberger/Wrona (2004), S. 213.

19 Vgl. Westkämper u. a. (2000), S. 22 und S. 25.

20 Vgl. Schön u. a. (2005), S. 20f. und Wagner/Wehking (1990). Fokus der vorliegenden Arbeit ist die inkrementelle Adaption strategischer Managementsysteme. Den Gegensatz dazu bildet die fundamentale Adaption, die aus Umbruchsituationen wie marktlichen Disruptionen großen Ausmaßes (vgl. D'Aveni 1999, S. 130ff.), Unternehmenskrisen oder tief greifenden organisatorischen Veränderungen resultiert; diese ist nicht Gegenstand der Betrachtung. Haken (1995, S. 127ff.) stellt diese beiden Ansätze der Adaption auch als inkrementalen bzw. fundamentalen Wandel dar. Vgl. dazu auch Müller-Stewens/Lechner (2005), S. 558.

21 Vgl. Westkämper u. a. (2000), S. 25, Zahn (2003b), S. 16ff. sowie Tilebein u. a. (1998), S. 220f.

22 Peters (1987), S. 4.

23 Die Bedeutung des Begriffs „Adaption" variiert in der einschlägigen Literatur. So assoziieren bspw. Hrebiniak und Joyce (1985) damit „Wandel" während Meyer (1982) auf „Antwort auf Umwelteinflüsse und -ereignisse" abhebt. Analog zur Definition des Dudens (2006b) „Anpassung an die Gegebenheiten, Umstände, Umwelt" werden hier mit

mentsysteme bei hoher Umfeldturbulenz in der unternehmerischen Praxis aussieht: „*[...] strategy process research must help the firm adapt to changes in its environment and to renew itself proactively. Yet the research to date on strategy process has been rather static. [...] Transformational change processes, because of their very complexity and scope, have seldom been researched comprehensively [...].*“[24] Der so skizzierte Forschungsbedarf wird beim Studium der einschlägigen empirischen Literatur nochmals deutlicher: In nur wenigen Untersuchungen wurden Aspekte dieser Fragestellung thematisiert.[25] Eine zusammenfassende Analyse bzw. Darstellung der Adaption strategischer Managementsysteme ist bislang noch nicht vorgelegt worden.

Zur Annäherung an diese und andere Fragestellungen wurde im Rahmen des SFB 467 sowie des vorliegend beschriebenen Dissertationsprojekts 2004/2005 eine empirische Studie durchgeführt, die zum Ziel hatte, den Umgang von Unternehmen mit Veränderungen in ihrem Umfeld zu untersuchen.[26] Im weiteren Verlauf der Arbeit wird diese Studie mit „Studie 1“ bezeichnet.[27] Fokus dieser Studie war die Untersuchung von strategischen Managementsystemen,[28] Führungsprozessen und damit verknüpften Wissens- und Lernaspekten.[29] Wichtig war insbesondere die Frage nach der Bedeutung einzelner strategischer Managementsysteme. Die nachstehende Abbildung 1-1

Miles und Snow (1978, S. 13ff.) unter Adaption proaktive sowie reaktive Managementaktionen subsumiert, die auf die Anpassung strategischer Managementsysteme an den internen und externen Unternehmenskontext gerichtet sind.

24 Chakravarthy/Doz (1992), S. 9.

25 Vgl. Hoppe (2004), S. 2ff., Grant (2003), Houlden (1995), Kreikebaum/Suffel (1981), Jennings (2000) und (2001) sowie Vaghefi/Huellmantel (1998).

26 Bei dieser Studie handelt es sich um eine quantitative Querschnittsuntersuchung, die unter maßgeblicher Beteiligung des Verfassers durchgeführt wurde. In Kapitel 3.2 wird auf inhaltliche und methodische Ausprägungen im Detail eingegangen. Der Fragebogen ist im Anhang aufgeführt.

27 Studie 1 wird in den Kapiteln 3.2.2 und 3.2.3 ausführlich besprochen. Der zugrundeliegende Fragebogen wird in Anhang A dargestellt. Nachfolgend werden im Vorgriff einige Auswertungen beschrieben, um die Relevanz des Forschungsthemas zu belegen und die Forschungsfragen zu präzisieren.

28 Unter strategischen Managementsystemen werden Ziel-, Planungs-, Kontroll-, Informations- und Kommunikations- (IuK-), Personalmanagementsysteme verstanden. Vgl. Bamberger/Wrona (2004), S. 213ff., Link (2004), Horváth (2003), S. 111ff., Bea/Haas (2001), S. 43ff., Simons (1995), S. 31ff., Kreikebaum (1995), Sp. 2007, Schwaninger (1994), S. 64ff., Kirsch/Maaßen (1989a), S. 3ff., Hax/Majluf (1984a), S. 74, Bleicher/Meyer (1976), S. 92ff. und S. 194ff. sowie Wild (1974), S. 32.

29 Vgl. Schön u. a. (2005) und Meyer u. a. (2005). Vgl. dazu auch die Ausführungen in Kapitel 2.2.

zeigt die prozentualen Häufigkeiten der Nennungen einer sehr hohen Bedeutung.[30]

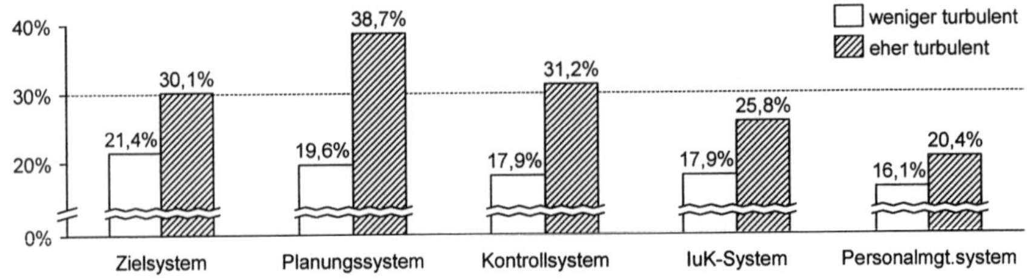

Quelle: Studie 1 – Frage 2.1

Abbildung 1-1: Bedeutung strategischer Managementsysteme[31]

Die Auswertung macht deutlich, dass strategische Managementsysteme generell eine sehr hohe Bedeutung haben.[32] Vor allem sind strategische Planungssysteme in turbulenten Umfeldern von herausragender Wichtigkeit. Bei der Beurteilung fallen annähernd 40% der Nennungen auf die Wertung „sehr hohe Bedeutung". Hier zeigt sich, dass strategischer Planung[33] auch in der unternehmerischen Praxis ein hoher Stellenwert beigemessen wird.

Bei der weiteren Untersuchung strategischer Managementsysteme ist ebenso beobachtbar, dass mit turbulenter werdendem Umfeld die Bedeutung einer kontinuierlichen Weiterentwicklung[34] zunimmt.[35] Deutlich wird dies dadurch,

---

30 Hundert Prozent entsprechen der Gesamtzahl der Nennungen – jeweils bezogen auf ein „weniger turbulentes Umfeld" oder ein „eher turbulentes Umfeld". Die Beurteilung erfolgte anhand einer fünfstufigen Rating-Skala von „sehr niedrig" bis „sehr hoch". Die restlichen 60% der Nennungen entfallen zum Großteil auf die Wertung „hohe Bedeutung".

31 Quelle: Studie 1 – Frage 2.1; N = 146. N = Anzahl der untersuchten Fälle.

32 Das Konstrukt Umfeldturbulenz wird in Kapitel 3.2.3.1 im Detail erläutert.

33 Zum Verständnis der strategischen Planung vgl. Kapitel 2.3.2.

34 Die Bedeutung einer kontinuierlichen Weiterentwicklung strategischer Managementsysteme wird durch einen Index der Frage 2.1 aus Studie 1 gemessen. Seine Reliabilität beträgt, gemessen nach Cronbachs Alpha, 81,3%.

35 Der Zusammenhang zwischen Umfeldturbulenz und Bedeutung stellt sich statistisch mit Gamma = 0,34 positiv dar. Zusammenhang zwischen dem Index „Bedeutung strategischer Managementsysteme" und dem Konstrukt Turbulenz als wenig/mittel/stark (vgl. Kapitel 3.2.3.1). Irrtumswahrscheinlichkeit ist 1%.
Das statistische Zusammenhangsmaß Gamma (γ) „nimmt Werte zwischen -1 und +1 an. Das Vorzeichen gibt an, ob ein negativer oder positiver Zusammenhang vorliegt. […] Gamma ist unabhängig davon, welche der Variablen abhängig bzw. unabhängig betrachtet wird." Bei einem Gamma von „1" wird von einem perfekten positiven und bei

dass sich im weniger turbulenten Umfeld die Zahl der Nennungen derer, die einen entsprechenden Bedarf der Weiterentwicklung bzw. Adaption sehen, auf 46 beläuft, wohingegen im turbulenten Umfeld 76 Befragte auf eine entsprechende Notwendigkeit hinweisen.[36] Dies entspricht einem Wert von 82% aller Unternehmen im turbulenten Umfeld.[37]

Die Analysen der Bedeutung strategischer Managementsysteme und ihrer Weiterentwicklungsnotwendigkeit dokumentieren, dass die Betrachtung der Adaption sowohl in Wissenschaft als auch Praxis relevant ist. Dennoch liegen nur rudimentäre theoretische und empirische Befunde darüber vor, ob und wie strategische Managementsysteme von Unternehmen in turbulenten Umfeldern adaptiert werden. Vor allem gilt dies für strategische Planungssysteme[38]

Auf der einen Seite stellt sich somit die Frage nach den Prozessen, die eine Adaption strategischer Planungssysteme initiieren und sicherstellen, auf der anderen Seite liegen aber auch kaum empirische Befunde vor, ob eine solche Adaption Unternehmenserfolg erklärt und welche Einflussfaktoren die Adaption beeinflussen. Motivation der Arbeit ist es, zur Schließung dieser Forschungslücke beizutragen, und damit für die unternehmerische Praxis Empfehlungen für den Aufbau von adaptionsprozessbezogenen Flexibilitätspotenzialen sowie für die Gestaltung der Adaptionsprozesse bereitzustellen.

1.3 Von der Problemstellung zur Forschungsfrage

Ausgangspunkt der Forschungsarbeit ist die Fragestellung, ob und wie strategische Planungssysteme von Unternehmen in turbulenten Umfeldern adaptiert werden. Sie schließt damit direkt an die skizzierte Problematik der unzureichenden Erkenntnissituation an und versucht der Forderung von CHAKRAVARTHY und DOZ, strategische Transformations- und Wandelprozesse in diesem Zusammenhang zu untersuchen, nachzukommen.[39]

„-1“ von einem perfekten negativen Zusammenhang gesprochen. Ein Wert von „0“ bedeutet, dass zwischen beiden Betrachtungsgrößen kein Zusammenhang besteht. Vgl. Gehring/Weins (2002), S. 130.

36 Quelle: Studie 1 – Frage 2.1-B (2) gekreuzt mit Konstrukt Turbulenz; N = 147.

37 Zu einem ähnlichen Ergebnis kommt auch Epstein, begründet auf praktischen Erfahrungen: „Unternehmensplanung sollte regelmäßig angepasst werden“, denn „Wertsteigerung scheitert oft an Gewohnheiten“. Epstein (2006), S. B2.

38 Verschiedene Autoren subsumieren unter „Planungssystem“ die getrennt abgefragten Ziel- bzw. teilweise auch Kontrollsysteme. Vgl. bspw. Schwaninger (1994) sowie Kirsch/Maaßen (1989a). Diesem Verständnis soll hier gefolgt werden. Vgl. Tabelle 2-1 sowie die Ausführungen in Kapitel 2.3.

39 Vgl. Chakravarthy/Doz (1992), S. 9.

Bevor jedoch auf die Forschungsfragestellungen im Detail eingegangen wird, soll im Folgenden der Prozess der Entwicklung adäquater Forschungsfragen dargestellt werden. Dieser Vorgang kann metaphorisch als Trichter verstanden werden: Die Problemstellung (weites Trichterende) verengt sich über Eingrenzung des Betrachtungsfelds bis hin zur konkreten Forschungsfrage (enges Ende des Trichters).[40]

Die bereits skizzierte empirische „Studie 1" hat gezeigt, dass bei Unternehmen in turbulenten Umfeldern eine ausgeprägte Notwendigkeit der Adaption strategischer Planungssysteme besteht. Daran schließen sich unmittelbar zwei Fragen an:

1. Wird diesem Bedarf in der unternehmerischen Realität entsprechend Rechnung getragen, d. h. findet tatsächlich eine Adaption strategischer Planungssysteme statt?
2. Erklärt die Adaption strategischer Planungssysteme größeren Erfolg von Unternehmen?

Zur Klärung der ersten Frage wird aus Studie 1 ein Frageblock herangezogen, dessen Fokus die Ermittlung der Adaptionsintensität anhand verschiedener Ausprägungen ist.[41] Über alle diese Ausprägungen hinweg ergibt die Analyse ein arithmetisches Mittel von 3,29.[42] Eine Tendenz zur Adaption strategischer Planungssysteme ist bei den befragten Unternehmen somit erkennbar. Werden die Fälle im Datensatz nach wenig, mittel und stark turbulentem Umfeld getrennt, ergibt sich folgendes Bild (vgl. Tabelle 1-1):

	weniger turbulentes Umfeld	**eher turbulentes Umfeld**	**sehr turbulentes Umfeld**
Arithmetisches Mittel der Adaptionsintensität	3,01	3,39	3,74

Quellen: Studie 1 – Frage 2.2

Tabelle 1-1: Adaptionsintensität in Abhängigkeit von der Umfeldturbulenz

40 Vgl. Sachs/Hauser (2002), 83ff. Ähnlich beschreiben dies auch Booth u. a. (1995), S. 29ff.

41 Quelle: Studie 1 – Frage 2.2. Die Ausprägungen umfassen wie regelmäßig, gezielt, direkt, systematisch und bedarfsorientiert die Adaption erfolgt. Außerdem wurde der Grad der organisatorischen Verankerung ermittelt.
Die „Adaptionsintensität" wird durch einen additiven Index gebildet. Vgl. Kapitel 3.2.3.2.

42 Studie 1 – Frage 2.2 verwendet eine Likert-Skala von 1-5 (1 entspricht „trifft nicht zu"; 5 entspricht „trifft voll zu"). Vgl. dazu auch Kapitel 3.2.2.1.

Wie die Auswertung zeigt, besteht ein Zusammenhang zwischen Adaptionspraxis strategischer Planungssysteme und Umfeldturbulenz. Während in wenig turbulentem Umfeld das arithmetische Mittel der Adaptionsintensität lediglich einen Wert von 3,01 annimmt – eine Adaption also nur teilweise stattfindet – ist mit steigender Umfeldturbulenz eine Zunahme der Adaptionsintensität zu verzeichnen.[43] So lässt sich Frage 1 klar mit „Ja, es findet tatsächlich eine Adaption strategischer Planungssysteme statt" beantworten.

Zur Beantwortung der zweiten Frage wird das Konstrukt Erfolg, das ebenfalls in Studie 1 erfasst wird,[44] mit dem oben dargestellten additiven Index Adaptionsintensität in Beziehung gesetzt. Es zeigt sich, dass es einen positiven Zusammenhang zwischen Adaptionsintensität und Erfolg gibt.[45] Beachtet werden muss aber, dass Unternehmenserfolg grundsätzlich von zahlreichen verschiedenen Variablen abhängig ist.[46] Obwohl im vorliegenden Fall nur der Zusammenhang zwischen der Adaptionsintensität und Unternehmenserfolg untersucht wird, kann nicht davon ausgegangen werden, dass die Adaptionsintensität ausschließlich direkt auf den Erfolg wirkt. Vielmehr ergibt sich die Wirkung über zahlreiche verschiedene Zwischengrößen wie bspw. Planungsprozesseffizienz.[47] Die Untersuchungen ergeben dementsprechend, dass die Adaptionsintensität einen gewissen Anteil der Varianz des Unternehmenserfolgs erklärt. Anders ausgedrückt bedeutet dies: Je ausgeprägter die Adaptionsintensität, desto größer der Unternehmenserfolg.

Als Ausgangserkenntnis der vorliegenden Arbeit ist also festzuhalten, dass Unternehmen ihre strategischen Planungssysteme adaptieren und damit einen Beitrag zum Unternehmenserfolg leisten. Darauf aufbauend lautet die zentrale Forschungsfrage dieser Arbeit:

Wie adaptieren Unternehmen in turbulenten Umfeldern ihre strategischen Planungssysteme?

---

43 Die Korrelationsanalyse von Adaptionsintensität und dem Konstrukt Umfeldturbulenz ergibt ein Zusammenhangsmaß von Gamma = 0,343. Die Irrtumswahrscheinlichkeit liegt bei 0,3%. Quelle: Studie 1 – Korrelationsanalyse der Konstrukte Adaptionsintensität und Umfeldturbulenz.

44 Vgl. zu Herleitung und Operationalisierung des Konstrukts Erfolg Kapitel 3.2.3.3.

45 Das Zusammenhangsmaß Gamma, das Stärke und Richtung der Korrelation angibt, nimmt den Wert 0,438 an; Signifikanzniveau 100%.

46 Vgl. Staehle (1989), Sp. 884f.

47 Vgl. bspw. Löffler (1995), Staehle (1989), Sp. 885, Bamberger/Wrona (2004), S. 238f. und Welge (1985), S. 560.

Diese Fragestellung umfasst zwei Hauptaspekte:

(1) Wie ist der Prozess der Adaption strategischer Planungssysteme von Unternehmen im turbulenten Umfeld ausgeprägt?

(2) Was sind die wesentlichen Einflussfaktoren auf die Adaption strategischer Planungssysteme?

Da im Rahmen dieser Forschungsarbeit Betriebswirtschaftslehre als angewandte Wissenschaft verstanden wird, ist ein weiteres Ziel die Ableitung praxisorientierter Gestaltungsempfehlungen.[48] Diese sind in der strategischen Planungstheorie noch immer selten.[49] So wird vorliegend versucht, aus den Erkenntnissen erste Handlungsempfehlungen zur Initiierung und Realisierung von Veränderungen strategischer Planungssysteme abzuleiten. Die dritte Forschungsfrage lautet demnach:

(3) Welche Empfehlungen können Unternehmen in turbulenten Umfeldern für die Adaption ihrer strategischen Planungssysteme gegeben werden?

Die Forschungsarbeit folgt dem Ansatz normativ-deskriptiver Dichotomie, wonach deskriptive Theorien Anleitungen für normative Theorien zur strategischen Planung liefern.[50] Ziel ist, über explorative empirische Forschung mögliche Zusammenhänge zu erkennen, induktiv Hypothesen zur Adaption strategischer Planungssysteme zu entwickeln und erste Empfehlungen zu erarbeiten.[51] Durch dieses Vorgehen wird ein Beitrag zur Theoriebildung in zweierlei Hinsicht geleistet. Zum einen wird eine Erweiterung der Theorie zur Kontextabhängigkeit strategischer Planung erreicht, die Hinweise für die kontextadäquate Gestaltung in der unternehmerischen Praxis gibt. Zum anderen erfährt die „meta-planning theory“, also die Theorie zur Planung der Verbesserung von Planungssystemen, eine Ergänzung. Daraus kann sich ferner ein Beitrag zur Schließung der Lücke zwischen Planungstheorie und -praxis ergeben.[52]

---

48 Vgl. Martin (1989), S. 236ff. Vgl. auch Schmalenbach (1911/12), S. 304ff. und Wolff (2003).

49 Vgl. Hossain (2001), S. 459.

50 Vgl. Hossain (2001), S. 459. „Normativ“ bezeichnet vorliegend nicht das Komplement strategischen und operativen Managements analog zum St. Galler Managementmodell (vgl. Rüegg-Stürm (2002)), sondern wird als „richtungsweisend“ bzw. als Ergänzung deskriptiven und explikativen wissenschaftlichen Vorgehens verstanden.

51 Vgl. ähnlich auch Hoppe (2004).

52 Emshoff sieht hierin den Hauptbeitrag der „meta-planning-theory“. Vgl. Emshoff (1978), S. 1095ff.

Obwohl zu diesen Fragestellungen nur teilweise empirische Befunde vorliegen,[53] hat die Forschung bereits wiederholt auf die Notwendigkeit einer Orientierung am Unternehmenskontext bzw. -umfeld bei der Gestaltung strategischer Planungssysteme hingewiesen.[54] Gleichzeitig mangelt es an wissenschaftlichen Untersuchungen und Hinweisen, die zum Verständnis des Prozesses der Adaption strategischer Planungssysteme beitragen.[55] Aus Sicht der einschlägigen Literatur ist die Betrachtung dieser Adaptionsprozesse und ihrer Determinanten unabdingbar, wenngleich bislang kaum entsprechende Untersuchungen durchgeführt wurden.

Ebenso ist die Relevanz einer solchen wissenschaftlichen Untersuchung strategischer Adaptionsprozesse auch aus praktischer Sicht gegeben. HOULDEN stellt in einer empirischen Studie fest, dass sich schon zwischen 1985 und 1992 der Anteil der Firmen mit strategischer Planung verdoppelt hat.[56] RIGBY sieht diesen Trend in einer weiteren Studie (2001) bestätigt. Strategische Planung wird in über 80% der von ihm befragten Unternehmen (N = 475) genutzt.[57] In den Folgejahren weist er empirisch sogar nach, dass strategische Planung die beliebteste Methode nach Verbreitung und Zufriedenheit ist.[58] Daraus folgt, dass aktuell die meisten Unternehmen über ein institutionalisiertes strategisches Planungssystem (SPS) verfügen. Gelingt es, die Adaptionsprozesse zu verstehen, deren relevante Einflussgrößen zu identifizieren sowie darauf aufbauend Hinweise für eine Gestaltung dieser Prozesse zu entwickeln (siehe oben dargestellte Hauptfragen), kann ein wesentlicher Beitrag zur Erhöhung der Planungsperformance und damit zur Erhöhung des Unternehmenserfolgs geleistet werden.[59]

1.4 Wissenschaftstheoretischer Kontext und Forschungsstrategie

Jede wissenschaftliche Arbeit bedarf der Klärung von wissenschaftlichen Aussagen und des zugrundeliegenden Verständnisses von wissenschaftlicher Praxis, d. h. der impliziten Annahmen, die mit den präsentierten wissenschaftlichen Aussagen und den angewandten Methoden verbunden sind. Es muss daher zunächst die Untersuchungsabsicht bzw. Forschungsstrategie offengelegt werden. Forschungsstrategien legen in den wesentlichen Grundzügen das

53 Vgl. Kapitel 2.2.

54 Vgl. Christenson (1982), Chakravarthy (1987), Kukalis (1991) und Jennings (2000).

55 Vgl. Hoppe (2004), S. 5.

56 Vgl. Houlden (1995).

57 Vgl. Rigby (2001).

58 Vgl. Rigby/Bilodeau (2005, 2007) und Rigby (2003).

59 Vgl. Hoppe (2004), S. 32ff. und Staehle (1989), Sp. 881ff.

Vorgehen fest, von dem sich der Forschende eine Realisierung seiner Zielsetzung erhofft.[60] Da es kein Patentrezept für alle Forschungsfälle gibt, muss das *„geeignete Design in gründlicher Auseinandersetzung mit dem Forschungsgegenstand [...] neu entwickelt werden."*[61] So erfüllt dieses Kapitel den Zweck, das erkenntnis- und wissenschaftstheoretische Fundament dieser Arbeit zu erörtern.

1.4.1 Forschungskonzeption und wissenschaftstheoretisches Vorgehen

In der Wissenschaft sind für verschiedene theoretische und praktische Problembereiche Theorien und Methoden entwickelt worden, deren Richtigkeit sich aber nicht mithilfe logischer oder mathematischer Beweisregeln belegen lässt.[62] *„Es gibt keinen neutralen Algorithmus für die Theoriewahl, kein systematisches Entscheidungsverfahren, das bei richtiger Anwendung [...] zu derselben Entscheidung führen müsste."*[63] Vielmehr ergibt sich die Evidenz der Wahl eines bestimmten Ansatzes aufgrund der Angemessenheit und Sinnhaftigkeit, d. h. durch die Möglichkeiten und Grenzen, die sich bei dessen Anwendung im konkreten Forschungskontext manifestieren.[64] Daher kommen in der Managementforschung Ansätze zur Anwendung, die sich nicht nach einem Wahr- oder Falsch-Schema beurteilen lassen.[65] Zunächst werden deshalb die grundlegende Forschungskonzeption sowie die Wissenschaftsziele festgelegt.

Wie aus der Einleitung bereits deutlich wird, besteht das Wissenschaftsziel dieser Forschungsarbeit darin, über die Beschreibung und Erklärung theoretischer und praktischer Probleme hinauszugehen und für die Unternehmens- und Managementpraxis umsetzbare Lösungsvorschläge zu erarbeiten.[66] Entsprechend liegt der Arbeit die Forschungskonzeption der Wissen-

---

60 Vgl. Köhler (1978), S. 188.

61 Kromrey (2002), S. 12.

62 Vgl. Rüegg-Stürm (2003), S. 16.

63 Kuhn (1976), S. 211.

64 Vgl. Rüegg-Stürm (2003), S. 17.

65 Zur Beurteilung bei der Auswahl geeigneter Forschungsansätze spielen vielmehr Kriterien wie Nützlichkeit oder Anwendbarkeit eine Rolle.

66 Schweitzer spricht in diesem Zusammenhang auch von einem pragmatischen Wissenschaftsziel. Vgl. Schweitzer (2004), S. 67. Dieser Ansatz geht zwar konform mit dem Selbstverständnis der Managementwissenschaft als angewandte Wissenschaft („applied science") (vgl. Schanz (1977), S. 75ff.), jedoch ist zunehmend ein trade-off zwischen praktischer Relevanz und Wissenschaftlichkeit festzustellen. Vgl. Rynes u. a. (2001) und Daft/Lewin (1990).
Das Ziel der Wissenschaft ist vielmehr die Entwicklung von Alternativen zur herrschenden Praxis, das Infragestellen präferierter Argumentationsmuster der Praxis

schaftstechnologie zugrunde, wobei Technologie als Lehre vom zielerreichenden Gestalten verstanden wird.[67] Basis sind theoretische Aussagen, die technologisch (instrumental, final, teleologisch, praxeologisch) umgeformt werden, indem Wirkungen als Ziel angestrebt und dafür die Ursachen – soweit gestaltbar – als Mittel herbeigeführt werden.[68]

Nach SCHWEITZER muss im Rahmen jedes Forschungsvorhabens zunächst der wissenschaftstheoretische Kontext, also die Zusammenhänge zwischen Erfahrungs- und Erkenntnisgegenstand sowie Wissenschaftszielen, spezifiziert werden.[69] Erfahrungsgegenstand der vorliegenden Arbeit sind Unternehmen, deren Umfelder insbesondere durch ausgeprägte Turbulenzen gekennzeichnet sind. Weiter erfolgt eine Eingrenzung der wissenschaftlichen Betrachtung durch die Festlegung des Erkenntnisgegenstands und einer gezielten Selektion seiner Merkmale.[70] Erkenntnisgegenstand ist, wie bereits dargestellt, das strategische Planungssystem der Unternehmung. An dieser Stelle setzen die Wissenschaftsziele sowie die Ausgestaltung des Forschungsablaufs an, die grundlegend vier Richtungen verfolgen: Die Beschreibung des Erkenntnisobjekts, die Entdeckung von Zusammenhängen, deren Begründung und die Entwicklung von Gestaltungsempfehlungen.[71]

Während der Beschreibungszusammenhang zunächst die Objekte des betrachteten Fachgebietes in allen Teilen, Eigenschaften und Relationen kennzeichnet sowie die wissenschaftliche Beschreibung, Begriffsdefinitorik und Klassifizierung bzw. Typisierung umfasst, hat der Entdeckungszusammenhang als zweiter Schritt die Gewinnung neuer Erkenntnisse über den Betrachtungsgegenstand sowie die Schaffung eines gedanklichen Bezugsrahmens zum Ziel.[72] Dies sind die notwendigen Voraussetzungen um schließlich Forschungsthesen (Vermutungen über Wirklichkeitszusammenhänge) aufzustellen.[73] Ebenso

---

sowie das Hinweisen auf von der Praxis bislang nicht wahrgenommene Zusammenhänge. Vgl. Nicolai (2004), S. 114.

67 Vgl. Chmielewicz (1994), S. 13f. und S. 169 sowie Popper (1965), S. 36ff. und S. 51f.

68 Vgl. Chmielewicz (1994), S. 11.

69 Vgl. Schweitzer (2004), S. 67ff. Vgl. dazu auch Sachs/Hauser (2002), S. 31ff.

70 Vgl. Kromrey (2002), S. 50ff.

71 Vgl. Schweitzer (2004), S. 73ff.

72 Vgl. Klammer (2005), S. 34ff.

73 Vgl. Ulrich/Hill (1976), S. 306. Die Erstellung von Forschungsthesen basiert zumeist auf dem Prinzip der Induktion, also der Generalisierung empirisch beobachteter Einzelfälle. Jedoch darf nicht der Fehler begangen werden, Gesetzesaussagen bzw. grundsätzliche Prinzipien oder Vermutungen auf induktivem Wege zu begründen. Ein solches Vorgehen

schließt diese Phase die Festlegung der Zielsetzung der Forschung ein.[74] Schritt drei umfasst die Rechtfertigung betriebswirtschaftlicher Aussagen, d. h. die methodologische Vorgehensweise, um von der Problemstellung zur Zielsetzung zu gelangen (Begründungszusammenhang).[75] Neben der Anwendung induktiver Vorgehensweisen im Rahmen des Entdeckungszusammenhangs, können hier auch deduktive Ansätze zur Anwendung kommen.[76] In der vorliegenden Arbeit steht die Induktion jedoch im Vordergrund. Startpunkt dieser Vorgehensweise ist die empirische Sammlung von Daten. Weiter werden daraus mittels Abstraktion wissenschaftliche Aussagen formuliert, aus denen theoretische Erkenntnisse abgeleitet werden.[77] Bei der Induktion wird vom Besonderen auf das Allgemeine geschlossen.[78] Anwendung findet diese Methode vornehmlich, wenn noch kaum Theorien über den Untersuchungsbereich existieren, sodass eine explorative Entwicklung von Theorien angezeigt ist.

Der vierte und letzte Schritt hat schließlich die Anwendung betriebswirtschaftlicher Erkenntnisse und Verfahren zur idealtypischen Lösung unternehmensbezogener Probleme zum Inhalt (Gestaltungszusammenhang).[79]

---

wäre der Unmöglichkeit einer endgültigen Verifikation von Aussagen gleich zu setzen. Vgl. Raffée (1995), S. 43 und Popper (1994), S. 14ff.
Wissenschaftlicher Fortschritt im Sinne eines induktiven Vorgehens (Schluss vom Besonderen auf das Allgemeine) ist der mengenmäßig überwiegende Zufluss von Hypothesen im Vergleich zum Abfluss falsifizierter Hypothesen. Annahme des von Popper geprägten kritischen Rationalismus ist, dass Hypothesen nicht endgültig als wahr bezeichnet, sondern allenfalls falsifiziert und einer Weiterentwicklung zugeführt werden können. Dies setzt jedoch voraus, dass Hypothesen so formuliert werden, dass sie an der Realität scheitern können. Vgl. Popper (1994), S. 14ff.

74 Vgl. Atteslander (2003), S. 19.

75 Vgl. Friedrichs (1990), S. 52f.

76 Vgl. Ulrich/Hill (1976), S. 306 sowie Sachs/Hauser (2002), S. 41.
Deduktion, als Schluss vom Allgemeinen auf das Besondere, garantiert den Wahrheitstransfer von den Prämissen auf die Konklusion. Vgl. Diekmann (2002), S. 151. Hier wird aber auch das Dilemma sichtbar, denn der Wert einer solchen deduktiven Erklärung hängt davon ab, wie gut die zugrundeliegenden Prämissen (oftmals auch Theorien) empirisch bestätigt sind. Vgl. Bortz/Döring (2002), S. 21.

77 Vgl. Lamnek (2005), S. 247ff.

78 Vgl. Sachs/Hauser (2002), S. 40f., Mayring (2002), S. 36f., Andersson (1989), S. 150ff. sowie Eichhorn (1979), S. 76ff.

79 In zahlreichen Schriften zu wissenschaftstheoretischen Grundlagen der Betriebswirtschaftslehre wird dieser Schritt als Verwendungs- bzw. Verwertungszusammenhang verstanden und widmet sich der weiteren wissenschaftlichen und praktischen Nutzung. Dies schließt die Formulierung von Gestaltungsempfehlungen explizit ein. Vgl. Atteslander (2003), S. 56, Kromrey (2002), S. 77ff. Friedrichs (1990), S. 50ff. bzw. Ulrich/ Hill (1976), S. 306f.

Konkret bedeutet dies, dass Gestaltungsempfehlungen, Instrumente und Empfehlungen zu deren Anwendung sowie grundsätzlich umsetzbare Lösungsvorschläge für die Unternehmens- und Managementpraxis – ganz im Sinne der Wissenschaftstechnologie – entwickelt werden. Dieses Vorgehen ist nicht zuletzt Ausdruck des Gestaltungsauftrags der Sozialwissenschaften, „*Konzepte für neue oder geänderte soziale Realitäten [...] zu entwerfen.*“[80]

1.4.2 Forschungsstrategie

Der theoretische Teil der Forschungsarbeit knüpft an den Stand der theoretischen und empirischen Strategie(prozess)forschung zur Gestaltung, Evolution, Kontextabhängigkeit und Erfolgswirkung der strategischen Planung sowie an die vom Resource-based View getriebene Forschung zu dynamischen Kompetenzen als Voraussetzung strategischer Flexibilität an. Den theoretischen Rahmen bildet das Verständnis strategischer Planungssysteme als Prozess, das prozessuale Verständnis strategischen Wandels und die Kontextabhängigkeit der Ausgestaltung strategischer Planungssysteme. Mit der Wahl dieser Betrachtungsperspektiven bzw. „theoretischen Brillen“ wird zum einen der Untersuchungsumfang begrenzt und fokussiert, zum anderen die Grundlage für Hypothesen-, Modell- und Theoriebildung geschaffen.

Der empirische Teil dieser Arbeit setzt sich aus der Sekundäranalyse[81] zweier Studien zusammen, die sich sowohl inhaltlich[82] als auch forschungsmethodisch ergänzen. In beiden Fällen handelt es sich um empirische Querschnittsanalysen,[83] also Erhebungen, die innerhalb einer kurzen Zeitspanne einmalig Daten durch Fragebögen oder Interviews von mehreren Personen erfassen.[84] Ebenso ist der Ausgangspunkt beider Studien dieselbe Grundgesamtheit. Der Verfasser der vorliegenden Arbeit war an Konzeption und Durchführung beider Untersuchungen maßgeblich beteiligt.

---

80 Chmielewicz (1994), S. 146.

81 Vgl. Sachs/Hauser (2002), S. 47f. sowie Corti u. a. (2005), URL siehe Literaturverzeichnis. Weiter stellen auch Schnell u. a. die Sekundäranalyse als geeignete Untersuchungsform dar und betonen dabei insbesondere auch ihr Potenzial zur Verknüpfung verschiedener Datensätze („record-linkage“). Vgl. Schnell u. a. (2005), S. 252ff.

82 Der Fokus liegt mit jeweils leichter Schwerpunktverschiebung auf der Untersuchung strategischer Planungssysteme von Unternehmen in turbulentem Kontext. Vgl. Abbildung 1-2.

83 Vgl. Diekmann (2002), S. 266ff. für eine Darstellung der empirischen Querschnittsanalyse.

84 Vgl. Bryman (2001), S. 42.

Bei Studie 1 handelt es sich um die in der zweiten Jahreshälfte 2004 durchgeführte empirische Studie „Management im Wandel“.[85] Zur Gewährleistung einer möglichst breiten empirischen Fundierung der Ergebnisse, wurde die Befragung in Form einer quantitativen Querschnittsuntersuchung mit Hilfe eines standardisierten Fragebogens als Erhebungsmethode ausgewählt.[86] Die Stichprobe umfasste 3000 zufällig ausgewählte in Deutschland ansässige produzierende und dienstleistende privatwirtschaftliche Unternehmen mit mehr als 200 Mitarbeitern.

Gegenstand der Studie 2 sind „Strategieprozesse in deutschen Unternehmen“.[87] Die Untersuchung umfasst insbesondere die Erhebung des Prozesses der Strategieentstehung, dessen Rahmenbedingungen sowie seine Veränderung bzw. Adaption. In der zweiten Jahreshälfte 2002 wurden dazu vom Verfasser 17 in Deutschland ansässige produzierende und dienstleistende privatwirtschaftliche Unternehmen befragt. Als Datenerhebungsmethode wurde die mündliche Befragung in Form einer teilweise strukturierten Einzelbefragung (auch Leitfadengespräch bzw. Leitfadeninterview genannt) mit jeweils zwei Interviewern gewählt.

Da beide Studien einen jeweils leicht unterschiedlichen Untersuchungsgegenstand haben, ist zunächst sicherzustellen, dass sowohl die inhaltliche Relevanz der Daten gegeben ist als auch ausreichend große Überschneidungs- bzw. Ergänzungsbereiche vorliegen. Fokus von Studie 1 sind strategische Planungssysteme. Wie später noch gezeigt wird, bilden den Kern dieser Systeme Strategieprozesse,[88] die vorliegend insbesondere im Kontext turbulenter Umfelder betrachtet werden. Ebenfalls untersucht werden Einflussfaktoren und Treiber der Adaption dieser Systeme. Mittelpunkt von Studie 2 ist die Untersuchung von Strategieprozessen sowie verschiedener, damit korrelierter Aspekte. Die Relevanz der verfügbaren Daten in Bezug auf das Untersuchungsobjekt der vorliegenden Forschungsarbeit ist deshalb gegeben. Abbildung 1-2 zeigt im Überblick die Inhalte der beiden Untersuchungen und illustriert mithilfe der sich überlagernden Ellipsen die inhaltlichen Überschneidungs- bzw. Ergänzungsbereiche.

---

[85] Die Studie zum „Management im Wandel – Lösungsansätze zur Beherrschung eines turbulenten Umfelds“ wurde im Rahmen des Sonderforschungsbereichs 467 am Lehrstuhl für Allgemeine Betriebswirtschaftslehre, Betriebswirtschaftliche Planung und Strategisches Management der Universität Stuttgart durchgeführt. Neben den Untersuchungen des Verfassers dieser Arbeit zum Themenfeld strategische Managementsysteme stellten die Felder Wissensmanagement und Führungstätigkeiten weitere Schwerpunkte der Analysen dar.

[86] Zur Methodik der Datenerhebung und -auswertung vgl. Kapitel 3.2.2.

[87] Vgl. Kapitel 3.3.2.

[88] Vgl. Kapitel 2.3.2.2.

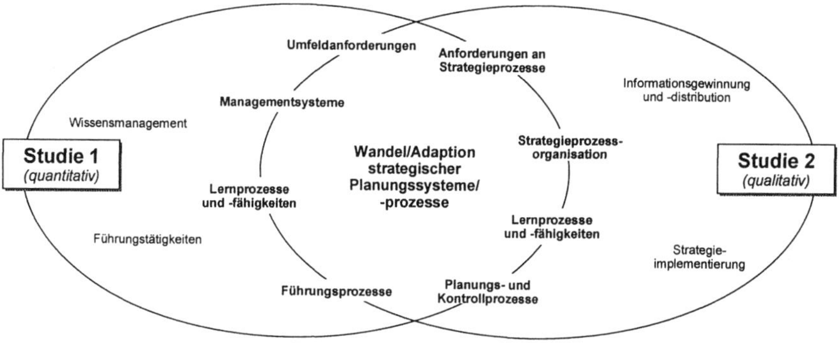

Abbildung 1-2: Inhaltlicher Umfang der empirischen Querschnittsstudien

Aus forschungsmethodischer Perspektive gilt es zu hinterfragen, inwiefern quantitative (Studie 1) und qualitative Vorgehensweisen (Studie 2) verknüpft werden können. MAYRING stellt dazu verschiedene Ansätze vor: Vorstudienmodell, Verallgemeinerungsmodell, Vertiefungsmodell und Triangulationsmodell.[89] Im vorliegenden Fall kommt das Vertiefungsmodell zur Anwendung. Es wird dabei eine abgeschlossene quantitative Studie durch qualitative Analysen weitergeführt.[90] Die Ergebnisse werden so besser interpretierbar; beispielsweise kann durch Fallanalysen in Korrelationen die Richtung einer möglichen Kausalität gedeutet werden. Quantitativen Ergebnissen kann auf diese Weise weiter nachgegangen werden. Dies bedeutet, dass mit Studie 1 der Untersuchungsraum exploriert und vorstrukturiert wird und Studie 2 im weiteren Untersuchungsverlauf der Ergänzung, Vertiefung und Interpretation der ersten Erkenntnisse dient. Dadurch werden eine bessere Überprüfbarkeit und ein tieferes Verständnis der Analyseergebnisse erlangt (vgl. Abbildung 1-3).[91]

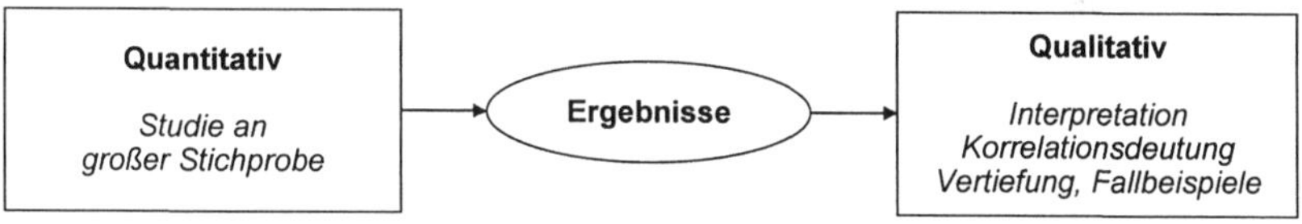

Abbildung 1-3: Integration quantitativer und qualitativer Forschung[92]

---

89 Vgl. zur Diskussion dieser Vorgehensmodelle sowie zu den nachfolgenden Ausführungen Mayring (2001), S. 6ff. Vgl. dazu Steckler u. a. (1992) und Mayring (1999).

90 Vgl. zu diesem Modell der Verbindung qualitativer und quantitativer Methoden auch Oswald (2003), S. 83.

91 Vgl. zu diesem dichotomen Forschungsvorgehen die Ausführungen in Kapitel 3.1.4.

92 Quelle: Mayring (2001), S. 7.

Neben den allgemeinen Vorteilen, die ein Methodenmix bietet,[93] weist LANGLEY, Bezug nehmend auf VAN DE VEN und HUBER sowie BREWER und HUNTER, darauf hin, dass sowohl quantitative wie qualitative Forschung einen substanziellen Beitrag zum Verständnis strategischer Prozesse leisten können.[94]

1.5 Aufbau der Arbeit

Während der generische Forschungsprozess grob in die vier in Kapitel 1.4.1 dargestellten Phasen wissenschaftlich-theoretischen Vorgehens untergliedert werden kann, verschwimmt die klare Trennung in der praktischen Umsetzung. Nachfolgende Abbildung 1-4 illustriert das Vorgehensmodell der hier beschriebenen Forschungsarbeit.

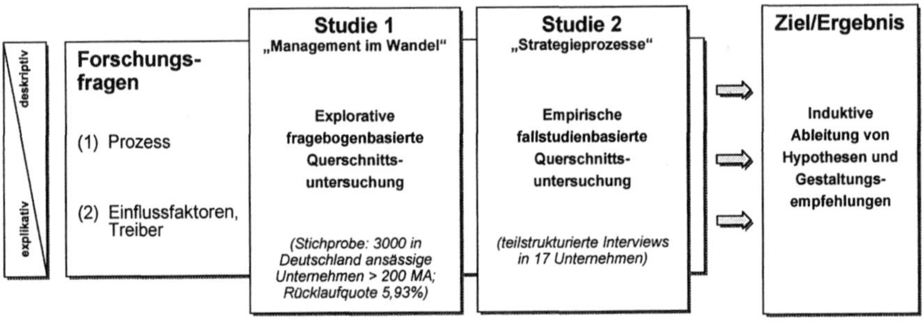

Abbildung 1-4: Forschungsablauf der Arbeit

Der Ablauf des Forschungsprojekts wird in Abhängigkeit der vier skizzierten Phasen von geeigneten Forschungsmethoden unterstützt. Dabei stellt die Anwendung wissenschaftlicher Methoden[95] in sämtlichen Schritten des Forschungsprozesses ein nach Sache und Ziel planmäßiges Vorgehen sicher.[96] Betriebswirtschaftliche Forschung ist prinzipiell durch einen Methoden-

---

93 Vgl. bspw. Hurmerinta-Peltomäki/Nummela (2006).

94 Vgl. Langley (1999), S. 705, Van de Ven/Huber (1990), S. 218, Van de Ven (1992), S. 181 und Brewer/Hunter (1989), S. 48ff.

95 Unter wissenschaftlichen Methoden sind elaborierte Verfahren bzw. Techniken zur intersubjektiv nachvollziehbaren Beantwortung offener Fragen zu verstehen. Vgl. exemplarisch Lamnek (2002), S. 360 sowie Schweitzer (2004), S. 69. Diese Methoden müssen ebenso bestimmten Gütekriterien Rechnung tragen. In erster Linie sind hier die Validität bzw. Gültigkeit (Wird das gemessen, was gemessen werden soll?) und die Reliabilität bzw. Zuverlässigkeit (Werden bei Wiederholung des Verfahrens gleiche Ergebnisse erzielt?) zu nennen. Vgl. Klammer (2005), S. 61ff.

96 Vgl. Chmielewicz (1994), S. 36ff.

pluralismus gekennzeichnet, der den Einsatz einer Vielzahl anerkannter Methoden zum Zweck der Erkenntnisgewinnung bzw. -bestätigung sowie die Entwicklung neuer Methoden erlaubt. In der vorliegenden Arbeit stehen für die „Beschreibung" insbesondere Methoden der Begriffsdefinitorik, Klassifizierung und Typisierung im Vordergrund; für die „Entdeckung" und „Begründung" die Induktion, Klassifizierung und Typisierung sowie verschiedene quantitative Verfahren und für die „Gestaltung" Deduktion und ggf. Modellierung.[97]

Die Arbeit gliedert sich in vier Hauptteile (vgl. Abbildung 1-5).[98] Teil I beschreibt die Einführung in die Thematik und umfasst die fünf Gliederungspunkte allgemeine Einleitung, Problemstellung und Forschungsbedarf, Entwicklungsprozess der Forschungsfragen, wissenschaftstheoretische Grundlagen und Forschungsstrategie sowie Forschungsablauf und Aufbau der Arbeit.

Der zweite Teil beschreibt die theoretischen Grundlagen. Zunächst wird ein Strukturierungsmodell vorgestellt, anhand dessen die verschiedenen Facetten der relevanten Theorie ausgerichtet werden. Die erste Facette, der Untersuchungskontext, thematisiert den Wandel im Unternehmensumfeld und dessen Implikationen für die Unternehmensführung. An zweiter Stelle werden der Stand der Strategieforschung und daraus abgeleitet die Merkmale und Funktionen des Untersuchungsobjekts strategisches Planungssystem dargestellt. Erklärungs- und Gestaltungsmodelle organisationalen Wandels sind Ausgangspunkt für das Verständnis des Adaptionsprozesses als Erkenntnisobjekt und füllen den vierten Abschnitt aus. Dieser Teil wird durch die Darstellung eines Bezugsrahmens für die Untersuchung strategischer Planungssysteme und die Konkretisierung der Forschungsfragen abgeschlossen.

Der dritte Teil gibt den Stand der Forschung zum Wandel strategischer Planungssysteme wieder. Nach Darstellung der Grundlagen empirischer Forschung werden separat quantitative und qualitative Studien vorgestellt, an deren Erörterung sich jeweils die Schilderung von Ausgangspunkten und ersten Erkenntnissen der eigenen Untersuchungen – Studie 1 und 2 – anschließen.

---

97 Diese Methoden stellen eine Auswahl betriebswirtschaftlicher Forschungsmethoden dar. Vgl. Schweitzer (2004), S. 69ff. und Zelewski (1999), S. 34ff. Die Aufzählung soll jedoch nicht dem Anspruch der Vollständigkeit Rechnung tragen, sondern lediglich die wichtigsten nennen.

98 Die Ausprägungen der Gliederung entsprechen dem Prozess wissenschaftlichen Arbeitens. Vgl. hierzu bspw. König/Bentler (2003), S. 90f.

Im vierten Teil werden Erkenntnisse der ausgewerteten Studien zusammengeführt und in Hypothesen überführt. Darauf folgt die Konzeption eines Gestaltungsrahmens für die Umsetzung in die Praxis sowie eine Rückkoppelung in die Theorie.

Die Arbeit schließt mit einem Fazit, das Grenzen der gewonnenen Erkenntnisse und des entwickelten Gestaltungskonzeptes sowie Möglichkeiten zukünftiger Forschung aufzeigt.

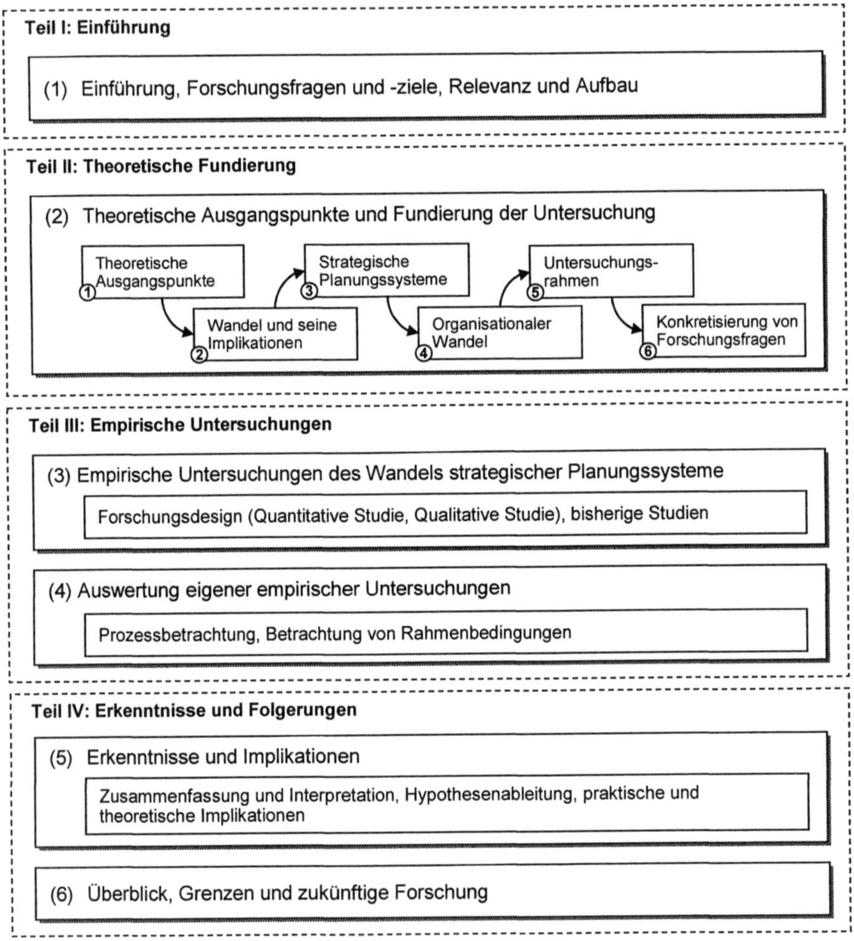

Abbildung 1-5: Gliederungsübersicht der Forschungsarbeit

2 Theoretische Grundlagen des Wandels strategischer Planungssysteme

Das zweite Kapitel der Forschungsarbeit bildet die theoretische Basis für die Untersuchung strategischer Planungssysteme. Verschiedene in der Literatur diskutierte Konzepte und Forschungsergebnisse zu Unternehmen im turbulenten Umfeld, strategischer Planung und strategischem Wandel werden dargestellt. Ziel ist es, einen Überblick über den aktuellen Stand des relevanten Forschungsfelds sowie genutzte Konstrukte zu geben, um die Grundlage für die Auswertung der empirischen Studien zu schaffen. Dafür werden zunächst die Unternehmung und ihr Kontext charakterisiert, wobei besonderes Augenmerk dem turbulenten Umfeld gilt.

Daran anschließend werden die Forschung zur strategischen Planung, eine Arbeitsdefinition strategischer Planungssysteme und die Kontextabhängigkeit strategischer Planung dargestellt, bevor auf unterschiedliche Perspektiven strategischen Wandels, Ausprägungen und Charakteristika des Wandels sowie generelle Einflussfaktoren auf den Wandel eingegangen wird.

Diese Ausführungen münden in einen Analyserahmen zur Untersuchung von Adaptionsprozessen strategischer Planungssysteme und unterstützen bei der Konkretisierung der Forschungsfragen.

2.1 Theoretische Ausgangspunkte

Weitgehend anerkannt ist, dass es sich bei Theorien um Hauptinformationsträger wissenschaftlicher Erkenntnisbemühungen handelt. Sie lassen sich als „geronnenes" Wissen begreifen und stellen Zusammenfügungen von auf unterschiedliche Erkenntnisfelder bezogenen, gleichlaufenden, kompatiblen Partialbefunden dar.[99] Nicht zuletzt deshalb weist WOLF – zu Recht – darauf hin, dass eine konsequente Theorieorientierung als Ausgangspunkt wissenschaftlichen Erkenntnisstrebens unabdingbar ist.[100] Da für verschiedene theoretische und praktische Problembereiche Theorien und Methoden entwickelt worden sind, erscheint es sinnvoll, für die Analyse und Gestaltung des hier im Mittelpunkt stehenden Erkenntnisobjektes die Wahl eines bestimmten theoretischen Denkansatzes zu treffen. Diese Wahl erfolgt aufgrund der Möglichkeiten und Grenzen, die sich bei dessen Anwendung im konkreten Forschungskontext manifestieren.[101] Als Voraussetzung dafür ist gemäß GROCHLA die Diskussion

---

[99] Vgl. Wolf (2003), S. 5f.

[100] Wolf bezeichnet Theorien als Destillate wissenschaftlichen Erkenntnisstrebens bzw. als übergeordnete, grundsätzliche Aussagensysteme. Vgl. Wolf (2003), S. 2ff. Diese Sichtweise schließt jedoch eine mindestens ebenso wichtige Orientierung an praktischen Problemstellungen nicht aus.

[101] Vgl. Kapitel 2.4.4.

und Systematisierung von Theorien, im konkreten Fall Organisations-, Management- und Unternehmensführungstheorien, unerlässlich.[102] Damit sind gewisse Schwierigkeiten verbunden, da es sich bei Theorien um rein gedankliche und unterschiedlich auslegbare Gebilde handelt.

Die vorliegende Arbeit befasst sich mit der Klärung der Frage nach den Adaptionsmechanismen strategischer Planungssysteme. Es ist mithin nahe liegend, den Betrachtungsfokus auf Ansätze und Theorien der strategischen Unternehmensführung zu beschränken. Gegenstand der strategischen Unternehmensführung (im angelsächsischen Sprachraum als „Strategic Management" bezeichnet) sind „*Entscheidungen, Handlungen und Interaktionen, die sich in signifikanter Weise auf die Entwicklung und die Erhaltung von Erfolgspotenzialen beziehen und über welche die Lenkung, Gestaltung und Entwicklung der Unternehmen erfolgen.*"[103] BAMBERGER und WRONA weisen weiter darauf hin, dass sich die strategische Managementforschung[104] sowohl auf eine differenzierte, facettenreiche Untersuchung strategischer Prozesse als auch auf die Erklärung von Strategien sowie des Einflusses strategischer Verhaltensweisen auf den Unternehmenserfolg bezieht. Ebenso betonen sie, dass die Betrachtung insbesondere aus einer dynamischen Perspektive des organisationalen bzw. strategischen Wandels erfolgt.[105]

Diese Grundposition nimmt ebenfalls PETTIGREW ein und entwickelt einen globalen Bezugsrahmen für Forschungsarbeiten zum strategischen Wandel (vgl. Abbildung 2-1). So folgt auch die vorliegende Arbeit diesem Grundplan und berücksichtigt Erkenntnisse aus der Erforschung des organisationalen Kontexts, der strategischen Unternehmensplanung sowie organisationaler Wandelprozesse.

---

102 Vgl. Grochla (1978), S. 54f.

103 Bamberger/Wrona (2004), S. 30. Zur vertieften Diskussion der inhaltlichen Ausprägungen der strategischen Unternehmensführung verweist Knyphausen-Aufseß auf verschiedene Fragenkataloge. Vgl. Knyphausen-Aufseß (1995), S. 1f.

104 Bamberger und Wrona verstehen „strategisches Management" mit Verweis auf Kirsch (1997b, S. 3ff.) als Untermenge der „strategischen Unternehmensführung". Vgl. Bamberger/Wrona (2004), S. 30 und 35ff. Diesem Verständnis folgend soll im weiteren Verlauf der Arbeit ebenfalls zwischen beiden Begriffen differenziert werden.

105 Vgl. Bamberger/Wrona (2004), S. 35 und ähnlich Pettigrew u. a. (2001), S. 697ff.

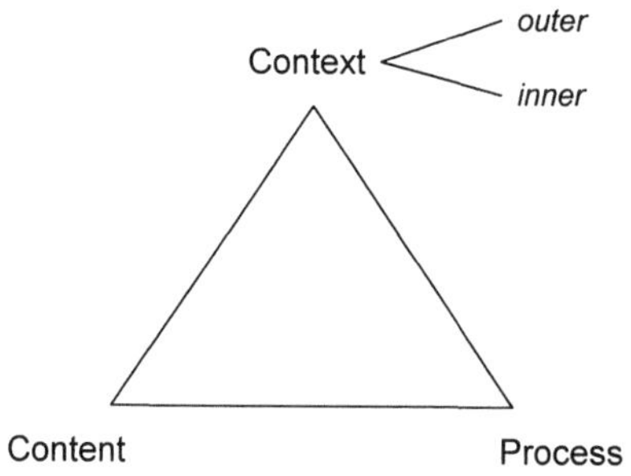

Abbildung 2-1: Globaler Bezugsrahmen zur Untersuchung strategischen Wandels[106]

PETTIGREW konstatiert, dass „*transformation of the firm is seen as an iterative, multilevel process, with outcomes emerging not merely as a product of rational or boundedly rational debates, but also shaped by interests and commitments of individuals and groups, the forces of bureaucratic momentum, gross changes in the environment, and the manipulation of the structural context around decisions.*"[107] Daher schlägt er vor, als Ausgangspunkt der Untersuchung strategischen Wandels den äußeren und inneren Kontext innerhalb dessen sich eine Unternehmung bewegt, zu berücksichtigen. Als zweite zentrale Bezugsgröße nennt er den Inhalt, d. h. die spezifischen Bereiche, die adaptiert werden und als dritte, wichtigste Bezugsgröße stellt er den Prozess des Wandels dar. „*Thus broadly speaking, the 'what' of change is encapsulated under the label content, much of the 'why' of change is derived from an analysis of inner and outer context, and the 'how' of change can be understood from an analysis of process.*"[108] Die Unterscheidung in Inhalt und Prozess hat in der Hauptsache einen didaktischen und forschungsmethodologischen Hintergrund.[109] Gerade deshalb sollten beide Perspektiven bei der Untersuchung strategischen Wandels, analog zum Vorschlag von PETTIGREW, berücksichtigt werden. Ähnlich argumentieren BAMBERGER, WRONA und CAPPALLO, indem sie auf die inhalts- und handlungsorientierten Perspektiven des organisationalen Wandels rekurrieren.[110] Neben Hinweisen auf kontextuale Abhängigkeiten von Unternehmungen spiegeln sich ebenso die inhalts- und prozessorientierten Sichtweisen in den jeweils relevanten theoretischen Grundlagen wider. „*So lassen sich verschiedene*

106 Quelle: Pettigrew (1987), S. 657.

107 Pettigrew (1987), S. 658.

108 Pettigrew (1987), S. 658.

109 Vgl. Schendel (1992a), S. 3 und Kirsch (1997a), S. 64. Vgl. Dazu außerdem Kapitel 2.3.1.1.

110 Vgl. Bamberger/Wrona (2004), S. 421f. und Bamberger/Cappallo (2003).

theoretische Ansätze sowohl bei der Untersuchung inhaltsorientierter als auch prozessorientierter Fragestellungen anwenden.“[111]

Zu klären ist zunächst, was unter *„relevanten theoretischen Grundlagen*“ verstanden wird. Während das Schrifttum zur strategischen Unternehmensführung eine Vielzahl an theoretischen Erklärungs- und Beschreibungsansätzen nennt, die das Fachgebiet als Ganzes befruchten,[112] macht die Betrachtung eines spezifischen Ausschnitts der strategischen Unternehmensführung auch die Eingrenzung des Theorienspektrums erforderlich; damit ist die Lösung des Problems gemeint, welche Theorie zur Klärung der Forschungsfragen beiträgt und insofern Relevanz besitzt.

Ausgehend vom Erfahrungsobjekt „strategisches Planungssystem“ ist zunächst die Systemtheorie als relevanter Ansatz zu nennen. Die Übernahme systemtheoretischen Gedankenguts in den betriebswirtschaftlichen Kontext lässt sich nicht nur durch sein Potenzial der gedanklichen Strukturierung erklären.[113] Bei sich stetig wandelnden Aufgabenumfeldern reichten traditionelle Theorien als Ansätze zur Beschreibung, Erklärung und Gestaltung von organisationsbezogenen Phänomenen nicht mehr aus, weshalb neue Formen gesucht wurden. Damit verknüpft sind Theorien wie die neuere Systemtheorie, die Selbstorganisations- oder die Evolutionstheorie,[114] die Grundlage für die Betrachtung geplanter und ungeplanter Evolutions- und Wandelprozesse sind. So basiert vor allem das Verständnis der Unternehmens-Umfeldbeziehung, eine der zentralen Größen bei Betrachtung turbulenten Wandels, auf den Annahmen der Systemtheorie.[115]

Ferner spielt die Strategieforschung bei der Untersuchung strategischer Planungssysteme eine zentrale Rolle. Von ihr gehen wesentliche Impulse zur disziplinären Einordnung und Abgrenzung des Erfahrungsobjekts aus.[116] Dazu tragen vor allem die Diskussionen der dichotomen Spaltung des Wissenschaftszweigs in Inhalts- und Prozessperspektive, der Entwicklung der Langfrist-

---

111 Bamberger/Wrona (2004), S. 29.

112 Vgl. exemplarisch Wolf (2003) sowie Knyphausen-Aufseß (1995).

113 Die Unternehmung kann als produktives soziales System verstanden werden. Vgl. Ulrich (1968).

114 Vgl. Stünzner (1996), S. 160f. und Wolf (2003), S. 131.

115 Vgl. Knyphausen-Aufseß (1995), S. 303ff. Vgl. ebenso Kapitel 2.2.2.2.

116 Ein Forschungsobjekt besteht grundsätzlich aus Erfahrungsobjekt und Erkenntnisobjekt. „Diese Trennung ermöglicht es, den Betrachtungsgegenstand der Forschung (das Erfahrungsobjekt) und den fokussierten Aspekt des Betrachtungsgegenstands (das Erkenntnisobjekt) analytisch zu erfassen.“ Sachs/Hauser (2002), S. 32.

planung zum strategischen Management und der geplanten bzw. ungeplanten Bildung von Strategien bei.[117] Ebenso ist die Verbindung von Kontingenztheorie und Strategieforschung als relevant zu erachten. Während die Mehrzahl der Arbeiten zum strategischen Management grundsätzlich annimmt, dass strategisches Planen wichtig und unabhängig von der Situation angemessen ist, legen die Erkenntnisse verschiedener Autoren nahe, dass sich die Gestaltung strategischer Planungssysteme ebenfalls an Kontextspezifika orientieren sollte.[118]

Schließlich gewährt die Forschung zu organisationalem Wandel Einblicke in die Erklärungsmuster von unternehmensbezogenen Veränderungen.[119] Relevant sind dabei vor allem prozessuale Aspekte des Wandels sowie Erkenntnisse der Kontingenz- und Adaptionsforschung. Diese theoretischen Grundlagen werden auf das Erkenntnisobjekt der Untersuchung – den Adaptionsprozess strategischer Planungssysteme – übertragen. Damit verbunden ist die Perspektive des organisationalen Lernens bedeutsam. Sie stellt einen der wichtigsten Einflussfaktoren auf den betrachteten Adaptionsprozess dar.

Entsprechend dieser theoretischen Ausgangspunkte sind die nachfolgenden Unterkapitel strukturiert. Zunächst wird in Kapitel 2.2 auf den Wandel von Unternehmensumfeldern und seine Implikationen eingegangen, bevor in Kapitel 2.3 strategische Planungssysteme diskutiert werden. Kapitel 2.4 greift die Grundlagen organisationalen Wandels auf und fokussiert weiter auf den Stand der Adaptionsforschung. Schließlich integriert Kapitel 2.5 diese Erkenntnisse in einen Bezugsrahmen für die Untersuchung von Adaptionsprozessen strategischer Planungssysteme und schafft damit die Grundlage für die Konkretisierung der eingangs formulierten Forschungsfragen, dargestellt in Kapitel 2.6.

2.2 Wandel und seine Implikationen für das Management von Unternehmen

Die Beschreibung von Unternehmensumfeldern mit Eigenschaften wie komplex, dynamisch oder sich schnell und ständig verändernd ist nicht erst aktuell ein beobachtbares Phänomen, sondern als eine Ursache der Entwicklung von Unternehmen ein Faktum. Unternehmen und Umfeld stehen in einer besonderen Beziehung: diskontinuierliche Veränderungen des Unternehmensumfelds sind

---

117 Vgl. exemplarisch Müller-Stewens/Lechner (2005), S. 8ff.

118 Vgl. Hoppe (2004), S. 21, Paine/Anderson (1977), Staehle (1989) und Löffler (1995).

119 Vgl. Perich (1993), S. 119ff., Burr u. a. (2005), S. 329ff. Für eine vertiefende Diskussion dieser Theorien vgl. Wolf (2003), Weik/Lang (2001, 2003) und Kieser (2002a, 2002b).

oft Hauptauslöser von unternehmensbezogenen Veränderungen;[120] sie verhalten sich koadaptiv und koevolvieren.[121]

Um dem gewichtigen Charakter der Unternehmens-Umfeld-Beziehung gerecht zu werden, werden in diesem Unterkapitel daher Begriff und Merkmale des Umfelds (insbesondere Charakteristika turbulenter Umfelder) erörtert. Ebenso werden unternehmensinterne Turbulenzen diskutiert sowie die sich aus beiden Turbulenzarten ergebenden Implikationen für bzw. Anforderungen an die Unternehmensführung dargestellt.

Zunächst soll in einem Exkurs jedoch auf die systemtheoretischen Grundlagen der Forschungsarbeit näher eingegangen werden.

2.2.1 Exkurs: Systemtheoretische Grundlagen

„Mit der Systemtheorie ist einer der ganz großen Theorieentwürfe des Wissenschaftsbereichs gegeben, dessen Besonderheit es ist, zahlreiche Disziplinen zu durchziehen.“[122]

Die allgemeine Systemtheorie[123] ist ein Forschungsprogramm, das ursprünglich den Naturwissenschaften entstammt,[124] mittlerweile aber durch seinen transdisziplinären Charakter geprägt ist.[125] Sie verfolgt dabei nicht den Anspruch, eine fachübergreifend einheitliche Theorie zu entwickeln, sondern versteht sich als ein Programm mit dem Ziel, *„Analogiebildungen in theoretisch fruchtbare Kanäle zu lenken.“*[126] Ihren verschiedenen Varianten liegen einige gemeinsame

---

[120] Vgl. Meyer (1982), S. 515ff. und Meyer u. a. (1990), S. 103. Als weitere Determinanten von Anpassungsprozessen nennen Romanelli und Tushman zusätzlich die Historie von Unternehmen sowie organisationale Entscheidungsprozesse. Vgl. Romanelli/Tushman (1986), S. 608ff. Aus einer systemdynamischen Perspektive geht Sterman darauf ein. Er beschreibt diesen Zusammenhang als Feedback-loop zwischen Unternehmenshandeln und Umfeldeinflüssen. Vgl. Sterman (2000), S. 11.

[121] Vgl. Zahn/Nowak (2006), S. 49f. und Zahn (1996), S. 279.

[122] Wolf (2003), S. 126.

[123] „Systemtheorie“, „systemorientierter Ansatz“ bzw. „systemtheoretischer Ansatz“ werden in der Literatur meist synonym verwandt. Entsprechend gilt dies für die vorliegende Arbeit.

[124] Die erste Nennung wird dem österreichischen Biologen Bertalanffy zugeschrieben, der Organismen als dynamische Systeme betrachtete, deren Verhalten aus dem Wirkungszusammenhang der systembildenden Elemente abgeleitet werden kann. Vgl. Bamberger/Wrona (2004), S. 74 und Bertalanffy (1950).

[125] Die Systemtheorie kommt bspw. in den Natur-, Ingenieur- sowie auch Sozial- und Wirtschaftswissenschaften zur Anwendung. Vgl. Zahn (1972), S. 8ff. und Zahn/Hülsmann (2007), S. 59.

[126] Rapoport (1988), S. 21. Vgl. dazu auch Zahn/Kapmeier (2002), Sp. 1920ff.

Merkmale zugrunde, wie bspw. die Betonung situativen Denkens oder eine interdisziplinäre Ausrichtung.[127]

Nachfolgend werden Grundlagen und Entwicklung des systemorientierten Ansatzes, seine Bedeutung für die Anwendung auf Organisationen (im Sinne von Unternehmungen) sowie die für diese Arbeit wichtigsten Strömungen und deren Implikationen aufgezeigt.

2.2.1.1 Grundlagen und Entwicklung der Systemtheorie

Anstelle des traditionellen mechanistischen Weltbildes mit seiner linearen Logik kausaler Ursache-Wirkungsbeziehungen setzt die Systemtheorie die Vorstellung von Systemen als Ganzheiten.[128] Der Begriff „*System*" ist in der Alltagssprache fest verankert, wird allerdings nicht zuletzt wegen seiner häufigen Verwendung in unterschiedlichem Kontext meist recht diffus charakterisiert. Gemeinhin wird er in der Literatur – in Anlehnung an BERTALANFFY – mit einer Anzahl von in Wechselwirkung stehenden Elementen umschrieben.[129] WOLF greift diese Charakterisierung auf und identifiziert fünf Kernmerkmale:[130]

- Systeme bestehen aus Elementen, die bestimmte Eigenschaften aufweisen.
- Innerhalb der Vielzahl der Systemelemente besteht eine hierarchische Gliederung.
- Zwischen den Elementen, Subsystemen, usw. existieren vielfältige Beziehungen.
- Elemente, Subsysteme und Beziehungen determinieren Zustände und Verhaltensweisen des Systems.
- Das Beziehungsgefüge zwischen Elementen, Subsystemen usw. bildet die Systemstruktur.

Die Ausdifferenzierung dieser Merkmale und die inhaltliche Festlegung sind im jeweiligen Zusammenhang jedoch abhängig vom Beobachtungs- und Forschungsstandpunkt.[131]

---

[127] Vgl. Hill u. a. (1998), S. 434.

[128] Vgl. Zahn (1972), S. 14 und Tacke (2004), Sp. 1393. Diese Idee des systemischen Denkens geht auf Aristoteles zurück. Grundannahme ist, dass das „Ganze" mehr als die Summe seiner Teile ist. Vgl. Bertalanffy (1974), S. 407.

[129] Vgl. Bertalanffy (1972), S. 32. Vgl. dazu auch Forrester (1972), S. 9., Ulrich/Probst (1995), S. 30 sowie Rüegg-Stürm (2003), S. 77f.

[130] Vgl. Wolf (2003), S. 127f.

[131] Vgl. Stünzner (1996), S. 39.

So bildete sich der funktionalistisch orientierte Ansatz heraus, der die Organisationsstruktur als Mittel, Umfeldkomplexität zu reduzieren, studierte. Systeme sind dabei Handlungseinheiten, die die Probleme eines komplexen, veränderlichen Umfelds in einem kollektiven, arbeitsteiligen Prozess bewältigen, um so ihren Erhalt sicher zu stellen. Als Muster der Verarbeitung dieser Komplexität entwickelten sich hierarchische Systemkonzepte (Ausbildung von Subsystemen), die eine Spezialisierung auf bestimmte Funktionen erlauben.[132]

Die Sichtweise geschlossener Systeme fußt auf der Annahme, dass sich Systeme binnenstabil verhalten, also nach dem Erreichen eines bestimmten Zustandes keine (gravierenden) Veränderungen mehr auftreten, keine Austauschbeziehungen zum Umfeld bestehen und sie sich daher gezielt planen und steuern lassen. Diese Sichtweise wurde durch die Theorie offener Systeme erweitert, der die Überlegung zugrunde liegt, dass Systeme als Einheiten in ständiger Interaktion mit anderen Einheiten stehen und Austauschbeziehungen zum Umfeld unterhalten, also im so verstandenen Sinne offen sind. Mit dieser Betrachtungsweise wurde der Versuch unternommen, Input-Output-Transformationen von Systemen (als Mechanismus zur Umfeldanpassung) zu identifizieren bzw. zu modellieren.[133]

Während theoretische Erklärungsansätze bis dato nur monokausale Wirkungsketten berücksichtigten, ermöglicht der Systemansatz eine multikausale und vernetzte Betrachtung von Ereignisfolgen. Übertragen auf einen wirtschaftlichen Kontext bedeutet dies, dass die Dynamik von Umfeldentwicklungen sowie die Anpassungsfähigkeit von Unternehmen explizit berücksichtigt werden können. Dennoch muss kritisch angemerkt werden, dass die Systemtheorie durch eine hohe Abstraktheit gekennzeichnet ist. Zutreffend ist das sowohl für ihre theoretisch-konzeptionelle Natur, die verwendete Sprache[134] als auch für die teilweise angeführte Empiriearmut.[135]

2.2.1.2 Systemtheorie in den Wirtschafts- und Sozialwissenschaften

Die Potenziale der Systemtheorie wurden auch für die Sozial- und Wirtschaftswissenschaften erkannt[136] und so zeichnete sich in den betriebswirtschaftlich

---

[132] Vgl. Schreyögg (2003), S. 86.

[133] Vgl. Aderhold/Jutzi (2003), S. 125ff.

[134] Vgl. Willke (2000), S. 12.

[135] Zu einer kritischen Würdigung der Systemtheorie vgl. Stünzner (1996), Tacke (2004), Sp. 1392f., S. 129ff., Wolf (2003), S. 145f. sowie Macharzina (2003), S. 72.

[136] Vgl. Wolf (2003), S. 131. Um die Weiterentwicklung der Systemtheorie hin zu einer soziologischen Systemtheorie hat sich insbesondere der Systemtheoretiker Niklas Luhmann verdient gemacht. Vgl. Luhmann (1984).

geprägten Schriften zur Systemtheorie schnell eine eigenständige Entwicklung ab.[137] In seinem Standardwerk *„Die Unternehmung als produktives soziales System“* begreift ULRICH[138] Unternehmen als Organisationen mit leistungswirtschaftlichen Zielen („produktiv“) und Menschen als Hauptakteuren („sozial“).[139] Dieses Ordnungsgerüst ist Basis des St. Galler Managementmodells, in dessen Zentrum Aufgabenträger – eingebettet in einen komplexen Kontext – stehen.[140] Das St. Galler Managementmodell leistet damit einen wesentlichen Beitrag zur Entwicklung einer ganzheitlich orientierten Führungslehre, die die Umfeldorientierung der Unternehmensführung betont.[141] Als maßgebliche Elemente dieses Verständnisses werden Unternehmensumfeld, Unternehmen und Unternehmensführung genannt:[142]

- *Unternehmensumfeld:* Unternehmen stellen gesellschaftliche Institutionen dar, die in starkem Maße von Eigenschaften und Veränderungen ihrer Umfelder beeinflusst sind. D. h., dynamische externe Entwicklungen müssen proaktiv erfasst werden, damit Unternehmen in der Lage sind, systematische Anpassungen von Strukturen und Verhaltensweisen vorzunehmen.[143]
- *Unternehmung:* Unternehmen sind zielorientierte Systeme, die ihrerseits aus Subsystemen bestehen. Differenziert wird zum einen nach funktionalen aber auch nach leistungs-, finanzwirtschaftlichen und sozialen Gesichtspunkten. Dem System Unternehmung werden Eigenschaften wie Komplexität (Komplexitätsungleichgewicht zwischen System und Umwelt), Dynamik (permanente Anpassungsprozesse bzw. Ungleichgewicht des Systems ohne Verlust der eigenen Identität („Fließgleichgewicht“)) oder Offenheit (Austauschbeziehung zum Unternehmensumfeld) zugeschrieben.[144]

---

137 Vgl. Zahn/Hülsmann (2007), S. 57ff.

138 Als einen der Hauptvertreter der (deutschsprachigen) Systemforschung führt Wolf die Hochschule St. Gallen (HSG) an, und damit explizit die Arbeiten von Hans Ulrich. Vgl. Wolf (2003), S. 139ff. Die an der HSG erzielten Erkenntnisse bilden eine wichtige Grundlage der Betrachtung von Management- und insbesondere auch Planungssystemen.

139 Vgl. Ulrich (1968). Diese Aspekte gelten als die Grundparameter des Systems „Unternehmung“ (Zweckorientierung des Systems, Mensch als wesentliches Systemelement, Leistungserbringung mit Hilfe „technischer“ Ressourcen). Vgl. exemplarisch Hill u. a. (1998), S. 20ff. und Gagsch (2002), S. 8ff.

140 Vgl. Ulrich/Krieg (1972) sowie Rüegg-Stürm (2002).

141 Vgl. Macharzina (2003), S. 70.

142 Vgl. Wolf (2003), S. 140f.

143 Vgl. Zahn/Schön (2003), S. 167.

144 Vgl. Ulrich (1971), S. 49 und Stünzner (1996), S. 39ff.

- *Führungskonzept:* Als Teilaspekte der Führung werden Führungstechniken, -organisation und -kräfte genannt, deren Aufgaben die Umfeldüberwachung und Unternehmensanpassung sind. Führung schließt dabei sowohl Menschenführung als auch strukturelle Führung ein.[145]

Entsprechend wird die Unternehmung als offenes sozio-technisches System begriffen.[146] Dabei wird davon ausgegangen, dass die Unternehmung ein System ist, das aus Subsystemen, Elementen (als kleinsten Einheiten) und verbindenden Beziehungen besteht. Die formale Abbildung dieser Bestandteile wird als Systemstruktur bezeichnet,[147] ihre Veränderung im Zeitablauf wird als Verhalten des betrachteten Systems bezeichnet.[148] Das System wird von einem System höherer Ordnung umschlossen und ist in vielfältiger Weise mit diesem Umsystem verknüpft (vgl. Abbildung 2-2).[149] Diese Verknüpfung, deren Kenntnis grundlegend für die Führung von Unternehmen ist, wurde in vielen Untersuchungen in der Betrachtung vernachlässigt.[150]

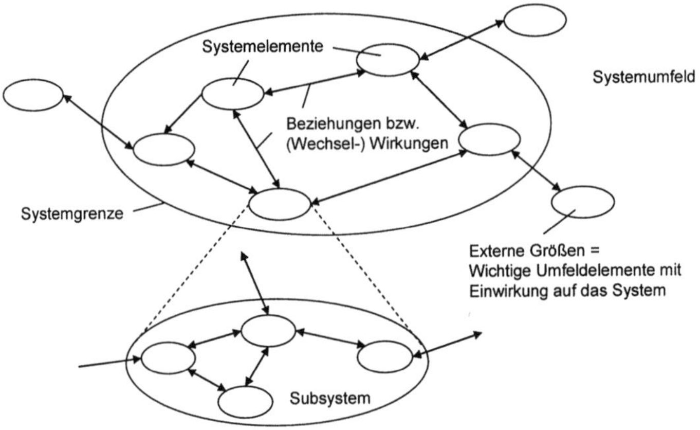

Abbildung 2-2: Die Unternehmung als System[151]

---

[145] Vgl. Link (2004), S. 15ff.

[146] Vgl. Gagsch (2002), S. 7ff., Zahn (1989), Sp. 1905f. und Ulrich (1968).

[147] Vgl. Balve (2002), S. 45.

[148] Vgl. Forrester (1972), S. 87ff. und Tilebein (2005), S. 44.

[149] Vgl. Ulrich (1990), S. 64ff., Hahn (1994), S. 66 und Stacey (1997), S. 3. Umfeldoffenheit heißt, dass Systeme im Austausch mit ihrem Umfeld stehen und sich bei dessen Veränderung durch die Stabilisierung einer Innen-Außen-Differenzierung (Grenzziehung) erhalten. Vgl. Tacke (2004), Sp. 1393 sowie Luhmann (1973), S. 175.

[150] Vgl. Kubicek/Thom (1976), Sp. 3981.

[151] Quelle: nach Reuter (2003), S. 16.

Die sozialen Systeme, in denen wir handeln und leben, besitzen einen hohen Grad an dynamischer Komplexität.[152] Anders als kombinatorische Komplexität, die etwa für die Anzahl der bei einer Entscheidung zu berücksichtigenden Aspekte steht, kann dynamische Komplexität auch in einfachen Systemen entstehen, und zwar als Ergebnis der Interaktionen zwischen Agenten (Entscheidungsträgern) über die Zeit („structure generates behavior"[153]). Diese Systeme befinden sich in einem ständigen Wandel – verursacht durch das Zusammenspiel vieler Feedbacks.[154] Diese Interaktionen bewirken die simultane Veränderung zahlreicher Variablen, wobei die Beziehungen zwischen Ursache und Wirkung gewöhnlich nicht-linear sind und damit von ihrer Interaktionsgeschichte, den Handlungen und Ereignissen in der Vergangenheit des Systems abhängen.

Erst mit dem Aufkommen der Systemtheorie ist die Interaktion von Umfeld und Unternehmung, insbesondere die allzeit problematische Erhaltung des Systems Unternehmung in einem fordernden Umfeld, in den Vordergrund des Interesses gerückt.[155] Daher wird im Folgenden auf die Systemtheorie als Grundlage der Betrachtung von Unternehmen und Umfeld Rückgriff genommen.

2.2.2 Unternehmensumfelder im Wandel

In der betriebswirtschaftlichen Literatur gilt als gesicherte Erkenntnis, dass das Unternehmensumfeld[156] eine zentrale Bedeutung für die Funktionsfähigkeit des Unternehmens und dessen Organisationsgestaltung hat.[157] Die Effektivität des Unternehmens oder im Extremfall seine Überlebensfähigkeit hängen in hohem Maße davon ab, ob es die zeitabhängigen Grenzen und Risiken, aber auch Möglichkeiten und Chancen in seiner Beziehung zum Umfeld erkennt und entsprechend agiert.[158]

---

152 Vgl. Zahn/Hülsmann (2007), S. 57 und Sterman (2000), S. 21f.

153 Vgl. dazu Sterman (2000), S. 10f.

154 Feedback ist ein fundamentaler Verhaltensaspekt, der Dynamik in Systemen bewirkt. Diese Systemdynamik resultiert aus dem Zusammenwirken positiver und negativer Feedback-Loops. Positive Rückkopplungsschleifen sind selbst-verstärkend; sie verstärken im System einmal angestoßene Initiativen und generieren exponentielles Wachstum. Negative Rückkopplungsschleifen sind selbst-korrigierend oder zielsuchend; sie wirken angestoßenen Veränderungen entgegen; ihre Prozesse streben nach Gleichgewicht und Balance. Vgl. Zahn/Hülsmann (2007), S. 58., Sterman (2000), S. 11ff. und Morecroft (2007), S. 31ff.

155 Vgl. Schreyögg (1993), Sp. 4231.

156 In der einschlägigen Literatur werden die Begriffe Umfeld, Umwelt und Kontext synonym verwendet.

157 Vgl. exemplarisch Breilmann (1990), S. 75 sowie Kreder (1983), S. 32f.

158 Vgl. Pfeffer/Salancik (1978), S. 2ff. sowie Dess/Beard (1984), S. 52

2.2.2.1 Bestimmung des Unternehmensumfelds

Die inhaltliche Abgrenzung und die widerspruchsfreie Begriffsfassung des Umfelds bereiten jedoch erhebliche Probleme.[159] So hat sich eine Vielzahl verschiedener Definitionsansätze herausgebildet, die sich zwischen verschwommener und strikter Grenzziehung[160] anordnen. KUBICEK und THOM formulieren daher drei Anforderungen an eine Definition des betrieblichen Umsystems:[161]

- Die Definition soll im Hinblick auf unternehmenspolitische Fragestellungen erfolgen. Als Bezugseinheit ist dementsprechend die Unternehmung als Kollektiv von Entscheidungs- und Handlungsträgern und nicht das einzelne Mitglied dieses Kollektivs zu wählen (*Bezugsproblem*).
- Wird die Unternehmung als Kollektiv von Personen mit einheitlicher Handlung betrachtet, zählen zum Umsystem maximal alle Elemente außerhalb der Unternehmung. Aus einer Negativabgrenzung, d. h. der Beantwortung der Frage, welche Personen im Einzelnen der Unternehmung angehören, ergibt sich die Notwendigkeit der Abgrenzung zwischen System und Umwelt (*Grenzproblem*).
- Da nicht jedes Element des dementsprechend definierten Umfelds für die Unternehmung von direkter Bedeutung ist, muss in einem weiteren Schritt das unternehmenspolitisch relevante Umfeld als Teilmenge bestimmt werden (*Relevanzproblem*).

Die Erfüllung der ersten Anforderung ergibt sich aus der verfolgten Fragestellung: Betrachtungsobjekt sind Umfeldparameter, deren Veränderungen im Zeitablauf die Unternehmung und deren Subsysteme beeinflussen; eine Betrachtung einzelner Entscheidungs- und Handlungsträger findet nicht statt. Demgegenüber bedürfen die Grenz- und Relevanzproblematik einer umfassenderen Erläuterung.

Basierend auf diesen Anforderungen soll in den nachfolgenden Kapiteln eine Arbeitsdefinition des Unternehmensumfelds erarbeitet werden.

2.2.2.2 Abgrenzung von Unternehmen und Umfeld

Das Unternehmensumfeld wird von DUNCAN definiert als die relevanten physischen und sozialen Faktoren, die außerhalb der Grenzen der Organisation liegen und bei organisationalen Entscheidungsprozessen Berücksichtigung finden.[162] „*Die Rede von System und Umwelt unterstellt [...], dass man eine*

[159] Vgl. Kreder (1983), S. 32f.

[160] Gemeint ist die Grenze zwischen System und Umsystem.

[161] Vgl. Kubicek/Thom (1976), Sp. 3982f.

[162] Vgl. Duncan (1972), S. 314.

Grenze zwischen Organisation und Nicht-Organisation (= Umwelt) ziehen kann, was Voraussetzung ist für eine substantielle Konkretisierung der Konstrukte System und Umwelt.“[163] Den wohl fortgeschrittensten Entwurf für eine solche Theorie der Grenzbildung legt die moderne Systemtheorie vor.[164] „*Systeme konstituieren sich in einer komplexen Welt, indem sie eine Differenz herstellen zwischen sich und der Umwelt. Durch Reduktion von Komplexität [...] wird im Innenverhältnis eine besser überschaubare Situation geschaffen, die Handeln ermöglicht. Zwischen dem System Unternehmung und seinem Umfeld besteht folglich immer ein Komplexitätsgefälle, die Grenze ist die Differenz.*“[165] Dieser nahe liegende Versuch, das Umfeld über die Bestimmung der Unternehmensgrenzen zu isolieren, stößt auf eine Reihe von (Abgrenzungs)Problemen.[166] Beispielsweise ist die Grenze zwischen Unternehmung und Umfeld im Zeitablauf Änderungen unterworfen und zeigt in Entscheidungssituationen unterschiedliche Verläufe.[167] Ebenso sind Kriterien, wie die Beeinflussbarkeit von Kontextfaktoren, für die Bestimmung der Unternehmensgrenzen nur bedingt tauglich. Problematisch ist, dass einseitige, stabile Wirkungsrichtungen angenommen werden und eine eindeutige Unterscheidung in interne und externe Faktoren nicht möglich ist.[168] Zahlreiche Autoren äußern sich insofern recht zurückhaltend:

- Eine exakte Grenzziehung zwischen einem Unternehmen und seinem Umfeld ist kaum möglich, da die Unternehmensgrenzen teilweise aufgrund netzwerkartiger und sich häufig verändernder Strukturen zunehmend verschwimmen.[169]
- Die Grenze eines Unternehmens oder eines Unternehmensnetzwerkes zu seinem Umfeld kann lediglich subjektiv durch Unternehmensmitglieder oder durch Dritte, aber niemals objektiv bestimmt werden. Ebenso wird aus erkenntnistheoretischer und sozialpsychologischer Sicht hervorgehoben, dass „Umfeld“ kein objektives Phänomen sein kann, sondern notwendigerweise eine stark subjektive Prägung aufweist, da es stets die

---

163 Staehle (1999), S. 419.

164 Vgl. Luhmann (1984).

165 Schreyögg (1993), Sp. 4232.

166 Vgl. Staehle (1999), S. 426f. und (1987), S. 114f. sowie Kubicek/Thom (1976), Sp. 3988ff.

167 Vgl. Cyert/March (1963)

168 Vgl. Niemeier (1986), S. 4f. Der Einfluss auf interne und externe Faktoren ist meist problemabhängig. Bspw. sind Produktinnovationen gleichermaßen abhängig von unternehmensinternen sowie marktlichen Größen.

169 Vgl. Ashkenas (2000), S. 11, Burr (1999), S. 1166, Picot u. a. (2003), S. 2 und Perich (1993), S. 340.

Form von „Nicht-Systemen“ annimmt und damit maßgeblich von Wahrnehmungs- und Abgrenzungsprozessen abhängt.[170]

- Die Grenzen eines Systems gegenüber seinem Umfeld sind nicht etwas Gegebenes, sondern müssen gedanklich konstruiert werden.[171]
- Die Grenzziehung ist von der jeweiligen Sichtweise bzw. vom Betrachtungszweck abhängig, d. h. die Grenze zwischen Unternehmen und Umfeld wird jeweils erst zweckspezifisch durch eine Definition gebildet.[172]

MARCH und SIMON verzichten sogar gänzlich auf eine klar abgegrenzte Definition von Organisation.[173] So ist es wenig verwunderlich, dass für MÜLLER-STEWENS und FONTIN die Konsequenz daraus sein muss, dass es keine einheitliche und allgemein akzeptierte Definition des Unternehmensumfelds geben kann.[174]

In der Literatur überwiegen allerdings pragmatische Systematisierungs- und Strukturierungsversuche des Umfelds. Deren Bedeutung liegt vor allem in der Dekomposition und geeigneten Zusammenfassung von Umfeldfaktoren zu repräsentativen Kontextkonstellationen und der darauf basierenden Möglichkeit zur Bestimmung typischer Merkmale und Eigenschaften sowie Wirkungsweisen der unterschiedlichen Umfeldbereiche bzw. -segmente.[175] Dementsprechend fokussiert ein anderer, in der Literatur weit verbreiteter Definitionsansatz auf die Beurteilung wahrgenommener Umfeldfaktoren mittels deren Wirkung auf die unternehmerische Zielerreichung. Es werden allgemeine und relevante Faktoren unterschieden.[176] Diese Unterscheidung stößt aber ebenfalls auf messtheoretische sowie Operationalisierungs- und Erhebungsschwierigkeiten, d. h. mit Umfeld kann keineswegs „Alles, was nicht System ist“ gemeint sein, sondern es muss eine Einschränkung auf das organisationsrelevante Umfeld erfolgen.[177]

---

170 Vgl. Sydow (1992), S. 97.

171 Vgl. Morecroft u. a. (2002), S. 8, Schreyögg (2003), S. 306ff. und Luhmann (1975), S. 211.

172 Vgl. Krüger (1994a), S. 327 und Burr (1999), S. 1166.

173 Vgl. March/Simon (1958).

174 Vgl. Müller-Stewens/Fontin (1997), S. 6.

175 Vgl. Kreder (1983), S. 34 und Kubicek/Thom (1976), Sp. 3988ff.

176 Vgl. Gebert (1978), S. 20.

177 Vgl. Staehle (1999), S. 419f.

Daher liegt die Verwendung eines nicht exakt abgegrenzten, flexiblen Umfeldbegriffes nahe, der unter relevantem Umfeld alle natürlichen und technologischen Rahmenbedingungen sowie selbstständige, handlungsfähige, soziale bzw. sozio-technische Systeme (Personen, Gruppen, Unternehmen, Institutionen) subsumiert, die den Zielerreichungsgrad des Unternehmens verändern können.[178] Zur externen Situation des Unternehmens gehören damit diejenigen Kontextfaktoren, die geeignet sind, Unterschiede in den Strukturen zu erklären. Diese Faktoren können jedoch nicht vom Unternehmen alleine beeinflusst werden, sondern resultieren meist aus dem Verhalten anderer.[179]

2.2.2.3 Merkmale des relevanten Unternehmensumfelds

Zur Charakterisierung von Unternehmensumfeldern werden gemeinhin zwei Dimensionen herangezogen.[180]

Die erste, so genannte inhaltliche Dimension, wird in zahlreichen Konzeptualisierungen in zwei Ebenen aufgeteilt:[181] das „allgemeine Umfeld" (z. B. kulturelle, sozialpsychologische, rechtliche, politische und wirtschaftliche Faktoren) und das „aufgabenspezifische Umfeld" (z. B. Wettbewerb, Ressourcen, Absatzmarkt und Technologie).[182] Diese Dimension umfasst verschiedene inhaltliche Einflussfaktoren auf den Umfeldzustand des jeweils betrachteten Unternehmens.

Die zweite, so genannte formale Dimension, ermöglicht es, auf einer allgemeinen Ebene eine vergleichende Beurteilung der Situation verschiedener Unternehmen vorzunehmen.[183] Hauptelemente sind die beiden voneinander unabhängigen Komponenten Umfeldkomplexität (-simplizität) und Umfeld-

---

[178] Vgl. Nippa (1988), S. 267. Die Systemgrenze wird dabei u. a. als bestimmender Faktor für die Dynamik des Systems verstanden. Vgl. Stünzner (1996), S. 197ff.

[179] Vgl. Kieser/Walgenbach (2003), S. 414ff., Staehle (1999), S. 420 und Duncan (1972), S. 314. Sterman (2000, S. 11) veranschaulicht diesen Zusammenhang durch ein systemdynamisches Feedback-Modell.

[180] Vgl. Schreyögg (2003), S. 308.

[181] Vgl. Duncan (1972), Elenkov (1997), S. 287 und Gagsch (2002), S. 13f. Ähnliche Einteilungen nehmen auch Engelhardt/Freiling (1998), S. 566f. oder Hahn (1999a), S. 16 vor. Vgl. Sterman (2000), S. 11.

[182] Im Zusammenhang mit dem unternehmensspezifischen Umfeld wird auch häufig von „Aufgabenumwelt", „Task Environment" oder „Operating Environment" gesprochen. Für das allgemeine Umfeld stehen häufig Begriffe „Macro Environment" oder „Global Environment". Vgl. hierzu Dill (1958), S. 424, Emery/Trist (1965), S. 21f., Thompson (1967), Lawrence/Lorsch (1967), Duncan (1972) und Bourgeois (1980), S. 25ff.

[183] Vgl. Kieser/Walgenbach (2003), S. 418f.

dynamik (-stabilität).[184] Umfeldkomplexität bringt das Ausmaß der Vielgestaltigkeit und Unübersichtlichkeit des betrieblichen Umfelds zum Ausdruck.[185] Diesen Definitionsansatz greift ebenfalls DUNCAN auf und formuliert zu seiner Operationalisierung folgende Bedingungen: Zahl externer Faktoren, Verschiedenheit dieser Faktoren (Varietät) und Verteilung der Faktoren in verschiedenen Umfeldsegmenten.[186] Wird Komplexität als strukturelle Komponente der formalen Umfelddimensionen verstanden, so ist Dynamik deren zeitliche Variable.[187] Dynamik beschreibt die Veränderung des Umfelds im Zeitablauf.[188] Ihr Ausmaß lässt sich anhand dreier Subdimensionen darstellen – Stabilität, Intensität, Vorhersehbarkeit.[189]

	Unternehmensumfelder	
	allgemeines Umfeld	**aufgabenspezifisches Umfeld**
Inhaltliche Dimension	wirtschaftliches Umfeld politisches Umfeld rechtliches Umfeld sozialpsychologisches Umfeld kulturelles Umfeld	Wettbewerb Absatzmarkt Ressourcen Technologie
	Dynamik	**Komplexität**
Formale Dimension	Stabilität Intensität Vorhersehbarkeit	Zahl externer Faktoren Varietät Faktorenverteilung in Umfeldsegmenten

Abbildung 2-3: Dimensionen von Unternehmensumfeldern[190]

[184] Vgl. exemplarisch Buchner (2002), S. 87ff., Duncan (1972) und Lawrence/Lorsch (1967). Ebenso machen auf diese dichotome Betrachtungsweise auch Emery und Trist aufmerksam: „A main problem in the study of organizational change is that environmental contexts in which organizations exist are themselves changing, at an increasing rate, and towards increasing complexity." Emery/Trist (1965), S. 21.

[185] Vgl. Reiß (1993), S. 58f. und Schreyögg (1993), Sp. 4233ff. Child formuliert dies folgendermaßen: „Environmental complexity refers to the heterogeneity and range of activities which are relevant to an organization's operations." Child (1972), S. 3.

[186] Vgl. Duncan (1972), S. 313f. und Kieser (1974), S. 302.

[187] Vgl. Child (1972), S. 1ff.

[188] Vgl. Burns/Stalker (1961) sowie Jurkovich (1974), S. 386ff.

[189] Vgl. Kieser/Walgenbach (2003), S. 418f. und Kieser (1974), S. 302.

[190] Quelle: eigene Darstellung.

Unternehmen, deren Umfelder von starker Dynamik und Komplexität geprägt sind, sind in besonderer Weise gefordert, sich im Einklang mit der Veränderung ihrer Umfelder koevolutiv zu wandeln. Die sich unternehmens- und situationsspezifisch, schnell und unvorhersehbar ergebenden Veränderungen bedeuten eine permanente Bedrohung (aber auch Chance) für gegenwärtigen Unternehmenserfolg und verleihen der Suche nach tragfähigen Erfolgsgrundlagen neue Dringlichkeit.[191]

Derart skizzierte Veränderungen können allgemein als *„der Wechsel einer Merkmalsausprägung eines Veränderungsobjekts an einem definierten Veränderungsort im Vergleich zu einem vorherigen Zustand“*[192] beschrieben werden. In der Literatur zum strategischen Management wird eine solche Veränderung als Wandel verstanden, wenn ihre Bedeutung und Tragweite grundlegender Natur sind und sich gegen übliche, alltägliche Veränderungen abgrenzen lassen.[193]

Demgemäß soll Wandel hier als grundlegende und fundamentale Veränderung,[194] oder – in Anlehnung an STAEHLE – als Übergang von einem gegenwärtigen Zustand zu einem fundamental anderen zukünftigen Zustand aufgefasst werden.[195] Da jedoch in der Regel auch der neue Zustand nur begrenzte Zeit unverändert Bestand hat, kann Wandel als ein andauernder Prozess verstanden werden, der sich laufend weiterentwickelt und sich somit aus unendlich vielen derartiger Übergangsphasen zusammensetzt.[196] Eine vertiefende Betrachtung des Wandelbegriffs wird in Kapitel 2.4.1 vorgenommen.

2.2.3 Turbulenz im Umfeld

In Anbetracht der Tatsache, dass Wandel ein Phänomen ist, das in verschiedenen Formen[197] auftritt bzw. durch eine umfeldabhängige Radi-

---

191 Vgl. Zahn/Hülsmann (2007), S. 57f.

192 Vgl. Westkämper u. a. (2000), S. 22.

193 Vgl. Ulrich (1994), S. 6.

194 Vgl. Reiß (1997b), S. 9.

195 Vgl. Staehle (1999), S. 592.

196 Allerdings darf Wandel nicht als grundsätzlich positives Phänomen des Fortschritts, der Modernisierung oder der Erneuerung interpretiert werden. Vgl. Gagsch (2002), S. 27. Für Reiß bedeutet Wandel vielmehr ein „Auf und Ab“, „Renaissance“ oder „Aufstieg, Fall und Wiederaufstieg“. Vgl. Reiß (1997b), S. 7.

197 Zahn und Dillerup unterscheiden sicheren, abschätzbaren und offenen Wandel. Vgl. Zahn/Dillerup (1995), S. 7. Ulrich unterscheidet langsamen und schnellen Wandel. Vgl. Ulrich (1994), S. 8ff. Krüger spricht von evolutionärem vs. revolutionärem Wandel. Vgl. Krüger (1994b), S. 216ff. Nach Reiß können drei Dimensionen unterschieden werden:

kalität[198] gekennzeichnet ist, muss zur Abgrenzung verschiedener Typen von Unternehmensumfeldern eine weitere beschreibende Dimension eingeführt werden: die Umfeldturbulenz.

2.2.3.1 Begriff, Ausprägungen und Konsequenzen

Da die Verwendung des Turbulenzbegriffs in der betriebswirtschaftlichen Literatur eher jüngeren Datums ist, soll zunächst kurz auf seine historischen Wurzeln eingegangen werden. „Turbulenz", ursprünglich vom lateinischen „*turbulentia*" kommend, meint Unruhe bzw. Verwirrung und wird umschrieben mit „*[...] Unruhe, wildes Durcheinander, aufgeregte Bewegtheit*".[199] In der Physik ist der Begriff ebenfalls gängig: „*Turbulenz ist ein komplexes, nichtlineares, chaotisches Geschehen [...]. Es ist bisher nicht möglich, Gesetze der Turbulenz [...] abzuleiten.*"[200]

Dieses Begriffsverständnis lässt sich auch in einen betriebswirtschaftlichen Kontext übertragen. Zwischen dem Betrachtungsobjekt Unternehmen und seinem Umfeld sind zahlreiche Wechselwirkungen auszumachen, die je nach Ausprägung ein mehr oder weniger überschaubares Muster an Beziehungen bedingen. Je chaotischer Umfeld und Beziehungsgeflecht sind, desto turbulenter wird das Umfeld wahrgenommen.[201] In diesem Zusammenhang prägten EMERY und TRIST die Formulierung „Turbulentes Umfeld" bereits in ihrem Beitrag von 1965.[202] In der Literatur findet sich neben Bezeichnungen wie „high velocity markets"[203] zur Beschreibung von turbulenten Wettbewerbsarenen ebenfalls der Begriff „Hyperturbulenz" bzw. „Hyperwettbewerb".[204] Unter den Bedingungen des Hyperwettbewerbs treten kontinuierliche Veränderungen auf, die dauerhafte Wettbewerbsvorteile nicht zulassen. Einmalig errungene Vorteile eines Unternehmens werden von der Konkurrenz schnell aufgezehrt, sodass der Wettbewerb

---

Breite, Tiefe und Geschwindigkeit. Vgl. Reiß (1997b), S. 19. Weitere Autoren unterscheiden kontinuierlichen bzw. diskontinuierlichen, geplanten und ungeplanten oder inkrementalen und fundamentalen Wandel. Für eine Übersicht der verschiedenen Dimensionen des Wandels vgl. Meyer (2007), S. 91f.

198 Die Radikalität des Umfelds wird maßgeblich determiniert durch diskontinuierliche marktliche und technologische Entwicklungen. Vgl. Tilebein (2005), S. 7ff.

199 Vgl. Duden (2006a), Stichwort Turbulenz.

200 Vgl. F.A. Brockhaus (1996), S. 431.

201 Vgl. Polley (1997), S. 455f.

202 Vgl. Emery/Trist (1965), S. 24ff.

203 Vgl. Eisenhardt/Martin (2000), S. 1115.

204 Vgl. D'Aveni (1994) und McCann/Selsky (1984), S. 460ff.

letztlich nur noch um temporäre Wettbewerbsvorteile ausgetragen wird.[205] Die Dynamik der Veränderungen manifestiert sich in der Auflösung von Branchengrenzen, der Erosion bestehender Geschäfte, dem Markteintritt neuer Konkurrenten sowie in der Veränderung der Spielregeln des Wettbewerbs.[206] Begrifflich ist nach CHAKRAVARTHY aber eine klare Unterscheidung zwischen Turbulenz und Hyperwettbewerb zu treffen: „*D'Aveni defines "hypercompetition", a condition similar to the turbulence I described, as an environmental phenomenon in which competitive advantages are rapidly created and eroded because of dynamic strategic interactions [...]. However, turbulence and hypercompetition are not synonymous. In a turbulent industry, there are multiple unpredictable equilibrium points. D'Aveni sees hypercompetition as a desirable stop on the inevitable descent to perfect competition.*"[207]

Trotz dieser Beschreibungsansätze der Umfeldzustände existiert eine allgemein akzeptierte Definition von Turbulenz in der betriebswirtschaftlichen Theorie bisher nicht. Aus der z. T. kontroversen Diskussion des Begriffs in Literatur und Praxis lassen sich drei Hauptströmungen identifizieren:[208]

- Turbulenz als Modeerscheinung, um Zustände dramatisch zu beschreiben.[209]
- Turbulenz als subjektiv wahrgenommenes Phänomen, das personenbezogen und -abhängig ist und keine Verallgemeinerungen und generellen Handlungsempfehlungen zulässt.[210]
- Turbulenz als messbarer Umfeldzustand, der sich anhand von Dimensionen und Maßgrößen operationalisieren lässt.[211]

Wenngleich KIESER von „Modeerscheinung" spricht, darf nicht angenommen werden, dass es in Unternehmensumfeldern nie Turbulenzen gab. Vielmehr soll zum Ausdruck kommen, dass es „in Mode gekommen" ist, den jeweils aktuellen Zustand als besonders turbulent zu umschreiben.[212] Ebenso muss festgehalten werden, dass diese Beobachtung KIESERS nicht im Widerspruch zu den beiden

---

205 Vgl. D'Aveni (1999), S. 130ff. und D'Aveni (1994), S. 214ff.

206 Vgl. Zahn (1997), S. 2f.

207 Vgl. Chakravarthy (1997), S. 75.

208 Vgl. McCann/Selsky (1984), S. 460f. sowie Buchner (2002), S. 93f.

209 Vgl. Kieser (1996), S. 21f.

210 Vgl. Mintzberg (1994b), S. 7ff.

211 Vgl. Ansoff (1991), S. 15ff.

212 Vgl. Gagsch (2002), S. 52.

anderen identifizierten Strömungen steht. Diese begreifen Turbulenz als subjektiv wahrgenommen bzw. objektiv messbar und spiegeln damit zwei rational durchaus vertretbare Perspektiven wider.[213]

Für den weiteren Gang der Arbeit wird das letztgenannte Turbulenzverständnis – Turbulenz als messbarer Umfeldzustand – zugrunde gelegt. Turbulenz ist hier definiert als das gesamthafte Auftreten von Komplexität und Dynamik in den Umfeldern von Unternehmen. Diese Definition lehnt sich an CHAKRAVARTHY an, der die Größen Komplexität und Dynamik als Elemente der Umfeldturbulenz heranzieht (vgl. Abbildung 2-4): „*When a business environment is highly complex and changing rapidly, the resulting turbulence in a firm's environment makes orderly conduct among its competitors more difficult.*"[214] Die Definition geht damit konform mit den Ansätzen einer Reihe weiterer Autoren.[215]

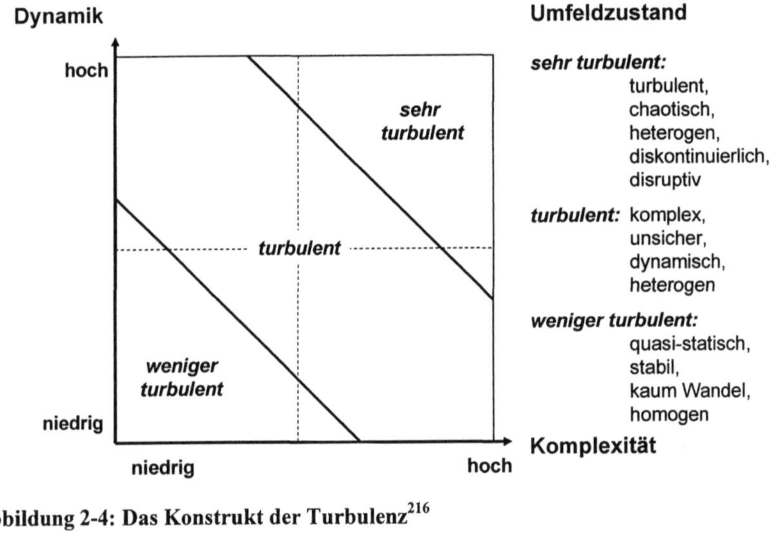

Abbildung 2-4: Das Konstrukt der Turbulenz[216]

---

[213] Während ein Aufgabenträger Turbulenz nach festen Kriterien misst bzw. beurteilt wird für einen anderen dessen subjektive Wahrnehmung des turbulenten Umfelds zur Realität.

[214] Chakravarthy (1997), S. 69.

[215] Vgl. auch Horváth (2003), S. 3f., Westkämper u. a. (2000), S. 22, Beckmann (1996), S. 17, Hart/Banbury (1994), S. 257, Ansoff/Sullivan (1993), S. 11f., Aldrich (1979), S. 69 und Kieser (1974), S. 302f. Ebenso bestehen große Parallelen zu der von Reiß formulierten Definition von Wandel. Seine Variablen „Breite" und „Tiefe" lassen sich als Komplexität interpretieren (je mehr Elemente und Beziehungen das Umfeld umfasst, desto komplexer wird es) und „Geschwindigkeit" kann als temporale Komponente als Dynamik interpretiert werden. Vgl. Reiß (1997b), S. 19 sowie Gagsch (2002), S. 54.

[216] Quelle: in Anlehnung an Buchner (2002), S. 94 und Chakravarthy (1997), S. 69.

Es kann weiter davon ausgegangen werden, dass sich Unternehmensumfelder stets in einem Zustand mehr oder weniger stark ausgeprägter Turbulenz befinden.[217] Von einem weniger turbulenten Unternehmensumfeld wird demnach gesprochen, wenn kritische Elemente weitgehend konstant bleiben und ihre Reaktionsweisen untereinander bekannt und vorhersagbar sind. Ein (sehr) turbulentes Umfeld liegt vor, wenn Komplexität und Dynamik zusammen auftreten. Zu ihrer weiteren Operationalisierung ist es erforderlich, eine exakte Skalierung bereitzustellen – den so genannten Turbulenzgrad, definiert als das gesamte Niveau des Auftretens von Komplexität und Dynamik im Unternehmensumfeld. Diese Skalierung dient als Maß zur Beurteilung von Turbulenz.[218] Je nach Positionierung der einzelnen betrachteten Umfeldfaktoren ist damit erkennbar, welche der Turbulenzfaktoren als „Turbulenztreiber" wirken. Dieses differenzierte Betrachtungsmodell trägt der Tatsache Rechnung, dass es eine unzulässige Vereinfachung ist, generell von hoher Turbulenz zu sprechen. Dabei ist nicht nur die eindimensionale Umfeldturbulenz ablesbar, sondern ebenso, ob die Turbulenz eher durch Komplexitäts- oder Dynamikkomponenten initiiert und getrieben wird.[219] Als Beispiele solcher turbulenten Umfelder bzw. Märkte führen KUIVALAINEN U. A. Hoch-Technologie- sowie Informations-Technologie-Märkte an.[220]

Obwohl in der Literatur weitestgehend Einigkeit darüber herrscht, dass Komplexität und Dynamik den Turbulenzgrad des Umfelds bedingen, gibt GAGSCH zu bedenken, dass ein hoher Umfeldturbulenzgrad zwar die Turbulenzneigung eines Systems erhöht, nicht aber zwangsläufig die Erhöhung des Turbulenzgrads in diesem System zur Folge hat. Dieser Kausalzusammenhang wird maßgeblich vom Niveau der systemspezifischen Anpassungsfähigkeiten determiniert.[221]

2.2.3.2 Ursachen von Umfeldturbulenz

Nach Klärung von Begriff, Ausprägungen und möglichen Folgen von Umfeldturbulenz stellt sich die Frage, was als Ursache von Komplexität und Dynamik – und mithin Turbulenz – in Frage kommt. Nur die Klärung möglicher Kausalverbindungen macht es möglich, Ansatzpunkte zur Turbulenzbewältigung zu identifizieren. Abbildung 2-5 illustriert exemplarisch den

---

217 Vgl. Buchner (2002), S. 94, Jahns (1999), S. 22f. und D'Aveni (1999), S. 130ff.

218 Vgl. Buchner (2002), S. 96 sowie Ansoff (1991), S. 15.

219 Vgl. Buchner (2002), S. 97.

220 Vgl. Kuivalainen u. a. (2004), S. 37.

221 Vgl. Gagsch (2002), S. 53. Ähnlich formulieren dies auch Emery und Trist: „[...] turbulent fields demand some overall form of organization that is essentially different from the hierarchically structured forms to which we are accustomed." Emery/Trist (1965), S. 29.

Zusammenhang zwischen Turbulenzkeimen[222], deren Wirkungen, Turbulenztreibern, Turbulenzelementen und dem Turbulenzphänomen.

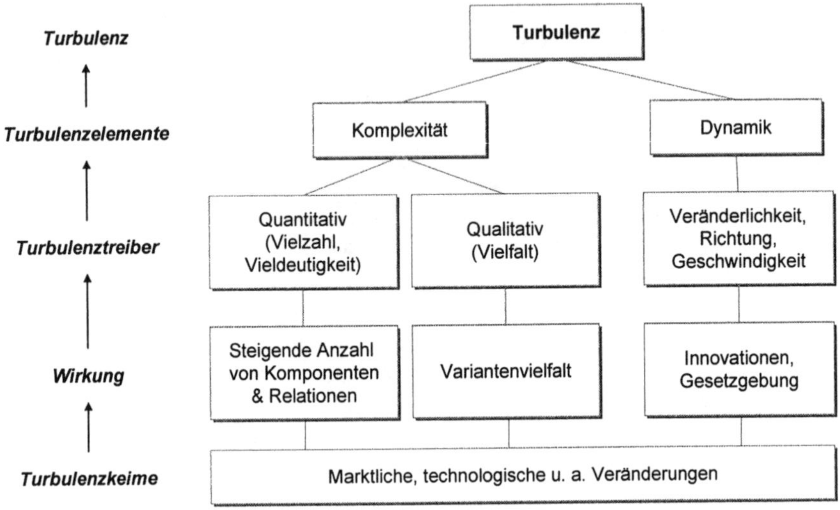

Abbildung 2-5: Kausaler Zusammenhang von Turbulenzkeimen und Turbulenz[223]

In der Literatur finden sich zahlreiche Ansätze und Studien, die an verschiedenen Stellen dieser kausalen Logik ansetzen. Nachfolgend sind einige dieser Untersuchungen, die die Haupttrends thematisieren, exemplarisch skizziert.

BLISS fokussiert in seinen Untersuchungen ausschließlich auf Komplexitätstreiber.[224] Hierbei unterteilt er in exogene und endogene Treiber. Seiner Ansicht nach sind für die Veränderung der Umfeldturbulenz die exogenen Komplexitätstreiber (Marktkomplexität), wie Nachfragekomplexität, Wettbewerbskomplexität und technologische Komplexität, maßgeblich.

Beide Elemente der Turbulenz (Komplexität und Dynamik) berücksichtigend benennt STAEHLE demgegenüber fünf Faktoren, die seiner Auffassung nach von Wissenschaft und Praxis als zentrale Parameter bzw. im oben verstandenen

---

[222] Turbulenzkeime bezeichnen die Ursachen bzw. Auslöser von Turbulenz. Vgl. Buchner (2002), S. 95.

[223] Quelle: nach Buchner (2002), S. 95.

[224] Vgl. Bliss (2000), S. 5ff.

Sinne als Turbulenzkeime betrachtet werden:[225]

- Megatrends,[226]
- gesellschaftlicher Wertewandel,[227]
- technologische Veränderungen,
- ökonomische Veränderungen und
- ökologische Veränderungen.

Damit gehen WESTKÄMPER und ZAHN konform, die ebenso verschiedene Turbulenzkeime identifizieren, aus denen sich hauptsächlich die Treiber von Komplexität und Dynamik bilden:[228]

- Technologische Neuerungen,
- Internationalisierung der Märkte sowie
- permanente Veränderung von Angebot und Nachfrage.

Dieser Befund fußt maßgeblich auf einer empirischen Studie 200 deutscher Industrieunternehmen, die im Rahmen des Sonderforschungsbereichs 467 an der Universität Stuttgart durchgeführt wurde.[229] Untersuchungsfragen waren unter anderem, welche Arten turbulenzauslösender Faktoren auftreten und wie sich deren Wirkung entfaltet. Hierbei wurde in Auftreten (kurz-, mittel- und langfristig) sowie Wirkungsintensität (Stärke) der Turbulenzursachen unterschieden und eine entsprechende Untergliederung in Turbulenzursachenklassen vorgenommen. Ähnlich beschreibt WIENDAHL mit dem Begriff Turbulenzkeime externe Veränderungen auf dem Markt (Währungsschwankungen oder das Auftreten neuer Produkte), grenzt diese aber deutlich von unternehmensinternen Auslösern (wechselnde Ziele auf Planungsebene oder Störungen auf Steuerungsebene) ab. Seiner Ansicht nach stehen beide in Wechselwirkung.[230]

---

225 Vgl. Staehle (1999), S. 627ff.

226 Naisbitt hat über eine Zehn-Jahres-Periode eine große Anzahl lokaler, überregionaler und nationaler Zeitungen in den USA ausgewertet und zehn Trends identifiziert. Vgl. Naisbitt (1984).

227 Aus einer Reihe sehr unterschiedlicher Studien leitet Staehle Trends in Bezug auf verschiedene Lebensbereiche (Wertewandel) ab. Vgl. Staehle (1999), S. 628f.

228 Vgl. Westkämper/Zahn (2005), S. 15f. Ein ähnliches Ergebnis ergibt sich aus einer Längsschnittuntersuchung der Angebotsseite verschiedener Branchen. Vgl. Huyett/Viguerie (2005), S. 47ff.

229 Vgl. Westkämper u.a. (2003), S.16ff.

230 Vgl. Wiendahl (2002), S. 51.

Die marktlichen Veränderungen als Ursachen zunehmender Turbulenz werden von BECKMANN aufgegriffen, der diese in vier hauptsächliche wirtschaftliche Entwicklungslinien aufteilt:[231]

- Trend zur Internationalisierung und Globalisierung mit einer zunehmenden Verflechtung und regionalen Diversifizierung der relevanten Elemente,
- Trend zu Heterogenität (Differenzierung, Vielfalt) mit inhomogenen Nachfragestrukturen und individualisierten Kundenwünschen, welche sich in einer Vielzahl von Produkten und hoher Varietät niederschlagen,
- Trend zur Beschleunigung mit Begriffen wie Flexibilität, Lieferzeit, Termintreue und Reaktionsfähigkeit als wichtige Größen im Zeitwettbewerb sowie
- Trend zum hochfrequenten Wandel mit rasanter Änderungsdynamik z. B. bezüglich Produktlebenszyklen und vom Kapitalmarkt geforderten Amortisationszeiten.

Einig sind sich die genannten Autoren jedoch darin, dass Umfeldturbulenzen durch verschiedene Komplexität und Dynamik determinierende Faktoren ausgelöst werden. Einzig die Intensität des Einflusses dieser Faktoren auf die Turbulenz variiert von Ansatz zu Ansatz.

2.2.3.3 Turbulenzintensivierung oder Wahrnehmungsverschiebung?

Angesichts eines schon fast inflationären Gebrauchs der Begriffe Turbulenz, Komplexität und Dynamik zur Umschreibung von Unternehmensumfeldern gab es in jüngerer Zeit Untersuchungen, die eine Überprüfung der Zunahme von Umfeldturbulenz zum Inhalt hatten. Bspw. stellt MINTZBERG fest, dass eine Periode in der Rückschau als weniger turbulent beschrieben wird, als das jeweilige „Heute".[232] Dieses Phänomen und seine Auswirkungen sind wohl so neu nicht. MINTZBERG zeigt anhand einer Literaturanalyse, dass sich in den USA Unternehmen und deren Manager bereits vor 30 Jahren über eine hohe Marktdynamik bei hohem Kosten- und Konkurrenzdruck beklagten. Nach WIENDAHL könnten nachfolgende Aspekte Gründe dafür sein:[233]

---

[231] Vgl. Beckmann (1996), S. 17f. und ähnlich Zahn/Schmid (1997), S. 455ff.

[232] Vgl. Mintzberg (1994b), S. 7f.

[233] Vgl. Wiendahl (2002), S. 14f.

- Neben objektiv messbaren Aspekten besitzt Turbulenz einen subjektiven Charakter. Erfahrungsgemäß ist der auf eine neue Situation Vorbereitete weniger überrascht, als ein Unvorbereiteter. Daher empfindet der Vorbereitete die Situation als weniger turbulent.
- Die Relevanz von Veränderungen hat offensichtlich etwas mit den Fähigkeiten der Betroffenen zu tun. Übersteigen die Anforderungen die Fähigkeiten, werden bspw. starke Bedarfsschwankungen im Vergleich zu recht starren Produktionskapazitäten als Überforderung – und damit als turbulent – wahrgenommen.

Unabhängig davon, ob eine Veränderung des Turbulenzgrads tatsächlich stattgefunden hat oder auf einer Wahrnehmungsverschiebung beruht,[234] kann – neben weiteren unternehmensinternen und persönlichkeitsbedingten Ursachen – gesteigerte Unsicherheit bei Aufgabenträgern die Folge von Turbulenzzunahme sein.[235] Sowohl Dynamik als auch Komplexität des Umfelds führen wie vorstehend erläutert zu Unsicherheit und Ambiguität bei der Entscheidungsfindung in der Unternehmung.[236] Dieser Zusammenhang wurde zuerst in einer empirischen Studie von DUNCAN nachgewiesen. Er konnte zeigen, dass steigende Umfeldkomplexität und -dynamik zu steigender Unsicherheit führen. Weiterhin stellte er fest, dass eine steigende Dynamik stärker zum Unsicherheitsempfinden beiträgt als steigende Komplexität.[237] Ähnlich argumentiert ANSOFF, der der Dynamik als Element der Turbulenz einen höheren Gewichtungsfaktor beimisst.[238]

2.2.4 Unternehmensinterne Turbulenz

In sämtlichen Untersuchungen der Wechselwirkungen zwischen Unternehmung und Umfeld wird deutlich, dass durch kontinuierliche Adaption eine Art symbiotischer Zustand angestrebt werden muss. Das heißt, die Erreichung gesetzter Ziele kann nur gewährleistet werden, wenn den vielfältigen Umfeld-

---

234 Aufgabenträger nehmen ihr Umfeld häufig turbulenter war, als es eine objektivierte Beurteilung ergeben würde. Vgl. hierzu die Untersuchungen von Mintzberg (1994b).

235 Vgl. Buchko (1994), S. 419 und Kieser/Walgenbach (2003), S. 422f.

236 Vgl. Kieser (1974), S. 302. Buchner unterscheidet hier verschiedene Arten von Unsicherheit: State Uncertainty (das Fehlen von Informationen über den Zustand des Umfelds), Effect Uncertainty (Unsicherheiten über das Ausmaß des Einflusses des Umfelds auf das Unternehmen) und Response Uncertainty (Unkenntnis angemessener Antworten sowie Unfähigkeit, deren mögliche Konsequenzen zu prognostizieren). Vgl. Buchner (2002), S. 99.

237 Vgl. Duncan (1972), S. 325.

238 Vgl. Ansoff (1991), S. 15.

anforderungen besser begegnet werden kann, als dies der Konkurrenz gelingt.[239] Auf dem Weg zur Erreichung von Wandlungsfähigkeit der Unternehmung im Allgemeinen und Adaptionsfähigkeit der strategischen Planung im Besonderen nimmt die Bewältigung der durch das Unternehmensumfeld induzierten Turbulenz einen hohen Stellenwert ein.

Turbulenz kann nach GAGSCH grundsätzlich als „Schnittstellenphänomen" zwischen zwei unterschiedlich entwickelten Systemen verstanden werden. *„Sie tritt immer dann auf, wenn in einem System neue Entwicklungen entstehen, die Auswirkungen auf ein anderes System haben, aufgrund unvollständiger Information aber von diesem nicht oder erst erheblich verzögert wahrgenommen werden."*[240] Daher erscheint Turbulenz aus Sicht eines Systems prinzipiell als ein von außen induziertes Phänomen.

Auf der anderen Seite kann das Unternehmen selbst Auslöser von Turbulenz sein. Dies hängt nicht zuletzt von der Wahl der Systemgrenze ab, also den Schnittstellen zweier unterschiedlich entwickelter Subsysteme. Die Wahrscheinlichkeit, dass durch den Kontakt zweier Systeme Turbulenz entsteht, wird umso größer, je radikaler sich die Systeme wandeln. Ob und wie sich Turbulenzen aus dem Wandel tatsächlich ergeben, hängt also von der Wandlungsfähigkeit des zurückliegenden Systems ab. Zur Erklärung unternehmensintern induzierter Turbulenz legt GAGSCH ein zweigliedriges Modell vor, mit dessen Hilfe die Identifikation von Turbulenztreibern möglich wird.[241] Demnach kann das Unternehmen aus systemischer Sicht in vertikale Ebenen und horizontale Felder unterteilt werden, innerhalb derer Wandel stattfinden kann.

Bei Betrachtung der Ebenen greift GAGSCH auf systemtheoretische Ansätze von KLIMECKI, PROBST und GMÜR bzw. ULRICH und PROBST zurück, die das Unternehmen als vertikal hierarchisch gegliedertes Gebilde verstehen, dessen jeweilige Ebenen durch spezifische Eigenschaften gekennzeichnet sind.[242] Nach Ansicht dieser Autoren sind zumindest vier unterschiedliche Ebenen zu differenzieren: die Ebene des Einzelnen, der Gruppe, des Unternehmensbereichs und des Gesamtunternehmens. Nachfolgende Auflistung stellt mögliche Turbulenztreiber auf diesen vier Ebenen dar:

- *Einzelner*: Modifikationen von individuellen Verhaltensweisen oder Einstellungen, Veränderungen des persönlichen Wertesystems, Weiterent-

239 Vgl. Haas (1997), S. 18.

240 Gagsch (2002), S. 57.

241 Vgl. Gagsch (2002), S. 58ff.

242 Vgl. Klimecki u. a. (1993), S. 36f. und Ulrich/Probst (1995), S. 28.

wicklungen der eigenen Fähigkeiten und Fertigkeiten, Veränderungen des Familienstandes, Übergänge zwischen Lebensabschnitten (Ausbildung, Arbeit oder Ruhestand), Änderung von tief verwurzelten Gewohnheiten, persönliche Krisen[243]

- *Gruppe*: Veränderungen der Interessen und Ziele, der Zusammensetzung, der Beziehungsmuster sowie der Funktionsweise (z. B. des Entscheidungsverhaltens) einzelner Gruppen[244]
- *Unternehmensbereich*: Verschiebungen und Neugestaltung von Austauschbeziehungen zwischen Unternehmensbereichen, Entstehen oder Vergehen einzelner Elemente innerhalb eines Unternehmensbereiches[245]
- *Gesamtunternehmen*: Formale Regelungen, Verhaltensweisen und im Unternehmen verankerte Bewusstseinsstrukturen.[246]

Bemerkenswert ist, dass jeder Wandel auf den genannten Ebenen eines Unternehmens letztlich im individuellen Wandel eines Einzelnen wurzelt.[247]

Zur Erklärung unternehmensinternen Wandels ist die dargestellte Ebenenbetrachtung jedoch nicht ausreichend. Vielmehr können in einer horizontalen Betrachtung weitere Verknüpfungen (Felder), die Wandel induzieren, identifiziert werden. Die Einteilung und Betrachtung solcher horizontalen Felder des Wandels ist in der einschlägigen Literatur vielfach vorzufinden.[248] Eine vergleichende Gegenüberstellung der Ansätze verschiedener Autoren zeigt danach gemeinsame Felder auf, in denen sich Wandel mit großer Tragweite für das Unternehmen manifestieren kann. Ausgehend von diesen Erkenntnissen sind dies die Felder Führung, Mitarbeiter, Organisation und Ressourcen.[249] Nachfolgende Auflistung stellt mögliche Turbulenztreiber in diesen vier Feldern dar:

- *Führung*: Geschäftsfeldumstrukturierung, Eingehen strategischer Partnerschaften, Änderung des Produktionsprogramms, Internationalisierungsstrategien, Refokussierung auf das Kerngeschäft.[250]

---

243 Vgl. Gagsch (2002), S. 59f. und Reiß (1997b), S. 7.

244 Vgl. Perich (1993), S. 125.

245 Vgl. Gagsch (2002), S. 61.

246 Vgl. Perich (1993), S. 125.

247 Vgl. Kobi (1996), S. 39.

248 Vgl. Wolf (2003), S. 402, Klimecki u. a. (1993), S. 43ff. und Krüger (2002a).

249 Vgl. ähnlich Gagsch (2002), S. 62ff. und Meyer (2007), S. 162f.

250 Vgl. Reiß (1997b), S. 7.

- *Organisation*: Organisationsverschlankung, Hierarchieabflachung, Geschäftsprozessumstrukturierung, Outsourcing, Einführung von Selbstorganisation bzw. divisionaler oder modularer Strukturen.[251]
- *Ressourcen*: Innovationen bei Informations- und Kommunikationstechnologie, Veränderung von Produktionssystemen und vor allem Veränderungen der organisationalen Wissensbasis.
- *Mitarbeiter*: Veränderungen im Denken und Wahrnehmen (Bewusstseinswandel), Veränderung von Wertvorstellungen und Normen, Wandel von Verhalten und Handeln (Kultur) sowie Fähigkeiten und Fertigkeiten.[252] Eine Übereinstimmung der Denkweisen aller Mitarbeiter sowie die Gleichzeitigkeit mentaler Veränderungsprozesse[253] besteht nur in Ausnahmefällen. Die daraus resultierenden unterschiedlichen Einstellungen führen zum Entstehen gegensätzlicher Kräfte, die ihrerseits wiederum Turbulenz verursachen können.

Unternehmensintern induzierte Turbulenzen finden sich vor allem in Unternehmen wissensintensiver Dienstleistungsbranchen.[254] Solche Unternehmen sind weit überdurchschnittlich Prozessen interner sowie externer „complexification" ausgesetzt.[255] Ihre Wettbewerbsfähigkeit beruht auf Wandlungsfähigkeit,[256] und diese manifestiert sich in der Fähigkeit zu schnellem Lernen als Voraussetzung zur ko-evolutiven Entwicklung des Unternehmens mit seinem sich verändernden Umfeld. Permanentes (kollektives) Lernen führt zu laufenden Veränderungen der Wissensbasis. Diese speisen einerseits die Innovationsquelle des Unternehmens, andererseits fungieren sie als interne Turbulenztreiber.

STAEHLE weist darauf hin, dass die Aufteilung in extern und intern induzierten Wandel rein analytisch ist und sich Anstöße zu organisationalem Wandel in der Praxis vermischen.[257] Weiter konstatiert er, dass interne Anlässe oft mittelbar auf Änderungen im Umfeld zurückgeführt werden können und externe Anlässe mitunter aus vorherigen Handlungen der Unternehmung resultieren. *„Externe Anlässe ergeben sich aus einer wahrgenommenen Veränderung in [...] für die*

---

251 Vgl. Gagsch (2002), S. 63, Zahn (1997), S. 6 und Burr (2004), S. 462.

252 Vgl. Gagsch (2002), S. 65.

253 Die zeitlich gleichlaufende Veränderung mentaler Modelle wird in der Literatur auch als Simultaneous Reframing bezeichnet. Vgl. Gouillart/Kelly (1995), S. 42.

254 Vgl. Kuivalainen u. a. (2004).

255 Vgl. Hage/Powers (1992), S. 50ff.

256 Vgl. Zahn (2003b), S. 2ff.

257 Vgl. Staehle (1999), S. 905.

Unternehmung relevanten Umweltsegment(en) [...] mit denen die Unternehmung interagiert, deren Handlungen, Verhaltenswiesen und Strategien sie also bei eigenen Handlungen, Verhaltensweisen und Strategien berücksichtigen muss, [...] um zu überleben."[258] Daraus ergibt sich, dass die Veränderung von Merkmalen unternehmensinterner Turbulenz maßgeblich vom Grad der Umfeldturbulenz abhängt.

2.2.5 Implikationen turbulenten Wandels für die Führung von Unternehmen

Die Bewältigung der Turbulenz sich diskontinuierlich verändernder Wettbewerbslandschaften wird zu einer existenziellen Vorraussetzung für Unternehmen und deren Erfolg – und damit zentrales Managementproblem.[259] Bisher gültige Grundsätze zur Unternehmensführung geraten im Kontext turbulenter Umfelder ins Wanken.[260] Tradierte Prinzipien der erfolgreichen Führung im Wettbewerb müssen überprüft und erneuert werden. Es muss folglich eine andere, neue Art der Führung entwickelt werden. Die Führung muss in der Lage sein, „*auf nachhaltige Art und Weise mit den Implikationen des Wandels umzugehen.*"[261] Daher stellt sich die Frage: „*Wie kann die (Über-) Lebensfähigkeit und Lenkbarkeit heutiger Institutionen, Organisationen und Unternehmen unter wechselnden Zielen, turbulenter werdenden Umfeldbedingungen bei wachsender Komplexität, prinzipiell unvollständigen Informationen sowie schrumpfenden Planungshorizonten noch hergestellt, erhalten und sichergestellt werden?*"[262]

Um diesen Herausforderungen zu begegnen, wurden im Rahmen des strategischen Managements in der Vergangenheit auf der Grundlage einer ganzheitlichen Betrachtung von Unternehmen und ihren Umfeldern zahlreiche Konzepte zur Unternehmenssteuerung entwickelt.[263] Diese theoretischen Konzepte beschäftigen sich mit Erklärungsansätzen für die Gewinnung und Erhaltung von Wettbewerbsvorteilen und ökonomischer Rente:[264]

---

258 Staehle (1999), S. 905.

259 Vgl. Bleicher (2004), S. 32ff.

260 Vgl. Westkämper u. a. (2000), S. 22.

261 Gagsch (2000), S. 3.

262 Rieckmann (1997), S. 5.

263 Vgl. Hinterhuber (1992), S. 7.

264 Vgl. Zahn/Foschiani (2000), S. 93f. und Amit/Schoemaker (1993), S. 36. In der ökonomischen Theorie sind Renten „[...] das über die Opportunitätskosten hinausgehende Entgelt." Picot (2002), S. 433.

- Der Market-based View[265] (Monopol-Renten[266]) basiert mit seiner Outside-in-Perspektive auf dem Structure-Conduct-Performance-Paradigma der Industrieökonomie[267]. Grundlegende These ist, dass die jeweilige Branchenstruktur sowie die Auswahl und Besetzung bestimmter Produkt-Markt-Positionen die Schaffung einer vorteilhaften Wettbewerbsposition determiniert. Nachhaltig geprägt wurde der Ansatz durch das PORTERsche Konzept der *„fünf Kräfte des Branchenwettbewerbs"*.[268] Das Erkennen und Ausnutzen von Marktchancen setzt die Prämissen von homogen verteilten und weitgehend mobilen branchenspezifischen Ressourcen sowie relativ stabile und wenig komplexe Marktbedingungen voraus. Der Conflict-based-View, eine spieltheoretische Weiterentwicklung des Market-based-View, stellt die Frage nach Möglichkeiten der Beeinflussung des Verhaltens von Konkurrenten und damit des Marktes.[269]
- Der Resource-based View[270] (Ricardo-Renten[271]) ist eine wesentliche Ergänzung einer rein marktlichen Sichtweise durch die Berücksichtigung der internen Ressourcenposition. So betrachtet der Resource-based-View mit einer Inside-out-Perspektive[272] den Einfluss von Unternehmenspotenzialen auf Strategien und Leistungen. Ausgehend von den Stärken des Unternehmens stellt er das Unternehmen als ein Portfolio von

---

265 Vgl. Porter (1980, 1985), Hoskisson u. a. (1999), S. 424ff. und Bea/Haas (2001), S. 24f.

266 Monopol-Renten können in staatlichen Eingriffen oder Absprachen begründet sein oder (aus Sicht des Resource-based View) durch den Aufbau und Schutz einer überlegenen Ressourcenausstattung erzielt werden. Vgl. Thiele (1997), S. 57 und Bamberger/Wrona (1996), S. 134

267 Vgl. zum Structure-Conduct-Performance-Paradigma grundlegend Mason (1939) und darauf aufbauend Bain (1956, 1959) und zum Konzept der Industrieökonomik insbesondere Porter (1981), S. 609ff. sowie bspw. Welge/Al-Laham (2005), S. 36f.

268 Vgl. Porter (1980), S. 4ff.

269 Vgl. Axelrod (1995), S. 12, 23f. und 99f.

270 Der Resource-based View ist ein Ansatz des strategischen Managements, der einen argumentativen Bezugsrahmen zwischen den Erfolgsunterschieden von Unternehmen und ihrer individuellen Ressourcenausstattung liefert. Vgl. Penrose (1959) – als Begründerin des ressourcenorientierten Ansatzes – sowie Andrews (1971) und Wernerfelt (1984, 1995), die diesen weiterentwickelt haben. Neuere Arbeiten dazu stammen von Prahalad/Hamel (1990) und Barney (1991, 2001).

271 Die Erzielung ökonomischer Rente durch strategische Ressourcen erklärte Ricardo mit der heterogenen Ressourcenausstattungen von Unternehmen innerhalb einer Branche. Vgl. Peteraf (1993), S. 180. Diese Art der Rente beruht damit auf dem Besitz und der Verwendung von knappen und wertvollen Ressourcen. Vgl. Bamberger/Wrona (1996), S. 134.

272 Vgl. Bea/Haas (2001), S. 26f. und Zahn (1999), S. 11f.

Ressourcen in den Mittelpunkt seiner Überlegungen.[273] Der Fokus richtet sich dabei vor allem auf intangible Ressourcen, wie bspw. organisationalen Fähigkeiten.

- Das Bemühen um ein besseres Verständnis der Ressourcen und Kompetenzen bzw. ihrer Interdependenzen und Einflüsse führte zur Weiterentwicklung des ressourcenbasierten Ansatzes in Richtung des Competence- und Knowledge-based-View.[274] Diese eher prozessual orientierten Ansätze stellen die Entwicklung unternehmensspezifischer Fähigkeiten in den Vordergrund und beziehen in diesem Zusammenhang die Dynamik der Veränderungen im Wettbewerbsumfeld mit in ihre Überlegungen ein (Schumpeter-Renten).[275]

Um von diesem theoretischen Fundament ausgehend konkrete Lösungsansätze zur Führung im turbulenten Umfeld erarbeiten zu können, muss jedoch vorweg geklärt werden, welche Anforderungen an die Führung von Unternehmen in turbulenten Umfeldern gestellt werden. HAAS leitet hierzu verschiedene strategische Anforderungen ab:[276]

- Wechselseitige Beziehungen zwischen Umfeld und Unternehmen müssen besser wahrgenommen, analysiert und möglichst frühzeitig in die unternehmerischen Entscheidungen mit einbezogen werden.
- Komplexe Anpassungsprozesse an veränderte und globale Marktstrukturen werden erforderlich.
- Der Zeitbedarf für Unternehmensprozesse muss deutlich verkürzt werden.
- Unternehmensprozesse müssen flexibel und vor allem kundenorientiert ausgerichtet werden.
- Wissen aus unterschiedlichen Fachgebieten ist für die zunehmend vielfältiger werdenden Probleme zu kombinieren.
- Flexibilität und Entwicklungsfähigkeit des Unternehmens und seiner Systeme müssen erhöht werden.

---

273 Vgl. Zahn/Foschiani (2000), S. 97.

274 Vgl. Prahalad/Hamel (1990), Hamel/Prahalad (1994), Leonard-Barton (1992) und Grant (1991,1996).

275 Schumpeter-Renten erwirtschaften Unternehmen, wenn sie durch erfolgreiche Innovationen Wettbewerbsvorteile generieren. Hervorzuheben ist, dass Wettbewerbsvorteile durch Innovationen und damit auch die Schumpeter-Renten nur eine begrenzte Zeit erzielt werden können, da anzunehmen ist, dass konkurrierende Unternehmen versuchen werden, die betrachtete Innovation zu imitieren. Unternehmerische Renten haben die Eigenart, sich nach einiger Zeit selbst aufzulösen. Vgl. Thiele (1997), S. 57.

276 Vgl. Haas (1997), S. 17. Vgl. dazu ebenfalls die Ausführungen von Scheurer (2000), S. 379f.

Vor dem Hintergrund dieser Anforderungen stellt sich die Frage, wie und mit welchen Methoden die Unternehmensführung auf die sich stellenden Herausforderungen reagieren kann. Das heißt, es muss näher beleuchtet werden, welche Fähigkeiten und Qualifikationen die Führung besitzen muss, um die Aufgabenstellung der Sicherung des Unternehmens im turbulenten Umfeld zu bewältigen. In der Literatur finden sich dazu eine Reihe von Größen, die von verschiedenen Autoren mehrfach angeführt werden:[277] Schnelligkeit, Transparenz, Flexibilität, Kundenorientierung, Erfolgsorientierung, Veränderungsbereitschaft, Vorhalten von Alternativen, Schlankheit der Strukturen, Kooperationsbereitschaft und strategisches (ganzheitliches) Denken.

BUCHNER verweist darauf, dass diese externen Anforderungen zwar die Führung von Unternehmen maßgeblich beeinflussen, jedoch nicht direkt auf das strategische Planungssystem wirken. Eine eindeutige Ableitung von Anforderungen aus dem Umfeld und eine daran geknüpfte Ableitung von Gestaltungsempfehlungen sind somit nur unter Vorbehalt sowie entsprechender Relativierung möglich.[278] Verlässlichere Aussagen werden erst durch Berücksichtigung weiterer Faktoren, wie die Ausprägung der Strategie, möglich.[279]

Diese Kritik adressiert HOPPE indirekt, indem sie den Einfluss von Kontextfaktoren auf die strategische Planung untersucht.[280] Sie geht ähnlich wie LÖFFLER davon aus,[281] dass der Erfolg strategischer Planungssysteme von der Berücksichtigung umfeldbezogener und organisationaler Rahmenbedingungen abhängt.

2.2.6 Zusammenfassung: Untersuchungskontext

Kontextwandel und turbulente Umfelder waren für Unternehmen schon immer wichtige Themen und ihre Kenntnis Voraussetzung für ein erfolgreiches Management. Deren Bedeutung nahm in der jüngeren Vergangenheit durch

---

277 Vgl. Siggelkow/Rivkin (2005), Tilebein u. a. (1998), S. 220f., Tschirky/Bucher (2003), S. 28ff., Nowak (2006) S. 313f., Gagsch (2002), S. 122ff., Spath u. a. (2001), S. 236ff., Kuivalainen u. a. (2004), S. 36f., Sull (1999), S. 45ff. und Erickson (1999).

278 Vgl. Buchner (2002), S. 110f.

279 Vgl. Nippa (1988), S. 281.

280 Hoppe untersucht eine Vielzahl verschiedener Studien zum Zusammenhang zwischen Kontextfaktoren und Dimensionen der strategischen Planung. Im Mittelpunkt steht dabei die Frage nach der Erfolgswirkung des „Fit“ zwischen Unternehmenskontext und strategischem Planungssystem. Für eine ausführliche Darstellung vgl. Hoppe (2004), S. 37ff.

281 Vgl. Löffler (1995), S. 84 und 130.

Treiber wie Globalisierung der Märkte oder rapide Entwicklung der Telekommunikationsmedien noch zu.[282] Vor allem ist das Wissen über Turbulenz und deren Implikationen grundlegend für die strategische Planung und Adaption strategischer Planungssysteme.

Kapitel 2.2 skizziert den Untersuchungskontext dieser Forschungsarbeit und geht hierbei auf Merkmale relevanter Unternehmensumfelder, unternehmensexterne und -interne Turbulenzen und Implikationen turbulenten Wandels ein (vgl. Kapitel 2.2.5). Von besonderer Bedeutung sind die Anforderungen, die solche Umfelder an Unternehmen und an ihre strategischen Planungssysteme stellen.

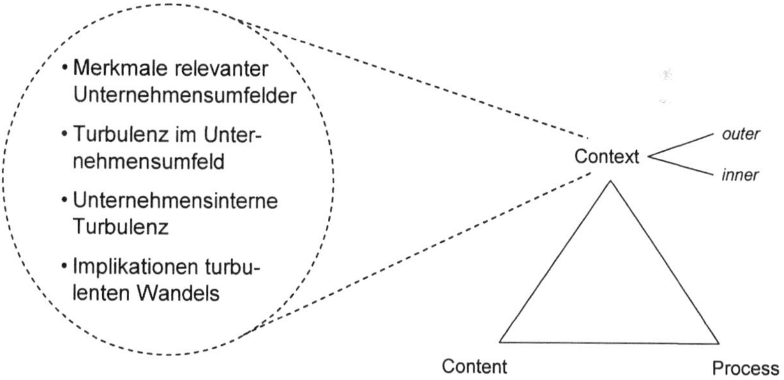

Abbildung 2-6: Untersuchungskontext

Durch die Auseinandersetzung mit turbulenten Umfeldern und den daraus resultierenden Anforderungen an strategischer Planungssysteme wird – wie von PETTIGREW gefordert – „the why of change“ identifiziert und beschrieben.[283] Damit wird erkennbar, welche Facetten des Kontexts für die Untersuchung von Adaptionsprozessen und ihren Einflussfaktoren berücksichtigt werden müssen.

---

[282] Vgl. Nadkarni/Narayanan (2007) und Marten (2000), S. 32ff.

[283] Vgl. Pettigrew (1987), S. 658.

2.3 Strategische Planungssysteme

Die Bedeutung der strategischen Planung und des strategischen Managements für den langfristigen Erfolg von Unternehmen ist in betriebswirtschaftlicher Forschung und Unternehmenspraxis weitgehend anerkannt.[284] Dies zeigt sich nicht zuletzt im betriebswirtschaftlichen Schrifttum der vergangenen beiden Dekaden, in dem „Strategie" zu einem der populärsten und zugleich meistdiskutierten Begriffe herangewachsen ist.[285] Insbesondere seit Anfang der 1980er Jahre entwickelte sich das noch relativ junge Forschungsfeld rasant,[286] was durch eine Vielzahl theoretischer und empirischer Forschungsarbeiten und Publikationen dokumentiert ist.[287]

Nachfolgend wird ein Überblick über den Stand der Strategieforschung gegeben und das Erfahrungsobjekt „strategisches Planungssystem" näher charakterisiert. Daran schließt sich die Diskussion des Kontingenzansatzes in der Strategieforschung sowie des Wandels strategischer Planung an.

2.3.1 Stand der Strategieforschung

2.3.1.1 Inhalts- vs. Prozessforschung

Das breite Feld möglicher Merkmale bzw. Problembereiche der strategischen Unternehmensführung lässt sich in unterschiedlicher Weise systematisieren. So wurde in der Strategieforschung schon früh zwischen einer inhaltsorientierten (strategy content research) und einer prozessorientierten (strategy process research) Forschung differenziert.[288] Diese Dichotomie wurde insbesondere durch die Arbeiten von CHANDLER, ANSOFF und ANDREWS in den wissenschaftlichen Diskurs eingeführt und hat sich spätestens durch die Arbeit von

---

284 Vgl. Al-Laham (1997), S. 1.

285 Vgl. Lyles (1990), S. 363 und Al-Ani (2000), S. 53. Der Begriff „Strategie" steht hier stellvertretend für die gesamte Begriffsfamilie, die ebenso Termini wie „strategisch" oder im Englischen „strategy" und „strategic" umfasst.

286 Vgl. Eisenhardt/Zbaracki (1992), S. 17.

287 Anzuführen sind hier insbesondere Publikationen in den einschlägigen englischsprachigen Fachzeitschriften wie bspw. Academy of Management Journal, Strategic Management Journal, Long Range Planning, MIT Sloan Management Review und Harvard Business Review. Im deutschen Sprachraum sind u. a. die Zeitschrift für Planung oder Die Unternehmung zu nennen.

288 Vgl. Fahey/Christensen (1986), Huff/Reger (1987), Chakravarthy/Doz (1992), Pettigrew (1992), Schendel (1992a/b), Knyphausen-Aufseß (1995), S. 37f. und Rühli/Schmidt (2001), S. 534.

SCHENDEL und HOFER gefestigt.[289] Sie prägt als Leitdifferenz noch heute maßgeblich die disziplinäre Entwicklung[290] und spaltet das Forschungsfeld, so CHAKRAVARTHY und DOZ in einer vergleichenden Analyse, speziell nach ihrem Gegenstandsbereich, aber auch nach ihren theoretischen Grundlagen sowie den Forschungsmethoden auf.[291]

„Strategy content research is defined as research which examines the content of decisions regarding the goals, scope and/or competitive strategies of corporations."[292] Zentrales Anliegen der inhaltsorientierten Forschung ist die Erklärung und Beschreibung von Unternehmensstrategien und ihre Korrelation mit dem Unternehmenserfolg. Gegenstand der Betrachtung sind jedoch nicht nur Unternehmensstrategien, sondern auch andere Komponenten der Unternehmenspolitik wie Ziele, Strukturen, Grundsätze und Managementsysteme.[293] Wesentliche Erklärungsansätze stellen in diesem Zusammenhang die – vermeintlich konkurrierenden – Paradigmen Market-based View und Resource-based View sowie deren Weiterentwicklungen dar.[294]

Die prozessorientierte Sichtweise der strategischen Managementforschung ist dahingegen auf die Beschreibung, Erklärung und Gestaltung strategischer Prozesse ausgerichtet. Hauptgegenstand ist die Frage nach dem Zustandekommen bzw. der Genese von Unternehmensstrategien[295]: *„Process Research,*

---

289 Vgl. Chandler (1962), Ansoff (1965), Andrews (1971) und Schendel/Hofer (1979). Ein Überblick dazu findet sich bei Huff/Reger (1987), S. 211.

290 Vgl. Lechner/Müller-Stewens (1999), S. 2.

291 Vgl. Chakravarthy/Doz (1992), S. 5ff.
Zur Kritik an der Dichotomisierung des Forschungsfelds und der Forderung nach einer (Re-)Integration beider Zweige vgl. Jenner (2003), S. 345f., Rühli/Schmidt (2001), S. 536, Ketchen u. a. (1996), Pettigrew (1992), Schendel (1992a/b) und Huff/Reeger (1987). Einleuchtend ist, „that process must be studied alongside or coincidentally with content and context must be recognized in research designs." Schendel (1992b), S. 2. Entsprechend wird in der vorliegenden Arbeit aus Gründen der Methodik zwar auf die Trennung des Forschungsgebiets Rückgriff genommen, wobei jedoch der Ordnungsrahmen zur Untersuchung der Adaption strategischer Planungssysteme beide Perspektiven umfasst und integriert.

292 Fahey/Christensen (1986), S. 168.

293 Vgl. Bamberger/Wrona (2004), S. 25f.

294 Vgl. Zahn (1998b) und Zahn u. a. (2000), S. 249ff.

295 Bewusst wird hier zunächst der neutrale Begriff des Zustandekommens (bzw. der Genese) verwendet, unter den sich sowohl die aktiv konnotierten Begriffe „Entwickeln" und „Formulieren" als auch die tendenziell passiv konnotierten Begriffe „Entstehen" und „Formieren" subsumieren lassen, und somit keine bestimmte Sichtweise präjudiziert. Vgl.

in contrast [to content research, Anm. des Verf.], *has been defined as research primarily focused on the actions that lead to and support strategy.*“[296] Ziel ist es in erster Linie, zu erklären, wie effektive Strategien entstehen bzw. entwickelt, beurteilt, ausgewählt und implementiert werden und inwiefern Prozesse der Grund für Erfolg oder Misserfolg der Strategieformulierung sowie -implementierung sein können. KAMMEL verweist weiterhin darauf, dass hier teilweise die reaktive oder proaktive Verbesserung der (Planungs)Systeme und -prozesse ins Zentrum der Betrachtung rückt.[297] Über diese Fragestellungen hinaus umfasst die strategische Prozessforschung eine Vielzahl weiterer Forschungszweige. PETTIGREW bringt dies folgendermaßen zum Ausdruck: „*Process research in strategic management is paradigmatically diverse and empirically complex.*“[298] Diese Aussage scheint sich zu bestätigen, wenn die verschiedensten empirischen und theoretischen Forschungsarbeiten betrachtet werden, die zu diesem Thema entstanden sind, sowie die große Anzahl von Schnittstellen zu anderen Forschungsgebieten, die bspw. CHAKRAVARTHY und DOZ bzw. HUFF und REGER beschreiben.[299]

Wie im nachfolgenden Kapitel 2.3.2 noch gezeigt wird, ist der Strategieentstehungsprozess zentrales Element strategischer Planungssysteme. Daher rückt hier die Diskussion des Prozessansatzes in den Vordergrund.

2.3.1.2 Entwicklung der Disziplin

Strategische Planung bzw. Führung sowie strategisches Management haben ihre Ursprünge am ehesten in der Langfristplanung, die als frühe Phase eines disziplinären Entwicklungsprozesses verstanden werden kann.[300] Strategische

---

hierzu auch Kirsch (1997b), S. 19f., Müller-Stewens/Lechner (2005), S. 31f. und Foschiani (2005), S. 97.

296 Huff/Reger (1987), S. 211ff.

297 Vgl. Kammel (2000), S. 161. Im deutschsprachigen Raum setzte sich u. a. Zahn schon früh und richtungsweisend mit dieser Thematik auseinander. Vgl. Zahn (1979).

298 Pettigrew (1992), S. 5.

299 Vgl. Chakravarthy/Doz (1992) und Huff/Reger (1987), S. 212.

300 Als Entwicklungsphasen des strategischen Managements werden in der Literatur gemeinhin die Finanzplanung, Langfristplanung, strategische Planung und strategisches Management unterschieden, Vgl. dazu Zahn (1979), S. 19ff., Welge/Al-Laham (2005), S. 8ff. und Kammel (2000), S. 98ff. Eine genaue Nachzeichnung dieser Entwicklung wird nicht zuletzt durch die Multidisziplinarität des strategischen Managements erschwert. Vgl. die „Schools of Thought“ nach Mintzberg (1990) oder die Ausführungen zu den disziplinären Forschungstraditionen nach Knyphausen-Aufseß (1995, S. 21ff.).

Planung[301] war in diesem Zusammenhang in erster Linie die Antwort auf eine Zunahme der Veränderungsdynamik im unternehmerischen Umfeld, die ein flexibles Agieren von Unternehmen erforderlich machte.[302] Kernmerkmale sind die Entwicklung von Unternehmens- und Geschäftsfeldstrategien sowie deren Implementierung.[303] Das Konzept der strategischen Planung wurde im Zuge seiner stetigen Weiterentwicklung immer wieder unter neuen Bezeichnungen geführt; ab den 1980er Jahren als „strategisches Management" und ab den 1990er Jahren als „strategische Führung".[304] Je nach Autor werden damit (leicht) unterschiedliche Inhalte verbunden. So wird strategische Planung zum einen als Bestandteil des strategischen Managements gesehen,[305] zum anderen werden die Begriffe aber nahezu synonym verwendet.[306] Unabhängig von einer exakten Begriffsdefinition stehen jedoch stets strategische (Führungs)Prozesse im Mittelpunkt, die sich sowohl auf die Kerngegenstände der strategischen Planung (wie etwa die Entwicklung von Unternehmens- und Geschäftsbereichsstrategien) beziehen als auch – in einer erweiterten Perspektive – auf übergeordnete Fragestellungen der Unternehmenspolitik, -philosophie und -kultur.[307]

2.3.1.3 Präskriptive, deskriptive und integrative strategische Planung

In der Entwicklung des Forschungsfelds der strategischen Planung sind verschiedene Schwerpunkte erkennbar. Von zentralem Charakter und dauerhafter Bedeutung ist dabei insbesondere die Diskussion über die Unterscheidung

---

301 In der Literatur wird strategische Planung meist als systematischer, zukunftsbezogener Problemlösungsprozess verstanden, der die gedankliche Vorwegnahme künftigen Geschehens durch zielorientierte Suche, Beurteilung und Auswahl von Problemlösungsmöglichkeiten bei Zugrundelegung bestimmter Annahmen über künftige Umfeldsituationen beinhaltet. Vgl. AK „Integrierte Unternehmensplanung" der Schmalenbach-Gesellschaft (1991), S. 812 und Zahn (1989), Sp. 1904.

302 Vgl. Henzler (1988), S. 1288. Als Treiber dieser Entwicklung nennt Kreikebaum (1997, S. 25ff.) ebenfalls Umfelddynamik und -komplexität sowie Veränderungen in Unternehmensorganisation und Planungsmethoden.

303 Als weiteres Kernmerkmal der strategischen Planung wird oft deren Langfristcharakter angeführt. Ehrmann bspw. weist ihr einen Zeithorizont von fünf bis zehn Jahren zu, Voßbein hingegen bis zu 30 Jahre. Vgl. Ehrmann (2007), S. 21f. und Voßbein (1974), S. 26ff.
Müller-Stewens und Lechner lösen sich von dieser eher statischen Sichtweisen und weisen der strategischen (und operativen) Planung nicht einfach Zeithorizonte, sondern kurz- und langfristige Aspekte strategischer Initiativen zu. Vgl. Müller-Stewens/Lechner (2005), S. 101.

304 Vgl. Taylor (1999), S. 972.

305 Vgl. Ansoff u. a. (1976), S. 2.

306 Vgl. Wilson (1994).

307 Vgl. Hahn/Taylor (1999), S. V.

und Beurteilung zweier Grundsatzpositionen: der präskriptiven und der deskriptiven.[308]

Die präskriptive (auch synoptische oder rational-analytische) Perspektive fußt auf der Annahme unbedingter Planungsrationalität, also der Möglichkeit rationaler Suche, Bewertung und Auswahl von Strategien.[309] *„Die handelnden Personen können die Konsequenzen jeder Strategieoption abschätzen, die für die Strategie relevanten Ereignisse der Zukunft antizipieren [...]“*[310] und im Voraus im Zuge der Strategieformulierung soziale und technische Umsetzungsprobleme berücksichtigen. Präskriptive Strategieprozessmodelle verstehen die Generierung der Strategie als einen linearen Prozess, dessen Ablauf bereits im (theoretischen) Vorfeld beschrieben werden kann und dessen Ergebnisse in Form von praktischen Handlungsvorschriften formuliert und empfohlen werden können.[311]

So verstandener strategischer Planung haften nach MINTZBERG drei Denkfehler an:[312]

- Die Annahme vollkommener Information, dass also die strategischen Planer die Entwicklung aller relevanten Variablen kennen (*fallacy of predetermination*),[313]
- die Auffassung, Strategien ohne Einbindung operativer Linienmanager entwickeln und so strategisches Denken und Handeln trennen zu können (*fallacy of detachment*) und
- die Überzeugung, dass Strategieentwicklung – trotz all ihrer Anforderungen an Kreativität und Intuition der Manager – als ein formalisierter Prozess ablaufen kann (*fallacy of formalization*).

Als weitere Kritikpunkte führt JAHNS an, dass die Annahme, Pläne nach deren Beschluss reibungslos in die Realität überführen zu können, der Illusion der Steuerbarkeit komplexer sozio-technischer Systeme unterliegt und dem präskriptiven Grundmodell nicht zuletzt daher in seiner Gesamtheit eine gewisse

---

308 Vgl. Schreyögg (1984), S. 141 und Huff/Reger (1987), S. 213.

309 Vgl. Kammel (2000), S. 161.

310 Jahns (2001), S. 594.

311 Zu nennen sind hier insbesondere die Phasenmodelle von Andrews (1971) sowie Ansoff (1965).

312 Vgl. Mintzberg (1994a), S. 110ff.

313 Vgl. ähnlich von Kortzfleisch (1959, S. 19): „Die erste und wichtigste Grenze ist jeder betriebswirtschaftlichen Planung dadurch gesetzt, dass es dem menschlichen Geist unmöglich ist, die zukünftige Entwicklung mit letzter Genauigkeit vorauszusehen.“

Praxisferne anhaftet.[314] Ebenso kritisch weist GRANT darauf hin, dass *„increased volatility of the business environment makes systematic strategic planning more difficult."*[315] Von den grundsätzlichen Denkfehlern des präskriptiven Planungsansatzes abgesehen, verweisen einige Autoren auf generelle Grenzen der Planung.[316] So differenziert bspw. BRONNER zwischen prinzipiellen (Antinomien und Komplexität der Planungssysteme sowie Unsicherheit der Planungslage), instrumentellen (Informations-, Bewertungs- und Methodengrenzen) und konzeptionellen Planungsgrenzen (Widerstände, die sich aus der Beschaffenheit des Planungssystems erklären).[317]

Während ursprünglich eher präskriptive Entscheidungs- und Planungsprozesse untersucht wurden, erfuhr die Disziplin vor allem in jüngerer Zeit eine Verschiebung des Fokus hin zu deskriptiven Ansätzen,[318] bspw. inkrementalen oder emergenten Prozessen.[319] An Stelle der Annahme strenger Planungsrationalität rückt die Berücksichtigung weniger rationalen Verhaltens von Personen, Gruppen und Organisationen, also deren unterschiedliche und teilweise konfligierende Interessen.[320] Die strategische Zielbildung wird so zu einem kontinuierlichen Verhandlungsprozess. MINTZBERG beschreibt dies mit seinem Strategieverständnis der Strategie als *„a pattern in a stream of actions"*[321] und seiner Unterscheidung in bewusst formulierte („intended"), realisierte („deliberate"), nicht realisierte („unrealized") und insbesondere emergente („emergent") Strategien.[322] Komplexe strategische Managementaufgaben (wie die Strategieentwicklung) sind mithin nicht mehr deterministisch planbar und werden eher als dezentral initiierter Prozess verstanden.

---

[314] Vgl. Jahns (2001), S. 594.

[315] Grant (2003), S. 491.
Auf diese Problematik weist ebenfalls von Kortzfleisch (1959, S. 19) mit seiner zweiten Grenze betriebswirtschaftlicher Planung hin: „Je mehr direkte Grundlagen oder indirektes Informationsmaterial für sie ausgewertet werden müssen, umso größer sind die Fehlermöglichkeiten. Auch wird die Planung zweifellos mit zunehmendem Umfang schwerfälliger."

[316] Vgl. AK „Integrierte Unternehmensplanung" der Schmalenbach-Gesellschaft (1991).

[317] Vgl. Bronner (1989), Sp. 592ff.

[318] Vgl. Foschiani (2005), S. 105f.

[319] Vgl. die Ansätze von Mintzberg/McHugh (1985): „a grass roots model of strategy making", Quinn/Voyer (1999): "logical incrementalism", Burgelman (1983, 1991): "concept of autonomous and induced strategic behavior" und Lindblom (1959): „the science of muddling through".

[320] Vgl. Jahns (2001), S. 595 und Oelsnitz (2007), S. 680.

[321] Mintzberg (1987), S. 12.

[322] Vgl. Mintzberg/McHugh (1985) S. 161f.

Kritik an diesem Verständnis strategischen Verhaltens übt JAHNS.[323] Er argumentiert, dass die deskriptive Perspektive

- unterstellt, dass die Führung von Unternehmen ohne ein umfassendes, systematisch erarbeitetes strategisches Ziel erfolgt;
- dazu tendiert, die eingespielten Handlungen der Führungskräfte zu rechtfertigen und diesem Vorgehen einen Schein der wissenschaftlich-systematischen Orientierung zu verleihen;
- den originär entwickelten Strategiebegriff entwertet, da bereits das Entstehen bloßer Handlungsmuster als strategische Absicht interpretiert werden kann.

Aus der Kritik an den beiden Grundsatzpositionen schließt JAHNS, dass weder die Konstruktionslogik des klassischen präskriptiven Ansatzes noch die deskriptiven Beobachtungen der Managementpraxis zur vollständigen Lösung praxiselevanter Führungsprobleme oder zur Weiterentwicklung der Managementforschung geeignet sind. Vielmehr müssen beide Sichtweisen in einem integrativen Konzept vereint und entsprechend ergänzt werden. Um der Managementpraxis dabei wertvolle Hilfestellungen geben zu können, müsste ein solcher Ansatz idealerweise eine Vorstellung der strategischen Unternehmensausrichtung formulieren, dürfte sich jedoch einer deskriptiven Gültigkeit nicht entziehen.[324]

Neben einer solchen Grundsatzdiskussion haben sich in der Strategieforschung verschiedene thematische Schwerpunkte herausgebildet, die im Wesentlichen die Gestaltung der Planung und die Korrelation von strategischer Planung und Unternehmenserfolg zum Inhalt haben.

2.3.1.4 Gestaltung und Erfolgswirkung strategischer Planung

Die Gestaltung von strategischer Planung und Strategieprozessen im Allgemeinen ist ein Thema, das nicht nur temporären Charakter hat, sondern in zahlreichen Modellen und Konzeptualisierungen behandelt wird. Im zeitlichen Entwicklungsverlauf der Strategieforschung wurden so zahlreiche Ansätze und universelle Empfehlungen zur Gestaltung formuliert.[325] Darüber hinaus erarbeiten die meisten empirischen Arbeiten zur Strategie(prozess)forschung

---

[323] Vgl. Jahns (2001), S. 596f.

[324] Vgl. Jahns (2001), S. 597.

[325] Vgl. Lorange/Vancil (1976, 1977), Camillus (1982), Gray (1986), Gilmore/Camillus (1996), Wilson (1998) und Grant (2003).

(fall)spezifische Gestaltungshinweise.[326] Grundsätzlich können aber drei Komponenten identifiziert werden, die in den meisten Ansätzen strategischer Planung und damit verbundenen empirischen Untersuchungen genutzt werden: Ebenen (Orte), Phasen (theoretische Komponenten) und Operationalisierung bzw. Eigenschaften der strategischen Planung.[327]

Als Ebenen der strategischen Planung werden häufig die Unternehmens-, die Geschäfts- und die Funktionalebene unterschieden, auf denen jeweils unterschiedliche Aufgaben ausgeführt werden.[328] Ebenso werden in diesem Zusammenhang verschiedene Ansätze der planerischen Vorgehensweise unterschieden:[329]

- Der Top-down-Ansatz (aus der Gesamtstrategie werden Einzelstrategien für Geschäfts- und Funktionalbereiche abgeleitet),
- der Bottom-up-Ansatz (bereichsbezogene Einzelstrategien werden in einer Gesamtstrategie zusammengeführt) und
- das Gegenstromverfahren (Nutzung wechselnder Ableitungs- und alternierender Planungsrichtungen).

Die Komponenten der Planung betreffend wird zumeist von einem formalen, phasenbezogenen Ablauf der Planung ausgegangen. Dieser Prozess umfasst bspw. die Zielplanung, Umfeld- und Unternehmensanalysen, die Strategiealternativengenerierung, die Strategiewahl sowie die Umsetzungsplanung und Kontrolle. Damit wird deutlich, dass dieser Vorgehensweise die Annahme rationalen Analyse- und Wahlverhaltens zugrunde liegt. Berücksichtigt eine so verstandene Planung ebenfalls verschiedene Planungsebenen,[330] so ergibt sich ein Grundschema der Abfolge verschiedener Planungsschritte auf unterschiedlichen Ebenen, wie es bspw. in zahlreichen Großunternehmen zur Anwendung kommt.[331]

---

[326] Vgl. exemplarisch die Darstellungen bei Welge/Al-Laham (2005), S. 73ff. sowie Buchner (2002), S. 51ff. und 123ff.

[327] Vgl. Hoppe (2004), S. 25ff.

[328] Vgl. Lorange/Vancil (1976), S. 76 und Hax/Majluf (1984b), S. 48.

[329] Vgl. Kreikebaum/Suffel (1981), S. 172ff. und 182ff.

[330] Hax und Majluf machen dazu einen Vorschlag, wie ein solcher Prozess aussehen kann. Vgl. Abbildung und Ausführungen von Hax/Majluf (1984b), S. 48.

[331] Vgl. bspw. Cordes u. a. (2001) und Hülse (2001).

Hinsichtlich der dritten Komponente – Eigenschaften bzw. Operationalisierung der strategischen Planung – variieren die Beschreibungs- und Gestaltungsparameter in der Literatur stark. Während ältere Studien häufig nur dichotomisch zwischen Planern und Nicht-Planern bzw. zwischen formaler und informaler Planung unterscheiden, werden heutzutage unterschiedlich differenzierte Betrachtungen bzw. Operationalisierungen vorgeschlagen. HOPPE zeigt diese Entwicklung eindrucksvoll in zwei Übersichten, indem sie verschiedenen Dimensionen und deren Ausprägungen jeweils Autoren und deren Untersuchungen zuordnet.[332]

Deutlich wird dabei, dass trotz relativer Einigkeit über die Ebenen und Phasen strategischer Planung eine Vielzahl unterschiedlicher Operationalisierungen besteht. Der Grund hierfür ist u. a. der Tatsache geschuldet, dass strategische Planungssysteme und damit die Ansätze zur Gestaltung individuell verschieden sind. HOPPE hat daher das Ziel, allgemeine Gestaltungsempfehlungen abzuleiten und deren weitere Detaillierung fallspezifisch vorzunehmen.[333]

Einen ähnlichen Ansatz verfolgt die vorliegende Arbeit. Neben der beschreibenden und erklärenden Zielsetzung wird auch die Ableitung allgemeiner Gestaltungshinweise für Wandelprozesse strategischer Planungssysteme angestrebt.

Ein ebenso prominenter Schwerpunkt innerhalb der Strategieforschung ist die Frage nach Nutzenpotenzialen und Erfolgswirkung (formalisierter) strategischer Planung („Does planning pay?").[334] Befürworter dieses Ansatzes sehen hier verschiedene Vorteile: Strategische Planung zwingt ein Unternehmen, sein Umfeld umfassend zu analysieren, bereitet wichtige Informationen auf, generiert neue Ideen, erzwingt die systematische und rationale Evaluation von Optionen, stärkt die Motivation von Mitarbeitern, verbessert die interne Kommunikation und hat symbolischen Wert für die Stakeholder.[335] Kritiker hingegen führen an, dass die Zukunft nicht vorherbestimmt oder durch Prognosen zu entschlüsseln ist, ein Strategieprozess nicht durch den Einsatz von Managementsystemen programmiert und in vorbestimmte Bahnen gelenkt werden kann und es wenig sinnvoll ist, strategisches Denken von strategischem Handeln zu trennen.[336] Diese konträren Positionen spiegeln die Kontroverse innerhalb des Forschungsfelds wider. So wurde in den vergangenen 35 Jahren eine Vielzahl von Studien

---

332 Vgl. Hoppe (2004), S. 28ff.

333 Vgl. Hoppe (2004), S. 4.

334 Vgl. Shea-van Fossen u. a. (2006), S. 1 und Lechner/Müller-Stewens (1999), 18ff.

335 Vgl. Hopkins/Hopkins (1997), S. 646f. sowie Thompson/Strickland (2004), S. 28f. und Powell (1992).

336 Vgl. Mintzberg (1994a), S. 110f.

durchgeführt, die die Untersuchung einer Korrelation zwischen strategischer Planung und Unternehmenserfolg zum Inhalt hatten:[337] Bei deren Betrachtung ist zunächst festzustellen, dass die Ergebnisse keineswegs homogen sind. Einige stellen einen positiven Zusammenhang[338] fest; andere nicht. Wieder andere kommen zu uneinheitlichen Ergebnissen. Allerdings ist ein deutliches Übergewicht von Studien, die eine positive Korrelation aufzeigen, zu konstatieren.[339] Das kann zwar nicht als unumstößlicher Beweis für den Nutzen strategischer Planung interpretiert werden,[340] dennoch wird deren Bedeutung für den Erfolg von Unternehmen heute sowohl in der betriebswirtschaftlichen Forschung als auch in der Unternehmenspraxis weitgehend anerkannt[341] und damit ihre Notwendigkeit nicht mehr ernsthaft in Frage gestellt.[342]

Angesichts der skizzierten widersprüchlichen Erkenntnislage[343] und zur Untermauerung der vermuteten Erfolgswirkung wurden verschiedene Meta-Analysen durchgeführt.[344] Beklagt wurden dabei insbesondere methodische Mängel und fehlende Vergleichbarkeit der Studien.[345] Als wesentliche Schwächen wurden die allzu groben Unterscheidungen klassischer Planungs-Erfolgs-Studien in „Planer/Nicht-Planer" bzw. „informelle/formelle Planer" identifiziert. Dadurch wird der hoch entwickelten Ausdifferenzierung moderner Planungssysteme sowie deren kontextbezogener Einbettung nicht ausreichend Rechnung getragen. Ebenso herrscht Uneinigkeit darüber, wie strategische Planung definiert wird und mittels welcher Eigenschaften und Größen der strategische Planungsprozess erfasst und beurteilt werden kann.[346] In der Folge wurden zahlreiche Vorschläge entwickelt, wie diese Schwächen überwunden werden können. Diese führen von

---

337 Als Startpunkt dieser Studien gilt die Untersuchung von 38 Firmen in sechs verschiedenen Branchen, die 1970 von Thune und House vorgelegt wurde. Vgl. Thune/House (1970). Shea-van Fossen u. a. (2006) geben mit ihrer Meta-Studie einen Überblick über die in den vergangenen 35 Jahren durchgeführten empirischen Studien.

338 Vgl. Hopkins/Hopkins (1997).

339 Vgl. Armstrong (1982), Shrader u. a. (1984), Pearce u. a. (1987) und Welge/Rüth (1989).

340 Vgl. Müller-Stewens/Lechner (2005), S. 65.

341 Vgl. Al-Laham (1997), S. 1.

342 Vgl. Glaister/Falshaw (1999), S. 107f. und Griggs (2002), 27.

343 „[..] the relationship between planning and performance remains largely an open and debatable question." Ramanujam/Venkatraman (1987), S. 453.

344 Vgl. Shea-van Fossen (2006), Löffler (1995), Miller/Cardinal (1994), Boyd (1991), Welge/Rüth (1989) und Armstrong (1982).

345 Vgl. Armstrong (1982), S. 207f., Boyd/Reuning-Elliot (1998), S. 189, Miller/Cardinal (1994), S. 1653 und Capon u. a. (1994), S. 106 und 109.

346 Vgl. Ramanujam u. a. (1986), S. 348 und Hoppe (2004), S. 12.

Empfehlungen zur Verbesserung der Methodik über adäquate Berücksichtigung von Kontextvariablen bis hin zur Forderung, mehrdimensionale Messmethoden zu nutzen.[347]

Während der Zusammenhang zwischen Vorhandensein bzw. Ausprägung strategischer Planung zahlreich und ausführlich untersucht wurde, sind Studien zur Korrelation zwischen der Veränderung strategischer Planung und Unternehmenserfolg in der Literatur kaum zu finden. Insbesondere wurde der Zusammenhang zwischen Anpassung des Planungsprozesses und der Planungseffizienz bislang nur in einer Studie untersucht.[348] Wie jedoch eingangs gezeigt werden konnte, leisten Unternehmen, die ihre strategischen Planungssysteme adaptieren, damit einen Beitrag zum Unternehmenserfolg.[349]

2.3.2 Begriff, Merkmale und Funktionen strategischer Planungssysteme

Als Objektbereiche bzw. Phänomene werden aber nicht nur Strategien gesehen, sondern insbesondere Ziele, Unternehmensgrundsätze, Organisationsstrukturen und Managementsysteme. Dabei geht es sowohl um die Aktivitäten ihrer (Weiter)Entwicklung als auch um die dazugehörige Umsetzung. Analysegegenstand sind daher Aktivitäten, beteiligte Akteure, verwendete Methoden sowie Rahmenbedingungen, innerhalb derer sich die Prozesse vollziehen.[350]

2.3.2.1 Strategische Planungssysteme – eine Begriffsbestimmung

In Unternehmen, deren Umfelder durch hohe Komplexität und Dynamik gekennzeichnet sind, muss gewährleistet werden, dass die Strategieentstehung und -realisierung durch geeignete Managementsysteme wirksam unterstützt und so die eigene Lebens- und Entwicklungsfähigkeit gesichert wird. Grundsätzlich wird in der Literatur neben der Aufteilung in funktionale Subsysteme ein weiteres Kriterium für die Abgrenzung bemüht: die Unterscheidung in operative und strategische Managementsysteme. Im Rahmen dieser Forschungsarbeit wird ausschließlich die letztere Variante – und dabei insbesondere strategische Planungssysteme – betrachtet.[351]

---

347 Vgl. Yasai-Ardekani/Haug (1997), Al-Laham (1997), S. 470f., Stone/Brush (1996), S. 648, Löffler (1995), S. 22, King (1983) und Armstrong (1982).

348 Vgl. Kapitel 3.2.1.1.

349 Vgl. Kapitel 1.3.

350 Vgl. Bamberger/Wrona (2004), S. 26.

351 Vgl. Kapitel 1.2.2.

Zur Definition strategischer Planungssysteme (SPS) wurde in der Literatur bereits eine schwer überschaubare Anzahl von Vorschlägen gemacht.[352] Diese Unübersichtlichkeit trägt dazu bei, dass Untersuchungsergebnisse teilweise nur eingeschränkt vergleichbar sind. Eine fundierte Begriffsbestimmung ist daher ein zentraler Ausgangspunkt für die Analysen und Auswertungen im Rahmen der Forschungsfragestellungen dieser Arbeit.

HOPPE schlägt zur Annäherung an eine Arbeitsdefinition ein Kriterien geleitetes Vorgehen vor, das nachfolgend – adaptiert auf das Erfahrungsobjekt strategisches Planungssystem – beschrieben wird.[353] Demnach soll eine Definition gewählt werden, die folgenden Kriterien genügt:

1. Die Arbeitsdefinition soll möglichst konkret und operationalisierbar sein, d. h. ein strategisches Planungssystem klar umreißen, seine Elemente benennen und eine empirische Erfassung von spezifischen Eigenschaften und Größen erlauben.
2. Angesichts der Forschungsfragestellungen soll die Definition unterschiedliche Möglichkeiten der Ausgestaltung strategischer Planungssysteme zulassen, d. h. eine gewisse Offenheit und Flexibilität zeigen (bspw. in dem Sinne, dass verschiedene Ausprägungen einer Designdimension denkbar sind)[354].
3. Die Arbeitsdefinition soll das Verständnis der Literatur widerspiegeln, sodass eine (direkte) Anknüpfung an den wissenschaftlichen Diskurs möglich wird.
4. Außerdem soll insofern eine Übereinstimmung mit dem Praxisverständnis bestehen, dass diese Forschungsarbeit dem Ziel angewandter Wissenschaft gerecht werden und einen konstruktiven Beitrag zur Lösung realer Praxisprobleme leisten kann.[355]

Nachfolgend werden verschiedene Definitionsansätze strategischer Planungssysteme diskutiert und anhand der angeführten Kriterien auf ihre Tauglichkeit als Grundlage für die Begriffsbestimmung strategischer Planungssysteme dieser Arbeit beurteilt. Tabelle 2-1 stellt die Ausführungen überblickshaft dar.

---

352 „Although employing different terminology, most writings […] have emphasized the notion that planning systems are best described in multidimensional terms. Unfortunately, there is at yet no consensus as to what these dimensions are." Ramanujam u. a. (1986), S. 348. Vgl. ähnlich Veliyath/Shortell (1993), S. 361.

353 Vgl. Hoppe (2004), S. 13ff.

354 Vgl. Kukalis (1991), S. 145.

355 Vgl. Ulrich (2001), S. 30ff. und Wolff (2003), S. 589.

Quellen	Definitionsansatz Ein Strategisches Planungssystem (SPS) ist ...	Kriterien* 1	2	3	4
Koch (1961)	... ein System von Entscheidungen, durch das bestimmte Handlungen im Voraus festgelegt werden; anders ausgedrückt also die Bildung von Zukunftsvorstellungen, die den Ablauf der Unternehmung im Ganzen oder einzelne Unternehmensmerkmale betreffen.	✓	×	×	×
Lorange/Vancil (1976, 1977)	*"[...] a structured [...] process that organizes and coordinates the activities of the managers who do the planning."*	✓	×	(✓)	✓
King (1983)	*"[...] is the complete set of processes and entities through which a firm does planning."*	×	✓	✓	(✓)
Ramanujam u.a. (1986, 1987)	... ein in den unternehmerischen Kontext eingebundenes mehrperspektivisches Managementsystem. Es ist gekennzeichnet durch sechs charakteristische Dimensionen: (1) use of planning techniques, (2) attention to internal and (3) external facets, (4) functional coverage and integration, (5) resources provided to the planning function and (6) resistance to planning.	(✓)	×	✓	(✓)
Kirsch (1989), Hahn (1999)	... Planung im institutionellen Sinne betrachtet (Schichtenbetrachtung strategischer Managementsysteme). Es umfasst die zielgerichtete Gesamtheit von Elementen (PuK-Prozesse, -informationen, -aufgaben und -organisation) sowie die Planung von Potenzialen und Aktionen.	✓	(✓)	×	(✓)
Kukalis (1991), Hax/Majluf (1991)	... ein definierter strategischer Planungsprozess, der die Bestimmung langfristiger Unternehmensziele, die Strategiealternativengenerierung und ein entsprechendes Kontroll- und -implementierungssystem umfasst.	✓	×	(✓)	✓
Veliyath/Shortell (1993)	... ein mehrdimensionales Konstrukt, das Aspekte der Strategieformulierung und -implementierung umfasst. Im Mittelpunkt steht der formale strategische Planungsprozess	✓	×	(✓)	✓
Bea/Haas (2001)	... ein System zur Regelung, Ordnung und Gestaltung von strategischem Planungsprozess und Planungstechniken. Elemente sind Planungsprozess, -träger, -techniken, -bereiche, -organisation und -rechnung	✓	(✓)	✓	✓
Bamberger/ Wrona (2004)	... ein spezifisches Managementsystem, das aus Prozessen, Strukturen und Instrumenten zur Planung und Entwicklung der Gesamtunternehmung besteht. Ziel ist die Sicherstellung des zukünftigen Erfolgs und der Aufbau von Erfolgspotenzialen. Merkmale sind Elemente (bspw. Träger, Technologien), Prozesse & Aktivitäten, Methoden, Regelungen & Prozeduren, Inputs & Outputs, Strukturen und Subsysteme.	✓	✓	✓	✓
Lechner (2006)	... mehrdimensionales Konzept, das einen formalen Prozess, Planinhalte eine Planungsorganisation, Gesichtspunkte der Implementierung, Integration und Partizipation sowie angewandte Methoden umfasst.	✓	×	✓	✓

* 1.: konkret,operationalisierbar; 2.: offen,flexibel; 3.: Anknüpfbarkeit an Literatur; 4.: allgemeines Praxisverständnis
✓: Kriterium erfüllt; (✓): Kriterium teilweise erfüllt; ×: Kriterium nicht erfüllt

Tabelle 2-1: Definitionsansätze strategischer Planungssysteme und ihre Beurteilung[356]

[356] Quelle: eigene Darstellung.

KOCH hat sich im deutschsprachigen Raum als einer der ersten zentral mit Fragen der (strategischen) Planung auseinander gesetzt.[357] Sein Verständnis von Planung ist dabei sehr stark geprägt vom Langfristdenken, das zu diesem Zeitpunkt „State of the Art“ war. Eine Anknüpfung an den aktuellen Stand der Forschung bietet sein Ansatz jedoch nicht in ausreichender Weise.

Neben den Hauptaufgaben strategischer Planungssysteme (Entwicklung eines integrierten und konsistenten Langfristplans sowie Unterstützung der Unternehmensanpassung an externe Umfelder) rücken LORANGE und VANCIL mit ihrem Konzept den Prozess der strategischen Planung in den Vordergrund. „*A strategic planning system is nothing more than a structured [...] process that organizes and coordinates the activities of the managers who do the planning. No universal, off-the-shelf planning system exists for the simple and obvious reason that companies differ in size, diversity of operations, the way they are organized, and managers' style and philosophy. An effective planning system requires 'situational design', it must take into account the particular company's situation, especially along the dimensions of size and diversity.*“[358] Wenngleich besonders positiv hervorzuheben ist, dass LORANGE und VANCIL ein situatives Design des Planungssystems fordern, muss doch kritisch angemerkt werden, dass sie lediglich einen formal strukturierten Prozess als Kernelement des Systems betrachten.[359] Ähnlich umfasst nach der Auffassung von KUKALIS ein strategisches Planungssystem einen klar definierten strategischen Planungsprozess, der die Bestimmung langfristiger Unternehmensziele und die Strategiealternativengenerierung verfolgt, sowie ein entsprechendes Kontroll- und Implementierungssystem. Dabei sind wichtige Designparameter: Planungsausmaß, Planungshorizont, Wiederholrate von Plananpassungen und die Rollen von Planungsbeteiligten.[360] Beide Begriffsverständnisse des Planungssystems werden so dem Kriterium der Flexibilität und Offenheit nicht ausreichend gerecht.

---

[357] Vgl. Koch (1961), S. 9ff.

[358] Lorange/Vancil (1976), S. 75.

[359] Trotz dieser Kritik muss anerkannt werden, dass Lorange und Vancil den Formalitätsgrad des Planungsprozesses zumindest als unternehmensspezifisch variabel ansehen: „Every business carries on strategic planning, although the formality of that process varies greatly from one company to the next.“ Lorange/Vancil (1976), S. 75.

[360] Vgl. Kukalis (1991), S. 145. Vgl. Ähnlich auch Hax/Majluf (1991), S. 59ff. und (1984b), S. 47ff.

Bezug nehmend auf die wissenschaftliche Diskussion zu strategischen Planungssystemen[361] weisen VELIYATH und SHORTELL darauf hin, dass für die Erfassung und Beschreibung der Charakteristika von Planungssystemen ein mehrdimensionaler Ansatz notwendig ist.[362] Daher plädieren sie dafür, gleichermaßen Aspekte der Strategieformulierung (Umfeldanalyse, breite Beteiligung und Unterstützung im Strategieprozess, Verfolgung von Innovationszielen) und -implementierung zu berücksichtigen. Im Zentrum ihres Verständnisses stehen dabei der strategische Planungsprozess und dessen Output. Allerdings wird dieser eher im Sinne einer formalen Ablaufstruktur verstanden,[363] weshalb die Begriffsdefinition nicht uneingeschränkt auf die Problematik dieser Arbeit übertragen werden kann. Interessant ist jedoch, dass VELIYATH und SHORTELL ähnlich wie BUCHNER bzw. MILES und SNOW,[364] die Notwendigkeit einer unterschiedlichen Ausgestaltung strategischer Planungssysteme in Abhängigkeit von bestimmten Archetypen sehen.[365] Ebenso versteht LECHNER strategische Planung als einen *„highly formalized process according to systematic criteria and a rigorous application of formulation, implementation, and control of strategies.“*[366] Ein so verstandenes Planungssystem umfasst ebenfalls mehrere Dimensionen: Den Planungsprozess selbst, die Planinhalte (hier spielen Klarheit, Fokus, Horizont und Ausmaß der Planung eine Rolle), die Planungsorganisation und Gesichtspunkte der Implementierung, Integration und Partizipation sowie angewandter Methoden.[367]

Während LECHNER die aktuelle Literatur zur strategischen Planung reflektiert und ein relativ umfassendes Bild eines strategischen Planungssystems zeichnet, lässt sein Ansatz, durch die Beschränkung auf einen formalisierten Strategieprozess als Kern des Systems, ebenfalls die Flexibilität und Offenheit für ungeplante Strategieentstehung vermissen.

In der Literatur zur strategischen Planung ist oft die Rede von „formal strategic planning“.[368] Vom Verständnis formal festgeschriebener strategischer Planungsabläufe soll jedoch die Auffassung strategischer Planungssysteme dieser Arbeit abgegrenzt werden. RAMANUJAM U. A. beschreiben diese Forderung nach dieser

---

361 Vgl. Javidan (1984, 1987), King (1983), Kukalis (1991), Ramanujam/Venkatraman (1987) und Ramanujam u. a. (1986).

362 Vgl. Veliyath/Shortell (1993), S. 361ff.

363 Vgl. Veliyath/Shortell (1993), S. 378.

364 Vgl. Buchner (2002), S. 123ff. und Miles/Snow (1978), S. 14.

365 Vgl. Veliyath/Shortell (1993), S. 360ff.

366 Lechner (2006), S. 113.

367 Vgl. Lechner (2006), S. 113ff.

368 Steiner u. a. (1983) und Hofer/Schendel (1978), S. 5ff.

Abgrenzung folgendermaßen: „*Planning systems are multifaceted management systems that are contextually embedded. Hence, they cannot be adequately described in terms of one or two characteristics such as 'formality'.*“[369] Diese Kritik wird ebenfalls von KING adressiert: „*The strategic planning system (SPS) is the complete set of processes and entities through which a firm does planning.*“[370] Weiter umfasst es „*subsystems such as a planning process, an information subsystem, a decision subsystem, and an organizational subsystem.*" Auch können Inputs und Outputs des SPS charakterisiert werden. KING zählt zu den Inputs Ziele des SPS und Ressourcen wie Mitarbeiter, Finanzierung und Computerrechenzeit. Zu den Outputs gehören (strategische) Pläne als primäres, sichtbares Ergebnis; jedoch werden auch verworfene Strategiepfade dazugezählt.[371] Mit diesem Definitionsansatz bietet er viel Freiraum für die Subsumierung alternativer, flexibler Planungsprozesse. Bemängelt werden kann jedoch die schwierige Operationalisierbarkeit („*the complete set of processes*“) und wenig konkrete Beschreibung der Ausgestaltung des strategischen Planungssystems.

Anders versteht KIRSCH strategische Planungssysteme im institutionellen Sinne und legt seinem Verständnis die Schichtenbetrachtung strategischer Managementsysteme zugrunde.[372] Während von ihm bewusst keine klare Abgrenzung zwischen strategischen und operativen Planungssystemen vorgenommen wird, subsumiert er in seinem Denkmodell unter strategischer Planung dennoch die Grundsatz- und Programmplanung. HAHN führt analog dazu aus, dass ein solches SPS die zielgerichtete Gesamtheit von Elementen (PuK-Prozesse, -informationen, -aufgaben und -organisation) sowie die Planung von Zielen, Potenzialen und Aktionen umfasst.[373] Trotz (oder gerade wegen) seiner detaillierten Ableitung eines solchen Planungssystems mangelt es diesem Ansatz aber an der Offenheit bzw. Flexibilität, was Grundlage für die zu klärenden Forschungsfragestellungen ist. Ebenso weicht das Verständnis des Planungssystems als eigenständige Organisation von der gängigen wissenschaftlichen Diskussion ab und macht ein Anknüpfen an bestehende Beiträge schwierig.[374]

Als ein System zur Regelung, Ordnung und Gestaltung verstehen BEA und HAAS das strategische Planungssystem. Als zentrale Elemente führen sie Planungs-

---

369 Ramanujam u. a. (1986), S. 348.

370 King (1983), S. 266.

371 Vgl. King (1983), S. 266f.

372 Vgl. Kirsch (1989), S. 32, S. 49 und S. 93.

373 Vgl. Hahn (1999b), S. 664ff.

374 Vgl. Buer (1997), S. 138f.

träger, -prozess, -techniken, -bereiche, -organisation und -rechnung an.[375] Großen Stellenwert nehmen in ihrer Betrachtung Planungsträger (jeweils auf den Ebenen der Unternehmung, der Geschäftsbereiche und der Funktionsbereiche) und Planungsprozess ein. Den Planungsprozess verstehen die Autoren als Ablauf aufeinander folgender Planungsphasen, was die Flexibilität ihres Ansatzes begrenzt.

In ähnlicher Weise beschreiben BAMBERGER und WRONA das strategische Planungssystem. Sie definieren es als ein spezifisches Managementsystem, das aus Prozessen, Strukturen und Instrumenten zur Planung und Entwicklung der Gesamtunternehmung besteht. Ziel ist die Sicherstellung des zukünftigen Erfolgs und der Aufbau von Erfolgspotenzialen. Merkmale sind Elemente (bspw. Träger, Technologien), Prozesse und Aktivitäten, Methoden, Regelungen und Prozeduren, Inputs und Outputs, Strukturen und Subsysteme.[376] Diese Begriffsbestimmung wird allen vier Anforderungen an eine Definition gerecht: Durch die konkrete Umschreibung der Elemente wird das SPS operationalisierbar, bleibt aber dennoch offen und flexibel genug, verschiedene Arten der Strategieentstehung damit in Einklang zu bringen. Ebenso ist die Anknüpfbarkeit an die einschlägige Literatur bei gleichzeitiger Übereinstimmung mit einem allgemeinen Praxisverständnis sichergestellt. Sie wird daher im Folgenden als Basis für das Verständnis strategischer Planungssysteme dieser Arbeit genutzt.

2.3.2.2 Elemente strategischer Planungssysteme

Die Untersuchung verschiedener Konzeptionen strategischer Planungssysteme lässt erkennen, dass sich ein SPS aus mindestens fünf Elementen zusammensetzt. Dies sind der Strategie(entstehungs)prozess, die Träger der Planung, die verwendeten Planungsinstrumente sowie Input und Output des Prozesses (vgl. Tabelle 2-2). Zusätzlich werden als weitere wichtige Faktoren Planungsaufgaben[377] und Planumsetzung bzw. -implementierung[378] genannt. Diesen wird teilweise recht hohe Bedeutung beigemessen, jedoch werden sie zumeist nicht als Elemente eines SPS verstanden.

---

[375] Vgl. Bea/Haas (2001), S. 59ff.

[376] Vgl. Bamberger/Wrona (2004), S. 233ff. und 228ff.

[377] Vgl. Hahn (1999b), S. 664ff. und Szyperski/Müller-Böling (1980), S. 359ff.

[378] Vgl. Veliyath/Shortell (1993), S. 360ff. und Lechner (2006), S. 113ff.

Quellen	Elemente Strategie-(entstehungs)-prozess	Planungsträger	Planungsinstrumente	Input	Output
Bamberger/Wrona (2004, S. 233ff.)	X	X	X	X	X
Bea/Haas (2001, S. 59ff.)	X	X	X		
Hahn (1999, S. 664ff.)	X	X	X		X
Kirsch (1989, S. 23ff.)	X		X		X
Ramanujam u. a. (1986, S. 348ff., 1987, S. 454ff.)	X	X	X	X	X
King (1983, S. 266ff.)	X	X		X	X
Lechner (2006, S. 113ff.)	X	X	X		X
Veliyath/Shortell (1993, S. 360ff.)	X	X			X
Kukalis (1991, S. 145)	X	X	X	X	X
Hax/Majluf (1991, S. 59ff., 1984, S. 47ff.)	X	X		X	X
Lorange/Vancil (1976, S. 75)	X	X		X	X
Koch (1961, S. 9)	X				X
Szyperski/Müller-Böling (1980, S. 359ff.)	X	X	X		X

Tabelle 2-2: Konzeptionen strategischer Planungssysteme[379]

Auffällig ist, dass in allen Konzeptionen das Element „Strategie(entstehungs)prozess" vorkommt. Je nach Ansatz schwankt dabei das Verständnis eines solchen Prozesses zwischen phasenorientierter[380] und offener, flexibler Ausprägung.[381] Die meisten Autoren verstehen Planung als eher formalisierten Prozess, der die Phasen Zielbildung, Umfeld- und Unternehmensanalyse, Strategiewahl bzw. -formulierung und Strategieimplementierung umfasst.[382] Diese Auffassung reicht aber für die Beschreibung und Erklärung von Strategieprozessen nicht (mehr) aus[383] und muss durch die Berücksichtigung flexibler bzw. emergenter Strategieentstehungsansätze ergänzt werden.[384]

379 Quelle: eigene Darstellung.

380 Vgl. die Ansätze von Lechner (2006) bis Koch (1961) in Tabelle 2-2.

381 Vgl. die Ansätze von Bamberger/Wrona (2004) bis King (1983) in Tabelle 2-2. Der Ansatz von Szyperski/Müller-Böling wird separat aufgeführt, da er in dieses Muster nicht ohne weiteres einordenbar ist.

382 Vgl. dazu die Ausführungen von Al-Laham (1997), S. 87ff. und Hofer/Schendel (1978), S. 5ff.

383 Vgl. Grant (2003), S. 491.

384 Vgl. Mintzberg/McHugh (1985). Vgl. dazu auch die Ausführungen in Kapitel 2.3.1.3.

Eine allgemeinere Definition, die auf drei Grundvarianten beruht und auf die in der Strategieforschung sehr häufig verwiesen wird, legt VAN DE VEN vor: „*In particular, three meanings of process are often used: (1) a logic that explains a casual relationship between independent and dependent variables, (2) a category of concepts or variables that refers to actions of individuals or organizations, and (3) a sequence of events that describes how things change over time.*"[385] Das Verständnis des Prozesses im Sinne der dritten Variante, als Sequenz von Ereignissen und Aktivitäten, die beschreiben wie sich Phänomene über die Zeit entwickeln bzw. verändern, soll dem Leser bei der folgenden Definition des Strategieprozesses als Grundlage dienen. Unter der Berücksichtigung eines offenen Strategieverständnisses[386] wird der Strategieprozess als eine Abfolge zusammenhängender Ereignisse verstanden, die zu beobachtbaren Veränderungen im Verhalten einer Unternehmung gegenüber ihrer Umwelt führen, mit der Intention, langfristige Ziele auf geplantem, emergentem oder zufällig entstehendem Weg zu verwirklichen.[387]

Das Element „Planungsträger" wird fast ebenso häufig genannt und hat einen hohen Stellenwert. Als Planungsträger werden all jene Personen verstanden, die mit der Wahrnehmung der strategischen Planung und damit verbundener Aufgaben betraut sind. Da sie außerdem häufig weitere Rollen wahrnehmen, haben sie eine Schnittstellenfunktion.[388] Eng verknüpft sind Planungsträger mit der Aufbauorganisation des Unternehmens[389] (und strategischer Planungssysteme). So gehen HOFER und SCHENDEL davon aus, dass Planungsträger auf drei Ebenen angesiedelt sind: Unternehmung (corporate level), Geschäftsbereiche (business level) und Funktionen (functional level).[390] Planungsträger müssen aber nicht zwingend Einzelpersonen sein, sondern können auch als Gruppen oder Organisationseinheiten abgebildet werden.

---

385 Van de Ven (1992), S. 169. Vgl. dazu ebenfalls Van de Ven/Poole (2005), S. 1383ff.

386 Mit „offenem Strategieverständnis" wird hier die Kombination von geplanten Strategien und der bewussten Offenheit für sich zufällig ergebende Gelegenheiten im Sinne von emergenten Strategien bezeichnet.
Markides geht sogar noch einen Schritt weiter und fordert ein dynamisches Strategieverständnis, dass das kritische Hinterfragen der zukünftigen strategischen Richtung, das Entdecken neuer Wege für die Zukunft sowie die Offenheit für mögliche, auch unvorhergesehene Entwicklungen, die die Zukunft des Unternehmens nachhaltig prägen könnten, erlaubt. Vgl. Markides (1999).

387 Eine ähnliche Strategieprozessdefinition findet sich bei Schmidt (2000), S. 72.

388 Vgl. Szyperski/Müller-Böling (1980), S. 364 und Bircher (1989), Sp. 1511.

389 Vgl. Brink/Reiß (1980), S. 230.

390 Vgl. Hofer/Schendel (1978), S. 27f.

Ein drittes Element bilden die „Planungsinstrumente". Darunter fallen Planungstechniken, die zur Erleichterung und Verbesserung des Planungsprozesses beitragen. BEA und HAAS haben eine Zuordnung verschiedener (strategischer) Planungstechniken zu den Phasen des strategischen Planungsprozesses vorgenommen und führen bspw. die Szenario-Technik, die strategische Kostenanalyse und die Balanced Scorecard an.[391] Durch die Planungstechniken kann das Ziel realistischer Steuergrößen, die Dokumentation und die Flexibilität der Planungsinhalte gefördert werden.[392] Zu beachten ist weiterhin, dass Planungstechniken an der Schnittstelle zwischen strategischem und operativem Planungssystem angesiedelt und somit insbesondere in der unternehmerischen Praxis nicht immer eindeutig zuordenbar sind. Ferner ist auch die Klärung der Frage interessant, ob ein Instrumenteneinsatz obligatorisch vorgeschrieben oder die Anwendung dem jeweiligen Planungsträger situationsabhängig freigestellt wird.

Als weitere Elemente werden häufig „Prozessinput" und „Prozessoutput" angeführt. Unter Input werden (1) strategische Ziele oder die Unternehmensvision bzw. -mission, (2) Informationen über Umfeld und Unternehmen und (3) tangible und intangible Ressourcen subsumiert. Die Outputs umfassen (1) materielle Ergebnisse wie Dokumentationen oder Pläne und (2) immaterielle Resultate wie die Erreichung von Zielen. Dieser Sichtweise liegt ein prozessuales Verständnis zugrunde, das den Strategieprozess als Transformation von Inputs in Outputs interpretiert.[393]

Die nachfolgende Abbildung illustriert das Verständnis des strategischen Planungssystems dieser Arbeit (vgl. Abbildung 2-7).

---

391 Eine Übersicht über verschiedene Methoden geben Bea/Haas (2001), S. 58 (vgl. auch die dort angeführte Literatur zu einzelnen Planungstechniken). Teilweise wird die Planungsrechnung, also die quantitative Abbildung der Planungsaktivitäten, separat angeführt. Im Folgenden wird sie aber als Teil der Planungstechniken verstanden.

392 Vgl. Töpfer (1989), Sp. 1518.

393 Nowak entwickelt ein allgemeines Prozessmodell für Führungsprozesse, das ähnlich dem hier vorgestellten Modell die Transformation von Inputs in Outputs in den Mittelpunkt stellt. Weitere Faktoren seines Modells sind die Prozessumwelt, die Prozessführung und menschliche Aufgabenträger (Subjekte). Vgl. Nowak (2006), S. 86ff.

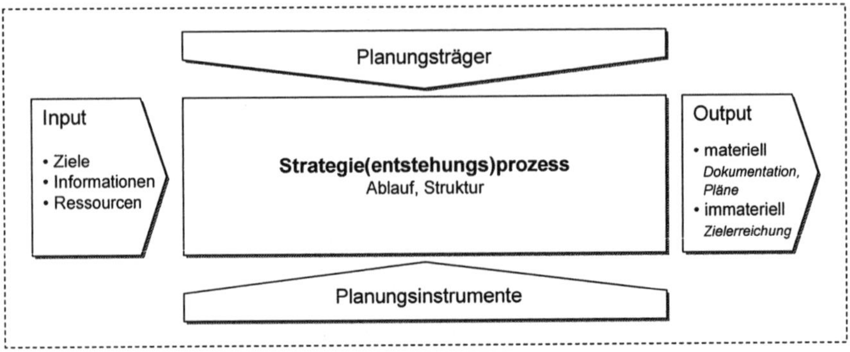

Abbildung 2-7: Elemente eines strategischen Planungssystems[394]

2.3.3 Kontingenzansatz in der Strategieforschung

Mit der Situationstheorie (auch: Kontingenztheorie) ist fraglos eine der am weitesten verbreiteten Organisations- und Managementtheorien gegeben.[395] Sie geht unter anderem zurück auf (soziologische) Arbeiten von WOODWARD (1958) und UDY (1958), die annehmen, dass Organisationsmerkmale situationsspezifisch streuen.[396] Eine Verbreitung auf Teildisziplinen der Betriebswirtschaft erfolgte Anfang der 1970er Jahre.[397] Spätestens seit den Arbeiten von HOFER (1975) und STEINER (1979) ist im strategischen Management der Ruf nach einem kontingenztheoretischen Ansatz laut geworden.[398] KNYPHAUSEN-AUFSEß führt dafür mindestens zwei Gründe an:[399] Zum einen basieren etablierte Managementinstrumente, wie die SWOT-Analyse, auf Passung von Stärken und Schwächen des Unternehmens mit Chancen und Gefahren seines Umfelds; zum anderen lässt die zunehmende Komplexität der strategischen Unternehmens-

394 Quelle: eigene Darstellung.

395 Vgl. Wolf (2003), S. 148. Wolf bezeichnet die Situationstheorie sogar als ein fundamentales Paradigma der Betriebswirtschaftslehre.

396 Vgl. Woodward (1958) und Udy (1958). Diese Veröffentlichungen gelten als Frühwerke der Kontingenztheorie, da in ihnen jeweils zusammenhangsbezogene Aussagen postuliert bzw. geprüft werden.

397 Unterstützend wirkte sich hierfür auch die Entscheidung der Academy of Management aus, ab dem Jahr 1976 neben dem Academy of Management Journal (AMJ) auch die Academy of Management Review (AMR) – mit Fokus auf eher theorie-orientierte Publikationen – herauszugeben. So wurde mit dem neu ausgerichteten AMJ eine Plattform für empirische (und damit mehrheitlich situationstheoretisch fundierte) Arbeiten geschaffen.

398 Vgl. Hofer (1975) und Steiner (1979), S. 229ff.

399 Vgl. Knyphausen-Aufseß (1995), S. 218.

führung die Suche nach einer situationsübergreifenden „Grand Theory" aussichtslos erscheinen und macht vielmehr eine situative Betrachtung erforderlich.

Die Kontingenztheorie geht davon aus, dass bei der Gestaltung der in Unternehmen genutzten bzw. ablaufenden Systeme, Instrumente, Prozesse usw. der interne und externe Kontext[400] des Unternehmens zu berücksichtigen sind und dass je nach Ausprägung des Kontexts unterschiedliche Verhaltensweisen bzw. Gestaltungsformen auftreten bzw. empfehlenswert sind.[401] Die Entwicklung universeller Prinzipien wird als realitätsverkürzend und damit als unzulässig verstanden. D. h., die optimale Art ein Unternehmen zu führen, gibt es nicht,[402] weshalb nicht generell angenommen werden darf, dass unternehmerische Verhaltensweisen bzw. Gestaltungsformen existieren, die in allen Situationen hohen Erfolg stiften. Die zentrale These kontingenztheoretischer Ansätze lautet daher: *„Es gibt nicht eine generell gültige, optimale Handlungsalternative, sondern mehrere, situationsbezogen angemessene."*[403]

Die betriebswirtschaftliche Kontingenzforschung versucht, vergleichbare Forschungssituationen, deren Einflussfaktoren, mögliche Handlungsalternativen sowie Effizienzindikatoren in Unternehmen empirisch zu erforschen. WOLF leitet aus den übergeordneten Absichten kontingenztheoretisch fundierter Forschungsbemühungen zentrale Forschungsfragestellungen ab:[404] Welche Kontextfaktoren erklären (helfen,) die Existenz unterschiedlicher Gestaltungsformen (zu erklären)? Auf welche Weise kann (1) die Situation von Unternehmen sowie (2) deren Gestaltungsform operationalisiert werden? Inwieweit gibt es Zusammenhänge zwischen Situations-Gestaltungs-Konstellation und (Unternehmens)Erfolg? Diese Fragestellungen sind ähnlich in der vorliegenden Arbeit berücksichtigt.

Die Methodik betreffend, dominieren in der Anwendung des klassischen situativen Ansatzes zunächst großzahlige, quantitative Erhebungen. Damit gewonnene Erkenntnisse sind jedoch teilweise inkonsistent und weisen niedrige Korrelationen auf. Darüber hinaus wird der geringe Bewährungsgrad situativer Hypothesen kritisiert.[405] Diese Kritik greift vor allem die einfachste Form situativer Ansätze (deterministische Ansätze) an. Sie gehen davon aus, dass einfache Kausalitäten zwischen unabhängigen und abhängigen Variablen

---

400 Anstelle von Kontext wird bisweilen von Situation, Umfeld, Umfeldmerkmalen, Lage, Rahmenbedingungen oder schlicht Atmosphäre gesprochen.

401 Vgl. Wolf (2003), S. 153 und Ebers (2004), Sp. 653.

402 Vgl. Drazin/Van de Ven (1985), S. 514ff.

403 Staehle (1989), Sp. 881.

404 Vgl. Wolf (2003), S. 155.

405 Vgl. Staehle (1999), S. 52f.

bestehen (situativer Determinismus). Da aber in aller Regel keine direkten (kausalen) Beziehungen nachzuweisen sind, erweist es sich als notwendig, intervenierende Variablen einzuführen (vgl. Abbildung 2-8).[406]

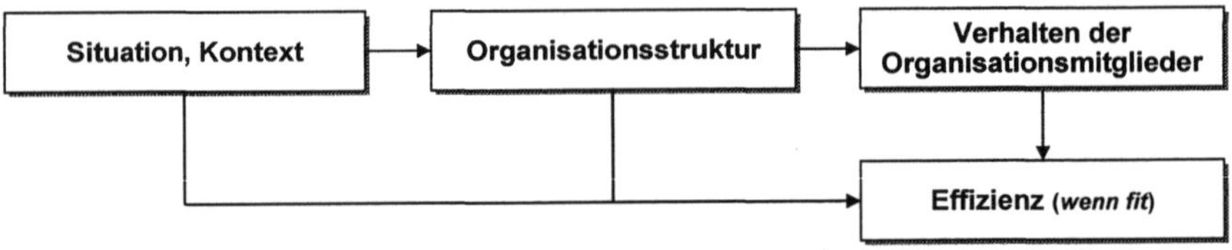

Abbildung 2-8: Deterministisch situativer Ansatz[407]

Häufig wird zusätzlich auf so genannte moderierende Variablen hingewiesen, die Effekte einflussnehmender Variablen abmildern oder verstärken.[408] Jüngere multivariable Ansätze untersuchen daher mehrere Situationsvariablen parallel. In der Weiterentwicklung klassisch deterministischer Ansätze stellt nach Ansicht von STAEHLE die Berücksichtigung des Handlungsspielraums die wesentliche Veränderung dar: Zwischen Wenn-Komponente (Kontext) und Dann-Komponente (Struktur, Organisations- und Führungsdimension) tritt das absichtsgeleitete und nicht behavioristisch reaktive Handeln der Manager.[409] Eine weitere wesentliche Entwicklung ist die Konsistenz-Effizienz-Hypothese (auch: Konfigurationshypothese). Sie besagt, dass eine Strukturierung dann effektiv ist, wenn eine interne logische Konsistenz zwischen den Gestaltungsparametern besteht.[410]

Zahlreiche Überlegungen zum kontingenztheoretischen Ansatz haben Eingang in die Erforschung strategischer Planungssysteme gefunden. Grundannahme ist,

---

[406] Vgl. Staehle (1989), Sp. 882.

[407] Quelle: Staehle (1999), S. 51.

[408] Vgl. Löffler (1995), S. 112ff.

[409] Vgl. Staehle (1999), S. 55. Die so genannten verhaltenswissenschaftlichen Ansätze sind eine Weiterentwicklung der klassischen Ansätze, denen allerdings aufgrund der Beachtung subjektiver personeller oder unternehmenspolitischer Faktoren der Vorwurf des Voluntarismus gemacht werden kann. Der „Handlungsspielraum", der begrifflich Freiheit und Zwang vereint, kann als Brückenkonzept zwischen deterministischem und verhaltenswissenschaftlichem Ansatz verstanden werden.

[410] Vgl. Staehle (1999), S. 60ff. Der Konfigurationsansatz wird auch von weiteren Autoren als wesentlicher Entwicklungsschritt verstanden. Während dem situativen Ansatz die Annahme zugrunde liegt, dass es „one best way for each given situation" gibt, geht der Konfigurationsansatz von „a few best configurations (frameworks) in each situation" aus. Vgl. Buchner (2002), S. 28ff. mit Verweis auf Miles/Snow (1978) und Miller/Friesen (1984).

dass ein Planungssystem von Umfeld- und Organisationsbedingungen des Unternehmens beeinflusst wird.[411] Ein einfaches, auf die Unternehmensplanung bezogenes Modell, das Entscheidern Handlungsspielraum zugesteht, zeigt Abbildung 2-9.

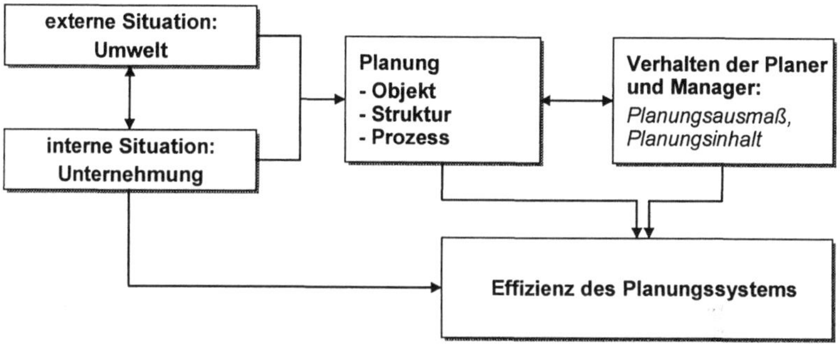

Abbildung 2-9: Kontingenztheoretisches Modell in der Planungsforschung[412]

Seit den 1970er Jahren befassen sich mehr und mehr Forschungsarbeiten mit der Situationsabhängigkeit der Planung und deren empirischer Untersuchung.[413] Grundsätzlich lassen sich in der Planungsforschung zwei unterschiedliche Ausprägungen kontingenztheoretischer Ansätze unterscheiden. Der erste Ansatz diskutiert Empfehlungen bzw. typologische Planungsmodelle, die auf Theorien, Erfahrung und Logik basieren und für die Bewältigung bestimmter Situationen besonders geeignet erscheinen. Als eine der ersten Arbeiten dieser Richtung kann der Ansatz von PAINE und ANDERSON angeführt werden. Darin werden vier Planungsstrategien anhand von empfundener Ziellücke und Umfeldunsicherheit konzeptualisiert (vgl. Abbildung 2-10).[414]

---

[411] Vgl. Hoppe (2004), S. 21, Roney (2003), S. 36 und Buchner (2002), S. 29.

[412] Quelle: Staehle (1989), Sp. 883f.

[413] Vgl. bspw. McCaskey (1974), Paine/Anderson (1977), Lindsay/Rue (1980), Venkatraman/Camillus (1984), Grinyer u. a. (1986) und Kukalis (1991).

[414] Vgl. Paine/Anderson (1977). Diese Konzeptualisierung basiert auf den Erkenntnissen von 62 Längsschnitt-Fallstudien.

		empfundene Ziellücke **niedrig**	**hoch**
empfundene Umfeld-unsicherheit	**sicher**	Inkrementale Planung (*„adaptive mode“*)	Synoptische Planung (*„planning mode“*)
	unsicher	Inkremental-unternehmerische Planung (*„adaptive entrepreneurial mode“*)	Unternehmerische Planung (*„entrepreneurial mode“*)

Abbildung 2-10: Konzeptualisierung situativer Planungsstrategien[415]

Im Rahmen des zweiten Ansatzes werden Hypothesen dazu generiert, welches Planungsverhalten unter bestimmten Bedingungen am Erfolg versprechendsten erscheint. Dabei wird geprüft, welche Strukturalternativen in welchen Situationen häufiger vorkommen. Trotz zahlreicher Studien konnte aber ein zentraler Anspruch kontingenztheoretischer Arbeiten, die Erklärung und Prognose der Wirkungen unterschiedlicher Planungsorganisationen und -verfahren, (abgesehen von einigen bescheidenen Ansätzen) bislang nicht eingelöst werden. Erkenntnisse aus Untersuchungen von SZYPERSKI und MÜLLER-BÖLING legen jedoch die Vermutung nahe, dass Unternehmen in bestimmten Situationen nicht ohne Grund überwiegend eine bestimmte Ausgestaltung ihres strategischen Planungssystems wählen.[416] Dennoch bleibt die Frage im Raum stehen, was getan werden muss, wenn sich das Planungssystem in einem dysfunktionalen Verhältnis (mismatch) zu bestimmten Kontextfaktoren befindet.[417] Als Lösungsversuch empfiehlt MILLER ein situatives Anpassungsmanagement; mit seiner Matrix möglicher Anpassungsstrategien liefert er allerdings nur einen groben generischen Ansatz.[418]

Trotz umfangreicher Kritik an der Kontingenztheorie[419] ist nach WOLF unbestritten, dass sie auch heute noch in einer Mehrheit von Forschungsprojekten vital fortlebt. Im Mittelpunkt dieser Untersuchungen stehen zumeist Situations-Gestaltungs- bzw. Gestaltungs-Erfolgs-Zusammenhänge.[420] So kann

415 Quelle: in Anlehnung an Paine/Anderson (1977), S. 156.

416 Vgl. Szyperski/Müller-Böling (1980), S. 360.

417 Diese Frage wurde schon von Poensgen/Hort (1981, S. 4) gestellt, ohne jedoch beantwortet zu werden.

418 Vgl. Miller (1982), S. 144ff.

419 Die Kontingenztheorie wurde in der einschlägigen Literatur teilweise auch fundamental kritisiert. Für eine Zusammenfassung verschiedener Kritikpunkte vgl. bspw. Wolf (2003), S. 168ff. sowie Staehle (1999), S. 53f.

420 Vgl. Wolf (2003), S. 152.

die Kontingenztheorie in der Strategieforschung laut STAEHLE (trotz teilweise widersprüchlicher Ergebnisse) einige hinreichend empirisch bestätigte Erkenntnisse vorweisen:[421]

(1) Zum Zusammenhang von Unternehmensumfeld und Planung:

- Mit zunehmender Komplexität und Dynamik des Umfelds steigt das Planungsausmaß.
- Mit zunehmender Komplexität und Dynamik benutzter Technik steigt das Planungsausmaß.

(2) Zum Zusammenhang von (interner) Organisation und Planung:

- Mit zunehmendem Planungsausmaß werden verstärkt zentrale Planungsstellen gebildet und die Geschäftsführung beteiligt sich verstärkt an der Planung.
- Mit zunehmender Unternehmensgröße nimmt das Planungsausmaß zu.

Insbesondere ist der kontingenztheoretische Ansatz auch in seiner weiterentwickelten Form, dem Konfigurationsansatz, für Analyse und Gestaltung des Wandels strategischer Planungssysteme geeignet.[422]

Die Fragestellung der vorliegenden Arbeit bezieht explizit den Kontext des Untersuchungsobjekts mit ein und schließt damit direkt an den Grundgedanken des Kontingenzansatzes an. Da die empirischen Erkenntnisse zur strategischen Planung in der Tradition des Kontingenzansatzes nicht nur teilweise widersprüchlich und fragmentarisch sind, sondern im Bereich der dynamischen Adaption auch Lücken aufweisen, wird der Kontingenzansatz nicht zuletzt deshalb als „theoretische Brille“ genutzt, um

- einen eigenen Forschungsbeitrag zur Schließung einer dieser Lücken zu leisten,
- eine Anknüpfung an die aktuelle wissenschaftliche Diskussion zu ermöglichen
- und aus bereits vorliegenden Studien weitere Bausteine für die Theoriebildung heranziehen zu können.

Eine Betrachtung der Adaption strategischer Planungssysteme ist ebenso aus anderen Perspektiven denkbar, bspw. Evolutions- oder Transformationstheorien.[423] Diese sind allerdings im Zusammenhang mit der Untersuchung

---

421 Vgl. Staehle (1989), Sp. 885.

422 Vgl. Buchner (2002), S. 37ff. und Kukalis (1991), S. 143ff.

423 Vgl. Wolf (2003), S. 287ff.

strategischer Planungssysteme weniger gebräuchlich und werden jeweils nur ergänzend für Analyse und Argumentation herangezogen, wo sie zur Beantwortung bestimmter Teilfragen bzw. zum besseren Verständnis empirischer Phänomene sinnvoll erscheinen.[424]

2.3.4 Zusammenfassung: Erfahrungsobjekt strategisches Planungssystem

In Kapitel 2.2 wurde dargestellt, wie Turbulenzen in Unternehmen und Unternehmensumfeldern zu einer Veränderung der Anforderungen an die Unternehmensführung führen. Das Management ist mithin gefordert, Voraussetzungen zu schaffen, die eine idealerweise antizipative oder zumindest kurzfristig reaktive Führung des Unternehmens erlauben.

KIRSCH und MAAßEN bringen diese Forderung wie folgt zum Ausdruck: „*Die Zeit des reinen Sichtflugs in Unternehmen ist vorbei. Für einen erfolgreichen Flug des Unternehmens bedarf es auch adäquater Systeme, die das unternehmerische Können und die Intuition nicht ersetzen, sehr wohl jedoch eine notwendige Unterstützung der Führung von Unternehmen leisten.*“[425] Diese strategischen (Planungs)Systeme müssen die Veränderung als Zustand betrachten und für die Möglichkeit zur permanenten evolutiven Weiterentwicklung angelegt sein.[426]

Zur Einführung in das Forschungsfeld der strategischen Unternehmensführung wurden in Kapitel 2.3 zunächst die Entwicklung der Disziplin, die elementaren Ansätze der strategischen Planung sowie zwei exponierte Forschungsschwerpunkte dargestellt. Eine weitere Fokussierung auf das Erfahrungsobjekt erfolgte daran anschließend. Mit Hilfe eines kriteriengeleiteten Vorgehens wurde eine Begriffsdefinition strategischer Planungssysteme erarbeitet und in der Literatur fundiert. Ebenso wurden die Kernelemente eines strategischen Planungssystems

---

424 Vgl. ähnlich auch Hoppe (2004), S. 20f.

425 Kirsch/Maaßen (1989b), S. I.

426 Vgl. Zahn/Schön (2003), S. 179f.
Managementsysteme (und damit insbesondere auch strategische Planungssysteme) können ebenso Gegenstand evolutorischer Prozesse sein. Ihre Entwicklung und Veränderung lassen sich insofern auch mit Argumenten der Evolutionstheorie erfassen: Es geht dabei um die Evolution von Evolutionsmechanismen. Es kann unterstellt werden, dass Managementsysteme prinzipiell gestaltbar sind, aber gleichzeitig der Evolution unterliegen. In einer Gestaltungsperspektive kann die Konzeption der geplanten Evolution Anwendung finden (vgl. bspw. Kirsch 1997a, 1997b). Ein wesentliches Problem bzgl. der Gestaltung von Managementsystemen stellt dabei die Gewährleistung der Evolutionsfähigkeit der Systeme dar. Vgl. Bamberger/Wrona (2004), S. 227.

isoliert und detailliert besprochen.[427] Um im Weiteren den inhaltlichen Bogen zu den theoretischen Grundlagen des turbulenten Umfeldwandels zu schlagen, wurden der Kontingenzansatz und dessen Anwendung in der Strategieforschung diskutiert. Mit zunehmender Komplexität strategischer Unternehmensführung wird eine situative Betrachtung wissenschaftlicher und pragmatischer Fragestellungen immer wichtiger.[428] Insbesondere ist der Kontext des Unternehmens, also das externe Umfeld und die internen Rahmenbedingungen, zu berücksichtigen. Das Ziel, den Wandel strategischer Planungssysteme im Kontext turbulenter Unternehmensumfelder zu untersuchen, macht diese Verknüpfung sogar zwingend erforderlich.[429]

Die nachfolgende Abbildung 2-11 illustriert diese zentralen Punkte in Anlehnung an die Darstellung in Kapitel 2.1.

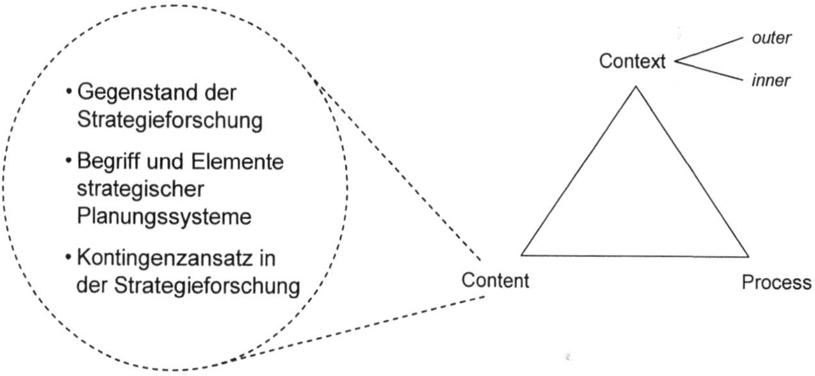

Abbildung 2-11: Erfahrungsobjekt „strategisches Planungssystem"

Durch Diskussion dieser Punkte wurde, wie von PETTIGREW gefordert, die Grundlage des *„what of change"*[430] geschaffen. Damit wird deutlich, welche Facetten des Erfahrungsobjekts „strategisches Planungssystem" von Bedeutung sind und hinsichtlich der Untersuchung seines Wandels betrachtet werden müssen.

---

427 Vgl. Abbildung 2-7.

428 Vgl. Knyphausen-Aufseß (1995), S. 218.

429 Vgl. bspw. Jeschke (1992), S. 160ff.

430 Mit „what of change" meint Pettigrew (1987, S. 658) die spezifischen inhaltlichen Bereiche, die adaptiert werden.

2.4 Organisationaler Wandel

Um ein Verständnis der kontextbedingten Veränderung des Erfahrungsobjekts strategisches Planungssystem zu bekommen, ist es wichtig, die Grundlagen und Mechanismen entsprechender Wandelprozesse näher zu beleuchten. Die nachfolgenden Ausführungen konzentrieren sich daher auf die Ausgangspunkte und Funktionsweisen sowie auf verschiedene Erklärungsmodelle organisationalen Wandels. Ebenso wird der Stand der Wandel- und Adaptionsforschung dargestellt.

2.4.1 Begriff und Arten des organisationalen Wandels

Die wissenschaftliche Diskussion zum organisationalen Wandel in und von Unternehmen ist vielfältig,[431] wobei abhängig vom Verständnis des Wandels die grundlegenden Definitionen variieren.[432] Grundsätzlich bezieht sich organisationaler Wandel auf die Veränderung von Merkmalen von Organisationen.[433] Die Untersuchung von Wandel umfasst Veränderungsprozesse sowie ihre zeitlichen und dynamischen Aspekte. Dabei werden je nach Verständnis und Betrachtungsperspektive unterschiedliche Arten von Veränderungsprozessen eingeschlossen. Die Organisationstheorie und die Betriebswirtschaftslehre spiegeln diese Vielfalt bspw. durch Begriffe wie Unternehmensdynamik, Reorganisation, (Unternehmens)Transformation, Evolution, Adaption, Wachstum, Erneuerung, (Unternehmens)Entwicklung, Restrukturierung, Re-Design, Re-Engineering, Reorientierung, Revitalisierung usw. wider.[434]

Einige Autoren interpretieren Wandel als einen kontinuierlichen Prozess[435] während andere kurze Episoden der Veränderung zwischen langen Perioden der Stabilität und Trägheit sehen.[436] Eine Klassifizierung von Veränderungen und dazugehöriger Theorien schlagen MEYER, BROOKS und GOES vor (vgl. Abbildung 2-12).

---

431 Als Gegenstand der Organisationsforschung und betriebswirtschaftlicher Arbeiten wird Wandel seit ca. Ende der 1970er Jahre mit zunehmendem Interesse als wissenschaftliches Forschungsfeld verfolgt. Vgl. Zahn (1979), S. 142f. und Maier (2002), S. 19.

432 Vgl. Van de Ven/Poole (1995), S. 510.

433 Vgl. nachfolgend Bamberger/Wrona (2004), S. 422f. und Reiß (2000), S. 379ff.

434 Die im Deutschen verwendeten Begriffe des Wandels und der Veränderung finden in der angloamerikanischen Literatur ihr Gegenstück zumeist im Begriff „Change". Vgl. Ulrich (1994), S. 6 und Gagsch (2002), S. 27.

435 Vgl. bspw. March (1981), S. 563.

436 Vgl. Miller/Friesen (1984), S. 129.

	First-Order Change	Second-Order Change
	Adaption	**Metamorphosis**
Firm Level	Focus: Incremental change within organizations Mechanisms: • Incrementalism • Resource dependence Authors: Lindblom (1959), Miles/Snow (1978), Pfeffer/Salancik (1978), Quinn (1978)	Focus: Frame-breaking change within organizations Mechanisms: • Life cycle stages • Configuration transitions Authors: Ginsberg (1988), Greiner (1988), Kimberly/Miles (1980), Miller/Friesen (1984), Tushman/Romanelli (1985)
	Evolution	**Revolution**
Industry Level	Focus: Incremental change within established industries Mechanisms: • Natural selection • Institutional isomorphism Authors: Hamman/Freeman (1977), McKelvey/ Aldrich (1983), DiMaggio/Powell (1983), Scott (1987), Zucker (1987)	Focus: Emergence, transformation, and decline of industries Mechanisms: • Punctuated equilibrium • Quantum speciation Authors: Astely (1985), Barney (1986), Gould/Eldrige (1977), Schumpeter (1950)

Abbildung 2-12: Modelle des Wandel in Unternehmen und Branchen[437]

Dieses Konzept klassifiziert Veränderungen anhand zweier Dimensionen mit jeweils zwei verschiedenen Ausprägungen: Hinsichtlich der Art des Wandels wird zwischen kontinuierlichem („first-order change") und diskontinuierlichem Wandel („second-order change") unterschieden, auf der Analyseebene zwischen Unternehmen und Branche. MEYER, BROOKS und GOES differenzieren vier Modelle des Wandels:

Auf der Unternehmensebene sind dies:

- *Adaption*: Ausgangspunkt ist die Annahme, dass einzelne Unternehmen ihre Umfelder mehr oder weniger kontinuierlich beobachten und sich an sie bewusst anpassen. Dabei können zwei Mechanismen unterschieden werden. Die inkrementalen Ansätze unterstellen einerseits, dass Strategien

---

[437] Quelle: Meyer u. a. (1990), S. 96.

bewusst und aktiv mit neuen Produkten, Strukturen und Prozessen experimentieren[438] und das Modell der Ressourcenabhängigkeit stuft andererseits den Einfluss von Managern insofern zurück, als organisationaler Wandel lediglich als reaktive Antwort aufgefasst und durch externe Abhängigkeiten diktiert wird.[439]

- *Metamorphose*: Die Vertreter dieser Perspektive gehen davon aus, dass einzelne Unternehmen relativ stabile Konfigurationen besitzen, sich aber periodisch anpassen müssen und schnelle, organisationsweite Transformationen vollziehen. Dabei sind verschiedene Kausalmechanismen denkbar, wie das Durchlaufen von Lebenszyklusphasen,[440] Wechsel zwischen strategischen Typen[441] oder strukturellen „Gestalten"[442] und technologische Durchbrüche.[443]

Auf Branchenebene werden genannt:

- *Evolutionsmodelle*: Populationsökologen betonen den der Biologie entstammenden Evolutionsprozess der Variation, Selektion und Retention in etablierten Branchen.[444] Institutionelle Theoretiker hingegen nehmen an, dass Organisationen Druck erfahren, konform mit den normativen Erwartungen ihrer Umfelder zu sein, und sich daher anpassen.[445]
- *Revolution*: Nach dieser Sichtweise werden ganze Branchen nach langen Perioden der Stabilität innerhalb kurzer Zeit restrukturiert und erleben dadurch „Quantensprünge".

In der Strategieforschung wird häufig von strategischem Wandel gesprochen. Dieser bezeichnet die Veränderung bzw. Anpassung von Unternehmenszielen, Strategien (im engeren Sinne), Unternehmensgrundsätzen, Managementsystemen oder der Unternehmenskultur. Wandel ist also dann „strategisch", wenn er in signifikanter Weise die Veränderung von Erfolgspotenzialen betrifft.[446] LYNCH betont außerdem, dass strategischer Wandel eine proaktive Komponente hat. Dabei ist es unerheblich, ob sich dieser Wandel durch

---

438 Vgl. Miles/Snow (1978), S. 20f., Quinn (1978), und Mintzberg/McHugh (1985).

439 Vgl. Pfeffer/Salancik (1978), S. 2ff.

440 Vgl. Kimberly/Miles (1980).

441 Vgl. Miles/Snow (1978), S. 13ff.

442 Vgl. Miller/Friesen (1984), S. 133ff.

443 Vgl. Tushman/Romanelli (1985), S. 174ff.

444 Vgl. bspw. Hannan/Freeman (1977, 1984) und McKelvey/Aldrich (1983).

445 Vgl. Meyer/Rowan (1977) und Zucker (1987).

446 Vgl. Bamberger/Wrona (2004), S. 427 und Reiß (2000), S. 379.

präskriptive oder emergente Ansätze vollzieht.[447] Weiter beziehen VAN DE VEN und POOLE bspw. strategischen Wandel auf die gesamte Organisation während sich SCHMIDT auf den Wandel der gesamtunternehmerischen Strategie im Rahmen von unternehmungsinternen und -externen Veränderungen konzentriert.[448] Trotz dieser graduellen Unterschiede steht fest, dass Unternehmen sich ständig veränderten Gegebenheiten anpassen und sich permanent in ihren Strukturen, Prozessen und Interaktionen wandeln.[449] „*Teilweise geschieht dieser Wandel ohne bewusste Eingriffe in das soziale System; teilweise ist er gewolltes oder ungewolltes Ergebnis von Führungsinterventionen.*“[450] Sowohl reaktiver als auch proaktiver Wandel sind Grundlagen für eine erfolgreiche, zukunftsorientierte Ausrichtung des Unternehmens, stiften jedoch gleichzeitig im Unternehmen und vor allem bei dessen Mitarbeitern Unruhe und Unsicherheit. Einerseits die Chancen des Wandels zu nutzen, die Flexibilität des Unternehmens zu gewährleisten bzw. zu erhöhen und andererseits die nötige Sicherheit und gewünschte Stabilität zu erringen, belebte in den vergangenen Jahren den wissenschaftlichen Diskurs um strategischen Wandel. Verschiedene Konzepte zur Bewältigung des Wandels wurden unter dem Stichwort „Change-Management“ diskutiert.

2.4.2 Erklärungsmodelle organisationalen Wandels

Als Auslöser und Bestimmungsfaktoren organisationalen Wandels werden in der Literatur verschiedene Ansätze genannt. So nehmen einige Autoren die Position ein, dass organisationaler Wandel eine willensmäßige Managementaktivität ist,[451] während andere Wandel als Reaktion auf unvorhergesehene exogene Schocks sehen:[452] „*Environmental jolts provoke crises that facilitate organizational metamorphoses.*“[453]

---

[447] Vgl. Lynch (2003), S. 764.

[448] Vgl. Van de Ven/Poole (1995) und Schmidt (2000), S. 114.

[449] „Strategic change can be defined as a difference in the form, quality, or state over time in an organization's alignment with its external environment.“ Rajagopalan/Spreitzer (1996), S. 49. Vgl. dazu auch Fiss/Zajac (2006), S. 1173.

[450] Müller-Stewens/Lechner (2005), S. 549.

[451] Vgl. Andrews (1971).

[452] Vgl. Meyer (1982), S. 515ff.

[453] Meyer u. a. (1990), S. 103.

ROMANELLI und TUSHMAN nennen insgesamt drei Determinanten, die für organisationale Anpassungen wesentlich sind:[454]

- Die Herkunft und Geschichte des Unternehmens,
- der Umfeldzustand, und dabei insbesondere die Umfeldturbulenz (vgl. Kapitel 2.2.3) und
- der interne Kontext (auch die strategische Wahl).

Diese Determinanten spielen ebenfalls bei der Anpassung strategischer Planungssysteme eine Rolle.

Neben diesen grundlegenden Determinanten organisationaler Anpassung lassen sich drei grundsätzliche Modelle für die Erklärung von organisationalem Wandel bzw. der Veränderung von Unternehmen unterscheiden:[455]

- Entwicklungsmodelle (Dominanz unternehmensinterner Kräfte)
- Selektionsmodelle (Umfelddeterminismus)
- Adaptionsmodelle (Interaktion)

Wie nachfolgend dargestellt wird, soll im Rahmen dieser Arbeit primär dem dritten Verständnis gefolgt werden. Da dieser Ansatz eng mit den beiden anderen Perspektiven korrespondiert, wird zunächst darauf eingegangen.

2.4.2.1 Entwicklungsmodelle

Entwicklungsmodellen liegt die Annahme zugrunde, dass Veränderungen in und von Unternehmen allgemeinen, regelmäßig zu beobachtenden Mustern folgen, die sich beim System Unternehmung stets in vergleichbarer Form herausbilden.[456] Diese Muster entstehen aus einer systemimmanenten Eigendynamik bzw. sich selbst erzeugenden Triebkräften[457] und sind mehr oder weniger

---

[454] Vgl. Romanelli/Tushman (1986), S. 608ff.

[455] Gagsch (2002), S. 33ff., Buchner (2002), S. 106ff., Staehle (1999), S. 908ff., Zahn (1998b), S. 392f., Perich (1993), S. 160ff., Haas (1997), S. 8f., Türk (1989), S. 55ff., Tushman/Romanelli (1985), S 172f. und Hannan/Freeman (1989), S. 10ff. Vgl. ähnlich auch Van de Ven/Poole (1995).

[456] Vgl. Staehle (1999), S. 908.
Zu den bekanntesten Entwicklungsmodellen gehören Ansätze von Lippitt/Schmidt (1967), Greiner (1972), Quinn/Cameron (1983), Mintzberg (1984) und Adizes (1988). Einen aktuellen Ansatz liefern Gomez und Zimmermann (1997, S. 143ff.), die eine Synopse der Entwicklungsmodelle auf Basis des St. Galler Managementmodells anstreben. Entwicklungsmodelle werden in der Literatur teilweise auch als voluntaristische Ansätze oder „Transformational Models" bezeichnet.

[457] Vgl. Türk (1989), S. 55.

eindeutig abgrenzbaren Lebensphasen der Unternehmung zuzuordnen. Krisen sind dabei oft Auslöser für den Übergang zu einer nächsten Entwicklungsstufe.[458] Die einzelnen Phasen sind gekennzeichnet von bestimmten Lernprozessen, die für eine gesunde Entwicklung unentbehrlich sind.

PERICH unterscheidet die Kategorie der Entwicklungsmodelle in human-soziale und systembezogene Erklärungsansätze.[459] Die human-soziale Entwicklungstheorie hebt die Rolle des Menschen mit seiner Gestaltungskraft hervor: Managementzentrierte Ansätze, wie Organizational Development, Organizational Redesign, Long Range Planning oder Strategic Choice, betonen Veränderung durch geplanten Wandel; Kreativitäts- und Innovationsansätze fokussieren auf unternehmerisches Handeln; Politische Prozessansätze unterstreichen konflikt- und machtbasierten Wandel. Systembezogene Entwicklungstheorien gehen von der Vorstellung aus, dass organisationale Prädispositionen, wie Ziele, Bedürfnisse und Zwänge, das Verhalten der Unternehmung leiten und zu einer gewissen vorbestimmten Entfaltung führen. Abgebildet wird diese endogene Entwicklungslogik in Wachstums- oder Lebenszyklusmodellen. Ansätze wie das Lebenszyklusmodell von QUINN und CAMERON gehen analog zum biologischen Entwicklungsprozess eines Individuums davon aus, dass Reifungs- bzw. Alterungsprozesse einen irreversiblen, graduell verlaufenden Zyklus von Geburt, Wachstum, Reife, Degeneration und Tod durchlaufen.[460]

Kritisch anzumerken ist, dass sowohl human-soziale als auch systembezogene Erklärungsansätze in ihrer Gültigkeit eingeschränkt sind. Die Gestaltung von Unternehmen und Umfeld, wie sie beim human-sozialen Modell angenommen wird, geht teilweise von unrealistischen Prämissen aus. So ist eine freie Gestaltbarkeit im Sinne der strategischen Wahl kaum möglich; vielmehr agieren Unternehmen in einem Wirkungsfeld vielfältiger Handlungsrestriktionen,[461] denen insbesondere bei der Gestaltung der Planung Rechnung getragen werden muss.[462] Ebenso ist auf die Problematik der Analogiebildung beim Lebenszyklusmodell hinzuweisen, dass Systeme einerseits eines „unnatürlichen Todes sterben“, andererseits jedoch über einen längeren Zeitraum in einer Entwicklungsphase verharren.[463] Eine quasi naturgesetzliche Entwicklung darf daher nicht ohne weiteres angenommen werden.[464]

---

458 Vgl. Staehle (1999), S. 908.

459 Vgl. Perich (1993), S. 160ff.

460 Vgl. Quinn/Cameron (1983). Ähnlich beschreibt diesen Zyklus auch Adizes (1988).

461 Vgl. Schreyögg (2003), S. 388.

462 Vgl. Buchner (2002), S. 108.

463 Vgl. Gagsch (2002), S. 35.

464 Vgl. Staehle (1999), S. 910.

Die Hauptschwäche der Entwicklungsmodelle ist die Auffassung, dass Wandel ausschließlich auf interne Kräfte zurückgeführt wird. Die Stärken liegen indes darin, dass sie eine Orientierungshilfe für die langfristige Unternehmensentwicklung geben können.

2.4.2.2 Selektionsmodelle

Selektionsmodelle verstehen im Gegensatz zu den Entwicklungsmodellen Wandel als umsystembedingten Bewährungs- und Aussonderungsprozess.[465] Es „überleben" immer nur diejenigen Systeme, die den jeweiligen Anforderungen des Umsystems genügen.[466] Das würde bedeuten, dass auch die Ausgestaltung des Planungssystems vorbestimmt ist und der Systemgestalter kaum Freiräume hat.[467]

Selektionsmodelle basieren auf dem evolutionstheoretischen Erklärungsprinzip der „natürlichen Selektion". Wandel vollzieht sich somit nach einem phasenabhängigen Prozess der Variation, Selektion und Retention.[468] Diese Entwicklungen oder besser Mutationen führen zu Veränderungen der Bestandbedingungen, die wiederum neue Systementwicklungsprozesse in Gang setzen.[469] Wenngleich der Evolutionsbegriff mittlerweile zum Standardrepertoire sozialwissenschaftlicher Theoriekonzepte gehört,[470] führt der dahinter stehende wissenschaftliche Ansatz in der Organisationstheorie zu einigen Widersprüchlichkeiten. Insbesondere rückt die Bedeutung einer organisatorischen Systemgestaltung zugunsten eines unbeherrschbaren Ausleseprozesses in den Hintergrund. Dies interpretieren HANNAN und FREEMAN so, dass sich nicht mehr das Unternehmen selbst optimiert, sondern vielmehr das Unternehmensumfeld als „Optimierer" auftritt.[471] Diese Interpretation wird zwar durch die Forderung von JUTZI und ADERHOLD relativiert, dass Systementwicklung als Ko-Evolution von

---

465 Die Ausgangspunkte dieses Erklärungsansatzes gehen auf Hawley (1950) und Campbell (1969) zurück und wurden später maßgeblich durch die Arbeiten von Hannan/Freeman (1977) und McKelvey/Aldrich (1983) vorangetrieben. Selektionsmodelle werden in der Literatur teilweise auch als deterministische Ansätze oder „Ecological Models" bezeichnet.

466 Schreyögg spricht in diesem Zusammenhang von einem dominierenden Umfeldimperativ. Vgl. Schreyögg (2003), S. 323.

467 Vgl. Buchner (2002), S. 106.

468 Ulrich bezeichnet diesen Prozess als darwinistische Triade. Vgl. Ulrich (1993), S. 38f.

469 Vgl. Schreyögg (2003), S. 89f.

470 Vgl. Ulrich (1993), S. 38. Bedeutende Schriften mit Organisations-, Management- und Unternehmensführungsbezug wurden im deutschsprachigen Bereich insbesondere an der Hochschule St. Gallen durchgeführt. Vgl. Malik (2000, 2003), Semmel (1984) und Dyllick (1982).

471 Vgl. Hannan/Freeman (1977).

System und Umfeld ablaufen muss,[472] die Handlungsempfehlungen der Evolutionstheorie laufen aber dennoch auf eine passive Anpassung an Umfeldzwänge hinaus, im Gegensatz zur aktiven Gestaltung des Umfelds.[473] Trotz dieser Kritik zeigt der Ansatz jedoch für spezielle Fragestellungen (bspw. marktliche Selektion bei Ressourcenknappheit) recht gute Erklärungsmöglichkeiten.

2.4.2.3 Adaptionsmodelle

Während Entwicklungs- und Selektionsmodelle extreme Sichtweisen der Erklärung von Wandel darstellen – weder eine klare Dominanz systeminterner Kräfte noch eine Übermacht des Umfelds darf angenommen werden – basiert der am weitesten verbreitete Erklärungsansatz auf Adaptionsmodellen.[474] Zwar unterstellen auch Adaptionsmodelle eine dominierende Rolle des Umfelds, gehen aber davon aus, dass sich Unternehmen durch Struktur- und Verhaltensänderungen den sich wandelnden Anforderungen anpassen bzw. diese durch eigenes Verhalten gewissermaßen beeinflussen: „*The system can adapt and change to fit environmental requirements, or the system can attempt to alter the environment so that it fits the systems capabilities.*“[475]

Unterschieden werden können passiv-reaktive bzw. eher proaktive Adaptionsmodelle.[476] Die erste Variante geht von einem einseitigen Abhängigkeitsverhältnis eines Unternehmens von seinem Umfeld aus.[477] Ein Überleben ist nur durch kontinuierliche, reaktive Anpassungsprozesse gewährleistet.[478] Dieses Verständnis fußt auf den Annahmen des kontingenztheoretischen Ansatzes, also bei welchen Umfeldanforderungen das Unternehmen am erfolgreichsten ist bzw. ob bestimmte Situationen und Systemmerkmale regelmäßig zusammen auftreten.

Die proaktiven Adaptionsmodelle verstehen sozio-technische Systeme als intelligente Gebilde, die durch ein proaktives Antwortverhalten nicht nur die eigene Position im Umfeld, sondern ggf. auch in gewissem Umfang das Umfeld

---

472 Vgl. Jutzi/Aderhold (2003), S. 255.

473 Vgl. Ulrich (1993), S. 39.

474 Vgl. Staehle (1999), S. 908ff. Adaptionsmodelle gehen auf den Kontingenzansatz zurück und stellen ein System und sein Umfeld als Aktions-Reaktionsgefüge dar. Sie werden in der Literatur teilweise auch als Lernmodelle oder Interaktionsansätze bezeichnet.

475 Pfeffer/Salancik (1978), S. 106.

476 Vgl. Miller u. a. (1996) und Perich (1993), 174ff.

477 „[…] organizations do some of the basic things they do because they must – or else!” Thompson (1967), S. 1.

478 Vgl. Gagsch (2002), S. 38.

selbst verändern können. Viel beachtet sind in diesem Zusammenhang die beiden Konzepte „strategic choice" und „organizational learning". Das Konzept der strategischen Wahl[479] betont die Spielräume, die für Unternehmen und Entscheidungsträger („dominant coalition") bei der strukturellen Gestaltung dadurch entstehen, dass Effizienzwirkungen bestimmter Organisationsstrukturen wegen unterschiedlicher Umfelddependenzgrade[480] nicht eindeutig bestimmt werden können. Dies hat zur Konsequenz, dass das „Verändern des Umfelds" im Sinne einer „Auswahl des Umfelds" verstanden werden muss. Unternehmen können also die Bedingungen wählen, denen sie sich unterwerfen wollen (vgl. Abbildung 2-13).[481]

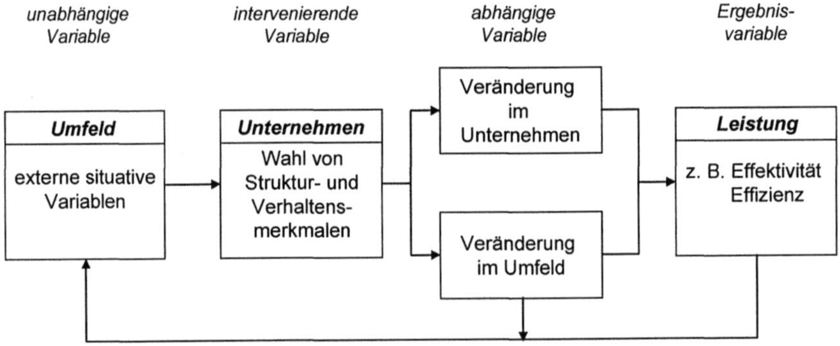

Abbildung 2-13: Das Grundmodell der Strategic Choice[482]

Dem gegenüber stehen Lernmodelle, die als Modelle einer epigenetischen Optimierung verstanden werden können. Lernmodelle gehen häufig von kumulativen Prozessen aus, unterstellen daher eine Richtung der Veränderungsprozesse entlang eines Optimierungspfades in Bezug auf interne Zielgrößen. Der Tendenz nach handelt es sich somit um reflexive Fehlerkorrekturmodelle.[483]

---

479 Das Konzept der „strategic choice" geht auf Arbeiten von Thompson (1967) und Child (1972) zurück. Child sah die Interaktion zwischen Unternehmen und Umfeld als dynamische Beziehung zwischen zwei Kräften. Weiterentwicklungen dieses Ansatzes stammen von Khandwalla (1977), S. 151f., Weick (1979), S. 177ff. und Bourgeois (1984), S. 591ff.

480 Ausprägungen der Umfeldabhängigkeit sind zumeist die Folge verschiedener Unternehmensgrößen und Marktunvollkommenheiten. Vgl. Starbuck/Dutton (1973), S. 23ff.

481 Vgl. Perich (1993), S. 178.

482 Quelle: Perich (1993), S. 178.

483 Vgl. Türk (1989), S. 57f.

(Organisationales) Lernen findet dabei auf einer „verstehenden" und selbstreflexiven Bewusstseinsstufe statt.[484] Organisationen sind aus dieser Perspektive kollektive Agenten, deren Verhalten durch alltagsweltliche Handlungstheorien strukturiert wird. Organisationaler Wandel ist demnach ein Lernprozess, der sowohl von Kontextvariablen als auch von den jeweiligen Handlungstheorien der Organisationsmitglieder beeinflusst wird.[485] Dieser (organisationale) Lernprozess ist dabei keineswegs mit dem eines Individuums identisch und lässt sich auch nicht einfach als Aggregation individueller Lernprozesse erklären.[486] Lernen ist vielmehr eine Veränderung von Wissensbeständen der ganzen Organisation und findet auf verschiedenen Lernebenen statt (vgl. Abbildung 2-14).

Individuum	Unternehmer Top Manager	Management-gruppen	Management-systeme	Organisation
Lernen für sich individuelles Lernen	Lernen für die Organisation vikarisches Lernen		Lernen der Organisation organisationales Lernen	

Abbildung 2-14: Kontinuum von Lernebenen[487]

Das Konzept des organisationalen Lernens bietet sich daher an, verschiedene Lernebenen und -prozesse mit dem Verständnis der Organisation als Wissenssystem systematisch zu verknüpfen.[488] Darüber, wie diese Wissenssysteme organisationales Lernen bewältigen, bestehen nach SHRIVASTAVA mindestens drei Auffassungen:[489]

484 „Organizational learning means the process of improving actions through better knowledge and understanding." Fiol/Lyles (1985), S. 803. Vgl. auch Hedberg (1981), S. 3. Zu den Grundlagen organisationalen Lernens vgl. Argyris/Schön (1978), Duncan/Weiss (1979), Kim (1993) und Shrivastava (1983).

485 Vgl. Perich (1993), S. 179.

486 „Although organizational learning occurs through individuals, it would be a mistake to conclude that organizational learning is nothing more but the cumulative result of their members' learning. Organizations do not have brains, but they have cognitive systems and memories. As individuals develop their personalities, personal habits, and beliefs over time, organizations develop world views and ideologies." Hedberg (1981), S. 6. Vgl. dazu ebenfalls Fiol/Lyles (1985), S. 804, Wiegand (1996), S. 329ff. und Kim (1993), S. 40ff.

487 Quelle: Staehle (1999), S. 915.

488 Vgl. Steinmann/Schreyögg (2005), S. 506ff.

489 Vgl. Shrivastava (1983), S. 9ff. Er beschreibt noch eine weitere Form organisationalen Wissens (Institutionalized Experience), die im vorliegenden Fall jedoch von nachrangiger Bedeutung ist.

- *Adaptive Learning*:[490] Organisationen passen sich im Laufe der Zeit inkremental an Umfeldveränderungen an.
- *Assumption Sharing*:[491] Organisationales Lernen findet auf der Grundlage von Alltagstheorien (theories-in-use[492]) durch den Vergleich von Handlungserwartungen und -ergebnissen statt. Wesentlich ist, dass sich das kollektiv geteilte Verhaltensrepertoire bzw. die akzeptierten Interpretationsschemata ändern.
- *Development of Knowledge Base*:[493] Organisationales Lernen erfolgt durch die Erweiterung institutionellen Wissens über die Beziehung zwischen Handlungen einer Organisation und daraus resultierenden Ergebnissen unter Umfeldeinfluss.

Grundannahme der Lernmodelle ist, dass (auf Erfahrung aufbauendes) Lernen zu verbesserter Leistungsfähigkeit in der Zukunft führt. Kernaspekte sind die Entwicklung von Einsichten, Wissen und kausalen Zusammenhängen zwischen vergangenen Handlungen, deren Effektivität und zukünftigen Handlungen.[494] So verstandenes organisationales Lernen führt zu organisationaler Kompetenz.[495]

---

490 Vgl. Cyert/March (1963), S. 123ff.

491 Vgl. Argyris/Schön (1978), S. 109ff.

492 Theories-in-use, als diejenigen Alltagstheorien, nach denen Menschen handeln, kontrastieren zu den espoused-theories, den offiziell vereinbarten, vorgeschriebenen Theorien bzw. Führungsleitlinien.
Abweichungen zwischen Handlungserwartungen und -ergebnissen werden im Rahmen der theories-in-use korrigiert (single-loop learning) oder führen bei mehrfachem Versagen bestehender Interpretationsschemata bzgl. der Problemlösung zu deren Revision (double-loop learning). Als dritte Lernebene gilt das das Metalernen (deutero learning), das die Verbesserung der Lernprozesse auf single- und double-loop Ebene ermöglicht. Vgl. Argyris/ Schön (1978), S. 20ff.

493 Vgl. Duncan/Weiss (1979), S. 84.

494 Vgl. Perich (1993), S. 179. Lernen ist ein Prozess, in dem ein Entscheider Wirkungen von Entscheidungen auf die „real world“ als Informationsfeedback wahrnimmt und daraus lernt. Vgl. Sterman (2000), S. 14ff.

495 Vgl. Fiol/Lyles (1985), S. 811.

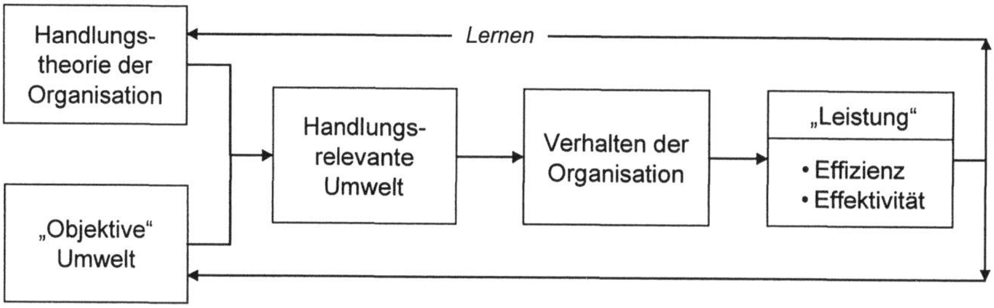

Abbildung 2-15: Das Grundmodell des organisationalen Lernens[496]

2.4.3 Gestaltungsmodelle organisationalen Wandels

Die dargestellten Erklärungsmodelle organisationalen Wandels geben einen Einblick in die Hintergründe der Veränderung in und von Unternehmen. Sie decken dabei ein breites Feld von Ansätzen ab, die sich zwischen den Extremen autonome, selbstgestaltete Entwicklung auf der einen Seite und Umfelddeterminismus auf der anderen Seite bewegen. Die Managementforschung und -praxis hat darauf aufbauend zahlreiche Modelle der Gestaltung des Wandels entwickelt. Diese zielen darauf ab, Veränderungsprozesse unter Berücksichtigung strategischer Rahmenbedingungen optimal zu gestalten. Erste Arbeiten in deutscher Sprache dazu finden sich Mitte der 1980er Jahre.[497] Der Begriff des Wandels umfasst eine Sammlung unterschiedlichster Maßnahmen, deren gemeinsames Ziel es ist, eine wie auch immer geartete, geplante und gesteuerte Weiterentwicklung des Unternehmens herbeizuführen.[498] Change-Management wird heute verstanden, als die *„zielgerichtete Analyse, Planung, Realisierung, Evaluierung und laufende Weiterentwicklung von ganzheitlichen Veränderungsmaßnahmen in Unternehmen.“*[499] Darunter werden eine Reihe von Ansätzen subsumiert, die verschiedene Facetten der Anpassungs- und Veränderungsproblematik adressieren und unterschiedliche Entwicklungsstufen abbilden. In der Literatur sind dazu mittlerweile ebenfalls zahlreiche Klassifikationen zu finden, die diese Ansätze nach Inhalt, Entwicklungszeitpunkt oder Veränderungsproblem ordnen.[500]

---

496 Quelle: Perich (1993), S. 180.

497 Vgl. Steinle (1985).

498 Vgl. Reiß (1997a), S. 32f. und Vahs/Leiser (2007), S. 3f.

499 Vahs (2005), S. 260. Ähnlich formulieren dies auch DuMont (1999), S. 37 und Thom (1995), S. 870.

500 Vgl. bspw. Meyer (2007), S. 106f., Vahs (2005), S. 244 und Gagsch (2002), S. 84ff. Diese Autoren unterteilen die Gestaltungsmodelle des Wandels bzw. die Change-Management-Ansätze in die Kategorien Lean-Ansätze, Reengineering-Ansätze,

In der vorliegenden Forschungsarbeit kommt ein Klassifikationsvorschlag von MÜLLER-STEWENS und LECHNER zur Anwendung, der einen chronologischen Überblick über die Entwicklung der Disziplin gibt. Dieser Ansatz unterteilt die Gestaltungsmodelle in verschiedene Kategorien: (1) Wandel als Planungsproblem, (2) Wandel als Umgang mit Widerständen, (3) den Organisationsentwicklungsansatz und (4) Organisationales Lernen als Gestaltungsansatz.[501] Als weiterer Ansatz können die (5) Konzepte der Flexibilität und Wandlungsfähigkeit ergänzt werden.

2.4.3.1 Wandel als Planungsproblem

Als klassischen Ansatz führen MÜLLER-STEWENS und LECHNER den „Feldherrenansatz" an, dessen Logik sie mit drei Prozessschritten beschreiben:[502]

1. Fixiere das Ziel genau.
2. Prüfe die alternativen Wege dorthin und wähle einen aus.
3. Plane im Detail die ausgewählte Strategie, um auf diesem Weg das Ziel zu erreichen.

Im Vordergrund stehen für die Unternehmensführung Zielbildung und Optionenauswahl als Bestandteile einer rational-analytischen Entscheidungsfindung. Das bedeutet, dass wenn *„die Truppen ihren Befehl einmal erhalten [haben], dann werden sie als Nächstes sich zum Zielort hinbewegen. Es wird damit unterstellt, dass die Truppen willens und in der Lage sind, nach Plan vorzugehen. Indirekt ging man damit auch davon aus, dass man die Befindlichkeit der Truppen kennt."*[503]

Für den Fall, dass die Planung nicht aufgeht, wird davon ausgegangen, dass Planungsfehler die Ursache sind. Die Reaktion darauf sind noch detailliertere Pläne, wodurch sich die Schwierigkeiten eher noch intensivieren. Organisationaler Wandel wurde im Rahmen des Feldherrenansatzes noch nicht als eingeständiges Problem- und Gestaltungsfeld der Organisation anerkannt.

Qualitätsmanagement-Ansätze, strategische Ansätze, Organisationsentwicklung und organisationales Lernen.

501 Vgl. Müller-Stewens/Lechner (2005), S. 577ff.

502 Vgl. Müller-Stewens/Lechner (2005), S. 578.

503 Müller-Stewens/Lechner (2005), S. 578.

Ähnlich wird in der Literatur zum Change-Management der teleologische Ansatz beschrieben.[504] Es wird davon ausgegangen, dass sich eine Organisation oder organisatorische Einheit in Richtung eines Ziels bzw. eines bestimmten Zustands entwickelt. Entwicklung wird also als eine sich wiederholende Sequenz der Zielformulierung, -erreichung, -evaluierung und -modifikation verstanden. Obwohl dieser Ansatz den Planer als alleinigen Motor des Wandels versteht, hat er dennoch seine Grenzen: Beschränkungen der Planungsfreiheit und Zielverfolgung werden vom organisationalen Umfeld als auch der Ressourcenverfügbarkeit innerhalb der Organisation gesetzt.

Ebenso weisen weitere Autoren auf Grenzen des „traditionellen" Managements des Wandels hin bzw. üben Kritik. Bspw. sieht DUCK das Hauptproblem darin, dass das Veränderungsanliegen in kleine Teile heruntergebrochen wird und anschließend nur noch diese Teile gemanagt werden. Dies kommt seiner Ansicht nach dem Vorgehen des Taylorismus gleich.[505]

2.4.3.2 Wandel als Umgang mit Widerständen

Unter Berücksichtigung der Verhaltenskomponente wurde von der Organisationstheorie erst in der Folge anerkannt, dass ebenfalls Widerstände aus den eigenen Reihen eine Ursache für die Nichteinhaltung von Plänen sein können.[506] Als Fortsetzung der in Kapitel 2.4.3.1 dargestellten Schritte folgt daher:[507]

4. Überlege, welche Widerstände zu erwarten sind und wie sie überwunden werden können.
5. Wenn der Wandel vorerst nicht wie geplant greifen sollte, dann halte dennoch unbeirrt an den Zielen fest, erhöhe jedoch die Schlagzahl.

Die Quellen dieser Widerstände finden sich im Allgemeinen auf zwei Ebenen: der Personen- und der Organisationsebene.[508] Von der Person ausgehende

---

504 Vgl. Van de Ven/Poole (1995), S. 515ff. Nach diesen Autoren fußt der teleologische Ansatz auf verschiedenen Organisationstheorien des Wandels. Angeführt werden der Funktionalismus (Merton 1968), das Decision Making (March/Simon 1958), die Epigenese (Etzioni 1963), der Voluntarismus (Parsons 1951) das adaptive Lernen (March/Olsen 1976) und die meisten Ansätze der präskriptiven strategischen Planung (Chakravarthy/Lorange 1991a).

505 Vgl. Duck (1993), S. 109ff.

506 Verschiedene teleologische Ansätze lassen sich ebenfalls in diese Kategorie der Gestaltungsmodelle einordnen. Vgl. bspw. das Modell von Nadler (1988).

507 Vgl. Müller-Stewens/Lechner (2005), S. 578.

508 Vgl. Watson (1975).

Widerstände sind zumeist darin begründet, dass es den Betroffenen des Wandels an Wandlungsbereitschaft mangelt oder dass die Notwendigkeit zum Wandel nicht erkannt wird. Widerstände aus der Organisation resultieren indes hauptsächlich aus machtpolitischen Erwägungen oder verfestigten Normen und Werten. Ein Überwinden dieser oft versteckt wirksam werdenden Widerstände macht ein Management des organisationalen Wandels und Wissen über den Umgang mit Widerständen erforderlich.

Ähnlich mit veränderungsresistenten Kräften umzugehen, fordert das zyklische Veränderungsmodell nach LEWIN. In der Diskussion um das Phänomen des Wandels wird immer wieder betont, dass Wandel durch das Zusammenspiel antagonistischer Kräfte zustande kommt. Nach LEWIN existieren in jeder Situation Kräfte, die auf Wandel drängen (Driving Forces), und Kräfte, die Wandel behindern (Restraining Forces).[509] Soll nun ein bestehender Gleichgewichtszustand in einen neuen transformiert werden, so muss der Status Quo zuerst „aufgetaut“ werden:[510]

- Auftauen („unfreezing“) der dominanten Verhaltensmuster,
- Veränderung („moving“) zu einem neuen Gleichgewicht und
- Fixierung („refreezing“) auf neuem Niveau.

In der Literatur zum Change-Management finden sich zahlreiche dieser Verlaufsformenmodelle. Die meisten von ihnen folgen der Grundlogik von LEWIN, indem sie verschiedene Phasen unterscheiden und davon ausgehen, dass Wandel Widerstand erzeugt, dass es eines expliziten Einstiegs in den Wandelprozess bedarf und dass die erreichten Veränderungen in der Organisation gefestigt werden müssen.[511]

Zentrale Erkenntnisse für die Gestaltung von Wandelprozessen, die aus den teleologischen Modellen und den Phasenmodellen in die Wandelforschung eingeflossen sind, fassen MÜLLER-STEWENS und LECHNER zusammen:[512]

- Es muss die möglichst gemeinsam getragene Überzeugung geschaffen werden, dass ein organisationaler Wandel erforderlich ist.

---

509 Die Feldtheorie von Lewin, die oft als Grundlage von Veränderungsmodellen angeführt wird, basiert stark auf naturwissenschaftlichen Analogien. Lewin versucht eine physikalische Psychologie zu begründen, die menschliches Verhalten im Rahmen von psychologischen Kräftefeldern analysiert. Das von ihm definierte psychologische Kräftefeld umfasst sämtliche Kräfte, die das Verhalten eines Menschen beeinflussen bzw. verändern. Vgl. Lewin (1951), S. 234ff.

510 Vgl. dazu bspw. Staehle (1999), S. 592.

511 Vgl. Müller-Stewens/Lechner (2005), S. 581.

512 Vgl. Müller-Stewens/Lechner (2005), S. 580.

- Beteiligte müssen möglichst frühzeitig aktiv in den Wandelprozess einbezogen werden.
- Ein partnerschaftliches Verhältnis in und zwischen Gruppen des Wandels ist für die Zielerreichung förderlich.
- Fortschrittskontrolle und schnelles Feed-back beschleunigen den Veränderungsprozess.
- Erfolgreiche Wandelprozesse folgen einer verallgemeinerbaren Verlaufsform (siehe oben).

2.4.3.3 Organisationsentwicklungsansatz

Die Organisationsentwicklung (OE) konzentriert sich auf den Abbau von Widerständen bei Wandel sowie die Verbesserung der Zufriedenheit am Arbeitsplatz oder bessere Entfaltungsmöglichkeiten der Mitarbeiter. Sie ist ein verhaltenswissenschaftlich geprägtes Konzept und basiert auf den Erkenntnissen zur Bedeutung der Gruppendynamik für Wandelprozesse und entstand leicht zeitversetzt zum vorangehend beschriebenen Ansatz.[513] Die Vertreter der OE gehen davon aus, dass vor erfolgreicher Veränderung des Unternehmens ein Wandel der Einstellungen, Werte und Verhaltensweisen der Mitarbeiter erfolgen muss.

Ausgangspunkt der OE waren neu entwickelte Trainingsmethoden zum Abbau von Vorurteilen. Im Mittelpunkt standen dabei insbesondere Feed-back-Mechanismen (bspw. offenes Feed-back oder Survey-guided-feed-back[514]) zur Unterstützung betrieblicher Wandelprozesse. Ein weiterer Ansatz der OE ist die Prozessberatung. Dabei tritt der Berater als Moderator des Prozesses und Coach auf, während die „Betroffenen“ selbst Probleme und zugehörige Lösungen finden. Ein ebenfalls bekanntes Modell ist das „Managerial Grid“ von BLAKE und MOUTON. Zentrale Eigenschaft dieses Modells ist die Verwendung zweier Achsen; auf einer wird die Sachorientierung und auf der anderen die Personenorientierung dargestellt.[515] Mehr europäisch geprägt ist die systemische OE, die wesentliche Impulse aus der Forschung zur Familientherapie erhielt. Annahme dieses Ansatzes ist, dass organisationaler Wandel nur dann möglich ist, wenn es gelingt, die „geheimen Spielregeln“, als die inoffiziellen Treiber der

---

513 Vgl. hierzu und zu den nachfolgenden Ausführungen Staehle (1999), S. 922, Müller-Stewens/Lechner (2005), S. 582ff. und Schreyögg/Noss (1995), S. 172f. Arbeiten zur klassischen OE stammen bspw. von Bennis u. a. (1969), Sievers (1977) und French/Bell (1990).

514 Diese Technik geht auf Likert zurück und beschreibt ein spezielles Verfahren der quantitativen Organisationsdiagnose. Vgl. Likert (1961).

515 Vgl. Blake/Mouton (1964).

täglichen Interaktionsmuster einer Organisation, in der das soziale System sich verfangen hat, durch geeignete Interventionen zumindest teilweise außer Kraft zu setzen.

Zusammenfassend kann die Organisationsentwicklung beschrieben werden als

- durchdachter, gezielter, episodenhafter Veränderungsprozess sowie
- die Veränderung ganzer, in sich geschlossener Einheiten
- inklusive deren Struktur und Verhaltensweisen.
- Die Veränderung wird durch einen extra dafür geschulten – meist externen – Spezialisten („change agent“) konzipiert und gesteuert.
- Die OE wird ebenfalls als Methode, deren Annahmen auf sozialwissenschaftlichen Theorien beruhen, beschrieben.[516]

Die neuen Facetten organisationalen Wandels, die durch die OE ins Spiel gebracht wurden, provozierten allerdings auch teilweise bedenkenswerte Kritik. Zu nennen sind hier die Annahmen, dass Mitarbeiter- und Unternehmensinteressen harmonisierbar wären, dass Topmanagement bzw. Berater das System manipulieren würden und dass dem Forschungsstrang eine relativ geringe theoretische und empirische Fundierung zugrunde liegen.[517]

2.4.3.4 Organisationales Lernen als Gestaltungsansatz

Einen weiteren Impuls kann das Management des Wandels durch die Theorie des organisationalen Lernens erfahren.[518] *„Denkt man sich die Lernfähigkeit als einen Teil des umfassenderen Konstrukts „Veränderungsfähigkeit“ und begreift man Lernen als Umstrukturierung der bestehenden Wissensbasis, so wird Lernen bzw. die Aneignung und organisatorische Verankerung von neuem Wissen zur Voraussetzung eines dauerhaft stattfindenden Wandels. In diesem Sinne kann organisatorisches Lernen sicher einen Beitrag zum Management des Wandels leisten.“*[519]

Dieser Ansatz liefert auch Hinweise darauf, wie ein lernfreundlicher Kontext beschaffen sein muss, also was die „Enabler“ der Schaffung von neuem Wissen

---

[516] Vgl. Schreyögg (2003), S. 508ff.

[517] Vgl. Müller-Stewens/Lechner (2005), S. 584 und Schreyögg/Noss (1995), S. 173ff. Vgl. hierzu auch Reiß (1998, S. 264f.), der eine Veränderung der klassischen Organisationsentwicklung hin zu pragmatischeren Ansätzen feststellt.

[518] Vgl. Schreyögg/Noss (1995), S. 176ff.

[519] Müller-Stewens/Lechner (2005), S. 585.

sind.[520] *„The learning process approach recognizes that it is difficult or impossible to predict the future external and internal environment, and that organizations in a competitive situation in which the time factor is often important must learn quickly.“*[521] Lernen in turbulenten Umfeldern bedeutet dabei mehr als die alleinige Verbesserung der Problemlösungsfähigkeit.[522] Bei nicht prognostizierbaren Umfeldentwicklungen sind die Orientierung an auftretenden Problemen, sich ergebenden Gelegenheiten sowie den handelnden Menschen und die Einbindung aller Managementebenen in Lernprozesse unerlässlich.[523] Als weitere Voraussetzungen organisationalen Lernens (im Sinne einer Höher- oder Weiterentwicklung) nennt GAGSCH verschiedene Bausteine:[524]

- Kontinuierliche Verbesserung[525]
- Selbstorganisation[526]
- Abbau von Hierarchie
- Mitarbeiter- und Kundenorientierung[527]
- Organizational Slack[528]

Die Berücksichtigung bzw. Umsetzung dieser „Bausteine“ versetzt Unternehmen in die Lage, sich weitgehend selbstbestimmt zu wandeln und neue Eigenschaften, Fähigkeiten und Verhaltensweisen zu erlernen.[529]

---

520 Vgl. Krogh u. a. (2000).

521 Idenburg (1993), S. 135.

522 Vgl. Zahn/Tilebein (2000), S. 122.

523 Vgl. Greschner (1996), S. 160ff. und Zahn (1998a), S. 17.

524 Vgl. Gagsch (2002), S. 101f.

525 Vgl. Probst (1992), S. 20.

526 Vgl. Klimecki u. a. (1991), S. 116.

527 Vgl. Greschner (1996), S. 143ff.

528 Vgl. Brehm (2003), S. 120ff., Kleingarn (1997), S. 62 und Bourgeois (1981), S. 29ff. Der Begriff des „Organizational Slack“ geht auf Cyert und March (1963) zurück und beinhaltet ursprünglich unerwartete Zielbeiträge, die mehr Ressourcen verbrauchen, als zur eigentlichen Zielerreichung notwendig sind. Nach Klimecki u. a. (1991, S. 118) umfasst Organizational Slack „alle Aktivitäten und Fähigkeiten innerhalb eines sozialen Systems, die nicht auf den eigentlichen Arbeitszweck gerichtet sind und im Moment vom System nicht nachgefragt werden[,] aber für zukünftige Anforderungen eine wesentliche Ressource darstellen.“

529 Vgl. Ulrich/Probst (1995), S. 90.

Ein weiterer Ansatz, der auf den Lernmodellen basiert,[530] ist der der Organizational Transformation (OT). Nach LEVY und MERRY zielt dieser im Gegensatz zur OE auf Situationen ab, in denen sich das herrschende Paradigma ändert – im Sinne eines fundamentalen Wandels.[531]

Die Kritik am Ansatz des organisationalen Lernens richtet sich insbesondere auf eine gewisse Naivität der Annahme, dass Organisationen ohne Interventionen des Managements Wandel zielgerichtet gestalten können, also den Wandel gewissermaßen aus sich selbst heraus bewerkstelligen.[532] Ebenso kann nicht davon ausgegangen werden, dass das gesamte individuelle Wissen auf organisationaler Ebene zur Verfügung steht. Informationsfilterung oder mangelnde Kommunikation stehen dem zumeist entgegen. Notwendige Wandelprozesse können dadurch zeitlich verzögert oder gar verhindert werden.[533]

2.4.3.5 Konzepte der Flexibilität und Wandlungsfähigkeit

Die bisher dargestellten Gestaltungsmodelle organisationalen Wandels gehen von einem in erster Linie aktiven Management von Veränderungen aus. Neben diesen Modellen gibt es in der Change-Forschung einen zunehmend wachsenden Zweig, der eine Schaffung und Nutzung eher passiver Veränderungsmechanismen untersucht. Vertreter dieses Forschungszweigs fordern vor allem den Aufbau von Flexibilitätspotenzialen[534] sowie den Aufbau einer Fähigkeit zur tatsächlichen Veränderung – einer Art Wandlungsfähigkeit.[535]

Flexibilität wird als der Schlüssel für den strategischen Erfolg eines Unternehmens angesehen.[536] Dabei zeigt sich eine (relative) Bedeutungszunahme der Flexibilität als Erfolgsfaktor.[537] Nach BREHM beschreibt Flexibilität *„die Eigenschaft eines Objektes, sich allgemeinen objektinternen oder -*

---

[530] Vgl. zu Lernmodellen auch die Ausführungen in Kapitel 2.4.2.3.

[531] Vgl. Levy/Merry (1986).

[532] Vgl. Müller-Stewens/Lechner (2005), S. 585.

[533] Vgl. Gagsch (2002), S. 102.

[534] Vgl. bspw. Brehm (2003) und Kaluza/Blecker (2005a).

[535] Vgl. Westkämper u. a. (2000), S. 24, Gagsch (2002), S. 116, Kaduk (2002), S. 125ff., Hartmann (1995), S. 18, Reinhart (1997), S. 173ff., Schuhmacher (2003), S. 176, Schreyögg/Noss (1995), S. 169f. oder Zahn (2003b), S. 2.

[536] Vgl. Burmann (2001), S. 174 und Ansoff (1965), S. 162ff.

[537] Vgl. Kaluza/Blecker (2005b), S. 5. Sie verweisen auf verschiedene aktuelle theoretische und empirische Studien. Exemplarisch seien Burmann (2002, 2005) und Fiegenbaum/ Karnai (1991) genannt.

externen Veränderungen in reaktiver oder proaktiver Form anzupassen, oder genereller die Funktionstüchtigkeit eines Systems in sich ändernden System-Umwelt-Konstellationen."[538] Ähnlich formuliert VOLBERDA: *„Flexibility is the degree to which an organization has a variety of managerial capabilities and the speed at which they can be activated, to increase the control capacity of management and improve the controllability of the organization.*"[539] Weiter führen beide Autoren aus, dass wenn Flexibilität als organisatorisches Gestaltungsziel verstanden wird, verschiedene Flexibilitätsdimensionen bzw. -typen zu berücksichtigen sind: operative, strukturelle, strategische und steady-state Flexibilität.[540] Um Flexibilität auf Gesamtunternehmensniveau zu realisieren, bedarf es ferner der Schaffung von organisatorischen Flexibilitätspotenzialen in den unterschiedlichen Dimensionen.[541] Dies umfasst ebenso das Verhalten von Mitarbeitern und Unternehmensführung und äußert sich in einer neuen Sichtweise: Statt einer lediglich reaktiven, auf Umwelteinflüsse von außen reagierenden kurzfristigen Ad-hoc-Anpassung, soll mittelbar eine aktive, eigengesteuerte Reaktion erfolgen, die sich an längerfristigen Entwicklungsstrategien orientiert und es erlaubt, die Unternehmenszukunft aktiv mitzugestalten. Durch frühzeitiges Erkennen von Anpassungsnotwendigkeiten bzw. -möglichkeiten, kann ein Unternehmen die Initiative zu strategischem Wandel selbst ergreifen.[542]

Deutlich wird dadurch, dass Flexibilität alleine in turbulenten Umfeldern nicht ausreicht; vielmehr müssen Unternehmen wandlungsfähig werden. Während Flexibilitätspotenziale Elemente und Ausgangpunkte einer umfassenden Veränderungsfähigkeit bezeichnen, umfasst die Wandlungsfähigkeit die darüber hinausgehende Eigenschaft eines Systems *„aus sich selbst heraus über gezielt einsetzbare Prozess- und Strukturvariabilität sowie Verhaltensvariabilität*" zu verfügen. *„Wandlungsfähige Systeme sind in der Lage, neben reaktiven Anpas-*

538 Brehm (2003), S. 35f.

539 Volberda (1996), S. 361. Ähnlich unterteilt Sanchez Flexibilität in zwei Komponenten: Ressourcenflexibilität als Voraussetzung der Schaffung von strategischen Unternehmensentwicklungsoptionen sowie die Flexibilität, diese Ressourcen strategisch sinnvoll zu koordinieren. Vgl. Sanchez (1995), S. 138f.
Neben diesen Definitionsansätzen kann Flexibilität auch als Modewort mit vielschillerndem Inhalt oder als polymorpher Begriff beurteilt werden. Vgl. Meffert (1985), S. 121.

540 Vgl. Volberda (1996), S. 362.

541 „Organisatorische Flexibilitätspotenziale sind in der Organisation verankerte, aktivierbare Änderungs- oder Anpassungsmöglichkeiten, die zur Deckung eines Flexibilitätsbedarfs herangezogen werden können." Brehm (2003), S. 89.

542 Vgl. Kammel (2000), S. 305ff.

sungen auch antizipative Eingriffe vorzunehmen. Diese Aktivitäten können auf Systemveränderungen wie auch auf Umfeldveränderungen hinwirken."[543] In einer vergleichenden Analyse dieser und weiterer Begriffsverständnisse der Wandlungsfähigkeit[544] isoliert MEYER zwei Basiskomponenten (Flexibilität und Reaktionsfähigkeit) sowie ergänzende Komponenten (Fähigkeit zu antizipativen Eingriffen, Wirtschaftlichkeit und Turbulenzfähigkeit).[545] Als zentrale Forderung an ein Management in turbulenten Umfeldern identifiziert auch HARTMANN die Schaffung dauerhafter Wandlungsfähigkeit.[546] Als Enabler dieses Zustands nennt er verschiedene dynamikfördernde Faktoren und deren organisatorische Verankerung: Transparenz, Zielorientierung, Veränderungskompetenz und Basisflexibilität. Dazu zählt ebenfalls der Ausbau von dynamischen Fähigkeiten.[547] Solche Fähigkeiten „*versetzen ein Unternehmen in die Lage, Produkt- und Prozessinnovationen zu generieren und neue Antworten auf Herausforderungen zu geben. Sie verkörpern implizites Wissen, das extern kaum erworben werden kann und deshalb vornehmlich intern entwickelt werden muss.*"[548] Diese „Dynamic Capabilities" können als Meta-Fähigkeiten verstanden werden und umfassen Fähigkeiten zur Replikation und Rekombination bestehender sowie zur Entwicklung neuer Fähigkeiten.[549] Für die organisatorische Verankerung dieser Fähigkeiten und zur Realisierung höherer Wandlungsfähigkeit sind nach Ansicht von KADUK drei strukturbezogene Aspekte wichtig: An erster Stelle nennt er das „Prinzip der losen Koppelung" und damit in Verbindung stehend die Flexibilisierung auf der kognitiven bzw. geistig-sinnhaften Ebene; als Zweites spricht er das „heterarchische Ordnungsprizip" als ideatypisches Handlungs- und Koordinationsmuster an und an dritter Stelle fordert er die „Redundanz der Funktionen" – bezogen auf Managementtätigkeiten.[550] Ebenso bleibt festzuhalten, dass Wandlungsfähigkeit nicht nur ein

---

543 Westkämper u. a. (2000), S. 25. Vgl. ähnlich auch Gagsch (2002), S. 116.

544 Vgl. Schuhmacher (2003), S. 176, Reinhart u. a. (1999), S. 22, Hartmann (1995), S. 18, Hartmann (1998), S. 31f. und Westkämper u. a. (2003), S. 9.

545 Vgl. Meyer (2007), S. 96. Meyer nimmt weiter eine Differenzierung des Flexibilitätsbegriffs nach Volberda vor und ordnet die Bausteine bzw. Dimensionen den Komponenten der Wandlungsfähigkeit zu. Operative und steady-state Flexibilität ordnet er der Komponente Flexibilität zu, strukturelle und strategische Flexibilität ordnet er der Reaktionsfähigkeit zu. Vgl. Meyer (2007), S. 98.

546 Vgl. Hartmann (1998), S. 42ff.

547 Vgl. Teece u. a. (1997), Teece/Pisano (1994), Eisenhardt/Martin (2000), Zollo/Winter (2002), Schreyögg/Kliesch (2006) und Burr (2003), S. 360ff.

548 Zahn u. a. (2005), S. 89.

549 Vgl. Burmann (2005), S. 36ff.

550 Vgl. Kaduk (2002), S. 140f. Neben diesen strukturbezogenen Aspekten nennen Nickerson und Silverman verschiedene organisationale Charakteristika, die ebenfalls einen positiven Einfluss auf die Anpassungsfähigkeit nehmen: (1) Investitionen in generische

bestimmter definierter Zustand ist, sondern vielmehr ein kontinuierlich zu kultivierendes Potenzial zum Wandel darstellt. Dies formulieren ZAHN und TILEBEIN folgendermaßen: „*Wandlungsfähigkeit ist nicht als Zustand zu begreifen, der nach großen Anstrengungen am Ende eines Transformationsprozesses endlich erreicht ist, sondern als ein Potenzial, das es mit Kreativität und unternehmerischer Initiative immer wieder zu erneuern und von neuem auszuschöpfen gilt.*“[551]

Übertragen auf die Forschung zur strategischen Planung und Strategieprozessen bedeutet dies, strategische Flexibilitätspotenziale auf- und auszubauen.[552] Wichtig sind dabei die Überwindung von Unsicherheit[553] und die Aneignung einer Fähigkeit zu strategischem Wandel, zur zielbewussten Veränderung des strategischen Planungssystems sowie wichtiger strategischer Elemente.[554]

2.4.3.6 Spannungsfelder organisationalen Wandels und kritische Anmerkungen

Bezug nehmend auf die verschiedenen Gestaltungsmodelle des organisationalen Wandels kritisiert KIESER das Auf und Ab verschiedener Ansätze in der Managementliteratur. Er vergleicht das Entstehen der zahlreichen Gestaltungsmodelle mit dem Entstehen von Moden. Anders gesagt kommt für ihn die Anwendung dieser Ansätze dem Vertrauen auf Mythen gleich.[555]

Des Weiteren merken MÜLLER-STEWENS und LECHNER an, dass trotz der Entwicklung zahlreicher Gestaltungsmodelle für organisationalen Wandel dieser nur begrenzt steuer- und gestaltbar ist. Ein Design für den Wandel muss daher immer Platz für Überraschungen, für das Ungeplante, für unerwartete Nebenwirkungen einer Intervention lassen, denn dies ist natürlicher Bestandteil komplexer Veränderungsvorgänge.[556] Vor allem bei fundamentalem Wandel ist die Systementwicklung nicht immer prognostizierbar.

Ressourcen, (2) fehlender Betriebsrat, (3) verstärkte Einbindung von Mitarbeitern und (4) Flexibilität der Unternehmen, die in einen neuen Markt einsteigen. Vgl. Nickerson/ Silverman (2003), S. 433ff.

551 Zahn/Tilebein (1998), S. 52 sowie ähnlich Zahn u. a. (2005), S. 96 und Tilebein (2005), S. 33.

552 Durchaus kritisch gibt Weick zu bedenken: „Das Problem mit der totalen Flexibilität ist, dass sich die Organisation kein Gefühl der Einheit und Kontinuität [..] bewahren [..] kann. [..] Chronische Flexibilität zerstört die Identität.“, Weick (1985), S. 307.

553 Vgl. dazu exemplarisch Jacob (1974), S. 299ff.

554 Vgl. Zahn u. a. (2005), S. 84 und Sanchez/Heene (2002), S. 71.

555 Vgl. Kieser (1996), S. 21ff.

556 Vgl. Müller-Stewens/Lechner (2005), S. 585.

Dennoch muss die Gestaltung von Wandel in gewissem Maße geplant werden. Aus diesem Grund ist das Setzen von Zielen stets wichtig für die Ausrichtung des organisationalen Lernprozesses und die Bewältigung des Wandels. Da Wandel etwas Stetiges in Unternehmen ist,[557] sollte dauerhaft die Fähigkeit zur Bewältigung und Gestaltung von Wandel systematisch aufgebaut, erweitert und gepflegt werden. Diese Fähigkeit muss die Organisation in die Lage versetzen, selbst ihre Herausforderungen zu erkennen und Lösungen dafür zu entwickeln. Für das operative Wirksamwerden von Veränderungen und strategischen Initiativen spielen vor allem auch Projekte eine zentrale Rolle. Sie sind wichtige Arenen der Zusammenarbeit in Unternehmen.[558]

Für die Gestaltung organisationalen Wandels sind nach GAGSCH, ZAHN und TILEBEIN verschiedene Spannungsfelder wichtig, deren Beachtung bzw. Beherrschung Grundlage für eine erfolgreiche Veränderung ist.[559] Dazu zählen der Ausgleich zwischen (1) einem eher mechanistisch geprägten im Gegensatz zu einem eher organisch geprägten Wandel, (2) das Gleichgewicht von Selbst- und Fremdorganisation und (3) die Balance von radikalem und inkrementalem Wandel. Je nach Wandelobjekt und nach Veränderungssituation muss das Mischungsverhältnis dieser Spannungsfelder angepasst werden. Insbesondere hierin liegt ein Defizit der diskutierten Gestaltungsmodelle: *„Jedes von ihnen erhebt den Anspruch, ein ganzheitliches, in sich abgeschlossenes Konzept zu sein, dessen positive Effekte bei der Kombination mit anderen verwaschen. [...] Will die Unternehmensführung nun aber einen notwendigen Wechsel zu anderen, erfolgversprechenden „Mischungsverhältnissen" vollziehen, ist sie folglich gezwungen, sich grundsätzlich auf ein anderes Konzept umzuorientieren.“*[560] Zur dauerhaften Aufrechterhaltung von Wandlungsfähigkeit muss daher Ziel sein, dynamisch im Rahmen der beschriebenen Spannungsfelder zu manövrieren und diese nicht als gegensätzliche und unvereinbare Pole zu verstehen. *„Ein geeignetes Konzept zum Management des Wandels hat daher die Aufgabe, mit Hilfe einer kontextgerechten Auswahl verschiedener Prinzipien und Elemente die Unternehmensführung in die Lage zu versetzen, situativ eine Balance zwischen Stabilität und Wandel finden zu können. [...] Dazu gehört neben der Berücksichtigung der aktuellen Situation und des damit in Beziehung stehenden Wandlungsdrucks die unternehmensseitig bereits vorhandene Wandlungsfähigkeit.“*[561]

---

557 Weick nennt diesen Zustand „chronically unfrozen“. Vgl. Weick (1977), S. 40f.

558 Vgl. Müller-Stewens/Lechner (2005), S. 586.

559 Vgl. Gagsch (2002), S. 106ff. und Zahn/Tilebein (1998), S. 52.

560 Gagsch (2002), S. 109.

561 Gagsch (2002), S. 110f.

2.4.4 Ausgangspunkte des Wandels strategischer Planungssysteme

Die Erklärungs- und Gestaltungsmodelle organisationalen Wandels eignen sich insbesondere auch für die Abschätzung der Möglichkeiten und Grenzen der Gestaltung und Anpassung strategischer Planungssysteme im Kontext turbulenter Unternehmensumfelder.[562] BUCHNER wirft dabei verschiedene Fragen auf: Welche realen Anpassungszwänge resultieren aus der Turbulenz? Worin liegen Ursachen des Wandels strategischer Planungssysteme? Welche Ansätze der Planungssystemadaption für Unternehmen im turbulenten Umfeld gibt es?

Der Klärung dieser Fragen ist der folgende Abschnitt gewidmet. Diskutiert werden die Besonderheiten des Wandels strategischer Planungssysteme und die Übertragung von Erkenntnissen der Forschung zu organisationalem Wandel.

Mit dem Wandel bzw. der Adaption strategischer Planungssysteme steht außerdem die Anpassung organisatorischer Strategieprozesse im Vordergrund der Betrachtung. Obwohl eine solche Anpassung häufig gefordert wird, finden sich zahlreiche theoretische Argumente, dass umfangreiche Veränderungen unwahrscheinlich sind oder sich nur sehr langsam vollziehen.[563] Als Ursachen dafür werden fehlende Adaptionsimpulse, eingeschliffene Gewohnheiten und die Trägheit strategischer Entscheidungsprozesse angeführt.[564] MINTZBERG beschreibt den institutionalisierten Strategieprozess gar als „*operating system, or bureaucracy, that above all seeks to stabilize its actions, despite the character of the environment it serves.*“[565] Einen empirischen Nachweis für die Vermutung, dass Trägheit und „schleichende Rationalität“ für strategische Entscheidungsprozesse charakteristisch sind, liefern FREDERICKSON und IAQUINTO. Zwischen ihren beiden Erhebungen stellen sie trotz organisationalen Wandels eine Beständigkeit des Umfangs strategischer Prozesse über viele Jahre fest.[566] Dennoch sind sogar starke Verfechter dieser Sichtweise der Ansicht, dass sich Veränderungen vollziehen – wenngleich auch in moderater Form und nur über einen längeren Zeitverlauf bemerkbar.[567]

---

[562] Vgl. Buchner (2002), S. 106ff.

[563] Vgl. Steinbrunner (1974), Mintzberg (1978), Miller/Friesen (1980), Quinn (1980), Tushman/Romanelli (1985) und Yasai-Ardenaki (1986).

[564] Vgl. Mintzberg (1978), Miller/Friesen (1980), Quinn (1980) und Tushman/Romanelli (1985).

[565] Mintzberg (1978), S. 94.

[566] Vgl. Fredrickson/Iaquinto (1989).

[567] Vgl. Quinn (1980) und Mintzberg/Waters (1982).

Zu den meist genannten Ursachen für einen Wandel strategischer Planung zählen Veränderungen

- des vom Unternehmen wahrgenommenen Umfelds,[568]
- der Organisationsstruktur,[569]
- der Unternehmensgröße[570] und
- des Topmanagement-Teams.[571]

Als weitere Einflussfaktoren des Wandels strategischer Planungssysteme führen BAMBERGER und WRONA verschiedene externe und interne Größen an.[572] Zu den externen Faktoren zählen nach ihrer Ansicht in erster Linie Komplexität und Dynamik der Unternehmensumfelder.[573] Mögliche interne Einflussgrößen sind

- die Unternehmensgröße und ihre Veränderung,
- die Unternehmensstrategie,
- die Planungserfahrung,
- die Persönlichkeitsmerkmale der Führungskräfte,
- die angewandten Informations- und Fertigungstechnologien,
- die Gestaltung der Organisationsstruktur sowie der anderen Managementsysteme und
- die eventuelle Einbindung in eine Konzernstruktur und damit verbunden die Rechtsform.

Weiter führen sie aus, dass durch die Vernetzung mit verschiedenen Managementsystemen, bspw. Ziel- oder IuK-Systeme, eine starke Rückkoppelung auf die Gestaltung von (strategischen) Planungssystemen besteht.[574]

---

568 Vgl. Paine/Anderson (1977), Miller/Friesen (1980) und Staw u. a. (1981).

569 Vgl. Frederickson (1986), Miller (1987) und Pitts (1980).

570 Vgl. Lorange/Vancil (1976) und Mintzberg (1973).

571 Vgl. Starbuck (1983) und Tushman/Romanelli (1985).

572 Vgl. Bamberger/Wrona (2004), S. 237ff. Der Kontext strategischer Planungssysteme umfasst im Wesentlichen das unternehmensexterne Umfeld, das unternehmensinterne Umfeld sowie die bisherige Strategieentwicklung. Vgl. dazu Lynch (2003), S. 554 sowie die Ausführungen in den Kapiteln 2.2 und 2.3.

573 Vgl. hier insbesondere die Ausführungen in Kapitel 2.2.3.

574 Vgl. zur Vernetzung und Wechselwirkung strategischer Managementsysteme auch die Diskussion von Reglin (1993), S. 222ff.

Insbesondere in turbulenten, also sich schnell verändernden Umfeldern, ist strategische Planung nur dann sinnvoll, wenn durch sie das Unternehmen in der Lage ist, stabilisierend auf sein Umfeld einzuwirken und so Turbulenzen ansatzweise binden kann.[575] Dies impliziert allerdings, dass die Planung *„in einem systembezogenen Steuerungskonzept grundsätzlich als eine „zweifelhafte" Vorsteuerung gedacht werden [muss], weil ihre strenge Selektionsleistung sich im Grunde jederzeit als revisionsbedürftig erweisen kann.*"[576] Hieraus folgt, dass die Planung einer regelmäßigen Überprüfung bedarf und gegebenenfalls Anpassungen durchgeführt werden müssen. *„Accordingly, to remain effective, the design of the planning process is a continuous task requiring vigilance and insight on the part of management.*"[577] Die Anpassungen beziehen sich dabei nicht nur auf Planungsinhalte und einzelne Planungsinstrumente, sondern auf das gesamte Planungssystem einschließlich des Strategieprozesses.

Die laufend notwendigen Anpassungsvorgänge sowie die Möglichkeiten und kreativen Freiräume, die in sich verändernden Umfeldern entstehen, rücken Flexibilität und Wandlungsfähigkeit in den Mittelpunkt zentraler unternehmerischer Eigenschaften.[578] Hierbei stellen Innovation und Kreativität die Schlüsselfaktoren in einer effizienten Planung dar. Während Innovation sämtliche Arten von Neuerungen beschreibt, wie bspw. neue Planungstechniken oder Strukturen, umfasst die Kreativität *„the recognition, development, proposal, and implementation of new and more effective solutions to problems.*"[579] Damit ist die Kreativität auf der kognitiven Ebene anzusiedeln und insbesondere für die Weiterentwicklung der Planung entscheidend. In diesem Sinne sind Pläne und Strategien gedankliche Konstrukte, selbst wenn sie schriftlich fixiert werden. Daher ist es notwendig, die der Strategie zugrundeliegenden Vorstellungen kritisch zu reflektieren und gegebenenfalls zu verändern. Die Veränderung der Vorstellungen basiert auf Lernprozessen sowohl einzelner als auch Gruppen von Planungsträgern.[580] Diese Überlegungen führen zu einem dynamischen Verständnis der strategischen Planung: Strategie wird nicht länger als fixe Größe betrachtet, die ihre Ausgestaltung im operativen Geschäft erfährt, vielmehr wird sie Bestandteil des Lernprozesses. Dabei stellt nicht erst die Umsetzung von Neuerungen Lernen dar, sondern bereits die

---

575 Vgl. Schreyögg (1984) S. 72ff.

576 Steinmann/Schreyögg (2005), S. 151.

577 Lorange/Vancil (1976), S. 81.

578 Vgl. Perich (1993), S. 2.

579 Kast/Rosenzweig (1970), S. 443ff.

580 Vgl. Kreikebaum (1997), S. 18f.

Analyse und die Strategieentwicklung bilden Lernprozesse ab. Dies impliziert, dass das gesamte Planungssystem als Lernprozess aufgefasst werden kann.[581] Das wiederum bedeutet, Lernprozesse können nicht nur verwendet werden, um immer wieder Anpassungen der Strategie vorzunehmen, sondern auch um die Anpassungsvorgänge eines Planungssystems selbst zu initiieren. Denn organisationales Lernen stellt einen Weg dar, organisationalen Wandel zu erklären und zu gestalten sowie erfolgreiche Adaptionsvorgänge durchzuführen.[582]

In diesem Sinne kann Lernen als ein wesentlicher Einflussfaktor auf den Adaptionsprozess strategischer Planungssysteme gesehen werden, wobei allerdings kritisch anzumerken ist, dass die Adaption an bestehende Umfeldbedingungen die Fähigkeit eines Systems mindern kann, sich an zukünftige Umfeldveränderungen anzupassen und neue Chancen zu suchen.[583] Mithilfe des Lernens kann allerdings versucht werden, diesem Missstand entgegenzuwirken, da immer wieder die kritische Reflexion und die Bereitschaft zur Veränderung impliziert werden.

2.4.5 Zusammenfassung: Erkenntnisobjekt

Organisationaler Wandel hat sich in der Betriebwirtschaftslehre zu einem der wichtigsten Forschungszweige entwickelt und wurde in der Vergangenheit aus den unterschiedlichsten Perspektiven beleuchtet.[584] Dabei ist organisationaler und strategischer Wandel auch immer eng mit strategischen Prozessen und strategischen Planungssystemen verbunden.[585]

Kapitel 2.4 gibt einen Überblick darüber, welche Begriffe und Arten des Wandels im betriebswirtschaftlichen Kontext gebräuchlich sind und wie sich verschiedene Formen des Wandels erklären lassen. Als Erklärungsmodelle organisationalen Wandels wurden drei Varianten identifiziert, die jeweils auf unterschiedlichen Annahmen beruhen: Entwicklungsmodelle gehen davon aus, dass die Organisation aus sich selbst heraus den Wandel erzeugt; Selektionsmodelle hingegen stellen das Unternehmensumfeld als maßgebliche Selektionsinstanz in den Vordergrund; Adaptionsmodelle bewegen sich zwischen diesen beiden Extremen und verstehen Unternehmen als Organisationen, die umfeldinduziertem Wandel durch proaktive oder passiv-reaktive Anpassungsstrategien begegnen. Gestaltungsmodelle organisationalen Wandels bauen auf diesen

---

581 Vgl. Kreikebaum (1997), S. 214f. und de Geus (1988).

582 Vgl. Schüppel (1996), S. 13.

583 Vgl. Burgelman (1991), S. 251.

584 Vgl. Armenakis/Bedeian (1999), Van de Ven/Poole (1995) und March (1981).

585 Vgl. Bamberger/Wrona (2004), S. 421.

Erkenntnissen auf und geben pragmatische Hinweise zur erfolgreichen Gestaltung von Wandelprozessen und ihren Rahmenbedingungen.

Diese theoretischen Grundlagen bilden die Ausgangspunkte für das Verständnis des Erkenntnisobjekts der vorliegenden Arbeit sowie seiner weiteren Untersuchung. Betrachtet wird der Wandel- bzw. Adaptionsprozess strategischer Planungssysteme. Grundsätzlich können SPS Gegenstand einer bewussten Gestaltung – im Sinnen einer Meta-Planung – sein oder einer (gelenkten) Evolution unterliegen.[586]

Die nachfolgende Abbildung 2-16 illustriert diese zentralen Punkte in Anlehnung an die Darstellung in Abbildung 2-1 nochmals.

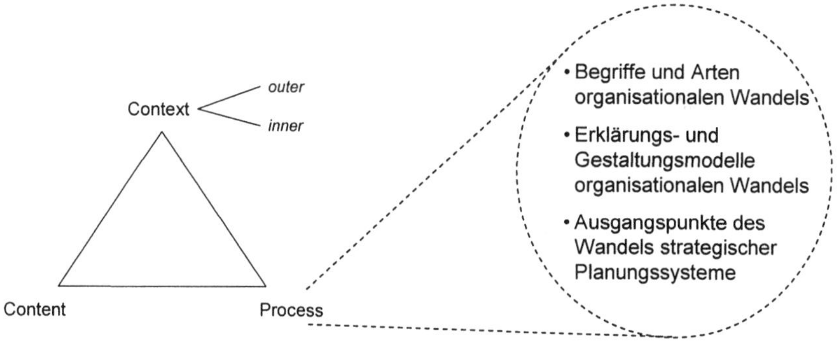

Abbildung 2-16: Erkenntnisobjekt „Wandelprozess strategischer Planungssysteme"

2.5 Bezugsrahmen für die Untersuchung des Wandels strategischer Planungssysteme

Aus den Grundgedanken zu den Bewegkräften des Wandels ergibt sich, dass Ansätze zur Beschreibung und Erklärung der Adaption strategischer Managementsysteme Aussagen zum zugrundeliegenden metatheoretischen Fundament machen sollten. Es muss daher angeführt werden, welche Faktoren

---

586 Vgl. Bamberger/Wrona (2004), S. 227. Die Evolutionstheorie geht davon aus, dass immer nur diejenigen Systeme „überleben", die den Anforderungen des Umfelds genügen. Die Ausgestaltung des SPS wäre dadurch quasi vorbestimmt und der Systemgestalter hätte fast keine Freiräume mehr. Vgl. Kapitel 2.4.2.2.
Das Konzept der gelenkten Evolution erweitert dieses Verständnis und integriert die Einflüsse, die Topmanagement Teams und weitere Führungskräfte als Agenten der Variation und Selektion haben. Das Unternehmen wird demnach als zielbewusst gestaltetes System zur Lenkung von Strategieinnovation und strategischem Wandel verstanden. Vgl. Lovas/Ghoshal (2000) und Zahn (2001), S. 20f.

annahmegemäß den Wandel bzw. die Adaption vorantreiben. Dies geschieht zumeist in Form von Bezugs- oder Ordnungsrahmen, die als Orientierung für empirische Forschungsarbeiten aber auch als Grundlage für normative Aussagen vorgeschlagen werden.[587]

Da die Art der Operationalisierung auch das Forschungsdesign, also die Untersuchungsform selbst, berücksichtigen muss, erfolgt aufbauend auf der Aufarbeitung der theoretischen Grundlagen die Entwicklung eines Bezugsrahmens.[588] Problemstellungen, die wissenschaftlich untersucht werden, sind im Regelfall vielschichtig, facettenreich und bestehen aus einem Geflecht aus Ursachen, Gestaltungen und Wirkungen. Daher sind Ordnung und Geplantheit – zumeist in Gestalt konzeptioneller Bezugsrahmen ausgedrückt – für den Forschungsprozess von zentraler Bedeutung.[589] Durch einen solchen Bezugsrahmen wird eine „*explizite und geschlossene Darstellung der jeweils verwendeten Grundbegriffe und der zwischen ihnen angenommenen Beziehungen in Form von möglichen Ursachen und erwarteten Konsequenzen*“[590] ermöglicht.

„*Ein konzeptioneller Bezugsrahmen dient der Systematisierung, Ordnung und geistigen Durchdringung der den jeweiligen Untersuchungsbereich charakterisierenden Ursachen, Gestaltungen und Wirkungen, aber auch der Erleichterung der Kommunikation der erfolgten Forschungsbemühungen und -ergebnisse. Grundsätzlich gesehen handelt es sich bei einem konzeptionellen Bezugsrahmen um eine graphische Wiedergabe bzw. Anordnung von mehreren theoretischen Konstrukten oder Variablen bzw. den sie umschreibenden Begriffen, die durch Kästchen repräsentiert werden und die irgendwann einmal Bestandteil von Modellen bzw. Theorien werden könnten. Darüber hinaus wird in einem konzeptionellen Bezugsrahmen mittels Linien signalisiert, zwischen welchen Konstrukten bzw. Variablen Zusammenhänge vermutet werden.*“[591]

Ein solcher Bezugsrahmen setzt sich aus drei Hauptkomponenten zusammen:[592]

- Kontextvariablen, bei denen begründet davon ausgegangen werden kann, dass sie den eigentlichen Themenbereich der Untersuchung (1) beeinflussen oder (2) zumindest von den agierenden Personen bei der

---

[587] Vgl. Bamberger/Capallo (2003), S. 111.

[588] Vgl. Schnell u. a. (2005), S. 11.

[589] Vgl. Kubicek (1977), S. 17f.

[590] Kubicek (1975), S. 589.

[591] Wolf (2003), S. 30. Auf eine grafische Darstellung des theoretischen Bezugsrahmens wird an dieser Stelle verzichtet. Stellvertretend sei auf den Ordnungsrahmen zur Untersuchung der Adaption strategischer Planungssysteme in Abbildung 2-17 verwiesen.

[592] Vgl. Wolf (2003), S. 30f.

Entscheidung über die Ausprägung der Gestaltungsvariablen zu berücksichtigen sind. Zu nennen ist im vorliegenden Fall insbesondere das turbulente Unternehmensumfeld.

- Erfolgsvariablen, bei denen zu vermuten ist, dass ihre Ausprägung signifikant (1) von der Ausprägung der Gestaltungsvariablen sowie (2) vom Zusammenspiel von Kontext- und Gestaltungsvariablen abhängt. Als Erfolgsvariable wird im vorliegenden Fall der Unternehmenserfolg verstanden, abgebildet durch das Konstrukt Erfolg.[593]
- Gestaltungsvariablen, die den eigentlichen Bereich der Untersuchung abbilden. Vorliegend sind dies der Adaptionsprozess strategischer Planungssysteme sowie dessen Haupteinflussgrößen und Treiber. Über diese Gestaltungsparameter wird eine Beeinflussung der Erfolgsvariablen unter Berücksichtigung der Kontextvariablen möglich.

Als Objektbereiche bzw. Phänomene werden – wie es in der Strategieforschung meist der Fall ist –jedoch nicht nur Strategien gesehen, sondern insbesondere auch Managementsysteme, wie die hier im Mittelpunkt stehenden strategischen Planungssysteme. Dabei geht es sowohl um die Aktivitäten ihrer (Weiter)Entwicklung bzw. Adaption als auch um die dazugehörige Umsetzung. Analysegegenstand sind daher Aktivitäten, beteiligte Akteure, verwendete Methoden sowie Rahmenbedingungen, innerhalb derer sich die Prozesse vollziehen.[594]

Einen der prominentesten Ansätze zur Untersuchung strategischen Wandels stellt PETTIGREW mit seinem globalen Bezugsrahmen vor. Dieser liegt mit seiner groben Aufteilung in eine inhaltliche, kontextuale und prozessuale Perspektive strategischen Wandels auch der vorliegenden Arbeit zugrunde.[595] Von besonderem Interesse ist dabei, wie der Prozess der Adaption des Erfahrungsobjekts „strategisches Planungssystem" an den jeweiligen Unternehmenskontext aussieht.

Die zentrale Unterscheidung in eine inhaltsorientierte und eine prozessorientierte Perspektive führen ebenso BAMBERGER, WRONA und CAPALLO an.[596] Während sie analog zur Darstellung des Erfahrungsobjekts „strategisches Planungssystem" Fragestellungen bezüglich der inhaltlichen Veränderung des Unternehmens aufwerfen, fragen sie im Weiteren aber, wie organisationaler Wandel zustande kommt. Insbesondere interessiert sie, inwieweit sich organi-

---

[593] Vgl. die Ausführungen in Kapitel 3.2.3.3.

[594] Vgl. Bamberger/Wrona (2004), S. 26.

[595] Vgl. Kapitel 2.1.

[596] Vgl. Bamberger/Wrona (2004), S. 421f. und Bamberger/Capallo (2003).

sationaler Wandel intentional herbeiführen lässt, welche Faktoren diesen Wandel beeinflussen, welche Merkmale die Prozesse, in denen Wandel entsteht, besitzen und schlussendlich auch, wie diese Veränderungsprozesse zu gestalten bzw. zu führen sind. Diese Aufteilung bildet das Grundgerüst für einen Analyserahmen der Adaption strategischer Planungssysteme (vgl. Abbildung 2-18).

Im Zusammenhang mit der Betrachtungsdimension „*Inhalt – Prozess*" nennen verschiedene Autoren eine weitere, bedeutende Dimension:[597] Die Unterscheidung von Veränderungen in der Oberflächen- und Tiefenstruktur. Die Wurzeln dieser Dimension betreffend verweisen KIRSCH und HEECKT auf einen taxonomischen Strukturalismus, der basierend auf den „*Grundfragen der allgemeinen Sprachwissenschaft*" FERDINAND DE SAUSSURES dem „*Modell der generativen Transformationsgrammatik*" NOAM CHOMSKYS entspringt und vereinfacht eine relativ invariante Tiefenstruktur, die über Transformationsregeln mit phänomenologisch beobachtbaren Oberflächenstrukturen in Verbindung steht, unterstellt.[598] In Anlehnung an diese Heuristik, wird gemeinhin davon ausgegangen, dass auch der Wandel strategischer Planungssysteme eine Oberflächen- und eine Tiefenstruktur aufweist.[599]

Unter Oberflächenstruktur werden all jene Merkmale einer Organisation subsumiert, die aus einer Außenperspektive, d. h. von einem Außenstehenden, beobachtet bzw. ex post rekonstruiert werden können. Diese Merkmale sind also an der „Oberfläche" sicht- und beobachtbar. Sie umfassen bspw. „*alle formalen und ggf. formalisierten organisationalen und organisatorischen Regelungen, Pläne oder Leitbilder und, somit eingeschlossen, die formalen Komponenten von Managementsystemen.*"[600] Sichtbar sind darüber hinaus strategische Manöver, reale Handlungsstrukturen sowie formulierte Handlungsorientierungen (z. B. mündlich oder schriftlich explizierte Pläne).

Die Tiefenstruktur umfasst demgegenüber die Merkmale einer Organisation, die nicht ohne weiteres von außen beobachtbar sind. Dazu zählen auf der einen Seite bestimmte Komponenten von Wissensstrukturen, wie Werte, Ziele,

---

597 Vgl. Müller-Stewens/Lechner (2005), S. 572ff., Bamberger/Wrona (2004), S. 422ff., Gomez/Müller-Stewens (1994), S. 149ff., Kirsch (1992), S. 133ff. sowie Drazin/ Sandelands (1992), S. 36ff.

598 Vgl. Kirsch/Heeckt (2001), S. 144. und Chomsky (1973). Chomsky untersuchte, wie ein Sprecher einer Sprache mit einer endlichen Zahl von Regeln zahllose Sätze produzieren kann und wie ein Zuhörer diese Sätze versteht, die er noch nie zuvor gehört hat. Die generative Transformationsgrammatik beschreibt das Modell des dynamischen Vorgangs der Sprachproduktion und -rezeption und hebt insbesondere den Zusammenhang zwischen Tiefen- und Oberflächenstrukturen hervor.

599 Vgl. Müller-Stewens/Lechner (2005), S. 572ff. und Bamberger/Wrona (2004), S. 422ff.

600 Bamberger/Wrona (2004), S. 423.

Normen, Attitüden, Überzeugungen, Erwartungen und Fähigkeiten einzelner Organisationsmitglieder. Auf der anderen Seite sind Wissensstrukturen gemeint, die von mehreren Personen oder Gruppen (auch auf unterschiedlichen Ebenen) oder der gesamten Organisation geteilt werden. Dies können daher geteilte Werte, Normen, Regeln, Überzeugungen zu Merkmalen und Zusammenhängen der Realität, Routinen und insbesondere auch organisationale Fähigkeiten sein.[601] Nach KIRSCH erfasst die Tiefenstruktur damit ebenfalls Komponenten derivativer Lebenswelten.[602] Gemäß diesem Verständnis sind sowohl Strategien und Strukturen als auch (Management)Systeme in Komponenten der Tiefenstruktur verankert.

Für die Untersuchung, Beschreibung sowie Gestaltung von Prozessen organisationalen Wandels ist die Verknüpfung von Oberflächen- und Tiefenstruktur essenziell. Während einerseits die Komponenten der Tiefenstruktur Ausgangspunkte für die Entwicklung von Strategien, Strukturen und Managementsystemen bilden, fordert und fördert die Umsetzung und Anwendung dieser Strategien, Strukturen und Systeme andererseits die Verfestigung bestimmter Tiefenstrukturen, bspw. Routinen und Fähigkeiten. In anderen Worten: Die Tiefenstrukturen „produzieren" die nach außen hin sichtbaren Oberflächenstrukturen und werden im Zuge dieser Produktion selbst reproduziert. So hat die Verknüpfung von Tiefen- und Oberflächenstrukturen unmittelbare Konsequenzen für die Gestaltung von Prozessen organisationalen Wandels und somit für strategische Prozesse. Veränderungen in der Oberflächenstruktur bedingen also auch Interventionen in der Tiefenstruktur oder umgekehrt.[603]

Wie schon die Betrachtungsdimension *„Inhalt – Prozess"* wurde ebenfalls die Dimension *„Tiefenstruktur – Oberflächenstruktur"* als zu vereinfachend kritisiert. Der nachfolgend beschriebene Bezugsrahmen versucht diese Kritik jedoch dadurch zu entkräften, dass er beide Pole der Dimension gleichermaßen berücksichtigt. Darüber hinaus wird durch Betrachtung der Wechselwirkungen zwischen Komponenten der Tiefen- und Oberflächenstruktur versucht, eine Dynamisierung der Sichtweise vorzunehmen.

Nachfolgende Abbildung 2-17 führt die vorgestellten Dimensionen zusammen, woraus sich vier Analysequadranten des Wandels strategischer Planungssysteme, (1) sichtbare Prozesse und Routinen, (2) tiefer liegende Prozesse und

---

601 Vgl. Bamberger/Wrona (2004), S. 423.

602 Vgl. Kirsch (1992), S. 58ff.

603 Vgl. Bamberger/Wrona (2004), S. 424.

emergente Phänomene, (3) inhaltliche Ausprägungen und Veränderung sowie (4) Wissensstrukturen und organisationale Fähigkeiten, ableiten lassen.

Analysequadranten des Wandels strategischer Planungssysteme

	Prozessperspektive	**Inhaltsperspektive**
Oberflächen-struktur	reale Handlungsstrukturen formulierte Handlungsorientierungen (bspw. dokumentierte Prozesse)	Ausprägungen und inhaltliche Veränderung strategischer Planungssysteme
Tiefen-struktur	organisationale Routinen emergente Prozesse Individualstrategien	Wissensstrukturen organisationale Fähigkeiten

Abbildung 2-17: Ordnungsrahmen zur Untersuchung der Adaption strategischer Planungssysteme[604]

Diese Quadranten bilden den grundsätzlichen Analyserahmen für die beiden im Rahmen dieser Arbeit durchgeführten Studien. Ohne immer explizit auf jeden einzelnen Quadranten einzugehen, finden diese Perspektiven dabei stets Berücksichtigung. Im Vordergrund steht zumeist die Prozessperspektive, geht es doch um die Betrachtung des Adaptionsprozesses strategischer Planungssysteme. Dennoch spielt gerade auch hier die Beachtung inhaltlicher Ausprägungen eine wichtige Rolle. Bspw. ist die Ausgestaltung eines strategischen Planungssystems eine zentrale Stellgröße für die Art und Weise wie dieses System verändert wird. Ebenso sind Oberflächen- und Tiefenstruktur komplementäre Betrachtungselemente. Sichtbare Prozess- und Systemausprägungen reichen für die Analyse strategischen Wandels allein nicht aus. Vielmehr müssen insbesondere die unter der Oberfläche liegenden Einflussgrößen in die Untersuchung mit einbezogen werden.[605]

---

[604] Quelle: eigene Darstellung.

[605] Eine vertiefende Besprechung der unterschiedlichen Schichten organisationalen bzw. strategischen Wandels nehmen Bamberger und Wrona (2004, S. 425) vor. Sie stellen in einer Gegenüberstellung die Schichtenmodelle (auch „Zwiebelmodelle“) von Perich (1993, S. 133ff.), Krüger (1994a, S. 358ff.) und Tushman/Romanelli (1985, S. 179f.) dar. Diese sind gekennzeichnet durch detaillierte Abstufungen wandelrelevanter Elemente von außen (Oberfläche) nach innen (Tiefe).

2.6 Konkretisierung von Forschungsfragen

Adaptionsprozesse strategischer Planungssysteme wurden erst in wenigen empirischen Studien untersucht (vgl. Kapitel 3.2.1 und 3.3.1). Der Fokus lag dabei meistens auf der Deskription zeitpunktabhängiger Charakteristika des Planungssystems. Eine explizite Berücksichtigung von Prozessparametern, Adaptionstreibern und turbulentem Umfeld fand nicht statt. Des Weiteren waren die Ergebnisse dieser Studien häufig widersprüchlich. Es ist also generell unklar, inwiefern Unternehmen in (unterschiedlich) turbulenten Umfeldern ihre strategischen Planungssysteme adaptieren. Hier setzen die Forschungsfragen der vorliegenden Arbeit an.

Zur Beantwortung der eingangs aufgeworfenen Forschungsfragen scheint eine Konkretisierung und weitere Aufspaltung in detailliertere Unterpunkte erforderlich. Gezeigt werden konnte (vgl. Kapitel 1.3), dass Unternehmen strategischen Planungssystemen große Bedeutung beimessen und sich auch der umfeldabhängigen Notwendigkeit der Adaption dieser Systeme bewusst sind. Ebenso erklärt die Adaption strategischer Planungssysteme einen gewissen Anteil der Varianz des Unternehmenserfolgs. Das „Ob“ strategischer Adaption kann also bejaht werden.

Das „Wie“, das im nächsten Schritt untersucht werden muss, umfasst nach VAN DE VEN und HUBER zwei grundlegende Elemente: Den Prozess der Anpassung organisatorischer Ausprägungen und strategischer Vorgehensweisen; sowie die Variationen in den Eigenschaften und Treibern der strategischen Planung. Sie postulieren, diese Anpassungs- und Wandelprozesse nicht länger als „Blackbox“ zu verstehen, sondern die zugrundeliegenden Kausalbeziehungen aufzudecken und zu analysieren.[606] Dieser Forderung folgend, ist zum einen der Adaptionsprozess strategischer Planungssysteme auf verschiedenen elementaren Betrachtungsebenen näher zu untersuchen. Zum anderen müssen ebenso wesentliche Einflussfaktoren und Treiber der Adaption identifiziert werden. Die nachfolgenden Forschungsfragen bilden diese Problematik in ihren verschiedenen Ausprägungen ab und detaillieren sie.

Bei Betrachtung der ersten Forschungsfrage, welche Prozesse bzw. Prozessparameter die Adaption strategischer Planungssysteme determinieren, lassen sich in der Hauptsache vier Sachverhalte identifizieren. An erster Stelle ist hier die Initiierung des Adaptionsprozesses zu nennen. Unter Initiierung wird das Anstoßen des Adaptionsprozesses verstanden, das bspw. aktiv oder passiv

---

[606] Van de Ven/Huber (1990), S. 213f.

erfolgen kann.[607] Dieser Impuls lässt sich anhand verschiedener Parameter untersuchen. Als Grundlage dafür eignet sich ein Bezugsrahmen von MÜLLER-STEWENS und LECHNER, den diese für die Analyse und Gestaltung von Strategieentstehungsprozessen vorschlagen.[608] Eine Übertragung der sechs genannten Dimensionen Ort (Wo?), Beteiligte (Wer?), Timing (Wann?), Mittel (Womit?), Vorgehen (Was?) und Zusammenarbeit (Wie?) sowie einzelner Operationalisierungsgrößen auf Adaptionsprozesse erscheint möglich und sinnvoll:

(1a) Wie und wann wird die Adaption strategischer Planungssysteme initiiert und was sind zentrale Auslöser?

An zweiter Stelle gilt es, den Adaptionsprozess hinsichtlich seiner Verlaufsform zu untersuchen und zu charakterisieren. Dabei geht es vornehmlich darum, ob der Prozess eher formalisiert und sorgfältig gegliedert (im Sinne geplanten, phasenorientierten Wandels)[609] oder vielmehr situationsabhängig (im Sinne eher ungeplanten Wandels)[610] ausgestaltet ist:

(1b) Welche Typen von Adaptionsprozessen strategischer Planungssysteme gibt es und wie können diese hinsichtlich ihres Ablaufs charakterisiert und erklärt werden?

Drittens ist es erforderlich, den Prozess bezüglich seiner Eigenschaften und spezifischen Ausprägungen zu untersuchen, was die Identifizierung von Mustern und Merkmalen umfasst. Im Vordergrund stehen dabei vier Untersuchungs-

607 Analog dazu wird in der Strategieprozessforschung von geplanter und emergenter Strategieentstehung gesprochen. Vgl. Müller-Stewens/Lechner (2005), S. 69ff. und Mintzberg (1978).

608 Vgl. Müller-Stewens/Lechner (2005), S. 79ff.

609 Zu Phasenmodellen des Wandels vgl. Nowak (2006), S. 228ff.
Nowak führt hier eine Reihe von Modellen an, die beschreiben, wie sich aktiver geplanter Wandel vollzieht. Genannt werden bspw. eher deskriptive Arbeiten von Lewin (1946) und Stuhldreier (1998), S. 36 sowie eher normative Arbeiten von Gomez/Müller-Stewens (1994) und Krüger (2002b).
Für eine kritische Würdigung des Ansatzes geplanten Wandels und hier insbesondere der Arbeiten von Kurt Lewin vgl. Burnes (2004).

610 „[…] Wandel ist insofern ungeplant, wenn der sich ergebende Systemzustand nicht auf der Basis auf ihn bezogener geteilter bzw. autorisierter Handlungsorientierungen intentional herbeigeführt wurde. Dies schließt nicht aus, dass die Veränderungen über eine Menge von Entscheidungen bzw. Handlungen von Akteuren bewirkt wurden, die möglicherweise – jede für sich – intentional und geplant waren; doch lagen ihnen keine (gemeinsamen) Vorstellungen vom gewünschten Zustand des betrachteten Systems zugrunde." Bamberger/Worna (2004), S. 428.

bereiche, die den Prozess charakterisieren. Das (1) Adaptionsverhalten betrifft die grundsätzliche Veränderungsbereitschaft der Unternehmung in Bezug auf das SPS sowie das angewandte Adaptionsmodell. Die (2) Adaptionsart thematisiert Veränderungsgeschwindigkeit sowie die Unterscheidung in geplante und ungeplante Adaption. Die Frage nach der (3) Adaptionsintensität meint, wie intensiv – also mit wie viel Nachdruck und Engagement – eine Veränderung des SPS vorangetrieben wird. (4) Adaptionsrhythmus adressiert die Untersuchung des zeitlichen Abstands zwischen Adaptionsinitiativen (fortlaufend bzw. evolutionär vs. episodisch bzw. revolutionär). Interessant ist an dieser Stelle auch die Frage, nach dem Zusammenhang der Prozesseigenschaften mit der Qualität bzw. dem Erfolg der Adaption:

(1c) Welche Muster in Adaptionsprozessen strategischer Planungssysteme gibt es und durch welche Merkmale sind sie charakterisiert?

In der vorliegenden Arbeit wird die Adaption strategischer Planungssysteme als ein Prozess verstanden.[611] Die Forschungsfragen (1a) bis (1c) untersuchen diesen Prozess dabei hinsichtlich seiner Initiierung, seines Verlaufs und seiner charakteristischen Merkmale. Da Veränderungsvorgänge in bestimmte Ergebnisse münden, also einen Output bzw. eine realisierte Veränderung generieren,[612] gilt es abschließend, ihre Auswirkungen, ihr Ausmaß (gering vs. tief greifend) und auch ihren Umfang (Gegenstand der Veränderung) zu analysieren:[613]

(1d) Welchen Umfang und welches Ausmaß haben die Veränderungen am strategischen Planungssystem?

Die Reflexion der zweiten Forschungsfrage „Was sind die wesentlichen Einflussfaktoren bzw. Treiber einer (erfolgreichen) Adaption?“ führt zur Untergliederung in zwei Teilaspekte. Neben der Frage nach den bestimmenden Akteuren des Adaptionsprozesses ist dies außerdem die Untersuchung der Lernfähigkeit als Voraussetzung adäquater Adaption.

Erstens müssen Akteure und Rollen identifiziert werden, die den Prozess der Adaption strategischer Planungssysteme wesentlich beeinflussen oder seinen Verlauf maßgeblich bestimmen. In der einschlägigen Literatur zum strategischen Wandel wird die Bedeutung dieser Akteure regelmäßig hervorgehoben.[614] Oftmals ist allgemein von Mitarbeitern die Rede, vielfach aber auch

---

611 Vgl. zu diesem Verständnis auch Ulrich (1994), S. 7f.

612 Vgl. Nowak (2006), S. 244ff. und Mento u. a. (2002).

613 Vgl. Grant (2003), S. 492ff.

614 Vgl. Gagsch (2002), S. 206ff., Ulrich (1994), S. 15 und Vahs (1997).

vom Management oder externen Beteiligten. Darüber hinaus stellt sich die Frage, inwiefern diese Personen Einfluss ausüben und wie dieser ausgeprägt ist. So lässt sich zusammenfassend formulieren:

(2a) Wer sind die zentralen Akteure und welche Rolle spielen sie?

Zweitens zeigt die einschlägige Literatur, dass zunehmend Lernfähigkeit als Enabler von Wandelprozessen eine Rolle spielt,[615] wenngleich es an schlüssigen Bezugsrahmen und damit verbunden empirischen Untersuchungen mangelt.[616] Diese Kritik aufgreifend schlagen KLIMECKI, LAßLEBEN und THOMAE einen Bezugsrahmen zur Analyse organisationalen Lernens vor, der auf Lernauslöser, -träger, -medien, -faktoren und -ergebnisse fokussiert.[617] Da diese Autoren Lernen explizit als Prozess verstehen, lässt sich ihr Analyserahmen mit Anpassungen auf Adaptionsprozesse strategischer Planungssysteme übertragen und eignet sich dort sehr gut für die Identifikation und Beurteilung der adaptionsbezogenen Lernfähigkeit:

(2b) Erklärt höhere Lernfähigkeit eine besser ausgeprägte Adaption?

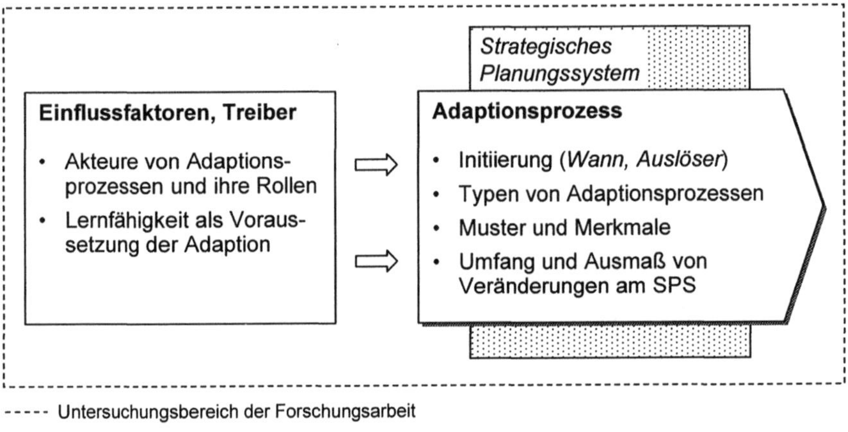

Abbildung 2-18: Analyserahmen für die Adaption strategischer Planungssysteme

---

615 Vgl. Staehle (1999), S. 921, Teece u. a. (1997) und Teece/Pisano (1994). Vgl. ebenfalls Kapitel 2.4.3.4.

616 Vgl. Schreyögg/Eberl (1998).

617 Vgl. Klimecki u. a. (2000).

Die Abbildung 2-18 zeigt die abgeleiteten Fragestellungen in einer schematischen Visualisierung. Das Untersuchungsobjekt „strategisches Planungssystem“ ist dunkel hinterlegt und, der eigentliche Untersuchungsbereich durch einen gestrichelten Rahmen gekennzeichnet.

Die dritte Frage nach möglichen Hinweisen und Empfehlungen zur Gestaltung von Adaptionsprozessen strategischer Planungssysteme baut auf den Forschungsfragen (1) und (2) (inkl. ihrer Unterfragen) auf. Eine Konkretisierung ist an dieser Stelle nicht sinnvoll, da die Ausprägungen möglicher Gestaltungsempfehlungen von den Erkenntnissen der empirischen Studien abhängen. Die Frage lautet:

(3) Welche Empfehlungen können Unternehmen in turbulenten Umfeldern für die Adaption ihrer strategischen Planungssysteme gegeben werden?

3 Forschungsdesign und empirisches Vorgehen

3.1 Grundlagen empirischen Vorgehens

Empirische Wissenschaft verfolgt das Ziel, gesicherte Erkenntnisse über die „Wirklichkeit“ zu gewinnen; d. h. Sachverhalte in Natur und/oder Gesellschaft zu entdecken, Aussagen über Zusammenhänge zwischen ihnen zu formulieren und diese Aussagen zu überprüfen.[618] Hierbei lassen sich zwei Unterziele isolieren: (1) Die Phänomene der realen Welt (möglichst „objektiv“) zu beschreiben und zu klassifizieren und (2) die (möglichst allgemeingültigen) Regeln zu finden, durch die die Ereignisse in der realen Welt erklärt und Klassen von Ereignissen vorhergesagt werden können.[619]

Daher soll die vorliegende Arbeit nicht der Ableitung unverbindlicher Möglichkeitsaussagen dienen, sondern ist am pragmatischen Wissenschaftsziel ausgerichtet, nach dem die empirische Forschung einen zweckbezogenen Prozess zur Erkenntnisgewinnung darstellt.[620] Bevor jedoch dieser Prozess näher beleuchtet wird, werden im Folgenden kurz die wichtigsten Grundlagen der wissenschaftlichen und empirischen Forschung erläutert.

3.1.1 Wissenschaftstheoretische Grundlagen

Die Wissenschaftstheorie (auch Wissenschaftslehre bzw. Methodologie) legt die Strategie fest, mittels deren Anwendung zu wissenschaftlicher Erkenntnis gelangt werden soll.[621] Sie ist ein Teilgebiet der Erkenntnislehre und bezeichnet die Lehre von den Methoden, Grundlagen, Voraussetzungen und Zielen der (Einzel)Wissenschaft.[622] Die verschiedenen wissenschaftlichen Disziplinen lassen sich dabei in Formalwissenschaften (Logik, Mathematik, usw.) und Realwissenschaften (Naturwissenschaften, Sozialwissenschaften) unterteilen.[623] Realwissenschaftliche Aussagen sind synthetisch und bedürfen der Nachprüfung mittels Erfahrung; Voraussetzung dafür ist jedoch, dass sie einer derartigen Prüfung auch prinzipiell zugänglich sind.[624]

Wie RÜHLI und SCHMIDT aufzeigen, wird die heutige Strategietheorie im Allgemeinen als ein Teil der modernen „theory of the firm“ betrachtet und stellt

---

618 Vgl. Kromrey (2002), S. 23f. und Schnell u. a. (2005), S. 7.

619 Vgl. Kromrey (2002), S. 22.

620 Vgl. Wild (1966), S. 84ff. und Kubicek (1975), S. 27.

621 Vgl. Lamnek (2000), S. 26.

622 Vgl. Schanz (2004), S. 85.

623 Vgl. Schanz (1995), S. 2189f.

624 Vgl. Bohnsack (2000), S. 12 und Kromrey (2002), S. 37.

eine Teildisziplin der Betriebswirtschaftslehre dar.[625] Diese wiederum fällt in den Bereich der Sozialwissenschaften und ist somit den Realwissenschaften zuzuordnen. Daher soll im Folgenden speziell auf das Konzept der empirischen Wissenschaften eingegangen werden.

3.1.2 Konkurrierende Wissenschaftspositionen

Die Vorgehensweise der Erhebung von Daten und die Gewinnung von Erkenntnissen – z. B. im Rahmen der Strategie(prozess)forschung – teilt sich in zwei Lager, die allerdings weder unvereinbare Gegensätze darstellen, noch die Existenzberechtigung der anderen Perspektive in Frage stellen: die quantitative und die qualitative Sozialforschung.[626]

3.1.2.1 Quantitative Forschung

Im Rahmen der quantitativen Forschung bilden theoretische Wissensbestände aus der Literatur oder früherer empirisch belegter Zusammenhänge die Basis für grundlegende Überlegungen.[627] Aus diesen Erkenntnissen werden Hypothesen abgeleitet, die exemplarisch durch Befragungen oder Beobachtungen verifiziert oder falsifiziert werden. Die Zerlegung komplexer Zusammenhänge in unterscheidbare Variablen, deren Wirkungen gegebenenfalls auch isoliert voneinander geprüft werden können, stellt eine zentrale Anforderung im Rahmen der quantitativen Forschung dar: Die klare Isolierung von Ursachen und Wirkungen, die eindeutige Operationalisierung von theoretischen Zusammenhängen, die Messbarkeit und Quantifizierung von Phänomenen und die Formulierung von Untersuchungsanordnungen, die es erlauben, ihre Ergebnisse zu verallgemeinern und allgemeingültige Gesetze aufzustellen, sind Grundlage und Ziel zugleich.[628]

---

625 Vgl. Rühli/Schmidt (2001), S. 532.

626 Vgl. Flick (2000), S. 56 und Gadenne (2001), S. 11.

Gemäß Burell und Morgan lassen sich die unterschiedlichen Wissenschaftspositionen zum einen nach dem Zweck der wissenschaftlichen Forschung (Erkenntnisinteresse) und zum anderen hinsichtlich der verwendeten Methoden systematisieren. Vgl. Burell/Morgan (1979), S. 1ff.

Nach Lamnek haben die beiden Perspektiven „mit der Art und Weise zu tun, wie an den Untersuchungsgegenstand herangegangen wird, und welche Rolle Hypothesen und Theorien dabei spielen. Von qualitativer Seite werden ‚Flexibilität' und ‚Offenheit' gefordert, zugleich wird der quantitativen Forschung ein ‚restringiertes' Vorgehen unterstellt: Sie würde mit vorgefertigten Hypothesen an die Wirklichkeit herantreten, diese Vormeinungen der Wirklichkeit aufzwingen und dabei wichtige (vielleicht die wesentlichen) Tatsachen im Forschungsfeld übersehen." Lamnek (1993), S. 129ff.

627 Vgl. Flick (2000), S. 56.

628 Vgl. Flick (2000), S. 10.

Zur Gewährleistung der Objektivität werden Einflüsse, die z. B. vom Untersucher oder Beobachter ausgehen, sowie die Subjektivität des Forschers und des untersuchten Subjektes weitestgehend ausgeschlossen. Allgemein verbindliche Standards für die Durchführung und Bewertung empirischer Sozialforschung – in Form von standardisierten Fragebögen und statistischen Auswertungen – helfen bei der objektiven Gewinnung von Erkenntnissen.

3.1.2.2 Qualitative Forschung

Die exakte und absolut objektive Darstellung und Untersuchung von Phänomenen steht im Mittelpunkt der quantitativen Forschung. Dass die Wissenschaft allerdings keine uneingeschränkten Wahrheiten produziert, sondern (nur) eingeschränkte Deutungsangebote präsentiert, sowie die Einsicht in offensichtliche Grenzen der quantitativen Forschung, führte zu einem weiteren Ansatz in der empirischen Sozialforschung – der qualitativen Forschung.[629] Diese versucht den Schwächen der quantitativen Forschung zu begegnen:[630]

- Trotz aller methodischen Kontrollen lässt sich jedoch nicht vermeiden, dass die Forschung und ihre Ergebnisse von Interessen sowie sozialen und kulturellen Hintergründen der Beteiligten mitbestimmt werden. Diese Faktoren spielen bei der Formulierung von Fragestellungen und Hypothesen ebenso eine Rolle wie bei der Interpretation von Daten und Zusammenhängen.
- Die wenigsten Phänomene in der Realität lassen sich ursächlich mit isolierten Merkmalen erklären. Die steigende Komplexität der Untersuchungsgegenstände wird meist durch verschiedene Merkmale verursacht, die nicht in künstlich-theoretischen Vorüberlegungen getrennt und analysiert werden können.
- Anonyme Fragebögen bergen die Gefahr der unreflektierten Darstellung einer Wunschsituation und der subjektiven Interpretation durch den Befragten.

„*Wesentliche Kennzeichen der qualitativen Forschung sind die Angemessenheit von Methoden und Theorien, die Berücksichtigung und Analyse unterschiedlicher Perspektiven sowie die Reflexion des Forschers über die Forschung als Teil der Erkenntnis.*“[631]

Die empirische Untersuchung nach dem Modell der Isolierung eindeutiger Ursache-Wirkungs-Zusammenhänge (quantitative Forschung) erlaubt keine

---

629 Vgl. Beck/Bonß (1989), S. 31.

630 Vgl. Flick (2000), S. 12ff.

631 Flick (2000), S. 13.

vollständige Beobachtung und Erklärung komplexer Gegenstände.[632] Um der Komplexität des Beobachtungsobjektes gerecht zu werden, versucht die qualitative Forschung Erhebungsmethoden gegenstandsadäquat und so offen wie möglich zu gestalten. *„Ziel der Forschung ist dabei weniger, Bekanntes (etwa bereits vorab formulierte Theorien) zu überprüfen, als Neues zu entdecken und empirisch begründete Theorien zu entwickeln.“*[633] Qualitative Forschung berücksichtigt, dass die auf den Gegenstand bezogenen Sicht- und Handlungsweisen mit unterschiedlichen subjektiven Perspektiven und sozialen Hintergründen sowohl des Befragten als auch des Fragers verknüpft sind. Die Subjektivität von Untersuchten und Untersuchern wird zum Bestandteil des Forschungsprozesses. Die Kommunikation des Forschers mit den Beteiligten des Untersuchungsfelds gehört explizit zur Erkenntnis und wird nicht wie bei der quantitativen Forschung als Störvariable ausgeschlossen.

Als wesentliche Alternative zu großzahligen Querschnittsuntersuchungen nennt KNYPHAUSEN-AUFSEß für das strategische Management die Fallstudienforschung.[634] Dieser Ansatz kommt in der vorliegenden Arbeit ebenfalls zur Anwendung.

3.1.3 Prozessablauf empirischer Sozialforschung

Nach Diskussion der grundsätzlichen Forschungspositionen empirischen Vorgehens, soll im Folgenden der Prozessablauf der empirischen Sozialforschung näher beleuchtet werden. Dieser Prozess wird in der Literatur in sehr unterschiedlichen Detaillierungsgraden und Ausprägungen beschrieben.[635] So stellen DIEKMANN sowie SCHNELL, HILL und ESSER für die Durchführung quantitativer empirischer Forschungsprojekte geeignete Einteilungen vor, die sich – von kleinen Unterschieden bei der Abgrenzung einzelner Phasen abgesehen – kaum unterscheiden.[636]

Im Gegensatz dazu greift LAMNEK sowohl den typischen Prozess quantitativer Forschung als auch den Ablauf qualitativer Forschung auf und stellt beide Vorgehensmodelle gegenüber.[637] Bemerkenswert ist, dass die quantitative Sozialforschung eine eher lineare Strategie verfolgt, während die qualitative

---

632 Vgl. Flick (2000), S. 14ff.

633 Flick (2000), S. 15.

634 Vgl. Knyphausen-Aufseß (1995), S. 217ff.

635 Vgl. Diekmann (2002), S. 162ff., Kromrey (2002), S. 72ff., Atteslander (2003), S. 19, Schnell u. a. (2005), S. 7ff. und Friedrichs (1990), S. 50ff. Für die Darstellung eines spezifisch empirischen Prozesses vgl. Lamberti (2001), S. 15.

636 Vgl. Diekmann (2002), S. 162ff. und Schnell u. a. (2005), S. 7ff.

637 Vgl. Lamnek (2005), S. 195.

Sozialforschung durch ein zirkuläres Vorgehen gekennzeichnet ist. LAMNEK setzt dabei voraus, dass die quantitative Forschung das Testen von Hypothesen zum Ziel hat, während die qualitative Forschung ein eher induktives, theoriebildendes Muster zeigt.

Da die vorliegende Arbeit sowohl quantitative als auch qualitative Daten nutzt und diese in Form sekundärer Analysen auswertet, passen die häufig diskutierten konventionellen Prozessmodelle nur bedingt. Vielmehr muss den besonderen Anforderungen dieses Vorgehens Rechnung getragen werden. Daher sind prozessuale Elemente der Sekundäranalyse zu integrieren, auf die bspw. KELDER hinweist.[638] Einen standardisierten Prozess, der alle Besonderheiten berücksichtigt gibt es nicht; vielmehr muss auf den individuellen Fall abgestimmt der Forschungsprozess angepasst werden (vgl. Abbildung 3-1).

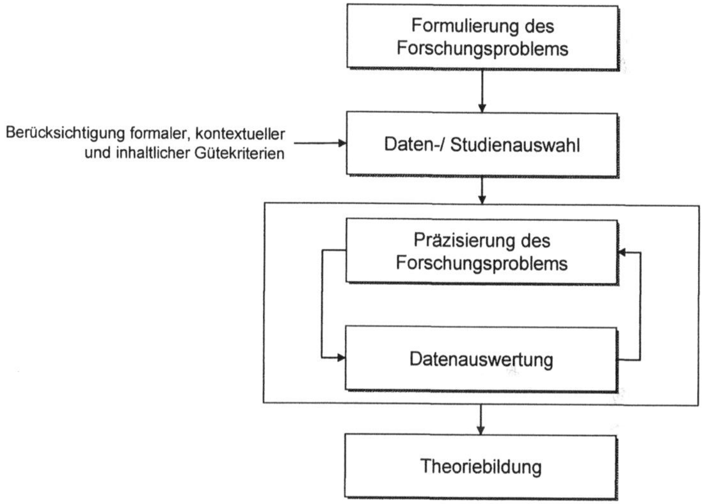

Abbildung 3-1: Phasen des Forschungsprozesses[639]

An die Formulierung des Forschungsproblems schließt sich als zweite Phase die Daten- und Studienauswahl an. Beide Schritte sollen an dieser Stelle nicht weiter erläutert werden, da dies bereits ausführlich in Kapitel 1 erfolgte. Der nächste Schritt umfasst den iterativen Prozess der Auswertung der empirischen Daten sowie der Anpassung und Präzisierung des Forschungsproblems.

---

638 Vgl. Kelder (2005).

639 Quelle: eigene Darstellung in Anlehnung an Lamnek (2005), S. 195, Kelder (2005), Diekmann (2002), S. 162ff. und Schnell u. a. (2005), S. 7ff.

Dafür sind insbesondere die Wahl adäquater Forschungsmethoden wichtig. Die Auswahl geeigneter Forschungsmethoden wird von der Intention getragen, eine stimmige Zusammenstellung von Thematik, Erhebungs- und Auswertungsmethode zu finden.[640] So zeigt die nachfolgende Abbildung 3-2, dass Erhebungs- und Auswertungsmethoden eng auf die Fragestellung bezogen entwickelt werden müssen.[641] Des Weiteren erfordert das in erhebungsspezifischer Form vorliegende Rohmaterial, methodische Vorannahmen und Zielsetzungen der Erhebung entsprechend in der Auswertung zu berücksichtigen.

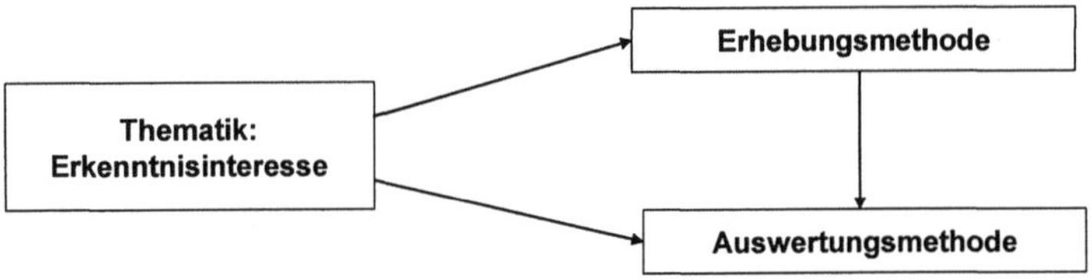

Abbildung 3-2: Abhängigkeit von Erhebungs- und Auswertungsmethoden[642]

Am Ende des in Abbildung 3-1 skizzierten Forschungsprozesses steht die Entwicklung von Hypothesen und Theorien, die die Beobachtungen erklären und ggf. eine Verallgemeinerung zulassen.

3.1.4 Dichotomer Forschungsansatz

Für das vorliegende Forschungsprojekt gilt es, über die grundsätzliche Möglichkeit der Verbindung quantitativer und qualitativer Studien hinaus – wie in der Literatur zur empirischen Sozialforschung beschrieben – zu klären, inwiefern die Erforschung strategischer Unternehmensplanung eine solche Methodik erlaubt und erforderlich macht.

HUFF und REGER stellen in ihrem Überblicksartikel 1987 fest, dass sich die (Prozess)Forschung zur strategischen Planung meist auf schriftliche Umfragen stützt[643] und dadurch die Vorteile der Standardisierbarkeit und Falsifizierungsmöglichkeit nutzt. Jedoch wird von manchen Autoren der gerade dadurch

[640] Vgl. Lamnek (1995), S. 110.

[641] Im Rahmen empirischer Sozialforschung wird eine Vielzahl wissenschaftlicher Methoden diskutiert. Dazu werden im Folgenden an geeigneten Stellen jeweils zum Verständnis notwendige Erläuterungen gegeben.

[642] Quelle: Lamnek (1995), S. 111.

[643] Vgl. Huff/Reger (1987).

bedingte Mangel an Theoriebildung bei gleichzeitigem Überschuss theorietestender Verfahren kritisiert.[644] Ebenso wird bemängelt, dass fragebogenbasierte Studien den Informationsreichtum und die Komplexität von Planungssystemen und -kontext nicht angemessen berücksichtigen.[645] Weiter merken SNOW und THOMAS an, dass aufgrund der widersprüchlichen Ergebnisse der auf schriftlichen Befragungen basierenden Planungsforschung andere Methoden gefordert sind: „*[...] calls are being heard for research that explores the considerable unexplained variance that remains from the quantitative studies.*“[646]

Dieser Argumentation schließt sich auch die vorliegende Arbeit an. Wie nachfolgend dargestellt wird, ist die Erforschung von Adaptionsprozessen strategischer Planungssysteme bislang nur bruchstückhaft vorangetrieben worden. Ein rein hypothesentestendes Vorgehen scheidet daher aus. Vielmehr kombiniert die hier dargestellte Untersuchung eine quantitative und eine qualitative Studie zu einem dichotomen Forschungsansatz. Ziel ist es, Hypothesen zu generieren, die die weitere Erforschung strategischer Adaptionsprozesse zulassen. So wird mittels Sekundäranalyse zweier Studien, die sich sowohl inhaltlich[647] als auch forschungsmethodisch[648] ergänzen, eine forschungsmethodische Kombination nach dem Vertiefungsmodell vorgenommen.[649]

Dies bedeutet, dass mit Studie 1 der Untersuchungsraum zunächst exploriert und vorstrukturiert wird, also die relevanten Dimensionen des Objektbereichs identifiziert und deskriptive (z. B. Häufigkeitsauswertungen) aber auch explikative Analysen (z. B. Korrelationsanalysen) durchgeführt werden. Studie 2 dient dann im weiteren Untersuchungsverlauf der Ergänzung, Vertiefung und Interpretation der initialen Erkenntnisse. Dadurch gelingt es, ein tieferes Verständnis der Analyseergebnisse zu erlangen und diese gleichsam zu überprüfen.

---

644 Vgl. Snow/Thomas (1994), S. 470.

645 Vgl. Chakravarthy (1987) und Jennings (2000). Vgl. zur vertieften kritischen Betrachtung großzahliger empirischer Forschungen im strategischen Management auch Knyphausen-Aufseß (1995), S. 208ff.

646 Snow/Thomas (1994), S. 474.

647 Der Fokus liegt mit jeweils leichter Schwerpunktverschiebung auf der Untersuchung strategischer Planungssysteme von Unternehmen in turbulentem Kontext. Vgl. Abbildung 1-2.

648 In beiden Fällen handelt es sich um empirische Querschnittsanalysen, also Erhebungen, die innerhalb einer kurzen Zeitspanne einmalig Daten durch Fragebögen oder Interviews von mehreren Personen erfassen. Vgl. Diekmann (2002), S. 266ff. und Bryman (2001), S. 42. Ausgangspunkt beider Studien ist dieselbe Grundgesamtheit.

649 Vgl. Kapitel 1.4.2.

Nachfolgend wird (bezogen auf den Prozessablauf empirischer Sozialforschung) auf die Phasen der Präzisierung des Forschungsproblems sowie der Datenauswertung eingegangen. Zunächst wird Studie 1 mit ersten Erkenntnissen und verwendeten Konstrukten beschrieben, bevor Studie 2 und die Detaillierung des gewählten Forschungsdesigns vorgestellt werden.

3.2 Forschungssituation: Quantitative Untersuchung „Management im Wandel"

Zur Exploration des Forschungsfelds wird die mit „Studie 1" bezeichnete quantitative Untersuchung „Management im Wandel" genutzt. Ziel ist es, die empirische Grundlage für die Hypothesen- und Modellbildung zu schaffen, die im weiteren Gang der Forschungsarbeit vertieft wird. Der Fokus liegt dabei hauptsächlich auf

- der explorativen Identifikation von Zusammenhängen zwischen Kontext, Veränderung strategischer Planungssysteme und sonstigen Rahmenbedingungen,
- der Gewinnung grundlegender Erkenntnisse hinsichtlich des Adaptionsprozesses strategischer Planungssysteme sowie
- der explorativen Ermittlung wesentlicher Einflussfaktoren einer erfolgreichen Adaption.

Des Weiteren entstammen die Ausgangserkenntnisse, dass Unternehmen ihre strategischen Planungssysteme adaptieren und damit einen Beitrag zum Unternehmenserfolg leisten,[650] der Analyse von „Studie 1". Diese Untersuchung hat gerade deshalb prägenden Charakter für die vorliegende Forschungsarbeit.

Nachfolgend wird zunächst der Stand der quantitativen Forschung hinsichtlich der Adaption strategischer Planungssysteme betrachtet. Anschließend erfolgt die Darstellung des Untersuchungsgangs sowie erster Erkenntnisse und Basiskonstrukte.

3.2.1 Stand der Forschung

Die sichtbare Veränderung der Art der strategischen Unternehmensplanung seit ihren Anfängen (von der Finanzplanung über die Langfristplanung bis hin zum strategischen Management) ist unbestritten.[651] Wie sich diese Veränderung in der Unternehmenspraxis aber vollzog, wurde empirisch kaum untersucht. Nachstehende Ausführungen geben einen Überblick über die wesentlichen Untersuchungen der Adaption strategischer Planungssysteme mittels schriftlicher

---

[650] Vgl. Kapitel 1.3.

[651] Vgl. Kapitel 2.3.1.2

Befragungen. Sie stammen von HOPPE (2004), KREIKEBAUM (1981, 1992, 1997), HAHN und OPPENLÄNDER (1999), HOULDEN (1995), WILSON (1994) sowie PANFELY und SONNIER (1996).[652]

3.2.1.1 Veränderung strategischer Planungsprozesse bei Kontextwandel nach Hoppe

Die aktuellste quantitative empirische Untersuchung der Adaption strategischer Planungssysteme stammt von HOPPE. Sie analysiert im Rahmen eines Konsortial-Benchmarking-Projekts die Veränderlichkeit strategischer Planungsprozesse in Umbruch- und Krisensituationen. Dazu wurden von ihr im ersten Halbjahr 2002 mit Hilfe einer schriftlichen, weltweiten Befragung 41 Unternehmen unterschiedlicher Branchen befragt.[653]

Untersucht wurden in der Hauptsache fünf Fragestellungen: (1) Findet bei Kontextwandel eine Veränderung strategischer Planungsprozesse statt? (2) Welcher Art sind die Veränderungen? (3) Welche Prozesse führen zur Veränderung strategischer Planungsprozesse? (4) Welcher Zusammenhang besteht zwischen Planungsprozessanpassung und Planungseffizienz und (5) Was sind Erfolgsfaktoren hinsichtlich des Anpassungsprozesses?

Mehr als zwei Drittel (68%) der befragten Unternehmen bestätigten die kontextabhängige Anpassung ihrer strategischen Planungsprozesse. Dabei waren die Haupttreiber Organisationsveränderungen (61%), Wettbewerbsveränderungen (54%), Strategiewechsel (46%) und personelle Veränderungen (34%). Bezüglich der Art der Veränderungen wiesen die Daten fast gleichgewichtet auf Anpassungen strategischer Tools (38%) und Anpassungen des Prozessablaufs (36%) hin. Jedoch vermutet HOPPE, dass „*Anpassungen auf Methodenebene häufiger – weil möglicherweise einfacher und schneller zu implementieren – sind als solche auf Prozess- oder Organisationsebene.*“[654] Die dritte Frage, nach den Auslösern der Anpassungen, führte mit dieser Methodik zu keiner eindeutigen Antwort. So konnte kein eindeutiger Zusammenhang zwischen Rahmenbedingungen und Ausmaß der Anpassungen festgestellt werden. Ebenso war die Untersuchung des Zusammenhangs zwischen Prozessanpassung und Planungseffizienz nicht signifikant positiv. Während drei isolierte Messgrößen eine Korrelation aufwiesen, konnten die Übrigen nicht bestätigt werden. Mit der abschließenden fünften Frage wurden Hinweise für die Gestaltung erfolgreicher Planungsprozessveränderung untersucht. Angeführt

---

[652] Die Studien sind entsprechend der Bedeutung ihres Beitrags für die Fragestellungen dieser Arbeit angeordnet.

[653] Vgl. Hoppe (2004), S. 61ff.

[654] Hoppe (2004), S. 80.

werden eine Reihe von Aspekten, die entsprechend der Häufigkeit ihrer Nennung sortiert sind: Geschwindigkeit der Anpassung, Veränderungsbereitschaft und -fähigkeit aller Beteiligten, Finanzierungskapazitäten, effektive Meta-Planung, klar definierte Veränderungsziele und entsprechende Fokussierung und Einbindung von Beteiligten.[655]

HOPPE gelingt es, insbesondere Ergebnisse älterer Studien teilweise zu bestätigen. Sie rückt darüber hinaus den Aspekt der Kontextabhängigkeit der strategischen Planung in den Vordergrund ihrer Untersuchung und beschränkt sich nicht nur auf eine (lebens)phasenbezogene Betrachtung. Vor diesem Hintergrund sind ihre Ergebnisse hochaktuell und als Grundlage von hoher Relevanz für die vorliegende Arbeit. Allerdings betrachtet HOPPE in ihrer Untersuchung ausschließlich die Veränderung strategischer Planungsprozesse und berücksichtigt insofern einige Elemente eines SPS nicht. Des Weiteren untersucht sie Unternehmen in Umbruch- und Krisensituationen. Umfeldcharakteristika und -besonderheiten wie sie bei turbulenten Umfeldern feststellbar sind, blendet sie damit ebenfalls aus.

3.2.1.2 Weiterentwicklung strategischer Planungssysteme nach Kreikebaum

Die älteste, aber u. a. auch aussagekräftigste Studie zum Prozess der Einführung und Weiterentwicklung strategischer Planungssysteme wurde von KREIKEBAUM durchgeführt. Die fragebogengestützte Untersuchung adressierte 233 deutsche Großunternehmen und bildete die erste Phase eines mehrphasigen Forschungsprojekts, das im Zeitraum von 1975 bis 1981 stattfand.[656] Überprüft wurden im Wesentlichen drei Hypothesen:

Die Einführungshypothese, also die Vermutung, dass ein neues Planungssystem gesamthaft konzipiert und anschließend implementiert wird, wurde falsifiziert. Dahingegen zeigte sich, dass sich die Planung inkrementell weiterentwickelte. So ist es wenig verwunderlich, dass KREIKEBAUM die Stufenhypothese, wonach sich die Entwicklung strategischer Planungssysteme in definierten Entwicklungsstufen vollzieht, als bestätigt sieht.[657] Die damit gleichzeitig getestete Vermutung, dass der situative Kontext alleinige Bestimmungsvariable dieser Veränderungsschritte ist, konnte nicht bestätigt werden. Jedoch weißt KREIKEBAUM ausdrücklich darauf hin, dass teilweise signifikante Zusammenhänge zwischen Umfeldbedingungen und Form der strategischen Planung

---

655 Vgl. Hoppe (2004), S. 87.

656 Vgl. zur detaillierten Beschreibung Kreikebaum/Suffel (1981) sowie Kreikebaum (1992).

657 „Mit zunehmender Einsatzdauer eines SPS verfeinern sich sowohl die Planungsmethoden als auch der Formalisierungsgrad des Planungssystems." Kreikebaum (1992), S. 675.

nachgewiesen werden konnten. Die dritte untersuchte Hypothese, die Ableitungshypothese, sieht die strategische Planung aus den Vorgaben der Führung „top-down" abgeleitet. Diese Hypothese musste aber ebenfalls verworfen werden. Nach den Befunden haben die Weiterentwicklungen strategischer Planungssysteme zunehmend den Charakter inkrementeller oder emergenter Strategien.[658] Mit 58% kam nur noch gut die Hälfte der Anregungen zur Adaption von der Geschäftsführung; in 19% der Fälle war die Abteilung Zentrale Planung Impulsgeber.[659]

Weiter ergaben sich aus den Untersuchungen konkrete Erkenntnisse zur Weiterentwicklung strategischer Planungssysteme. So konnte festgestellt werden, dass zwei Drittel der befragten Unternehmen ihr ursprünglich eingeführtes Planungssystem weiterentwickelten. Ein Drittel dieser Gruppe praktizierte sogar eine kontinuierliche Adaption. Erste Änderungen erfolgten meist zwei bis vier Jahre nach Konzeptionsbeginn.[660]

KREIKEBAUM stellte ebenso fest, dass insbesondere personelle Veränderungen maßgeblicher Positionen stets mit Anpassungen der Planungssysteme und -methoden verbunden waren.[661] Auslöser dafür waren oftmals einschneidende Veränderungen im Unternehmensumfeld. In erster Linie hat sich in dieser Studie die Weiterentwicklung strategischer Planungssysteme jedoch als Akzeptanzproblem herausgestellt. Eine Adaption ist demnach umso erfolgreicher, je früher Beteiligte und Betroffene informiert und eingebunden werden. Ein weiteres wichtiges Element einer zukunftsfähigen strategischen Planung ist die *„Inkorporierung einer flexiblen Anpassung des Planungssystems an sich ändernde Umweltbedingungen und eine sich wandelnde interne Unternehmenssituation im Sinne der lernenden Organisation. Dies setzt voraus, dass den Planungsträgern Gestaltungsmöglichkeiten durch das SPS eingeräumt werden."*[662] Ebenso fordert er den *„Einbau vorhergesehener regelmäßiger Überprüfungen des SPS im Sinne der Metakontrolle. Diese Periodizität stellt eine der entscheidenden Voraussetzungen für die Permanenz des Planungssystems dar."*[663]

Während diese Untersuchung interessante und teilweise auch detaillierte Einblicke in den Entwicklungsprozess der strategischen Planung eröffnet, sind die zugrunde gelegten Daten doch schon über 20 Jahre alt und fokussieren auf die Evolution von Budgetierung zur strategischen Planung. Da die Erfahrung im

---

658 Vgl. Kreikebaum (1997), S. 247. Vgl. zu diesem Entwicklungsvorgehen auch Lindblom (1959), Quinn/Voyer (1999) und Mintzberg/Lampel (1999).

659 Vgl. Kreikebaum (1997), S. 247.

660 Vgl. Kreikebaum (1997), S. 247.

661 Vgl. Kreikebaum (1992), S. 675f. und Kreikebaum (1997), S. 248.

662 Kreikebaum (1997), S. 233.

663 Kreikebaum (1997), S. 234.

Umgang mit strategischer Unternehmensplanung in den meisten großen und mittelständischen Unternehmen mittlerweile ein beachtlich hohes Niveau erreicht hat, liegt der Mittelpunkt des Interesses heute auf der Adaption und Fortentwicklung bestehender Systeme. Inwiefern die Ergebnisse hinsichtlich dieser Ausrichtung Gültigkeit besitzen, ist mit aktuellen Daten zu überprüfen.

3.2.1.3 Stand und Entwicklungstendenzen strategischer Planung nach Hahn/Oppenländer

Im Rahmen eines Forschungsprojekts untersuchen HAHN und OPPENLÄNDER Stand und Trends der strategischen Unternehmensplanung in Deutschland.[664] Die empirische Untersuchung, die in ähnlicher Form bereits 1989 durchgeführt wurde, bezieht sich auf eine Stichprobe von 3050 Unternehmen,[665] die mittels eines standardisierten Fragebogens 1998 befragt wurden.

Die Autoren stellen fest, dass innerhalb der vergangenen drei Jahre 45% der Befragten eine Neugestaltung bzw. Reorganisation ihrer strategischen Planungssysteme vorgenommen haben. Unterschiede sind hier insbesondere in Abhängigkeit der Unternehmensgröße zu beobachten. So vollzogen lediglich 27% der Kleinunternehmen (bis 50 Mitarbeiter) eine Veränderung, wohingegen 66% der Großunternehmen (mit mehr als 1000 Mitarbeitern) ihre Systeme anpassten. Interessant ist im Speziellen, dass diese Neugestaltung oder Anpassung in 56% der Ober- und Tochtergesellschaften, jedoch nur in 39% der selbstständigen Unternehmen zu beobachten ist. *„Aktivitäten zur Reorganisation des strategischen Planungsprozesses lassen sich demnach besonders in Großunternehmungen/Konzernen nachweisen.“*[666]

Unter Einbezug einer weiteren Studie aus dem Jahr 1965 ist auch die Erkenntnis hervorzuheben, dass strategische Einzelplanungen zunehmend durch zentrale Stellen und Stäbe koordiniert werden. Auf den ersten Blick scheint dies im Widerspruch zu Beobachtungen von WILSON oder HOULDEN zu stehen. Sie stellen eine Dezentralisierungstendenz fest.[667] Jedoch beschreiben auch HAHN und OPPENLÄNDER dezentrale Planungssysteme, heben dabei aber mehr auf die Koordinationsfunktion ab.[668]

---

[664] Vgl. Hahn/Oppenländer (1999).

[665] Die Rücklaufquote beträgt 39,7%. Von 3050 versendeten Fragebögen konnten also 1210 in der Auswertung berücksichtigt werden. Die Grundgesamtheit umfasst Unternehmen in Deutschland – unabhängig von Größe und Branchenzugehörigkeit. Vgl. Hahn/Oppenländer (1999), S. 1100.

[666] Hahn/Oppenländer (1999), S. 1115.

[667] Vgl. Wilson (1994), S. 15 und Houlden (1995), S. 102.

[668] Vgl. Hahn/Oppenländer (1999), S. 1130.

Die Studie zeigt auf, dass Veränderungen strategischer Planungssysteme stattfinden und wie diese inhaltlich aussehen. Wie es zu diesen Anpassungen kommt, welche Gründe dahinter liegen und wie der Veränderungsprozess ausgestaltet ist, wird nicht geklärt. Der Erkenntnisbeitrag für die Forschungsfragestellungen der vorliegenden Arbeit ist daher marginal.

3.2.1.4 Anpassung und Fortbestand strategischer Planung nach Houlden

Mittels zweier komparativer empirischer Studien untersucht HOULDEN den Entwicklungsstand und konkrete Veränderungstrends strategischer Unternehmensplanung.[669]

Er stellt fest, dass sich zwischen den Jahren 1985 und 1992 die Anzahl der Unternehmen mit strategischer Planung annährend verdoppelt hat. Außerdem sind gemäß seiner Daten verschiedene branchenübergreifende Entwicklungen feststellbar, mit denen die strategische Planung versucht, neuen Anforderungen gerecht zu werden. Insbesondere zu nennen sind hierbei:

- eine zunehmende Vereinfachung der Planungsprozesse,
- eine stärkere Dezentralisierung der Planungsorganisation,
- ein höherer Qualifikations- und Erfahrungsmix der Planungsfunktion,
- eine Konzentration auf qualitativ-dynamische Betrachtungen anstelle von mathematisch-punktuellen Methoden sowie
- eine ausgeprägte Nutzung externer Informationsquellen.

Fokus der Untersuchung war es hauptsächlich, zu klären ob Veränderungen stattfanden und welche dies waren. Ursachen der Veränderung sowie Adaptionsprozesse wurden nicht betrachtet. Ebenso ist die Studie durch die Beschränkung der Grundgesamtheit (Strategic Planning Society (UK)) nur bedingt aussagekräftig.

3.2.1.5 Wandel strategischer Planung nach Wilson

WILSON legt seiner internationalen Längsschnittstudie bei 47 Großunternehmen die Annahme zugrunde, dass strategische Planung in Unternehmen Wandel, Turbulenz und Unsicherheit reflektiert und sich kontinuierlich angepasst hat:

---

[669] Die erste Untersuchung von Mitgliedern der Strategic Planning Society (UK) führt Houlden 1985 durch. Mit dem Ziel des Vergleichs wird die Studie von ihm 1992 wiederholt. Vgl. Houlden (1995).

„This continuing search for improvement has profoundly changed the character of strategic planning so that it is now more appropriate to refer to it as strategic management or strategic thinking.“[670]

Die ständige Suche nach Verbesserung der Planungseffektivität vollzieht sich seiner Ansicht nach auf zwei Ebenen: Der inhaltlichen und der prozessualen Ebene. So identifiziert er als Hauptveränderungen strategischer Planungssysteme (1) eine deutlich gestiegene Aufmerksamkeit für sich verändernde Märkte sowie für das Wettbewerbsumfeld und technologische Entwicklungen, (2) die Dezentralisierung der strategischen Planung hin zu einzelnen Geschäftseinheiten und damit einher gehend (3) eine Verschiebung der Planungsverantwortung von Mitarbeitern zur (unteren) Führungsebene. Des Weiteren verzeichnet er in seiner Untersuchung (4) eine Höherentwicklung strategischer Planungssysteme, also bspw. den Einsatz von dynamischen Verfahren, wie der Szenario-Planung, anstelle einfacher, mechanistischer Verfahren.

WILSON geht bei seiner Untersuchung ausführlich auf erfolgte Veränderungen strategischer Planungssysteme auf inhaltlicher und prozessualer Ebene ein. Wie die betrachteten Unternehmen jedoch diese Veränderungen erreichen, d. h. wie der Adaptionsprozess abläuft, untersucht er nicht.

3.2.1.6 Best Practices der strategischen Planung nach Panfely/Sonnier

Eine andere Herangehensweise wählen PANFELY und SONNIER.[671] Sie untersuchen in einem Benchmarking Projekt „best practices“ der strategischen Planung. Aus einer Auswahl von 45 Unternehmen mit innovativem Planungsprozess stellen sie eine Kontrollgruppe von sechs „Best Practice“-Unternehmen zusammen. Dabei kann beobachtet werden, dass sich diese „Best Practice“-Unternehmen zum einen durch evolvierende, flexible Planungssysteme auszeichnen und dass sie zum anderen ihre Planungssysteme auch einem kontinuierlichen Verbesserungsprozess unterziehen.

Untersuchungen des Adaptionsprozesses fehlen in dieser Studie jedoch ebenfalls.

3.2.2 Gang der Untersuchung (Studie 1)

Nach Darstellung des Forschungsstands quantitativer Untersuchungen der Adaption strategischer Planungssysteme wird im Folgenden die Ende 2004 durchgeführte empirische Studie „Management im Wandel – Wettbewerbs-

---

[670] Wilson (1994), S. 14.

[671] Vgl. Panfely/Sonnier (1996).

vorteile durch Wandlungsfähigkeit?" vorgestellt.[672] Dabei wird zunächst auf den Forschungskontext bzw. Untersuchungshintergrund eingegangen bevor die Prozesse der Datenerhebung und -auswertung näher beleuchtet werden.

3.2.2.1 Untersuchungshintergrund und Datenerhebung

Die mit „Studie 1" bezeichnete Untersuchung verfolgte das Ziel, den Umgang mit sich schnell verändernden Umfeldern in der Bundesrepublik Deutschland ansässiger privatwirtschaftlicher Dienstleistungs- und Industrieunternehmen aufzunehmen und zu analysieren. Für die vorliegende Arbeit relevante inhaltliche Schwerpunkte waren die Turbulenz des Unternehmensumfelds und strategische Managementsysteme.

Als Erhebungsmethode kam die Befragung in Form einer quantitativen Querschnittsuntersuchung mithilfe eines standardisierten Fragebogens zur Anwendung.[673] Zur Überprüfung der Klarheit und Verständlichkeit wurde der entwickelte Fragebogen zunächst im Rahmen eines Pretests anhand des Feedbacks von 17 Probanden angepasst und optimiert. Für die eigentliche Erhebung wurden sämtliche, in Deutschland ansässige privatwirtschaftliche Unternehmen mit mindestens 200 Mitarbeitern als Grundgesamtheit gewählt.[674] Eine Einschränkung anhand der Mitarbeiterzahl war wichtig, da die gestellten Fragen erst für Unternehmen einer bestimmten Größe relevant sind. Basierend auf der Hoppenstedt-Datenbank wurden mittels einer einfachen Zufallsstichprobe 3000 Unternehmen bestimmt, an die Ende 2004 ein Fragebogen verschickt wurde.[675] Der Rücklauf betrug N = 178 (5,93%) gültige Fragebögen. Dies ist unter Berücksichtigung der schwierigen Erreichbarkeit der Adressaten (Führungskräfte der mittleren und oberen Führungsebene) sowie deren grundsätzlich geringe Bereitschaft zur Teilnahme an Befragungen durchaus sehr zufrieden stellend. Bei der Datenanalyse und -auswertung kam die Statistiksoftware SPSS Base in der Version 15.0 zum Einsatz.

---

[672] Die Studie zum „Management im Wandel – Lösungsansätze zur Beherrschung eines turbulenten Umfelds" wurde im Rahmen des Sonderforschungsbereichs 467 am Lehrstuhl für Allgemeine Betriebswirtschaftslehre, Betriebswirtschaftliche Planung und Strategisches Management der Universität Stuttgart unter maßgeblicher Beteiligung des Verfassers der vorliegenden Arbeit durchgeführt.

[673] Vgl. Schnell u. a. (2005), Diekmann (2002) oder Bryman (2001). Der Fragebogen wurde hauptsächlich auf Basis der einschlägigen Literatur erstellt.

[674] Diese Beschränkung wurde gewählt, da einige der abgefragten Themenkomplexe nur für Unternehmen ab einer bestimmten Größe relevant sind.

[675] Datengrundlage hierfür bildete die Hoppenstedt Unternehmensdatenbank, Vers. 2004, die zum Zeitpunkt der Untersuchung 12740 zutreffende Datensätze enthielt.

Ergänzt werden muss, dass das Skalenniveau der meisten Fragen ordinal und in wenigen Fällen nominal ausgeprägt ist. Bei den Ordinalskalen kamen zumeist fünfstufige Likert-Skalen zum Einsatz.[676] Teilweise wurden auch dreistufige Rating-Skalen verwendet.

3.2.2.2 Beschreibung der realisierten Stichprobe

Um einen Eindruck der Aussagekraft der Untersuchungsergebnisse zu vermitteln soll zunächst auf die Beschaffenheit der realisierten Stichprobe eingegangen werden.

Die Analyse der sektoralen Verteilung zeigt, dass es gelungen ist, produzierende Unternehmen und Dienstleister in einem recht ausgeglichenen Verhältnis zueinander zu erreichen und für die Ergebnisse zu berücksichtigen (vgl. Abbildung 3-3).[677]

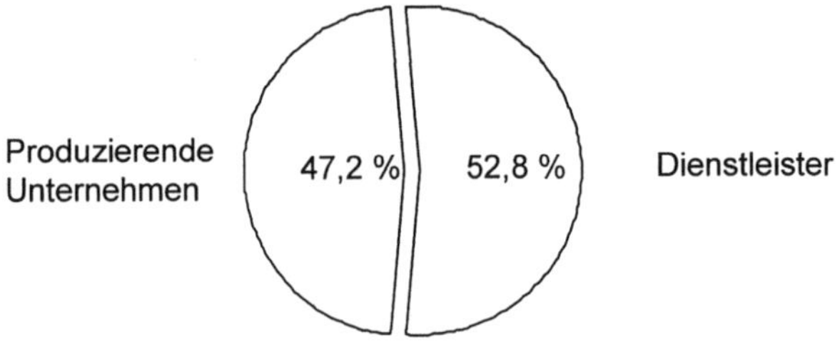

Abbildung 3-3: Sektorale Aufteilung der Stichprobe[678]

Der Blick auf die Verteilung der Branchenzugehörigkeit zeigt ein differenzierteres Bild. Direkt dem industriellen Sektor zuordenbare Unternehmen nehmen großen Raum ein, aber auch andere Branchen sind stark vertreten. Im Groben spiegelt die Stichprobe die Anteile der entsprechenden Wirtschaftsbereiche an der Bruttowertschöpfung in Deutschland wider (vgl. Abbildung 3-4).[679]

---

[676] Vgl. Schnell u. a. (2005), S. 187ff. und Diekmann (2002), S. 209. Die Likert-Skalierung ist ein Rating-Verfahren, wobei Rating-Skalen verstanden werden als „Schätz-Skalen (Rating-Verfahren), die vom Beobachter eine Beurteilung des Ausprägungsgrades eines beobachteten Verhaltens […] durch Zuordnung einer Zahl oder einer verbalen Bestimmung verlangen." Schnell u. a. (2005), S. 393.

[677] Die Abbildung gibt das Selbstverständnis der Studienteilnehmer hinsichtlich ihrer sektoralen Zugehörigkeit wider.

[678] Quelle: Studie 1 – Frage 5.3; N = 178.

[679] Vgl. Statistisches Bundesamt Deutschland (2006), URL siehe Literaturverzeichnis.

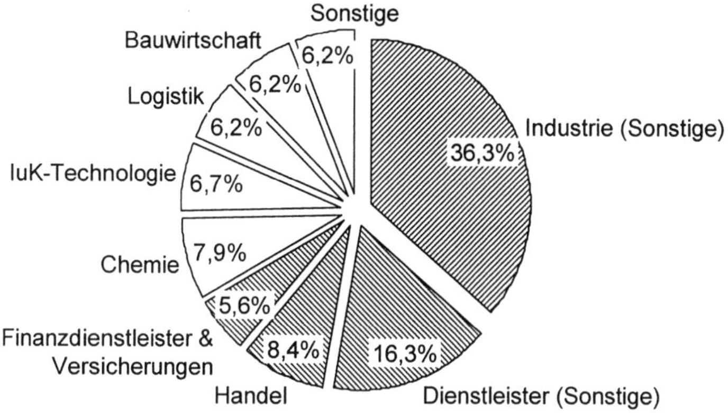

Abbildung 3-4: Branchenverteilung der Stichprobe[680]

Die Häufigkeitsverteilung der Unternehmensgrößen nach Mitarbeiterzahl dokumentiert den Untersuchungsschwerpunkt mittlerer und großer Unternehmen in der Stichprobe. So können 87% der Antworten Unternehmen mit mehr als 250 Mitarbeitern zugeordnet werden (vgl. Abbildung 3-5). Darauf war auch der Fokus gerichtet, da in größeren Unternehmen eher ausgeprägte strategische Managementsysteme existieren und damit die Validität der Antworten tendenziell besser zu bewerten ist.

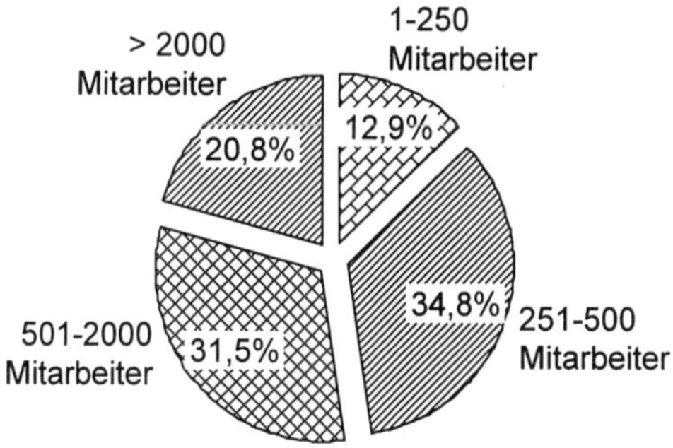

Abbildung 3-5: Verteilung der Unternehmensgrößen nach Mitarbeiterzahl[681]

---

680 Quelle: Studie 1 – Frage 5.4; N = 178.

681 Quelle: Studie 1 – Frage 5.1; N = 178.

Ziel war es, mit der Befragung insbesondere leitende Führungskräfte zu adressieren. Dazu zeigt die Analyse der Stichprobe, dass die Antwortenden zum überwiegenden Teil dem oberen und mittleren Management angehören (vgl. Abbildung 3-6). Weil es sich bei den abgefragten Themenbereichen um Fragestellungen der Unternehmensführung handelte ist dieses Ergebnis sehr erfreulich und trägt ebenso zu einer Verbesserung der Güte der Antworten bei.

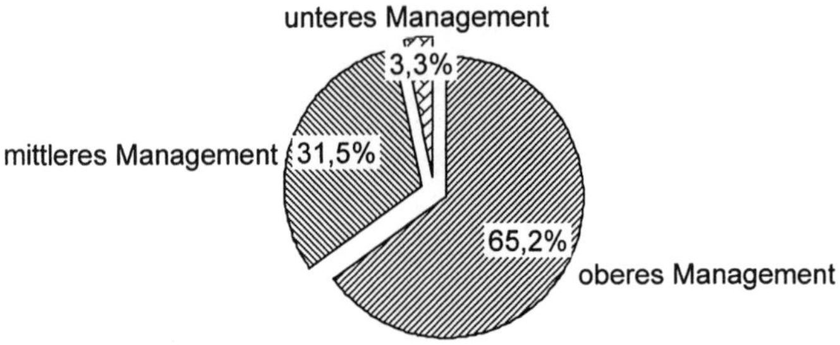

Abbildung 3-6: Verteilung der hierarchischen Zugehörigkeit der Antwortenden[682]

3.2.3 Verwendete Konstrukte

Bei quantitativen empirischen Erhebungen ist es zunächst erforderlich, zentrale Untersuchungsgrößen anhand von Konstrukten näher zu spezifizieren und mit mehreren Variablen möglichst genau zu beschreiben. Unter Konstrukten werden abstrakte theoretische Größen verstanden, die die Art oder den Zustand eines Phänomens beschreiben. Sie sind nicht direkt beobachtbar, sondern müssen über so genannte Variablen (also beobachtbare Größen) gemessen werden.[683] Diese Variablen stehen mit dem Konstrukt in genau definierter Beziehung und werden als Indikatoren, Indikatorvariablen oder Items eines Konstrukts bezeichnet. So kann das theoretische Konstrukt über die Indikatoren gemessen werden.[684]

---

682 Quelle: Studie 1 – Frage 5.5; N = 178.

683 Vgl. Giere u. a. (2006), S. 678ff.

684 Vgl. bspw. Bagozzi/Phillips (1982), S. 24f. oder Homburg/Giering (1997), S. 5f.

Die Entwicklung eines Konstrukts erfolgt in drei Schritten: (1) Die Konzeptualisierung dient der Identifikation der inhaltlichen Dimensionen und des grundsätzlichen Aufbaus. (2) Daran anschließend erfolgt die Operationalisierung des Konstrukts durch Entwicklung von, das Konstrukt möglichst umfassend beschreibender, Indikatoren. (3) Schließlich ist das Konstrukt mittels statistischer Gütekriterien auf seine Tauglichkeit hin zu prüfen (so genannte empirische Konstruktmessung). Während die ersten beiden Schritte durch umfangreiche Literaturrecherchen bewerkstelligt wurden, erfolgte der letzte Schritt anhand einer quantitativen Analyse. Vgl. Schnell u. a. (2005), S. 127f.

Neben der theoretischen Ableitung der Konstrukte, ist anhand statistischer Methoden deren Gültigkeit (Validität) und Zuverlässigkeit (Reliabilität) nachzuweisen.[685]

Nachfolgend soll auf die für diese Forschungsarbeit wichtigsten Konstrukte ausführlich eingegangen werden: Turbulenz, Adaptionsintensität und Erfolg.

3.2.3.1 Turbulenz als zentrales Konstrukt

Vor dem Hintergrund der Fokussierung auf turbulente Unternehmensumfelder ist die Beurteilung des Turbulenzgrads notwendig. In Anlehnung an die Beschreibung von Umfeldern mittels formaler Dimensionen wird im Folgenden ein empirischer Ansatz vorgestellt, der über die Betrachtung verschiedener Größen eine Beurteilung von Komplexität und Dynamik und damit des Turbulenzgrads erlaubt.

KUIVALAINEN U. A. gehen davon aus, dass Turbulenz gemessen werden kann, indem anhand inhaltlicher Ausprägungen die Charakteristika der Unternehmensumfelder beurteilt werden.[686] Sie greifen damit eine grundlegende Prämisse einer Reihe empirischer Studien auf, die von Forschern seit Anfang der 1980er

---

685 Vgl. bspw. Lippl (2003), S. 22f. oder Schnell u. a. (2005), S. 149f.

Zum Nachweis der Validität wurde auf die Faktorenanalyse zurückgegriffen. Durch Faktorenanalysen können verschiedene Variablen anhand ihrer korrelativen Beziehung in von einander unabhängige Gruppen gegliedert werden. Ausgehend von den Korrelationen werden Gruppen von Variablen, sog. Faktoren, gebildet. Ziel ist die Bildung von Faktoren mit denen die jeweiligen Variablen so stark wie möglich korrelieren. Die konfirmatorische Faktorenanalyse misst über die Faktorladungen der einzelnen Variablen in wieweit ein Konstrukt tatsächlich aus einem Faktor besteht. Dabei gibt die Faktorladung den Erklärungsgehalt des Faktors für die einzelne Variable an. Die minimale Faktorladung (FL min.) gibt den niedrigsten Wert des in ein Konstrukt eingehenden Faktors an. Zusammen mit der durchschnittlichen Faktorladung (FL ds.) kann somit eine Aussage über die Qualität des Konstrukts geleistet werden. Je stärker dabei die FL ds. an Eins liegt, desto valider ist ein Konstrukt. Konstrukte mit einer FL ds. unter 0,5 sind dabei nicht mehr zu verwenden. Vgl. Bortz (1993), S. 156f. oder Brosius (2004), S. 732f.

Die Überprüfung der Reliabilität wurde mit Hilfe der Errechnung von Cronbachs Alpha („α") durchgeführt. Cronbachs Alpha ist ein Maß für die interne Konsistenz eines Konstrukts. D. h. es ermöglicht Aussagen, ob die Variablen eines Konstrukts entlang einer Dimension messen oder ob unterschiedliche Dimensionen erfasst werden. Es errechnet sich aus den Korrelationen zwischen den vorhandenen Variablen. Ein Konstrukt wird als intern konsistent bezeichnet wenn es mindestens einen Wert von 0,6 annimmt. Vgl. hierzu ausführlich Malhotra (1993), S. 308 oder Schnell u. a. (2005), S. 153.

Die durchschnittlich erklärte Varianz (DEV) gibt den durchschnittlichen erzielten Wert des Streuungsmaßes der Konstrukte an. Vgl. Voss (2000), S. 149f.

686 Vgl. Kuivalainen u. a. (2004), S. 37.

Jahre durchgeführt wurden.[687] Bei genauer Betrachtung dieser Untersuchungen lässt sich eine Aufteilung des Unternehmensumfelds in Aufgabenumfeld (Absatzmarkt (Kunden), Wettbewerb (Konkurrenz), Ressourcen (Beschaffungs-, Arbeits- und Finanzmarkt), Technologie) und allgemeines Umfeld feststellen.[688] Diesen Dimensionen sind verschiedene Turbulenzkeime zugehörig, die zu einer Vielzahl, Vieldeutigkeit, Vielfalt und Veränderlichkeit der Einflüsse auf das Unternehmen aus dem Umfeld, den so genannten Turbulenztreibern, führen und ihrerseits wiederum die Turbulenzelemente Komplexität und Dynamik prägen.[689] Im Rahmen dieser Studien konnte so mittels skalenbasierter Abfragen von der Bedeutung bestimmter Turbulenzkeime auf die Turbulenz der Umfelder geschlossen werden.

Dieser Ansatz kam in einer vom Autor leicht abgewandelten und weiterentwickelten Form im Rahmen von Studie 1 zum Einsatz (vgl. Abbildung 3-7).[690]

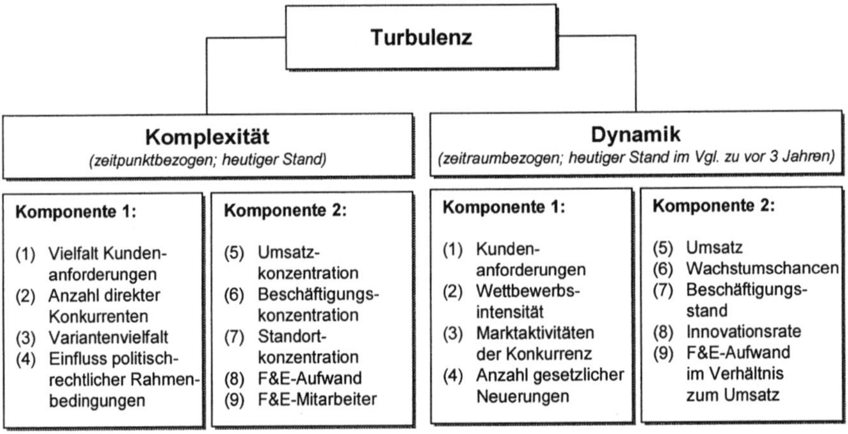

Abbildung 3-7: Konstrukt Turbulenz[691]

---

[687] Hervorzuheben sind in diesem Zusammenhang die Arbeiten von Dess/Beard (1982, 1984), Miller/Friesen (1983), Miller (1987), Sharfman/Dean (1991), Hart/Banbury (1994), Homburg u. a. (1999), Burman (2001) sowie Berger/Buchner (2000). In der einschlägigen Literatur werden zahlreiche alternative Ansätze zur Messung von Umfeldturbulenzen vorgestellt (vgl. dazu Buchko (1994), S. 410ff., Sharfman/Dean (1991), S. 681ff. sowie Tung (1979), S. 672ff.).

[688] Berger/Buchner (2000), S. 30f.

[689] Vgl. Kapitel 2.2.3.

[690] Zum detaillierten Aufbau der Umfeldanalyse vgl. Anhang A: Fragebogen zu Studie 1 und Anhang B: Konstrukte aus Studie 1.

[691] Quelle: eigene Darstellung; N = 149.

Wie die Faktorenanalyse des Konstrukts ergibt, bestehen die Einflussgrößen auf die Komplexität und Dynamik aus je zwei Komponenten, da sich Variablengruppen messen lassen, die intern eine größere Korrelation aufweisen als über die Gruppen hinweg. Es zeigt sich, dass die zwei gemessenen Komponenten den Unterschied zwischen internen und externen Einflussfaktoren auf Dynamik und Komplexität markieren. Somit besteht das Konstrukt Turbulenz aus insgesamt vier über einen additiven Index verbundenen Komponenten mit 18 Indikatoren.

Allerdings ist diese Art der Messung von Umfeldturbulenz nicht ganz unumstritten. So weisen SHARFMAN und DEAN darauf hin, „*that there is no such thing as an objective environment*" und stellen die Frage, ob die Realität tatsächlich objektiv gemessen werden kann oder ob nicht vielmehr die Wahrnehmung der Befragten erfasst wird.[692] Diese Diskussion hat aber allenfalls hypothetischen Charakter, da die Wahrnehmung der Aufgabenträger deren unternehmerisches Handeln maßgeblich bestimmt.[693] Dennoch finden sich in der Literatur methodische Vorschläge, beide Ansätze durch eine kombinierte Vorgehensweise, bspw. parallele Erhebungen und Abgleich der Ergebnisse, zu ergänzen bzw. deren Schwächen zu begegnen.[694] Die Eignung eines Ansatzes kann nur vor dem Hintergrund einer spezifischen Fragestellung beurteilt werden. Eine wichtige, dabei zu klärende Grundsatzfrage besteht darin, ob eher objektiv gegebene oder subjektiv wahrgenommene Umfeldzustände eine Gestaltungsrelevanz entfalten.[695]

Im vorliegenden Fall ist die Zielsetzung die Ermittlung bestimmter Turbulenzcharakteristika und Zuweisung der befragten Unternehmen zu definierten Clustern. Wichtig ist insbesondere die Schaffung einer grundsätzlichen Vergleichbarkeit der Unternehmen; weniger die individuelle Analyse und darauf basierend Entwicklung von Gestaltungsempfehlungen.

Durch die Aufspaltung von zwei in vier Faktoren wird eine ausreichende Validität sichergestellt. So liegen die FL min. Werte alle > 0,450 und die DEV aller Variablen über 0,35 im zufrieden stellenden Bereich. Die α-Werte der internen und externen Dynamik sowie der internen Komplexität belegen mit $\alpha = 0{,}611$, 0,702 und 0,695 die Reliabilität des Konstrukts. Lediglich die externe Komplexität mit $\alpha = 0{,}235$ kann nicht überzeugen. Eine Umstrukturierung dieses Faktors würde jedoch die Konsistenz des Turbulenz-Konstrukts gefährden. Weiterhin sind die einfließenden Indikatoren aus inhaltlicher Sicht für spätere Interpretationen von Bedeutung, so dass dieser Faktor dennoch beizubehalten ist. Vgl. Abbildung B-1, Abbildung B-2 und Abbildung B-3 in Anhang B.

692 Vgl. Sharfman/Dean (1991), S. 682.

693 Vgl. Duncan (1972), S. 313ff.

694 Vgl. bspw. Tung (1979), S. 681ff.

695 Vgl. Buchner (2002), S. 103.

Nach der Konstruktion von „Turbulenz“ über einen additiven Index werden die 149 verbleibenden Fälle in zwei Gruppen geteilt: turbulente und weniger turbulente Unternehmensumfelder.[696] Aus der ursprünglich metrischen Skalierung, die jedem Fall einen eigenen Turbulenz-Wert zuordnet, entsteht so eine nominale Skala, die es ermöglicht, klar zwischen einer Gruppe mit starker Turbulenz und einer Kontrollgruppe, die relativ schwacher Turbulenz unterworfen ist, zu unterscheiden (vgl. Abbildung 3-8).

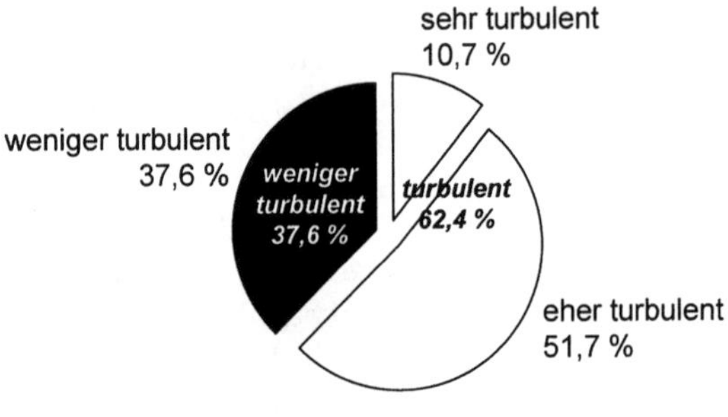

Abbildung 3-8: Turbulente und weniger Turbulente Unternehmensumfelder[697]

3.2.3.2 Das Konstrukt Adaptionsintensität

Insbesondere die Bildung des Konstrukts Adaptionsintensität – genauer: die Intensität[698] der Adaption strategischer Planungssysteme – stellt im Rahmen der Untersuchung eine besondere Herausforderung dar, da sich hierzu in der existierenden Literatur bisher nur bruchstückhafte Hinweise finden lassen.

Wie bereits dargestellt, variiert die Bedeutung des Begriffs „Adaption“ in der einschlägigen Literatur. Während manche Autoren damit „Wandel“ assoziieren[699] verstehen andere darunter maßgeblich die „Antwort auf Umwelteinflüsse und -ereignisse“.[700]

Mit MILES und SNOW können unter Adaption proaktive sowie reaktive Verhaltensstrategien subsumiert werden, die auf Anpassung strategischer

---

696 Einem turbulenten Umfeld wurden demnach Unternehmen zugeordnet, die auf einer Skala von 1-5 Turbulenzwerte über 3,0 aufwiesen (62,4%).

697 N = 149.

698 Intensität wird hier als Ausprägungsstärke der Merkmalsobjekte von Adaption verstanden. Der Begriff Intensität wird nach dem Duden als Stärke, Kraft oder Wirksamkeit verstanden. Vgl. Duden (2006b), Stichwort: Intensität.

699 Vgl. Hrebiniak/Joyce (1985).

700 Vgl. Meyer (1982) und Chakravarty (1982), S. 35f.

Managementsysteme an den internen und externen Unternehmenskontext gerichtet sind.[701] Ähnlich sieht dies auch PERICH, indem er grundsätzlich zwischen dem klassischen, kontingenztheoretisch geprägten passiv-reaktiven Adaptionsmodell sowie den diversen modifizierten Versionen mit verstärkt proaktiven und an den Fähigkeiten der Organisation orientierten Elementen (strategische Wahl, organisationales Lernen, kognitive Schemen) unterscheidet.[702]

Eine eindeutige Trennung in diese beiden Verhaltensstrategien kann anhand der Daten aus Studie 1 nicht vorgenommen werden. Es handelt sich bei Adaptionsintensität vielmehr um ein in sich geschlossenes Konstrukt aus beiden genannten Modellen, das die Items 1 bis 5 des Frageblocks 2.2 aus Studie 1 umfasst.[703] Diese Indikatoren werden für die Bestimmung der Adaptionsintensität herangezogen, indem ein additiver Index gebildet wird.[704] Dabei laden die einzelnen Indikatoren in der Faktorenanalyse (Varimax rotiert) dennoch auf zwei Faktoren. Diese können wie oben theoretisch dargelegt, als Dimensionen des Konstrukts Adaptionsintensität angesehen werden. Deutlich wird auch, dass Adaptionsintensität als Index sehr hoch ausgeprägt ist.

Zum selben Ergebnis kommen HREBINIAK und JOYCE. Sie diskutieren ebenfalls verschiedene Adaptionstypen, die anhand der Dimension (pro)aktiv – passiv-reaktiv charakterisiert werden können: *„adaptation is a process reflecting choice and selection versus one in which it is a necessary reaction to peremptory environmental forces.*"[705] Der Adaptionsbegriff geht dabei mit dem Verständnis der proaktiven Adaption über die Auffassung der bloßen Reaktion auf Umfeldkräfte hinaus und erhält allgemeiner die Bedeutung von *„[...] change [...] as a result of aligning organizational capabilities with environmental contingencies.*"[706] Sie stellen weiter fest, dass *„the interdependence and interactions between strategic choice and environmental determinism define adaptation; each is insufficient and both are necessary to a satisfactory explication of organizational adaptation.*"[707]

---

701 Vgl. Miles/Snow (1978), S. 13ff. und Ackoff (1981).

702 Vgl. Perich (1993), S. 172ff.

703 Der zusätzliche Indikator „Grad der organisatorischen Verankerung der Adaption" (Frage 2.2) wird für die Bildung des Konstrukts nicht berücksichtigt. Dies geschieht zum einen deshalb, weil dieser Punkt für das Konstrukt keine theoretische Entsprechung findet und sich zum anderen auch aus der explorativen Faktorenanalyse bzw. seiner Mittelwertausprägung keine eindeutige Zuordenbarkeit ergibt. Vgl. Abbildung B-4.

704 Der Index Adaptionsintensität entspricht dem arithmetischen Mittel der Items 1-5 des Frageblocks 2.2. Vgl. Abbildung B-4.

705 Hrebiniak/Joyce (1985), S. 336.

706 Hrebiniak/Joyce (1985), S. 337. Vgl. dazu auch Perich (1993), S. 174.

707 Hrebiniak/Joyce (1985), S. 346.

Im Folgenden ergibt sich daraus, dass aufgrund der theoretischen Herleitung von MILES und SNOW eine Operationalisierung der Adaptionsintensität vorgenommen werden kann.[708] Ihre Ausführungen zur dichotomen Betrachtungsweise – proaktive Adaption versus passiv-reaktive Adaption (vgl. Abbildung 3-9) – weisen darauf hin, dass die proaktive Adaption ein regelmäßiges, gezieltes sowie systematisches Verhalten des Managements einschließt (Indikatoren (1) bis (3)), durch das das Unternehmen und seine strategischen Managementsysteme in Einklang mit dem Umfeld gebracht werden. Passiv-reaktive Adaption charakterisieren sie als einen Ansatz der Adaption, den das Management hauptsächlich dann unternimmt, wenn ein (umfeldabhängiger) Bedarf besteht (Indikator (5)). Hierbei kommen auch indirekte Maßnahmen zur Adaption zur Anwendung (Indikator (4)).

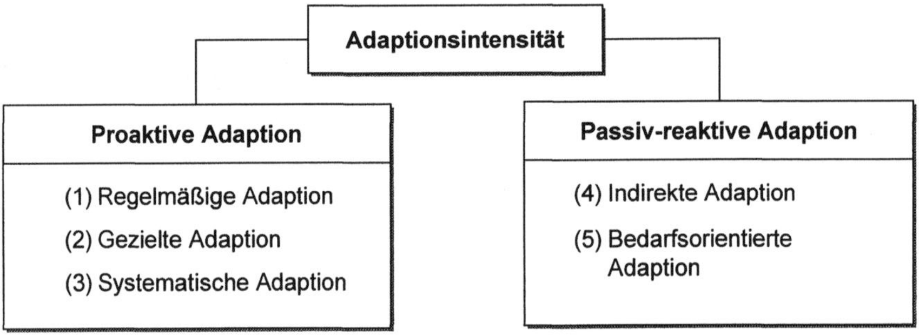

Abbildung 3-9: Konstrukt Adaptionsintensität[709]

3.2.3.3 Das Konstrukt Erfolg

Schließlich ist das Konstrukt Erfolg noch zu operationalisieren. Hierfür konnten aus bereits publizierten empirischen Studien wertvolle Hinweise abgeleitet werden.[710] Daraus ergab sich, dass eine absolute Ermittlung von Erfolgsgrößen weniger zielführend ist, als eine Bewertung des relativen Erfolgs im Wettbewerb.[711] Daher wurden die Indikatoren, jeweils auf den Vergleich mit den beiden wichtigsten Wettbewerben der vergangenen drei Jahre bezogen, erfragt.

[708] Vgl. Miles/Snow (1978), S. 19ff.

[709] Quelle: eigene Darstellung.

[710] Vgl. Cameron (1978), S. 604f., Birely/Westhead (1990), S. 535f. oder Wiklund/Shepherd (2003), S. 1307f.

[711] Vgl. Wiklund/Shepherd (2003), S. 1311.

Basierend auf den Arbeiten von WIKLUND und SHEPHERD wurden deshalb folgende Indikatoren mit Modifikationen verwendet (vgl. Abbildung 3-10).[712]

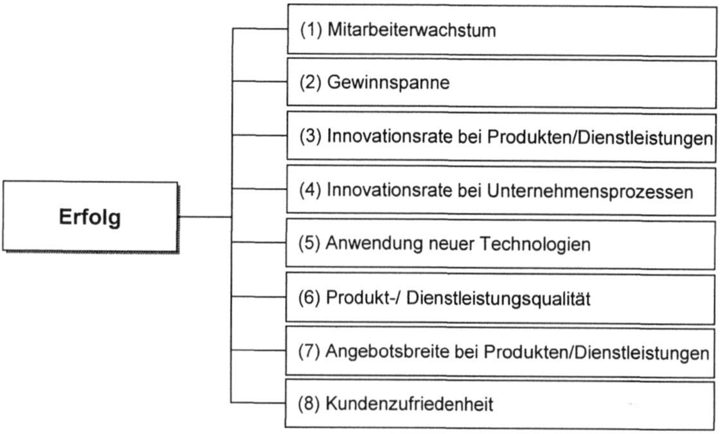

Quelle: Studie 1 – Frage 5.2; N = 137

Abbildung 3-10: Konstrukt Erfolg

Die Reliabilität des Konstrukts beträgt nach Cronbachs Alpha 0,781 und die Faktorladungen liegen zwischen 0,418 und 0,731.[713] Damit erfüllt das Konstrukt die Validitäts- und Reliabilitätsanforderungen und kann im Rahmen der Untersuchung verwendet werden. Für die Messung kam eine fünfstufige Likert-Skala zur Anwendung.

3.3 Forschungssituation: Qualitative Untersuchung „Strategieprozesse in deutschen Unternehmen"

Die mit „Studie 2" bezeichnete qualitative Untersuchung dient zur Vertiefung, Interpretation und Deutung von Korrelationen der Erkenntnisse aus „Studie 1". Ziel ist es weiter, die empirische Basis für die Hypothesen- und Modellbildung zu verbreitern. Der Fokus liegt dabei hauptsächlich auf

- der detaillierten Analyse des Adaptionsprozesses und seiner spezifischen Ausprägungen,
- der Bildung von Kategorien und

---

712 Vgl. Wiklund/Shepherd (2003), S. 1310f.

713 Vgl. Abbildung B-5.

- der Identifikation und Erörterung verschiedener Kausalzusammenhänge, die erst über die vertiefte qualitative Analyse beobachtbar werden.

Betrachtet wird zunächst der Stand der qualitativen Forschung hinsichtlich der Adaption strategischer Planungssysteme. Anschließend erfolgt die Darstellung des Untersuchungsgangs sowie eine erste Kategoriebildung und Erkenntnisdarstellung.

3.3.1 Stand der Forschung

Analog zu Kapitel 3.2.1 wird im Folgenden ein Überblick über die wesentlichen Untersuchungen der Adaption strategischer Planungssysteme mit qualitativem Design gegeben. Sie stammen von HOPPE (2004), KREIKEBAUM und SUFFEL (1981), EMSHOFF (1978), JENNINGS (2000, 2001), GRANT (2003) sowie VAGHEFI und HUELLMANTEL (1998).[714]

3.3.1.1 Prozess der Adaption strategischer Planungsprozesse nach Hoppe

Die jüngste und umfassendste qualitative Studie, die sich mit Adaptionsprozessen strategischer Planung befasst, stammt von HOPPE. Sie untersucht den komplexen Prozess der Anpassung strategischer Planungsprozesse in Abhängigkeit von Veränderungen des Unternehmenskontexts.[715]

Dafür verwendet sie einen Untersuchungsrahmen, der auf der „Grounded Theory“[716] basiert und um diverse Strukturierungselemente, also aus der Literatur abgeleitete Einflussfaktoren auf Veränderungsprozesse, ergänzt wird. Die Auswahl der Untersuchungsobjekte orientiert sich am Vorhandensein von drei Hauptkriterien:[717] (1) eine beobachtbare wesentliche Veränderung strategischer Planungsprozesse, (2) ein schockartiger, signifikanter Kontextwandel und (3) die erfolgreiche Umsetzung von „Best Practices“ hinsichtlich der Veränderung. Darüber hinaus waren fünf Nebenkriterien Vorbedingung der Fallauswahl: (1) Umsatzvolumen, (2) Hightechindustrie, (3) Hauptsitz im deutschsprachigen Raum, (4) Strategische Planungsfunktion auf Unternehmensebene und (5) laufender oder abgeschlossener Veränderungszyklus. Dies führte zur Selektion von vier Unternehmen, namentlich EADS, Infineon, Siemens ICN und Swisscom. Die Datenerhebung erfolgte im Zeitraum von Juli bis September 2002 mittels strukturierter, persönlicher Interviews und der Analyse von Sekundärmaterial.

---

[714] Die Studien sind ebenfalls entsprechend der Bedeutung ihres Beitrags für die Fragestellungen dieser Arbeit angeordnet.

[715] Vgl. Hoppe (2004), S. 99ff.

[716] Vgl. Punch (2005), S. 154ff. sowie Glaser/Strauss (2005).

[717] Vgl. Hoppe (2004), S. 100ff.

Untersuchungsinteresse war die Gewinnung von Erkenntnissen zu Kontext und strategischer Planung, zu Entwicklung und Effizienz des Planungsprozesses sowie grundsätzlicher Veränderungsfähigkeit und Planungsverhalten. Im Vordergrund stand dabei insbesondere die Gewinnung von Erkenntnissen hinsichtlich des Anpassungsprozesses des strategischen Planungsprozesses und der Auswirkungen einer solchen Anpassung auf die Planungseffizienz. Der Vergleich der einzelnen Fallstudien führt zu Ergebnissen in drei Bereichen:[718]

- Es konnte ein Satz von 20 Kategorien für die Beschreibung und Analyse des Redesigns strategischer Planungsprozesse generiert und definiert werden. Diese Kategorien stellen bedeutsame Aspekte der Veränderung des strategischen Planungsprozesses der jeweiligen Unternehmung dar.
- Weiter wurden diejenigen fünf Kategorien identifiziert, die systematisch mit dem Effizienzgewinn des strategischen Planungsprozesses variieren und daher wahrscheinlich im Zusammenhang mit dieser Erfolgsgröße stehen.
- Zusätzlich wurden mögliche Interdependenzen der Kategorien untereinander bestimmt.

Diese Erkenntnisse liefern in Kombination mit der von HOPPE durchgeführten quantitativen Studie[719] wertvolle Einsichten in die Veränderungsprozesse strategischer Planungsprozesse und weisen auf die Erfolgswirkung solcher Veränderungen hin. Des Weiteren bildet die darauf aufbauende Entwicklung eines Hypothesenmodells und Ableitung praktischer Implikationen die Grundlage für die Erarbeitung von Gestaltungsempfehlungen.

HOPPE eröffnet mit ihrer explorativen Untersuchung den Zugang zum Verständnis von Adaptionsprozessen, wenngleich ihr Betrachtungswinkel nur Veränderungen berücksichtigt, die durch Disruptionen im Unternehmenskontext ausgelöst wurden. Die vorliegende Arbeit hingegen erweitert diese Sichtweise auf generell turbulente Umfelder, in denen die Veränderung als Zustand verstanden werden muss. Insofern sind die Erkenntnisse von HOPPE nur bedingt übertragbar.

3.3.1.2 Entwicklungsprozess der strategischen Planung nach Kreikebaum/ Suffel

Eine Analyse des Entwicklungsprozesses der strategischen Planung führten KREIKEBAUM und SUFFEL durch. In der dritten Phase ihres mehrstufigen Projekts[720] untersuchten sie im Zeitraum von 1978 bis 1982 mit Hilfe der

[718] Vgl. Hoppe (2004), S. 243.

[719] Vgl. Kapitel 3.2.1.1.

[720] Vgl. zu den ersten Projektphasen die Ausführungen in Kapitel 3.2.1.2.

Fallstudienmethodik sieben deutsche und 13 amerikanische Großunternehmen.[721]

Dabei nahmen sie drei unterschiedliche Betrachtungsperspektiven ein:[722]

- Die organisatorisch-technologische Dimension, die die verschiedenen Regelungen des strategischen Planungssystems umfasst,
- die Akzeptanz-Dimension, also Einstellungen und beobachtbares Verhalten von Planungsträgern (diese bezeichnen die Autoren als die kritischste) und
- die Meta-Planungs-Dimension, die die Verbesserungsbemühungen der Verantwortlichen für die strategische Planung hinsichtlich des Entwicklungsprozesses einschließt und ferner für eine weitgehend synchrone Entwicklung zwischen dem organisatorisch-technologischen Reifegrad des SPS und der Akzeptanz der Planungsträger sorgt.

Diese Dimensionen wurden mit einem Entwicklungsstufenmodell der strategischen Planung (von der Budgetplanung bis zum strategischen Management) gekreuzt und zu einem theoretischen Bezugsrahmen verdichtet. So wurden, wie nachfolgend dargestellt, mehrere Hypothesen überprüft.[723]

- Hypothese 1: Die Weiterentwicklung bereits eingeführter SPS folgt dem Typus der evolutionären Entwicklung, nicht dem projektgesteuerten Typus
  „*Diese Hypothese wurde bestätigt. Selbst dasjenige Unternehmen, das ein strategisches Planungssystem mit Hilfe eines Projektmanagements eingeführt hatte, ging bei der Weiterentwicklung der strategischen Planung nicht mehr projektgesteuert vor.*“
- Hypothese 2: Als auslösende Faktoren einer Weiterentwicklung strategischer Planungssysteme sind insbesondere personelle und organisatorische Änderungen in der Führungsspitze und in der zentralen Planungsabteilung anzusehen.
  „*Diese Hypothese wurde voll bestätigt. Wir konnten feststellen, daß der Austausch des CEO, der Vorstandsvorsitzender und Aufsichtsratsvorsitzender in einer Person ist, mit einer nachfolgenden Veränderung innerhalb des Planungssystems oder der Planungsmethoden verbunden war.*“ Auslöser waren also zumeist nicht andere Planungsbeteiligte, da von diesen eine Bevorzugung des Tagesgeschäfts, mangelndes Vertrauen

---

[721] Vgl. Kreikebaum/Suffel (1981) und Kreikebaum (1982, 1992).

[722] Vgl. Kreikebaum/Suffel (1981), S. 8ff.

[723] Vgl. zur nachfolgenden Darstellung ausgewählter Hypothesen die Ausführungen von Kreikebaum (1982), S. 83ff. Vgl. dazu auch ähnlich Kreikebaum (1992), S. 675ff. und Kreikebaum/Suffel (1981).

in das SPS und unzureichende Erfahrung im Umgang mit Stabsstellen angeführt wurde. Die Frage nach weiteren Auslösern betreffend wurde festgestellt: *„Veränderungen im Organisationsbereich [...] führten dagegen nicht notwendigerweise zu Veränderungen des SPS.“*

- Hypothese 3: Anstöße zur Weiterentwicklung einer strategischen Planung erfolgen eher von innen heraus als durch den Einsatz von externen Beratern.
  „Diese Hypothese mußten wir als falsifiziert ansehen, denn in fast allen Unternehmen waren während der vergangenen drei Jahre teilweise mehrere Beratungsunternehmen im Bereich der Unternehmensplanung tätig.“ Ebenfalls konnte festgestellt werden, dass Veränderungen des externen Kontexts, wie bspw. die Ölkrise von 1973/74, Unzulänglichkeiten der bestehenden Planung aufzeigten und zur Entwicklung strategischer Planungssysteme im eigentlichen Sinne führten.

Basierend auf diesen Erkenntnissen zeigt KREIKEBAUM verschiedene Konsequenzen für die Weiterentwicklung und Implementierung strategischer Planungssysteme auf.[724] Er identifiziert Ursachen des Widerstands gegen Einführung und Weiterentwicklung der Planung (bspw. fehlendes Engagement der Unternehmensführung, zu hoher Formalisierungsgrad des SPS, mangelnde Qualifikation der Planer und ungenügende Integration von Linienstellen) und schlägt vor, Maßnahmen zur Verbesserung der Akzeptanz eines SPS zu ergreifen. Hierbei kommt für ihn (1) die Selbstverpflichtung des Topmanagements[725], (2) der partizipative Einbezug Planungsbeteiligter und (3) die effektive Zusammenarbeit von Planern und externen Beratern in Betracht.

Den Autoren gelingt es, in mehrfacher Hinsicht interessante Einblicke in den Entwicklungsprozess strategischer Planung zu gewähren. Kritisch angemerkt werden muss jedoch (analog zu Kapitel 3.2.1.2), dass die Daten in den 1970er und 1980er Jahren erhoben wurden. Im Hinblick auf den Reifegrad der strategischen Planung zu diesem Zeitpunkt, der sich seit dem deutlich weiterentwickelt hat, müssen die Erkenntnisse kritisch an aktuellen Befunden gespiegelt werden.

3.3.1.3 Meta-Planung: Planung von Verbesserungen des Planungsprozesses nach Emshoff

EMSHOFF diskutiert, wie ein Unternehmen seine Planungsaktivitäten in ein effektives Planungssystem überträgt. Er geht davon aus, dass ein strategisches

---

724 Vgl. Kreikebaum (1992), S. 677ff.

725 „Die [..] Weiterentwicklung eines SPS ist abhängig vom Commitment der Geschäftsleitung, des CEO.“ Kreikebaum (1992), S. 679.

Planungssystem einer entsprechenden Meta-Planung bedarf, also der Planung des Planungssystems.[726] Er fordert weiter, dass präskriptive als auch deskriptive Theorien in eine „meta-planning"-Theorie integriert werden müssen, die definiert, was bzgl. der Adaption eines strategischen Planungssystems empfehlenswert ist, wie die Anpassungen umzusetzen sind und warum.

Seiner Hauptthese folgend, dass zahlreiche Unternehmen schlechte Erfahrungen mit strategischer Planung fälschlicherweise auf ein unzulängliches Planungssystem zurückführen,[727] formuliert er drei Thesen und versucht sie anhand einer Fallstudie zu bestätigen:[728]

1. Meta-Planungsstrategien sind nicht effektiv, solange Manager, deren Bemühungen für die Prozessveränderung erforderlich sind, das Lösungspotenzial des Wandels für ihre spezifischen Probleme nicht erkennen.
2. Meta-Planungsstrategien müssen Teil einer weit reichenden Organisationsanalyse und eines Wandelprozesses sein, der (a) die Unternehmenskultur und (b) den Führungsstil von Schlüsselpersonen einschließt.
3. Langfristig muss Meta-Planung zu strategischen Entscheidungsprozessen führen, die mit der Unternehmenskultur und dem Führungsstil kompatibel sind. Kurzfristig können dadurch jedoch auch bewusst Inkompatibilitäten erzeugt werden, die für die zukünftige Systemeffektivität beim Wandel von Kultur und Führungsstil als Katalysator wirken.

Das von ihm betrachtete Unternehmen adaptiert sein Planungssystem im Zeitraum von fünf Jahren. Der Adaptionsprozess wurde durch den Wechsel des CEO ausgelöst und entwickelte sich über „Inhouse"-Erarbeitungsphasen und „Promotion"-Phasen mit Beratern bis hin zum Vorschlag eines informellen Planungssystems. Durch machtpolitisch getriebene Umstrukturierungen des Unternehmens sowie weitere Phasen der Organisations- und Kommunikationsanalyse wird schließlich eine dezentrale Planung eingeführt. Die starke Stellung des „Planning Executive Committee" führt zu einer nochmaligen Refokussierung und damit schließlich zur erwünschten Balance der Planung.

EMSHOFF zeigt eindrucksvoll die Problematik des Adaptionsprozesses auf und weist auf die damit verbundenen Fragen unternehmensinterner Macht-

---

726 Vgl. Emshoff (1978), S. 1095ff. „Aufgabe der Meta-Planung ist es, eine klar formulierte Konzeption des strategischen Planungssystems auszuarbeiten und Übereinstimmung zu erzielen über die wichtigsten Schlüsselbegriffe, die erforderlichen Informationen, die anzuwendenden Planungsrichtlinien und die Abwicklung des Planungszyklus." Kreikebaum (1992), S. 680f.

727 „Often this situation is blamed on poor planning, when poor meta-planning is the real source of the problem." Emshoff (1978), S. 1095.

728 Vgl. Emshoff (1978), S. 1096.

verschiebungen hin. Seine eingangs erarbeiteten Hypothesen prüft und beantwortet er im wissenschaftlichen Sinne nicht, sondern wirft bewusst neue Fragen auf (z. B. nach der richtigen Reihenfolge der Phasen von Planungssystemveränderung, Führungsstil und Unternehmenskultur, nach dem bewältigbaren Veränderungsumfang je Phase und nach Auswahl von Beteiligten sowie Notwendigkeit externer Change-Agents).[729] Ebenso plädiert er für mehr Forschung auf dem Gebiet der Meta-Planung und versteht seinen Beitrag als Anregung und Ausgangspunkt dafür.

3.3.1.4 Entwicklung strategischer Unternehmensplanung nach Jennings

Eine detaillierte Darstellung des Adaptionsprozesses eines strategischen Planungssystems stammt von JENNINGS. In einer Längsschnitt-Einzelfallstudie untersucht er die Entwicklung der strategischen Unternehmensplanung des englischen Versorgungsunternehmens PowerGen. Er analysierte über einen Zeitraum von ungefähr zehn Jahren den Transformationsprozess der Planung unter Berücksichtigung kontingenztheoretischer Aspekte (bspw. kontinuierlicher Wandel von Umfeld, Strategie und Organisation) und leitet daraus verschiedene individuelle Handlungsempfehlungen ab.[730]

Im Wesentlichen unterscheidet er zwei Entwicklungsstadien – vor und nach der Liberalisierung – mit deutlich divergierenden Planungssystemen (vgl. Abbildung 3-11).

CEGB pre-1990	Power Gen 1998
Large central planning unit	Small central planning staff
Central forcasts	Scenarios developed on a devolved and cross-business basis
Technical and resource-based focus	Financial and strategic focus
Narrow scope for (business) unit options	Wider and more strategic range of business unit options, degree of freedom varying between units
Detailed business plans following a prescribed format	Brief plans, discretionary format
Twelve-month planning cycle (or more)	Six-month cycle

Abbildung 3-11: Veränderung des Planungssystems von PowerGen[731]

[729] Vgl. Emshoff (1978), S. 1107.

[730] Vgl. Jennings (2000, 2001).

[731] Quelle: Jennings (2000), S. 214.

Weiter stellt JENNINGS fest, dass sich der durch die Kontextveränderung notwendig gewordene Übergang des Planungsverhaltens von „Integration“ zu „Adaptation“, auch im Grad der Planungszentralisierung widerspiegelt.[732] So beschreibt er,[733] dass das Planungssystem vor der Unternehmensprivatisierung in erster Linie auf Integration und Kontrolle ausgerichtet war. Eine zentralisierte Planung schien dabei insbesondere wegen der funktionalen Organisationsstruktur angemessen. Mit steigendem Diversifikationsgrad des Unternehmens stieg jedoch die Notwendigkeit einer verstärkten Marktorientierung und einer Flexibilitätserhöhung bei gleichzeitiger Kostenreduktion. Dadurch wurde ein Wechsel hin zu einer dezentraleren Planung eingeläutet. Dies allerdings trug zur Bildung eines Ungleichgewichts zwischen strategischer Entwicklung und kurzfristigem finanziellem Ergebnis bei. Deshalb wurde die strategische Planung, mit dem Ziel verbesserter Kontrolle finanzieller Auswirkungen von Plänen, in die Finanzfunktion integriert. In diesem Zuge wurden die effiziente Kommunikation gestärkt und darauf bezogene zentrale Richtlinien etabliert. JENNINGS betont, dass diese Richtlinien durch ein „*upward feeding of information*“ sowie Verhandlungen erzielt wurden und somit Flexibilität statt Zentralisierung unterstützten.[734]

Er resümiert: „*PowerGen's experience supports the view that the overall orientation of a planning system can be changed to address central management's perceptions concerning the need for an adaptive response by business units or an alternative emphasis upon control and integration. [...] However, the adopted corporate management style also needs to be appropriate to the nature of the individual business, as must planning. The changes in the design and operation of PowerGen's planning system indicate that aspects of corporate style can flex to accommodate changes in context and be varied between business units.*”[735]

Auf Basis der deskriptiven Fallstudie werden folgende Empfehlungen gegeben:[736]

- Strategische Planungsprozesse sollen – ggf. regelmäßig – adaptiert werden, um Konsistenz mit der sich wandelnden Organisationsstruktur und -strategie zu bewahren.

---

732 Darauf verweisen ebenso bereits Chakravarthy/Lorange (1991b).

733 Vgl. Jennings (2001), S. 395ff. und Jennings (2000), S. 213ff.

734 Vgl. Jennings (2000), S. 215.

735 Jennings (2000), S. 215f.

736 Vgl. Jennings (2000), S. 216.

- Veränderte Erwartungen der Unternehmensleitung hinsichtlich finanzieller und strategischer Leistung müssen den Geschäftsbereichen klar vermittelt werden.
- Es wird eine Unternehmensstruktur benötigt, die eine effiziente Kommunikation von Prioritäten und wichtigen Themen zu den Geschäftseinheiten erleichtert. Zudem soll sie Abstimmungen und Feinjustierungen der Planungsrichtlinien zwischen Unternehmens- und Geschäftsbereichsleitung ermöglichen.
- Planung verlangt ein unternehmensweites Bekenntnis zur Durchführung des Prozesses und zur Erreichung der verabschiedeten Ziele.

Zusammenfassend lässt sich festhalten, dass JENNINGS sehr eindrucksvoll die Komplexität eines Veränderungsprozesses strategischer Planung darstellt. Handfeste und wissenschaftlichen Ansprüchen genügende Ergebnisse in Bezug auf den Adaptionsprozess an sich bleiben jedoch rar. Hier wird der beschränkte Charakter einer deskriptiven Fallstudie sichtbar.

3.3.1.5 Strategische Planung im turbulenten Umfeld nach Grant

GRANT analysiert in seiner 2003 veröffentlichten Längsschnittstudie nordamerikanischer Ölfirmen, wie sich deren Planungssysteme unter dem Einfluss sich intensivierender Umfeldturbulenz verändern und an neue (Wettbewerbs)Bedingungen adaptieren.[737] Fokus dieser Studie ist die inhaltliche Veränderung der Systeme. Während sich die grundlegenden Gestaltungsrahmen der Planung, also die Planungszyklen und ihre Phasen, kaum veränderten, konnten auf der Inhaltsseite der Planung und bei der Rolle, die das Planungssystem spielt, deutliche Veränderungen erkannt werden. Weiter war im Allgemeinen festzustellen, dass sich die Systeme von einer durchstrukturierten hin zu einer eher informellen Erscheinungsform entwickelt haben. GRANT geht insbesondere auf folgende Punkte ein:[738]

- Es fand eine Verschiebung von Zuständigkeiten und Verantwortung von Mitarbeitern zum unteren Management sowie von der Zentrale zu einzelnen Geschäftsbereiche statt.
- Ebenso war eine Verkürzung der Zeithorizonte der Planung,
- die Ablösung der detaillierten Ausplanung durch strategische Richtungsvorgaben und

[737] Vgl. Grant (2003).
[738] Vgl. Grant (2003), S. 502ff.

- die Erhöhung des Fokus auf die Performance-Planung (Finanzziele, operative Ziele, umfeldbezogene Ziele und strategische Meilensteine) erkennbar.

GRANT berücksichtigt insbesondere auch zunehmende Umfeldturbulenz und bezieht diese Größe als maßgeblichen Treiber der Veränderung in seine Betrachtungen mit ein. Die Beobachtungen hinsichtlich der stets hohen Bedeutung der strategischen Unternehmensplanung sind dabei hervorzuheben. GRANT untersucht in seinen Fallstudien jedoch ausschließlich inhaltliche Parameter und deren Veränderung. Der Prozess der Adaption bleibt außen vor.

3.3.1.6 Weitere Fallstudien

Während die bisher vorgestellten Fallstudien in der Hauptsache die Veränderung strategischer Planungssysteme untersuchen, berühren weitere Autoren diese Thematik zumindest am Rande. Genannt werden müssen an dieser Stelle die Untersuchung des „Trendsetters" der strategischen Unternehmensplanung General Electric von VAGHEFI und HUELLMANTEL, die die historische Entwicklung der strategischen Planung nachzeichnen und insbesondere auf den Einfluss des jeweiligen CEOs eingehen: Mit jedem Wechsel des CEOs sind starke Veränderungen der strategischen Planung verbunden.[739] Diese Chronologie beschränkt sich allerdings auf die Analyse des personellen Faktors und blendet mögliche weitere relevante Kontextfaktoren sowie Ablauf und Besonderheiten des Adaptionsprozesses aus.

Ebenso kann die Darstellung des branchenbezogenen strategischen Planungsprozesses der Telephone Organisation of Thailand angeführt werden, die von HOSSAIN vorgestellt wird.[740] Entgegen seinem expliziten Ziel der Rekonstruktion des Entwicklungsprozesses, beschreibt er jedoch nur einen Zustand kombiniert mit vagen zukünftigen Entwicklungsaussichten.

Beide Studien leisten für das Ziel der Erforschung strategischer Adaptionsprozesse keinen nennenswerten Beitrag.

3.3.2 Gang der Untersuchung (Studie 2)

Nach Diskussion des Forschungsstands qualitativer Untersuchungen der Adaption strategischer Planungssysteme wird nachfolgend die Ende 2002 durchgeführte empirische Studie „Strategieprozesse in Unternehmen" vor-

---

[739] Vgl. Vaghefi/Huellmantel (1998).

[740] Vgl. Hossain (2001).

gestellt.[741] Dabei werden zunächst Planung und Vorbereitung der Erhebung sowie anschließend das Vorgehen bei Datenerhebung und -auswertung besprochen.

3.3.2.1 Untersuchungshintergrund, Planung und Vorbereitung

Zielsetzung der Untersuchung war es, strategische Planungsprozesse bzw. Strategieentstehung und deren Rahmenbedingungen in deutschen Unternehmen zu untersuchen. Neben der Betrachtung grundlegender Abläufe war der Untersuchungsmittelpunkt die Analyse der Veränderung bzw. Adaption von Strategieprozessen.

Als Forschungsmethode wurde die empirische Querschnittsanalyse gewählt, da diese den Untersuchungsgegenstand und die angestrebte Breite der Untersuchung geeignet adressierte sowie den gegebenen Restriktionen (insbesondere zeitliche und finanzielle) gerecht wurde.[742] Die Datenerhebung erfolgte, insbesondere wegen des explorativen Untersuchungscharakters, als mündliche Befragung in Form einer teilweise strukturierten Einzelbefragung (auch Leitfadengespräch bzw. Leitfadeninterview) mit jeweils zwei Interviewern.[743] Der Interviewleitfaden wurde anhand eines Bezugsrahmens aufgebaut, wobei vor allem auf die Leitfadengestaltung und Frageformulierung Wert gelegt wurde.[744] Mit Hilfe mehrerer Experteninterviews wurde der Leitfaden evaluiert und konnte so vor Durchführung der Interviews weiter verbessert werden.

Die Grundgesamtheit bestand aus in Deutschland ansässigen produzierenden und dienstleistenden privatwirtschaftlichen Unternehmen. Wegen der großen Anzahl der Merkmalsträger und der damit verbundenen Unüberschaubarkeit der Grundgesamtheit wurde im Rahmen eines *„nicht zufallsgesteuerten Auswahlverfahrens ‚typischer' Fälle"*[745] eine Zusammenstellung von Untersuchungseinheiten anhand spezifischer Auswahlkriterien getroffen. Die Auswahlkriterien umfassten u. a. folgende Punkte: Vorhandensein eines strategischen Planungssystems, ein turbulentes Unternehmensumfeld sowie die Gesprächsbereitschaft

---

[741] Wie eingangs bereits erwähnt, wurde die Studie im Rahmen eines Forschungsprojekts an der Universität Stuttgart vom Verfasser selbst geplant und durchgeführt.

[742] Zur Beschreibung von Vorgehen, Vorteilen und möglichen Nachteilen der empirischen Querschnittsanalyse vgl. Kromrey (2002), S. 83 und Atteslander (2003), S. 54ff.

[743] Leitfadeninterviews sind Gespräche, die auf Basis vorformulierter und in flexibler Reihenfolge gestellter Fragen (Gesprächsleitfaden) geführt werden. Vgl. Diekmann (2002), S. 446, Schnell u. a. (2005), S. 322f. und Stier (1999), S. 184.

[744] Für eine ausführliche Darstellung der Grundregeln der Frageformulierung vgl. Diekmann (2002), S. 410ff.

[745] Stier (1999), S. 118f.

und Verfügbarkeit eines fachlich versierten Entscheidungsträgers.[746] Dieses Auswahlverfahren (engl.: theoretical sampling[747]) wird ebenso von EISENHARDT und GRAEBNER sowie SIGGELKOW vorgeschlagen. Sie verweisen darauf, dass der Zweck einer induktiven Vorgehensweise die Theorieentwicklung und nicht deren Überprüfung ist. Aus diesem Grund ist ein nicht zufallsgesteuertes Verfahren angezeigt.[748]

Entsprechend der angeführten Auswahlkriterien ergibt sich die in Abbildung 3-12 dargestellte sektorale und branchenbezogene Verteilung.

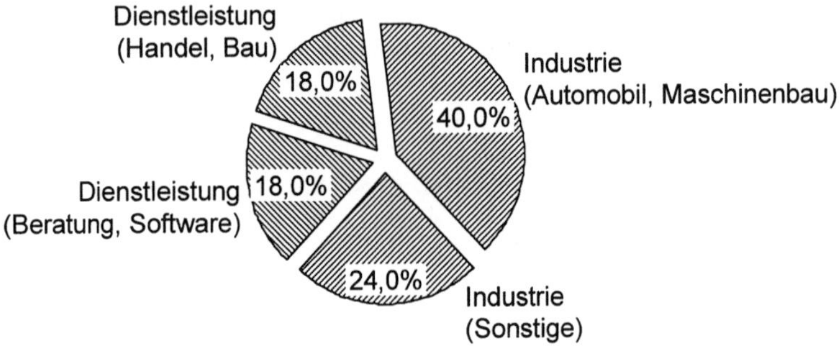

Abbildung 3-12: Sektorale und branchenbezogene Verteilung der untersuchten Unternehmen[749]

Im Anschluss an die Auswahl der Untersuchungseinheit, schloss sich die Wahl des geeigneten Gesprächspartners an. Zur Diskussion der Fragestellungen auf Expertenniveau mussten die Gesprächspartner mindestens eines der folgenden Kriterien erfüllen:

- Vorsitzender oder Mitglied der Geschäftsführung oder des Vorstands,
- Leiter oder leitender Mitarbeiter der für die Strategische Planung oder Unternehmensentwicklung zuständigen Organisationseinheit oder

---

[746] Bzgl. des Unternehmensumfelds wurde im Vorfeld recherchiert inwiefern hohe Dynamik und Komplexität erkennbar sind. Im Gespräch mit den einzelnen Interviewpartnern wurde diese Beurteilung zum einen durch direkte Befragung als auch durch die Einschätzung des Interviewers verifiziert. Eine vergleichbare Abbildung und Messung des Konstrukts Turbulenz wie in Studie 1 erfolgte nicht.

[747] „Theoretical sampling simply means that cases are selected because they are particularly suitable for illuminating and extending relationships and logic among constructs." Eisenhardt/Graebner (2007), S. 27.

[748] Vgl. Siggelkow (2007), S. 20f. und Eisenhardt/Graebner (2007), S. 27.

[749] Quelle: Studie 2; N = 17.

- in anderer Art und Weise maßgeblich am Strategieprozess oder dessen Umsetzung beteiligt.

Entsprechend dieser Zielsetzung gestaltet sich auch die tatsächliche Verteilung der Gesprächspartner nach Funktion (vgl. Abbildung 3-13).

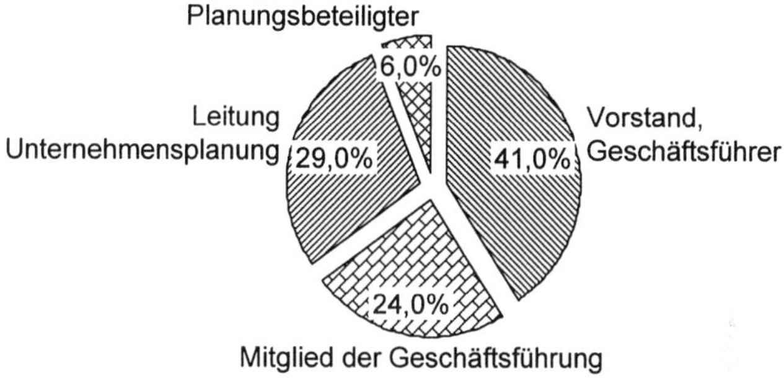

Abbildung 3-13: Verteilung der Gesprächspartner nach Funktion[750]

Der Gesprächspartner interessierte *„dabei weniger als (ganze) Person denn in seiner Eigenschaft als Experte für ein bestimmtes Handlungsfeld.“*[751] D. h. dass von der Position des Gesprächspartners auf dessen Sachverstand im Bereich des strategischen Managements geschlossen wurde. Dieses Vorgehen gewährleistet eine gleich bleibend hohe Qualität der Untersuchungsergebnisse und erleichtert dadurch den sachlichen Vergleich zwischen den unterschiedlichen Untersuchungseinheiten. Allerdings gibt es auch eine Reihe von Problemen und Quellen möglichen Scheiterns. MEUSER und NAGEL nennen als Variante des Misslingens unter anderem, dass sich im Laufe eines Interviews herausstellt, dass der Experte gar kein Experte ist und somit das Interview blockieren kann.[752]

3.3.2.2 Datenerhebung

Die Verwendung von teilstrukturierten Leitfadeninterviews zur Datenerhebung resultiert vor allem aus den zahlreichen Vorteilen hinsichtlich des Erhebungsziels. Zu nennen ist insbesondere, dass durch die offene Gesprächsführung sowie die Erweiterung von Antwortspielräumen der Bezugsrahmen des

---

[750] Quelle: Studie 2 – Frage 1.1; N = 17.

[751] Flick (2000), S. 109.

[752] Vgl. Meuser/Nagel (1991), S. 449f.

Befragten bei der Fragenbeantwortung miterfasst und somit ein Einblick in die Relevanzstrukturen und Erfahrungshintergründe des Befragten erlangt werden kann.[753] Ebenso garantiert der Leitfaden, dass alle forschungsrelevanten Themen angesprochen werden, bzw. dass eine grundlegende Vergleichbarkeit der Interviewergebnisse gewährleistet werden kann. Des Weiteren kann die Reihenfolge der Fragen an den Gesprächsverlauf angepasst werden, um so einen „natürlichen" Interaktionsfluss zu erreichen.

Jedoch gilt es zu beachten, dass die Anforderungen an die Verwendung der Leitfaden-Technik nicht zu unterschätzen sind. So identifiziert DIEKMANN drei Kategorien von möglichen Fehlerquellen:[754]

Die erste Kategorie umfasst Fragemerkmale, wie die Art der Frageformulierung (z. B. Beeinflussung der Antwortreaktion durch Suggestivfragen) oder die Position der Frage innerhalb des Leitfadens bzw. Gesprächs. Ebenfalls sind hier die tendenziell geringere Vergleichbarkeit der Ergebnisse und die damit verbundene schwierigere Auswertbarkeit und Dokumentation zu nennen, was sowohl bei der Konzeption, der Durchführung als auch der Auswertung der Erhebung einen deutlich höheren zeitlichen Aufwand als bei standardisierten Befragungen nach sich zieht.

Zur zweiten Gruppe möglicher Fehlerquellen zählen die Merkmale des Interviewers und der Interviewsituation. Es werden sehr hohe Anforderungen an den Befrager gestellt, da dieser stets die Richtung des Gesprächs lenken und die Reihenfolge der zu stellenden Fragen anpassen muss. Des Weiteren hängt die Datenqualität von der Qualität und dem Auftreten des Interviewers ab. So sind im Allgemeinen die Ergebnisse bei sensiblen Fragen umso weniger verzerrt, je geringer die soziale Distanz zwischen Interviewern und Befragten ist.[755]

Der dritten Kategorie gehören die Befragtenmerkmale an. Erhöhte Anforderungen an die Bereitschaft der Befragten zur Mitarbeit und an ihre sprachliche und soziale Kompetenz spielen eine grundlegende und zentrale Rolle bei der teilweise standardisierten Interviewtechnik. Darüber hinaus werden von STIER und SCHNELL, HILL und ESSER noch zwei weitere, wichtige Probleme thematisiert, welche diese als „response errors" oder „Antwortverzerrungen" bezeichnen.[756] Zum einen der Effekt der Aquieszens (Zustimmungstendenz), worunter eine grundsätzliche Bejahung der Frage, ohne Bezug zu deren Inhalt, zu verstehen ist und zum anderen der Effekt der (situationalen) sozialen Erwünschtheit, wenn also der Befragte annimmt, dass der Interviewer bestimmte

---

[753] Vgl. Schnell u. a. (2005), S. 387 und Flick (2000), S. 94.

[754] Vgl. Diekmann (2002), S. 382ff. Zu den Fehlerquellen und Anforderungen vgl. auch Schnell u. a. (2005), S. 388.

[755] Vgl. dazu Reinecke (1991).

[756] Vgl. Stier (1999), S. 186 und Schnell u. a. (2005), S. 353ff.

Antworten erwartet. Beiden Situationen wurde bei der Konzeption des Leitfadens Rechnung getragen und an einigen Stellen wurde durch entsprechende Fragestellungen sogar bewusst versucht, solche Verzerrungen aufzudecken.

Besonderes Augenmerk wurde bei der Durchführung der Interviews auf vier Prinzipien gelegt, deren Beachtung sicherstellen sollte, dass der Leitfaden nicht wie ein Fragebogen abgespult und damit der Gesprächsverlauf nicht zu stark kanalisiert wird:[757] (1) Nicht-Beeinflussung (weicher, nicht direktiver Interviewstil), (2) Spezifität (Versuch, Reaktionen auf Details der erlebten Situation herauszufinden), (3) Erfassung eines breiten Spektrums und (4) Tiefgründigkeit (Ausloten emotionaler Reaktionen durch Nachfragen).

„*Erhobene Daten müssen gespeichert, niedergeschrieben oder auf eine andere Art festgehalten und aufbereitet werden.*“[758] Nach SCHNELL, HILL und ESSER eignen sich hierfür Notizen, die vom Interviewer während der Befragung angefertigt werden oder Gedächtnisprotokolle, die danach ausgearbeitet werden.[759] In der vorliegenden Studie wurde von beiden Mitteln Gebrauch gemacht. So wurde zu jedem der untersuchten Unternehmen eine detaillierte Auswertung angefertigt, in der die Notizen aus den Gesprächen durch ein Gedächtnisprotokoll ergänzt wurden.[760] Zur Sicherstellung der Auswertungsqualität und Vollständigkeit der erhobenen Daten kam das Vier-Augen-Prinzip zur Anwendung, d. h. es erfolgt eine sequentielle, ergänzende Auswertung durch die beiden Interviewer. Auf die Verwendung eines Tonaufzeichnungsgerätes musste verzichtet werden, da dies die vertrauensvolle Atmosphäre der Gespräche beeinträchtigt hätte und von Seiten der Befragten unerwünscht war.

An die Datenerfassung schloss sich eine Datenbereinigung in geringem Umfang an, bei der Fehler in den Daten (z. B. durch Schreib- oder Übertragungsfehler) gesucht und bereinigt sowie mögliche Antwortverzerrungen adressiert wurden.[761]

---

757 Vgl. Merton/Kendall (1979), S. 178, Diekmann (2002), S. 446ff. und Flick (2000), S. 94f.

758 Schnell u. a. (2005), S. 13.

759 Vgl. Schnell u. a. (2005), S. 387f.

760 Um die Vergleichbarkeit der Daten zu gewährleisten, war der Interviewleitfaden außerdem als ausfüllbares Protokoll gestaltet.

761 Zu potenziellen Antwortverzerrungen vgl. die Ausführungen zu möglichen Fehlerquellen bei Verwendung der Leitfadeninterview-Technik weiter oben.

3.3.2.3 Datenauswertung

Die Auswertung der Interviewprotokolle für die vorliegende Forschungsarbeit erfolgte als Sekundäranalyse. Des Weiteren kamen Techniken der Prozessforschung sowie der Fallstudien- und Leitfadeninterviewauswertung zur Anwendung.

Bei Sekundäranalysen werden keine Daten erhoben, vielmehr wird auf bereits existierende Datenbestände zurückgegriffen.[762] Dies hat zumeist den Vorteil einer schnellen Datenverfügbarkeit und Kosteneinsparung. Allerdings setzt die mit Sekundäranalysen einhergehende räumliche, zeitliche und personelle Entkopplung von Datenerhebung und -auswertung Wissen darüber voraus, wie die der Primärstudie zugrundeliegenden Fragestellungen, die Vorannahmen und die aus ihnen resultierenden Entscheidungen im Erhebungsprozess Inhalt und Form der Daten beeinflusst haben. Solange jedoch Daten aus eigenen Projekten verwendet werden, ist dies – wie im vorliegenden Fall geschehen – zumeist unproblematisch.[763]

3.3.2.3.1 Strategien zur Auswertung von Prozessdaten

Strategien zur Auswertung von qualitativem Datenmaterial schlägt LANGLEY vor und bezieht sich dabei insbesondere auf die Theoriebildung auf der Basis von Daten über strategische Prozesse.[764] Prozessforschung befasst sich mit der Erklärung, wie und auf welche Weise sich Untersuchungsobjekte im Zeitablauf verändern.[765] „*Process data therefore consists largely of stories about what happened and who did what when.*"[766] Da ein Hauptelement strategischer Planungssysteme der Strategieentstehungsprozess ist, sind ihre Erkenntnisse für die Auswertung interessant.

LANGLEY weist gleich zu Beginn ihrer Ausführungen auf Herausforderungen und mögliche Schwierigkeiten hin: „*Process data are messy. Making sense of them is a constant challenge.*"[767] Ebenso ist es schwierig genau abzugrenzen, welche Phänomene bzw. Handlungen für die Erklärung berücksichtigt werden müssen und welche Informationen irrelevant sind. Für den Forscher ist die

---

[762] Vgl. Stier (1999), S. 232ff., Sachs/Hauser (2002), S. 47f. sowie Corti u. a. (2005), URL siehe Literaturverzeichnis.

[763] Vgl. Gläser/Laudel (2001), S. 2, URL siehe Literaturverzeichnis.

[764] Vgl. Langley (1999).

[765] Vgl. Van de Ven/Huber (1990).

[766] Langley (1999), S. 692.

[767] Langley (1999), S. 691.

Analyse und Auswertung von Prozessdaten also eine herausfordernde Aufgabe der Objektivierung und Interpretation. LANGLEY führt in ihrer Arbeit dazu sieben Strategien des „Sensemaking" (im Sinne eines Sinnerschließens) an:[768]

Strategy	Form of Sensemaking	Specific Data Needs
Narrative	Stories, meanings, mechanisms	One or few rich cases. Can be helped by comparison.
Quantification	Patterns, mechanisms	Needs many similar events for statistical analysis: one of few dense cases is best.
Alternate Templates	Mechanisms	One case is enough. Degrees of freedom come from multiple templates.
Grounded Theory	Meanings, patterns	Needs detail on many similar incidences. Could be different processes or individual-level analysis of one case.
Visual Mapping	Patterns	Needs several cases in moderate level of detail to begin generating patterns.
Temporal Bracketing	Mechanisms	One or two detailed cases is sufficient if processes have several phases used for replication.
Synthetic	Prediction	Needs enough cases (5+) to generate convincing relationships. Moderatelevel of detail needed for internal validity.

Abbildung 3-14: Sieben Strategien des „Sensemaking"[769]

Aufgrund der Ausprägungen des vorliegenden Datenmaterials eignen sich für eine Analyse mit Einschränkungen die Verfahren Narrative, Quantification, und Grounded Theory Strategy; die Synthetic Strategy, die LANGLEY auch als Comparative Strategy bezeichnet,[770] eignet sich am ehesten.[771]

Während diese Verfahren an verschiedenen Stellen der Auswertung Anwendung finden, haben die nachfolgend beschriebenen Vorgehensweisen zur Auswertung von Fallstudien jedoch größere Bedeutung.

[768] Vgl. Langley (1999), S. 694ff. sowie die Präsentationen von Ann Langley im Rahmen der „Process-Research-PDWs" der Academy of Management Konferenzen der Jahre 2005 und 2006. Vgl. Langley (2005).

[769] Quelle: Langley (1999), S. 696.

[770] Vgl. Langley (2005), S. 20.

[771] Die Wahl dieser Vorgehensstrategie ergibt sich aus dem Abgleich der Anforderungen an die Daten (Spalte „Specific Data Needs") und den Charakteristika des verfügbaren Datensatzes.

3.3.2.3.2 Strategien zur Auswertung von Fallstudien

„Statt uns auf immer abstraktere Generalisierungen zu konzentrieren, die wir mit immer größeren Datenerhebungen zu finden hoffen, sollten wir versuchen, in intensiven Fallstudien Material zu sammeln, das Aussagen über konkrete Wirklichkeit und Wahrnehmungen dieser Wirklichkeit durch konkrete Personen zulässt.“[772] Charakteristisch für den Fallstudienansatz sind dabei gemäß LAMNEK (1) wenige Fälle, (2) viele Informationen, (3) tiefe Informationen, (4) mehrere Methoden und (5) eine ganzheitliche Sicht.[773] Diesen Forderungen entsprechend umfasst das verfügbare Datenmaterial Interviewprotokolle der Untersuchung von 17 Unternehmen und ergänzende Informationen wie Unternehmenskennzahlen, Jahresabschlussberichte und Marktinformationen.

„Das Ziel der [..] Fallstudie ist, genaueren Einblick in das Zusammenwirken einer Vielzahl von Faktoren [...] zu erhalten, wobei sie meist auf das Auffinden und Herausarbeiten typischer Vorgänge gerichtet ist.“[774] Die Fallstudienmethode erlaubt es dem wissenschaftlichen Beobachter dabei, situative Charakteristika zu bewahren und eignet sich so insbesondere für die Analyse von Organisations- und Managementprozessen.[775] Fallstudien sollen demnach möglichst umfangreich *„deskriptiv aufgearbeitet werden, um im Anschluss daran empirisch begründbare theoretische Konzepte, Theorien, Hypothesen entwickeln zu können“*[776]

Die Analyse von Fallstudien stellt sich jedoch als äußert schwierig dar, da Strategien und Techniken zur Auswertung bislang nicht eindeutig und umfassend definiert sind. So konstatiert YIN: *„much depends on an investigator's own style of rigorous thinking, along with the sufficient presentation of evidence and careful consideration of alternative interpretations.”*[777] Zur Analyse qualitativer Interviews und Fallstudien gibt es daher eine Reihe verschiedener Auswertungstechniken.[778] Dazu wird nachfolgend das nach dem Vorschlag von SCHMIDT gegliederte Auswertungsverfahren skizziert:[779]

---

772 Abels (1975), S. 330.

773 Vgl. Lamnek (1995), S. 8.

774 Fuchs-Heinritz (1995), S.162.

775 Vgl. Yin (1984), S. 2.

776 Kromrey (2002) S. 523. Vgl. ähnlich auch Goode/Hatt (1956), S. 310.

777 Yin (1984), S. 109.

778 Überblicke hierzu bieten z. B. Lamnek (2005), S. 402ff., Eisenhardt (1989) oder Witzel (1982), S. 53ff.

779 Vgl. Schmidt (2003a), S. 447ff. und Schmidt (2003b), S. 544ff. Zur Auswertung von Fallstudienmaterial vgl. Yin (1984), S. 109ff.

(1) Der erste Auswertungsschritt umfasst die Auseinandersetzung mit dem Material sowie die materialorientierte Bildung von Auswertungskategorien. Die Bestimmung von Auswertungskategorien beginnt dabei mit dem intensiven und wiederholten Lesen der Interviewprotokolle. Ziel ist, für jedes Protokoll die vorkommenden Themen und deren einzelne Aspekte, die sich dem Zusammenhang der Fragestellungen zuordnen lassen, zu notieren. Es ist weiter nützlich, die bemerkten Ähnlichkeiten und Unterschiede zwischen den Interviews zu notieren. Auf der Grundlage der gefundenen Themen und Aspekte werden dann Auswertungskategorien formuliert.[780]

(2) Als zweiter Schritt wird die Zusammenstellung der Auswertungskategorien und die Codierung des Datenmaterials angeführt. Unter Verwendung eines so genannten Codierleitfadens[781] wird jedes einzelne Interview eingeschätzt und klassifiziert, indem eine Zuordnung des Materials zu den Auswertungskategorien vorgenommen wird. Zunächst werden aus dem einzelnen Interview die Passagen herausgesucht, die sich einer Auswertungskategorie zuordnen lassen, dann wird für alle diese Textstellen zusammen eine Ausprägung vergeben. Um die Fälle im Hinblick auf dominante Tendenzen vergleichen zu können, soll in diesem Auswertungsschritt die Informationsfülle reduziert werden.

(3) An dritter Stelle folgt die Erstellung von (z. T. auch quantifizierenden) Fall- und Materialübersichten. Diese Übersichten bestehen meist aus Häufigkeitsangaben zu bestimmten einzelnen Auswertungskategorien. Solche Häufigkeitsangaben geben einen ersten Überblick zu Verteilungen im Material. Weiter erfolgt die kurze Charakterisierung des Einzelfalls unter den für das untersuchte Phänomen interessanten Gesichtspunkten. Diese kann in eine interindividuelle Komparation münden, indem die in der Einzelfallauswertung erstellten Datentabellen zusammengestellt und vergleichend durchgearbeitet werden. Mögliche Ergebnisse dieses Vergleichs sind: (a) überindividuelle Komparationstabellen, (b) Vorschläge zur Typisierung, (c) überindividuelle Teilgruppencharakteristiken und (d) Hinweise auf Hypothesen und Relevanzbereiche.[782]

(4) Abschließend erfolgen vertiefende Fallinterpretationen. Ziele dieses Schrittes können sein: neue Hypothesen zu finden, Hypothesen am Einzelfall zu überprüfen, begriffliche Konzepte auszudifferenzieren, zu neuen theoretischen Überlegungen zu kommen oder den vorhandenen theoretischen Rahmen zu überarbeiten.

---

780 Zur Bildung von Auswertungskategorien vgl. auch Brewer/Hunter (1989), S. 117ff.

781 Vgl. Crabtree/Miller (1992), S. 95.

782 Vgl. Lamnek (2005), S. 318ff.

3.3.3 Fallstudienbeschreibung und Kategorienbildung

3.3.3.1 Bildung von Kategorien zur Datenauswertung

Die Analyse und Auswertung der Daten aus Interviews und Dokumenten erfolgte – angepasst an die Besonderheiten des verfügbaren Datenmaterials – analog zum Verfahren von SCHMIDT.[783] Die ersten Schritte umfassen die Auseinandersetzung mit dem Material, die materialorientierte Bildung von Auswertungskategorien und die Codierung des Materials.

Zunächst wurden für die wissenschaftliche Auswertung sämtliche Interviewprotokolle und Informationen ergänzender Dokumente in einer Auswertungstabelle erfasst, wobei in den einzelnen Zeilen Antworten zu den Fragen des Interviewleitfadens sowie ergänzende Informationen und in den Spalten unternehmensbezogene Daten erfasst wurden. Diese Art der Datenaufbereitung vereinfacht die Codierung und ermöglicht eine übersichtliche, vergleichende Analyse. Anschließend wurden zur Vorstrukturierung zwei Arten von Kategorien unterschieden: zum einen allgemeine, den Datensatz klassifizierende Kategorien, zum anderen inhaltsbezogene und an den Forschungsfragen ausgerichtete Kategorien. Nachfolgende Abbildung 3-15 fasst das Vorgehen zusammen.

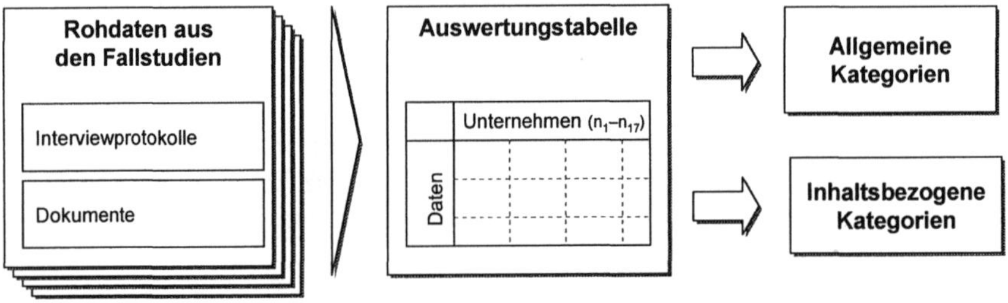

Abbildung 3-15: Fallstudienauswertung und Kategorienbildung[784]

Die Gruppe der allgemeinen Kategorien beinhaltet grundlegende Charakteristika der betrachteten Unternehmen und ermöglicht die Bildung von Kontrollgruppen. Diese Kategorien spiegeln verschiedene Schnittmengen der Stichprobe wider:

- *Sektor- bzw. Branchenzugehörigkeit*: Die Selbsteinschätzung der untersuchten Unternehmen ermöglicht eine Unterteilung der Stichprobe in

[783] Vgl. Kapitel 3.3.2.3.

[784] Quelle: eigene Darstellung.

zwei Sektoren: Industrie (65%) und Dienstleistung (35%). Bei Betrachtung der Branchenzugehörigkeit der Unternehmen und ihrer Geschäftsfelder kann eine Verfeinerung der Unterteilung vorgenommen werden. Für die Industrieunternehmen ergibt sich daraus eine Gliederung in die Branchen Automobil- und Maschinenbau (64%) sowie Diverse, bspw. Elektrotechnik und Mischkonzerne (36%). Die Dienstleistungsunternehmen können in die Branchen Beratung und Software (50%) sowie Handel und Bau (50%) untergliedert werden.

- *Unternehmensgröße*: Es wurden Unternehmen der unterschiedlichsten Größen – betreffend Mitarbeiterzahl und Umsatzvolumen – in die Studie einbezogen. So sind 24% der Stichprobe als mittelständische und 76% als Großunternehmen zu bezeichnen.[785]
- *Ansatz bzw. Art der strategischen Planung*: Strategieentstehungsprozesse in Unternehmen laufen höchst unterschiedlich ab. Dennoch lassen sich die Prozesse zwei Hauptlagern zuordnen: dem Lager der geplanten und dem Lager der ungeplanten Strategien. So ergibt die Untersuchung, dass sich die Unternehmen in etwa hälftig auf beide Lager verteilen.[786] Unter „geplant“ ist eine Strategieentwicklung im Sinne des traditionellen Ansatzes der Strategischen Planung zu verstehen und unter „ungeplant“ die Strategieentstehung im Sinne MINTZBERGS.[787] Besonders interessant ist, dass in den wenigsten der untersuchten Unternehmen eine Form der Strategieentwicklung bzw. -entstehung in Reinform vorzufinden ist. So gestalten die Unternehmen mit einer ausgeprägten und ausdifferenzierten strategischen Planung ihren Strategieprozess derart, dass emergente Bestrebungen sowohl Berücksichtigung finden als auch umgesetzt werden können. Unternehmen mit einer eher ungeplanten Strategieentstehung lenken ihrerseits den Strategieprozess mittels eines gewissen planerischen Rahmens oder strategisch organisatorischer Restriktionen.

---

785 Als Abgrenzungsmerkmale von Groß- und mittelständischen Unternehmen wurde analog zu der Definition des Instituts für Mittelstandsforschung Bonn bzw. der Europäischen Union Umsatz und Anzahl der Beschäftigten herangezogen. Als kleine Unternehmen werden solche bezeichnet, die einen Jahresumsatz von bis zu 10 Mio. € und eine Beschäftigtenzahl zwischen 10 und 49 Mitarbeitern haben. Mittelständische Unternehmen haben einen Umsatz von 10-50 Mio. € pro Jahr und eine Beschäftigtenzahl zwischen 50 und 499. Großunternehmen haben mehr als 50 Mio. € Umsatz und mehr als 500 Beschäftigte. Vgl. Institut für Mittelstandsforschung Bonn (2007), URL im Literaturverzeichnis und die Europäische Kommission (2007), URL im Literaturverzeichnis.

786 Quelle: Studie 2 – 1.7; 23% der Unternehmen konnten nicht eindeutig zugeordnet werden.

787 Vgl. Mintzberg/McHugh (1985).

- *Unternehmenserfolg*: Die Beurteilung des Unternehmenserfolgs wird an den Größen Umsatzentwicklung, Entwicklung der Mitarbeiteranzahl, Umsatzrentabilität und Marktanteil im Verhältnis zum Branchendurchschnitt festgemacht.[788] Daraus ergibt sich die Klassifizierung: Outperformer, Standardperformer und Underperformer.

Die zweite Gruppe umfasst inhaltsbezogene Kategorien und bildet damit die Grundlage für die Beantwortung der Forschungsfragen. Die Kategorien ergeben sich jeweils aus der Konsolidierung verschiedener inhaltlich zusammengehöriger Fragen des Interviewleitfadens. Nachfolgend wird eine Übersicht dieser Kategorien gegeben:[789]

- K1: Anforderungen an strategische Planungssysteme im turbulenten Umfeld
- K2: Planungseffizienz
- K3: Auslöser von SPS-Anpassungen
- K4: Adaptionsansatz und Geschwindigkeit der Adaption
- K5: Flexibilität des strategischen Planungssystems
- K6: Eigenschaften bzw. Befähigung der am Adaptionsprozess Beteiligten
- K7: Umsetzungsgrad und Dokumentationsstand des strategischen Planungssystems
- K8: Inhaltliche Veränderung des Strategieentstehungsprozesses
- K9: Lernprozesse

Für die Analyse der Daten aus Studie 2 ist nicht alleine die Bildung geeigneter Auswertungskategorien wichtig, sondern die Kenntnis von Besonderheiten der untersuchten Unternehmen sowie deren Verständnis. Für die aufgeworfenen Forschungsfragestellungen ist dabei insbesondere der Überblick über zwei Bereiche von zentraler Bedeutung: (1) Die Varianten und Besonderheiten des Aufbaus strategischer Planungssysteme in den untersuchten Unternehmen sowie (2) der Zusammenhang von Unternehmensgröße und der Art der Strategieentstehung. Auf diese Punkte wird nachfolgend kurz eingegangen.

---

[788] Quelle: Studie 2 – Fragen 1.2, 1.4, 1.5.

[789] Eine ausführliche Zusammensetzung der inhaltsbezogenen Kategorien wird in Anhang D dargestellt.

3.3.3.2 Besonderheiten der untersuchten strategischen Planungssysteme

Nachdem bereits dargestellt wurde, dass sich die strategischen Planungssysteme der befragten Unternehmen etwa hälftig in zwei Hauptlager aufteilen lassen (zum einen in das der eher geplanten Strategieentwicklung und zum anderen in das der eher emergenten Strategieentstehung),[790] können entlang der beiden allgemeinen Auswertungskategorien Sektor- bzw. Branchenzugehörigkeit und Unternehmensgröße noch einige weitere Charakteristika festgestellt werden.

So ist der Grad der Flexibilität[791] der implementierten strategischen Planungssysteme insgesamt als hoch einzuschätzen. Beurteilt wird dies anhand verschiedener Fragestellungen aus Studie 2.[792] Trotz des allgemein hohen Flexibilitätsniveaus ist ein deutlicher Unterschied zwischen Dienstleistungs- und Industrieunternehmen auszumachen, wobei die Dienstleister besser abschneiden: ca. 83% weisen eine sehr hohe und hohe Flexibilität auf im Gegensatz zu 64% bei den Industrieunternehmen. Bei der Gegenüberstellung von großen und mittelständischen Unternehmen ergibt sich ebenfalls ein deutliches Gefälle – in diesem Fall zugunsten der mittelständischen Unternehmen.[793] So ist die Flexibilität bei der einen Hälfte der mittelständischen Unternehmen mit „sehr hoch" und bei der anderen Hälfte mit „hoch" zu bewerten. Bei den Großunternehmen ergibt sich eine weitaus breitere Fächerung: ca. 60% weisen eine sehr hohe und hohe und 40% eine mittlere und niedrige Flexibilität auf. Inhaltliche Flexibilität wird durch verschiedene Maßnahmen erreicht, wie bspw. dem Einsatz von interdisziplinären Task-Forces, der Durchführung strategischer Projekte, regelmäßigen Führungskräftetreffen und teilweise auch durch inkrementelles planerisches Vorgehen. Trotz ihrer relativ hohen Flexibilität war den Unternehmen der Stichprobe durchaus bewusst, dass zuviel Flexibilität nicht zwangsläufig zum angestrebten Ergebnis, sondern auch sehr schnell ins Chaos führen kann.

Eine ausschließliche Konzentration auf die Ausschöpfung von Flexibilitätspotenzialen strategischer Planungssysteme ist für Unternehmen ebenfalls nicht sinnvoll. Vielmehr muss ein angemessener Ausgleich zwischen Flexibilität und

---

[790] Vgl. Kapitel 3.3.3.1.

[791] Der Grad der Flexibilität meint hier die Flexibilität des SPS, Änderungen an der aktuellen Strategie zu vollziehen.

[792] Quellen: Studie 2 – Fragen A.1, A.2, B.6-7, D.2-6, E.1.

[793] Dieses Ergebnis ist zum Teil darauf zurückzuführen, dass es einen Überschneidungsbereich der untersuchten KMU und Dienstleister gibt, d. h. ein Teil der KMU dem Dienstleistungssektor zuzuordnen ist.

Lenk- und Steuerbarkeit[794] der Strategieentstehung hergestellt werden.[795] Die betrachteten Großunternehmen versuchen den Strategieprozess steuerbar zu gestalten, indem sie bspw. Planungskalender kombiniert mit Meilensteinplanungen sowie unterstützende intranetbasierte Werkzeuge, wie Planungshandbücher, Wissenslandkarten oder „Gelbe Seiten"[796] einsetzen. Des Weiteren sind häufig stark zentralisierte Planungsstrukturen, Steuerungs- und Lenkungsgremien sowie Prozessverantwortliche zur Stabilisierung und Sicherstellung eines reibungslosen Ablaufs vorzufinden. Insgesamt ergibt sich, dass der Prozess durch diese Instrumente und Maßnahmen trotz der Vielzahl an Beteiligten deutlich an Lenk- und Steuerbarkeit gewinnt.

Solche Hilfsmittel sind in mittelständischen Unternehmen kaum vorzufinden und werden auch nicht benötigt. Die Lenk- und Steuerbarkeit des Prozesses ist zumeist oft deutlich besser, da sowohl Führungskreise als auch die Unternehmen selbst von überschaubarer und gut koordinierbarer Größe sind. Ebenso fördert ein bilateraler und informeller Informationsfluss (beispielsweise per E-Mail) die Lenk- und Steuerbarkeit, weil so kurzfristige strategische Entscheidungen mit daran anschließender zügiger Umsetzung ermöglicht werden. Die bei Großunternehmen auftretenden Koordinationsprobleme sind in mittelständischen Unternehmens also weitestgehend unproblematisch.

Im Verlauf der Experteninterviews zeigte sich ferner, dass ein positiver Zusammenhang zwischen der Transparenz des strategischen Planungssystems und der Strategieakzeptanz bei Managern und Mitarbeitern vermutet werden kann. Die Schaffung der Prozesstransparenz in großen Industrieunternehmen stützt sich dabei meist auf Darstellungen in Planungshandbüchern (Dokumentation), wohingegen bei mittelständischen Unternehmen und bei Dienstleistern diese Art der Transparenz durch informelle Gespräche und direkte Involvierung der Mitarbeiter erzielt wird. Eng verbunden mit der Transparenz von Planungssystem und -prozess ist auch die Transparenz des Outputs – also der Strategie an sich. Die Schaffung der Strategietransparenz vollzieht sich auf höchst unterschiedliche Weise und erstreckt sich von völliger Transparenz bis

---

794 Lenkbarkeit meint die Führung im Sinne des kybernetischen Regelungsmodells und Steuerbarkeit bezeichnet demgegenüber die Möglichkeit zur aktiven Steuerung. Beide Ausprägungen stellen insofern einen Gegensatz zu Flexibilität dar, als dabei klare Führungsregeln festgelegt sind.

795 Quellen: Studie 2 – Fragen B2, C.4-5, D.11.

796 „Gelbe Seiten" bezeichnen in diesem Zusammenhang ein Verzeichnis, in dem Personen von innerhalb des Unternehmens inklusive deren Kontaktdaten sowie insbesondere Angaben zu ihrer fachlichen Expertise und ihrem Erfahrungshintergrund aufgeführt sind. Ein anderer Begriff dafür ist u. a. „Skill-Map". Ähnlich helfen auch „Knowledge-Blogs", die darin aktiven Experten zu identifizieren bzw. Themen zu erheben.

hin zu „geheimen" Strategien. So erfolgt die Kommunikation der Strategie durch direkte und persönliche Kommunikation, spezielle Veranstaltungen zur Strategiekommunikation, per E-Mail, per Intranet sowie teilweise mittels „Real-Player-Movies".[797]

Die Untersuchung des Zusammenhangs zwischen Art des strategischen Planungssystems und Unternehmenserfolg ergibt keine konkreten Befunde. Es wurde analysiert, wie die Unternehmen, nach ihrer Erfolgsbewertung in drei Leistungsstufen eingeordnet, mit den beiden Varianten der strategischen Planung (geplant vs. ungeplant) zusammenhängen. Eine eindeutige Korrelation ist in der untersuchten Stichprobe nicht nachzuweisen. Dies hängt nicht zuletzt auch an der für quantitative Auswertungen geringen Fallzahl.

3.3.3.3 Zusammenhang von Unternehmensgröße und Strategieentstehung

Auf eine größenabhängige Besonderheit der Unternehmen in der Stichprobe soll bereits an dieser Stelle hingewiesen werden. Mit zunehmender Größe der Unternehmen lässt sich in der Stichprobe auch eine Zunahme definierter strategischer Planungsprozesse feststellen. So zeigt sich, dass 64% der Großunternehmen ihre Strategien mittels rational-analytischer Ansätze entwickeln und bei 36% Strategien eher ungeplant entstehen. Bei mittelständischen Unternehmen hingegen liegt die Quote der Unternehmen mit emergenter Strategieentstehung in der Stichprobe bei annährend 100%.[798] Während sich also bei den mittleren Unternehmen Strategien eher emergent bilden, planen die größeren und großen Unternehmen Strategien mittels strukturierter Vorgehensweisen.

Diese Beobachtung geht konform mit dem Erkenntnisstand der einschlägigen Literatur. So verweisen z. B. THORÉN und BROWN auf eine Reihe von Studien, die belegen, dass Managementsysteme in KMU sich von denen großer Unternehmen zum Teil erheblich unterscheiden, da sie auf weniger differenzierte und spezialisierte Einheiten ausgerichtet sind und zudem auf einem geringer ausgeprägten Formalisierungsgrad der Verfahren sowie weniger hoch entwickelten Planungs- und Kontrollsystemen basieren.[799]

---

[797] Quellen: Studie 2 – Fragen C.6-7, E.8, F.3.

[798] Quelle: Studie 2.

[799] Vgl. Thorén/Brown (2004), S. 254, Davila (2005), Gibbons/O'Connor (2005) und Moores/Yuen (2001).

Obwohl die Forderung nach adäquaten Planungskonzepten und -systemen für mittelständische Unternehmen weitgehend unbestritten ist, wird in der einschlägigen Literatur sehr häufig davon ausgegangen, dass gerade in diesem Bereich erhebliche Lücken zu konstatieren sind. So verweisen etwa HORVÁTH und WEBER darauf,[800] dass viele Misserfolge von kleinen und mittleren Unternehmen im Wesentlichen in

- einer fehlenden Unternehmenskonzeption,
- unzureichenden Zielsetzungen bzw. Zielsystemen,
- mangelnder Zukunftsausrichtung bei der Planung,
- einer ungenügenden Analyse und Dokumentation interner und externer Rahmenbedingungen und Entwicklungen sowie
- fehlenden Soll-Ist-Vergleichen begründet liegen.

In eine ähnliche Richtung weisen die Untersuchungen von GRÜNIG und WEBER, die in einem Klassifizierungsansatz drei verschiedene Typen von unzulänglichen Planungskonzepten und -systemen in kleinen und mittleren Unternehmen identifizieren:[801]

- Rudimentäre, „gewachsene" Planungskonzepte und -systeme, die weniger aus einem bewussten und zielgerichteten Gestaltungsprozess sondern im Laufe der Zeit eher beiläufig aus dem Tagesgeschäft heraus entstanden sind. Eine schriftliche Fixierung der Prozesse und Systeme liegt bei diesem Typus in aller Regel nicht vor.
- Standardisierte Planungskonzepte und -systeme, die häufig der Literatur entnommen sind und kaum oder gar nicht an die spezifischen Anforderungen des jeweiligen Unternehmens angepasst sind.
- Konzepte und Systeme, die stark finanzlastig und häufig aus den Budgetierungsrichtlinien heraus entstanden sind. Zwar sind solche Systeme oft sehr umfangreich, sie weisen aber eine deutliche Überbetonung finanzieller Aspekte auf.

Somit lässt sich festhalten, dass Planungsintensität und -ausmaß positiv mit der Unternehmensgröße korrelieren. Zu diesem Schluss kommen auch HOULDEN, STAEHLE, FREDRICKSON und IAQUINTO sowie LINDSAY und RUE.[802]

---

800 Vgl. zu nachfolgenden Aufzählung Horváth/Weber (1997), S. 336.

801 Vgl. Grünig (1996), S. 38f. und Weber (2000), S. 7.

802 Vgl. Houlden (1995), Staehle (1989), Fredrickson/Iaquinto (1989) und Lindsay/Rue (1980).

3.4 Anmerkungen zum gewählten Forschungsdesign

„Sound empirical research begins with strong grounding in related literature, identifies a research gap, and proposes research questions that address the gap.“[803] Dieser Leitlinie folgt diese Forschungsarbeit und baut nach Darstellung von Problemstellung, Forschungsfragen und theoretischen Grundlagen darauf ein geeignetes Forschungsdesign auf.

Um ein tieferes Verständnis des Erkenntnisobjekts zu erlangen und die Hauptforschungsfragen beantworten zu können, wird die Kombination verschiedener Methoden der Erkenntnisgewinnung gewählt. Entsprechende Empfehlungen finden sich auch in der Literatur: *„[...] all research methods are imperfect and incomplete. Thus, methodological pluralism is and has been strongly encouraged.“*[804] Vor allem hilft die geeignete Mischung von Forschungsmethoden in Situationen, in denen singuläre Ansätze an ihre Grenzen stoßen. Dies ist insbesondere dann der Fall, wenn die Erkenntnissituation, bezogen auf den zu untersuchenden Sachverhalt, noch nicht zufrieden stellend, d. h. ein induktives Vorgehen angezeigt ist. Zu beachten ist jedoch, dass *“methodological pluralism is not an end in itself.”*[805]

Nach der Analyse verschiedener thematisch verwandter Untersuchungen werden zwei Studien ausgewertet. Die quantitative Studie 1 dient zur Exploration des Forschungsfelds und soll einen ersten Überblick über das Erkenntnisobjekt geben. Dies ermöglicht Einblicke in Zusammenhänge, die durch ein ausschließlich qualitatives Vorgehen nicht möglich wären. Kritik an der Verwendung rein quantitativer Daten für die Bildung von Hypothesen – als Ziel dieser Arbeit – weist LANGLEY zurück. Sie merkt an, dass die Nutzung quantitativer Daten für die Bildung von Hypothesen über prozessuale Abläufe trotz eventueller Vorbehalte möglich ist: *„However, it is important to note [...] that process theory can be built from quantitative data.“*[806]

Dennoch werden die ersten Befunde durch Studie 2 vertieft. SIGGELKOW sowie EISENHARDT und GRAEBNER schlagen die Verwendung von Fallstudien vor, um eine breitere Exploration zu ermöglichen. Sie legen aus verschiedenen Gründen nahe, multiple Fallstudien zu verwenden: *„the theory is better grounded, more accurate, and more generalizable [...] when it is based on multiple case experiments. Multiple cases enable comparisons that clarify whether an emergent finding is simply idiosyncratic to a single case or consistently*

[803] Eisenhardt/Graebner (2007), S. 26.

[804] Hurmerinta-Peltomäki/Nummela (2006), S. 440.

[805] Hurmerinta-Peltomäki/Nummela (2006), S. 440.

[806] Langley (1999), S. 705.

replicated by several cases [...]. Multiple cases also create more robust theory because the propositions are more deeply grounded in varied empirical evidence."[807]

Dieser Vorgehensweise folgend, befasst sich Kapitel 4 mit der Auswertung der beiden Studien und Beantwortung der Forschungsfragen.

807 Eisenhardt/Graebner (2007), S. 27.

4 Empirische Studien zum Wandel strategischer Planungssysteme

In den vorangegangenen Kapiteln wurden Ausgangspunkte der wissenschaftlichen Untersuchung, Forschungsziele, theoretische Grundlagen und bereits durchgeführte Studien vorgestellt und diskutiert. Insbesondere wurde im dritten Kapitel auch auf erste Erkenntnisse aus den beiden Studien 1 und 2, verwendete Konstrukte, Fallstudienbeschreibungen und die Bildung von Auswertungskategorien eingegangen.

Nachfolgend werden zunächst die spezifische und detaillierte Vorgehensweise zur Datenauswertung sowie die verschiedenen Auswertungskategorien vorgestellt. Daran anschließend befassen sich die Unterkapitel 4.2 und 4.3 mit den Auswertungen der Daten und der Darstellung der Erkenntnisse zu den beiden Hauptforschungsfragen:

(1) Welche Prozesse bzw. Prozessparameter determinieren die Adaption strategischer Planungssysteme von Unternehmen (im turbulenten Umfeld)?

(2) Was sind die wesentlichen Einflussfaktoren bzw. Treiber einer (erfolgreichen) Adaption (von Unternehmen im turbulenten Umfeld)?

4.1 Vorgehensweise

Ausgangspunkt der Auswertung des empirischen Datenmaterials ist die Aufarbeitung (bspw. Quantifizierung) relevanter Untersuchungsmerkmale der Studien 1 und 2. Ziel ist es, die Vergleichbarkeit der Daten sicherzustellen und sie statistischen und qualitativen Auswertungsverfahren zugänglich zu machen. Gleichzeitig ist die Angemessenheit der angewandten wissenschaftlichen Methodik sicherzustellen.[808] Jede empirische Untersuchung sollte demnach einen gewissen Grad an Gültigkeit und Zuverlässigkeit aufweisen, um so als Grundlage für Entscheidungen dienen zu können.

Für die quantitative Forschung bedeutet dies, dass es für die Beurteilung von Methoden entscheidend ist, inwiefern sie den Gütekriterien Gültigkeit (d. h. Validität: Wurde erfasst, was erfasst werden sollte?), Zuverlässigkeit (d. h. Reliabilität: Wurde der Gegenstand exakt erfasst?) und Generalisierbarkeit entsprechen.[809] Diese Kriterien finden sowohl bei der Erarbeitung und Dar-

---

[808] Wissenschaftliche Methoden sind als angemessen zu bezeichnen, wenn sie dem Erkenntnisziel des Forschers und den empirischen Gegebenheiten gerecht werden. Der Begriff der Güte bezeichnet dabei den Grad der Angemessenheit der Methoden an die empirische Realität und das Erkenntnisziel des Forschers. Der Begriff der Güte bezieht sich auch auf sozialwissenschaftliche Theorien und Begriffe. Vgl. Lamnek (2005), S. 145.

[809] Vgl. dazu Kapitel 3.2.3.

stellung der verwendeten Konstrukte als auch bei allen weiteren Auswertung von Studie 1 Berücksichtigung.

Während die quantitative Forschung klar definierte Gütekriterien aufweist, also Maßstäbe anhand derer die Qualität von Forschungsergebnissen gemessen werden kann, besteht in der qualitativen Forschung noch Diskussionsbedarf über die adäquaten Maße. Es kann *„sicherlich nicht genügen anzunehmen, der Forscher werde nach einer gewissen Zeit des Zusammenlebens mit der untersuchten Gruppe „gültige Interpretationen" erbringen, die mit denen der Handelnden übereinstimmen – es müssen auch Regeln entwickelt werden, nach denen eine Überprüfung dieser Interpretationen durch andere Forscher ermöglicht wird, und es müssen des weiteren Regeln für den Wechsel zwischen „Innenperspektive" und äußerer Analyse angegeben werden.*"[810] Wenngleich das Fehlen anerkannter Qualitätskontrollen in der Vergangenheit von manchen Autoren als Unwissenschaftlichkeit gedeutet wurde,[811] ist heutzutage weitgehend unbestritten, dass qualitative Verfahren zuverlässige und gültige Ergebnisse liefern.[812] Um dies zu unterstreichen empfiehlt MAYRING die Verwendung von sechs auf die Besonderheiten der qualitativen Forschung angepassten Gütekriterien: (1) Verfahrensdokumentation, (2) Argumentative Interpretationsabsicherung, (3) Regelgeleitetheit, (4) Nähe zum Gegenstand, (5) Kommunikative Validierung und (6) Triangulation.[813] Auch LAMNEK verweist auf diese Kriterien und hinterfragt sie gleichzeitig kritisch.[814] Eine Beachtung dieser Regeln erscheint aber mehr als angezeigt, weshalb im Folgenden kurz auf ihre Erfüllung im Rahmen der vorliegenden Arbeit eingegangen werden soll. Beim letzten Kriterium, der Triangulation, wird ein sich ergänzender Mix von Daten bzw. auch Methoden postuliert. Diese Anforderung kann als erfüllt gelten, da die Forschungsfragen sowohl auf Ebene der Datensätze (Verwendung von zwei Studien) als auch innerhalb von Studie 2 mit verschiedenen Datenquellen beantwortet werden. Das fünfte Kriterium, die kommunikative Validierung, findet aus sachpraktischen Gründen nicht statt. Kriterium vier wurde in Kapitel 3 an verschiedensten Stellen berücksichtigt und kann als erfüllt betrachtet werden. Die Kriterien 3 (Regelgeleitetheit) und 2 (argumentative Interpretationsabsicherung) werden im Folgenden adressiert und die Verfahrensdokumentation, als erstes Kriterium, wurde in Kapitel 3 bereits ausführlich dargestellt.

---

810 Arbeitsgruppe Bielefelder Soziologen (1976), S. 43.

811 Vgl. Girtler (1992), S. 190.

812 Vgl. Lamnek (2005), S. 146.

813 Für eine ausführliche Darstellung und Diskussion der Gütekriterien vgl. Mayring (2002), S. 144ff.

814 Vgl. Lamnek (2005), S. 146ff.

Besonderes Augenmerk soll an dieser Stelle nochmals auf das Gütekriterium der Regelgeleitetheit gelegt werden. MAYRING versteht darunter: „*Auch qualitative Forschung muss sich an bestimmte Verfahrensregeln halten, systematisch ihr Material bearbeiten.*“[815] Während die Formulierung dieser Anforderung zwar ausschließlich auf qualitative Forschung fokussiert, ist sie für die quantitative Forschung bzw. für kombinierte Untersuchungen wie die vorliegende ebenfalls von großer Wichtigkeit. Daher wird in Abbildung 4-1 das Vorgehensmodell zur Auswertung der beiden Studien 1 und 2 dargestellt.

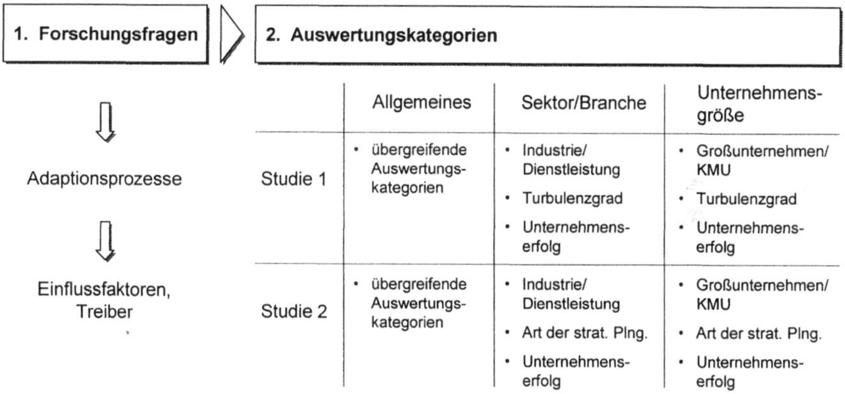

Abbildung 4-1: Vorgehensmodell zur Auswertung der empirischen Studien[816]

Durch die Unterteilung der Studien in ähnliche Schnittmengen werden Vergleiche verschiedener Größen und Daten möglich und Abhängigkeiten sichtbar gemacht. Auch wird das umfangreiche Datenmaterial auf Kernpunkte reduziert und damit übersichtlicher. Die primäre Teilung, die sich auch in der Unterkapitelgliederung widerspiegelt, erfolgt anhand der Forschungsfragen.[817] Im Weiteren erfolgt dann – abhängig von Umfang und Verfügbarkeit des Datenmaterials – eine ähnliche Segmentierung in verschiedene Auswertungskategorien. Die Kapitel 4.2 und 4.3 werden jeweils entlang der detaillierten Forschungsfragen nach allgemeinen, sektor- und branchenbezogenen sowie unternehmensgrößenabhängigen Auswertungen aufgebaut. Hierbei wird, sofern mög-

[815] Mayring (2002), S. 145f.

[816] Quelle: eigene Darstellung.

[817] Diese Vorgehensweise schlagen auch Eisenhardt und Graebner vor: „The best way [...] is to develop a theory in sections or by distinct propositions in such a way that each is supported by empirical evidence.” Eisenhardt/ Graebner (2007), S. 29.

lich, zunächst Studie 1 und anschließend Studie 2 gemäß der in Abbildung 4-1 angeführten Schnittebenen ausgewertet. Direkt daran anschließend erfolgt jeweils eine argumentative Interpretation der Ergebnisse (vgl. Gütekriterium 2). Dies ist erforderlich, um eine intersubjektive Nachvollziehbarkeit zu gewährleisten.

Trotz aller Vorgehensmodelle und Regeln verweist MAYRING darauf, dass bei der Auswertung empirischer Untersuchungen nicht sklavisch Vorgaben eingehalten werden müssen.[818] Vielmehr dient das vorgestellte Vorgehen der Erzielung wissenschaftlicher Erkenntnisse und lässt in begründeten Fällen auch Ausnahmen vom Muster zu.

4.2 Prozesse zur Adaption strategischer Planungssysteme

Die vorliegende Forschungsarbeit hat, wie in den Kapiteln 1.3 und 2.6 dargestellt, zwei Hauptforschungsfragen. Die erste dieser beiden Fragen fokussiert auf die Prozesse zur Adaption strategischer Planungssysteme an ihren spezifischen Kontext: Welche Prozesse bzw. Prozessparameter determinieren die Adaption strategischer Planungssysteme von Unternehmen (im turbulenten Umfeld)? Im Anschluss an die Darstellung der theoretischen Grundlagen wurde diese Frage detailliert und in vier Unterfragen aufgeteilt. Die nachfolgenden Unterkapitel sind dementsprechend der Beantwortung dieser Fragen gewidmet.

4.2.1 Initiierung der Adaption strategischer Planungssysteme

Die Forschungsfrage (1a) zielt auf Ursachen und Auslöser von Adaptionsprozessen und lautet: Wie und wann wird die Adaption strategischer Planungssysteme initiiert und was sind zentrale Auslöser?

Untersucht wird diese Fragestellung durch Betrachtung verschiedener Facetten: Wie regelmäßig findet eine Adaption statt, welche Klassen von Adaptionsauslösern innerhalb des Unternehmens können identifiziert werden und welche Rolle spielt die Veränderung von Umfeldanforderungen?

4.2.1.1 Wann adaptieren Unternehmen ihre strategischen Planungssysteme?

Bevor auf die Ausprägungen von Adaptionsprozessen eingegangen wird, gilt es zu klären, wann Veränderungen grundsätzlich angestoßen werden. Diese Frage betrifft zum einen die Anlässe oder Auslöser von Adaptionsprozessen. Ihr wird in Kapitel 4.2.1.2 nachgegangen. Zum anderen ist auch die Art des Intervalls, in

818 Vgl. Mayring (2002), S. 146.

dem eine Adaption begonnen wird, bedeutsam.[819] Dementsprechend ist die Frage nach dem „Wann“ der Adaption strategischer Planungssysteme direkt mit der Frage der (Un)Regelmäßigkeit von Adaptionsprozessen verknüpft.

Zur Beantwortung dieser Frage, wird zunächst mit Hilfe von Studie 1 untersucht, wie die Flexibilität von Management und strategischen Prozessen grundsätzlich gewährleistet oder verbessert werden kann. Hierfür werden drei Fragen herangezogen, die Auskunft über die Bedeutung einer regelmäßigen Überprüfung von Management-Vorgehensweisen, der regelmäßigen Anpassung (evtl. eingefahrener) organisatorischer Abläufe und der regelmäßigen, kritischen Überprüfung von Zielsetzungen gibt. Die regelmäßige Überprüfung eigener Management-Vorgehensweisen wird von 79,8% der befragten Unternehmen als sehr wichtig und wichtig angesehen.[820] Nahezu ebenso hoch wird die regelmäßige Anpassung (eingefahrener) organisatorischer Abläufe bewertet. 74,8% der Unternehmen sehen diese Maßnahme als (sehr) wichtig an.[821] Die dritte Frage, die sich mit regelmäßiger Prüfung der Adäquanz eingesetzter Systeme befasst, fokussiert auf gesteckte Ziele. Hier wird deutlich, dass eine stete Durchsicht als patentes Mittel zur Sicherstellung der Flexibilität von Management und strategischen Prozessen verstanden wird. Insgesamt sehen sogar 88,2% die regelmäßige kritische Kontrolle der Zielsetzung als (sehr) wichtig an.[822] Diese Ergebnisse zeigen deutlich, dass ein regelmäßiges Hinterfragen der Angemessenheit und Zweckmäßigkeit strategischer Prozesse und Planungssysteme als wertvolle und gleichzeitig notwendige Maßnahme verstanden wird.[823] Vor allem gewinnt diese Maßnahme mit zunehmender Umfeldturbulenz an Wichtigkeit.

Im Weiteren erlaubt Studie 1 die Untersuchung des Anpassungsverhaltens: Wie regelmäßig wird der Bedarf einer Veränderung strategischer Planungssysteme überprüft und wie regelmäßig erfolgt eine solche Adaption tatsächlich?[824]

---

819 Auf dieses Kriterium, Adaptionsprozesse zu klassifizieren, weist Nowak hin. Er unterscheidet fortlaufenden und episodischen Wandel. Vgl. Nowak (2006), S. 226.

820 Quelle: Studie 1 – Frage 2.4 (2); N = 177. Die getrennte Untersuchung von Unternehmen im turbulenten bzw. weniger turbulenten Umfeld zeigt mit jeweils ca. 80% dasselbe Ergebnis.

821 Quelle: Studie 1 – Frage 2.4 (5); N = 174. Diese Maßnahme wird von Unternehmen in turbulenten Umfeldern mit 79,4% um drei Prozent wichtiger bewertet.

822 Quelle: Studie 1 – Frage 2.4 (9); N = 176. Auch hier wird die regelmäßige Prüfung in Firmen mit turbulentem Umfeld (89,3%) um 4,6% wichtiger eingeschätzt als in Unternehmen mit weniger turbulentem Umfeld (85,7%).

823 Dieser Befund geht konform mit der Erkenntnis von Zahn und Foschiani (2003, S. Vff.). Sie fordern – insbesondere in turbulenten Umfeldern – ein kritisches Testen strategischer Vorgehensweisen.

824 Fragen nach strategischen Managementsystemen in Studie 1 werden entsprechend der Verteilung der Bedeutung einzelner Managementsysteme (vgl. Kapitel 1.2.2) interpretiert.

Bezogen auf alle befragten Unternehmen, geben mehr als die Hälfte (genau 51,2%) an, dass in regelmäßigen Abständen eine Prüfung der Veränderungsnotwendigkeit strategischer Planungssysteme stattfindet.[825] Eine genauere Analyse zeigt, dass die Aussagen von Dienstleistern und Industrieunternehmen dabei in etwa übereinstimmen; die von kleinen und mittleren sowie großen Unternehmen aber divergieren. So geben nur 44,0% der untersuchten KMU an, dass eine Prüfung regelmäßig erfolgt, während dies bei 59,3% der Großunternehmen der Fall ist.[826] Ebenfalls beachtenswert ist die Verteilung zwischen Unternehmen im turbulenten und weniger turbulenten Umfeld. Die Firmen, deren Kontext als turbulent zu bezeichnen ist, begutachten zu 61,3% den Veränderungsbedarf ihres Planungssystems regelmäßig. Im Gegensatz dazu geben bei den Unternehmen im weniger turbulenten Umfeld nur 35,7% an, dies zu tun.[827]

Zu teilweise ähnlichen Ergebnissen kommt HOPPE in ihrer Studie.[828] Nahezu zwei Drittel der von ihr befragten Firmen überprüfen regelmäßig ihr strategisches Planungssystem. Diese Zahl ist in älteren Studien, wie bspw. bei KREIKEBAUM und SUFFEL, mit nur knapp 25% deutlich geringer.[829] HOPPE vermutet daher eine steigende Tendenz hin zu regelmäßiger Überprüfung. Da in beiden Untersuchungen jeweils Großunternehmen untersucht wurden, kann diese Vermutung durch die vorliegenden Daten aus Studie 1 gestützt werden: 59,3% der Großunternehmen prüfen regelmäßig, ob strategische Planungssysteme verändert werden müssen.

Auf der einen Seite wird also deutlich, dass eine regelmäßige Überprüfung der Notwendigkeit der Adaption strategischer Planungssysteme – mehr oder weniger stark ausgeprägt – stattfindet. Auf der anderen Seite zeigt sich jedoch, dass die Prüfung allein nicht unbedingt zu regelmäßiger Adaption führt. Die Untersuchung der Häufigkeitsverteilung von Frage 2.2 (5) zeigt, dass 57,3% der Unternehmen, die regelmäßig den Veränderungsbedarf ihres SPS prüfen, nicht regelmäßig ihre Planungssysteme adaptieren. Lediglich für 19,1% dieser Firmen konnte eine regelmäßige und für 23,6% eine teilweise regelmäßige Weiterentwicklung festgestellt werden (vgl. Abbildung 4-2).[830] Die Untersuchung der

---

825 Quelle: Studie 1 – Frage 2.2 (1); N = 175.

826 Quelle: Studie 1 – Frage 2.2 (1); N = 175.

827 Quelle: Studie 1 – Frage 2.2 (1); N = 149.

828 Vgl. Hoppe (2004), S. 84.

829 Vgl. Kreikebaum/Suffel (1981), S. 109.

830 Hoppe geht hier noch einen Schritt weiter und analysiert die Korrelation von Häufigkeit der Überprüfung und Verbesserung des Planungsprozesses (bzw. Planungssystems). Ein signifikanter Zusammenhang ist jedoch nicht nachzuweisen. Vgl. Hoppe (2004), S. 84. Die Vermutung liegt nahe, dass die Ursache dafür die relativ geringe Häufigkeit einer regelmäßigen Adaption des Systems ist.

Regelmäßigkeit der Adaption in Abhängigkeit der Umfeldturbulenz ergibt keine nennenswerten Unterschiede: Bei den Unternehmen mit weniger turbulentem als auch bei denen mit eher turbulentem Umfeld war die Regelmäßigkeit der Adaption gleich verteilt.

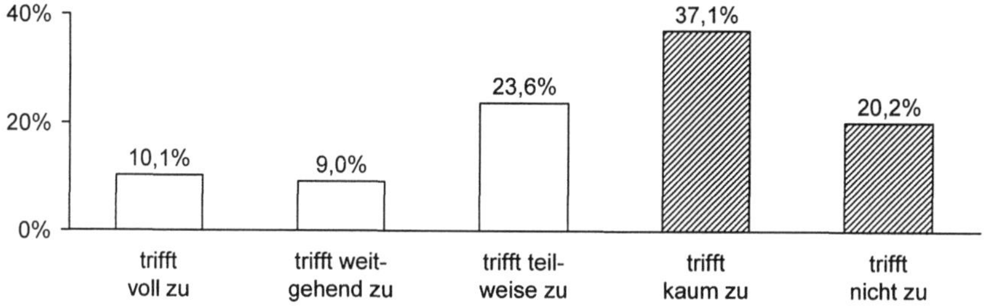

Abbildung 4-2: Regelmäßigkeit der Adaption strategischer Planungssysteme[831]

Werden im Weiteren die zeitlichen Besonderheiten des Beginns eines Adaptionsprozesses mit Studie 2 untersucht, so ergeben sich – ergänzend zu den vorstehenden Befunden hinsichtlich der „Regelmäßigkeit" – mehrere komplementäre Muster. Feststellbar sind insgesamt drei von einander verschiedene Ausprägungen:[832]

- kontinuierliche Adaption:
  Eine Person trägt als „Process-Owner" die Verantwortung für die kontinuierliche Verbesserung des strategischen Planungssystems.
- regelmäßige Adaption:
  In regelmäßigen Abständen, bspw. im Anschluss an einen Planungszyklus, werden in Gremiensitzungen Veränderungen des SPS diskutiert.
- sporadische Adaption:
  Entscheidende Ereignisse führen dazu, dass Veränderungen am SPS angestoßen werden.

Diese Muster werden teilweise in ähnlicher Form in der Literatur genannt. So sprechen bspw. ULRICH und GAGSCH in diesem Zusammenhang von konti-

[831] Quelle: Studie 1 – Frage 2.2 (5) gekreuzt mit Frage 2.2 (1); N = 89. Ursprüngliche Frage nach der „bedarfsweisen Adaption" wurde invertiert.

[832] Quelle: Studie 2 – K3.

nuierlichem und diskontinuierlichem Wandel.[833] Mit Abstand am häufigsten treten die Muster „regelmäßige Adaption“ und „sporadische Adaption“ auf, weshalb in den nachfolgenden Unterkapiteln ebenfalls von diesen beiden Varianten ausgegangen wird. Die „kontinuierliche Adaption“ scheint einen Spezialfall darzustellen, der im untersuchten Sample nur einmal vorkommt. Da die Besonderheit hier in der Art der organisatorischen Verankerung des Prozesses liegt, wird dieser Fall im Rahmen der Diskussion der Einflussfaktoren (Kapitel 4.3.1) später aufgegriffen.

4.2.1.2 Was sind die zentralen Auslöser der Adaption?

Die zweite Teilfrage bezieht sich auf die zentralen Auslöser bzw. Ursachen von Adaptionsprozessen.[834] Unterschieden werden kann grundsätzlich zwischen extern induziertem und intern induziertem Wandel. Eine klare Trennung ist allerdings kaum möglich, da interne Auslöser teilweise auf Veränderungen des Unternehmensumfelds zurückgeführt werden können und externe Auslöser aus Handlungen des Unternehmens resultieren können.[835]

Ausgangspunkt für die Beantwortung dieser Frage ist Inhaltskategorie K3 aus Studie 2. Erkennbar sind zwei grundsätzliche Muster, die sich als kalendergetrieben bzw. terminorientiert oder als ereignisgetrieben bezeichnen lassen (vgl. Tabelle 4-1).

kalendergetrieben bzw. terminorientiert	**ereignisgetrieben**
• regelmäßige Vorstandssitzungen	• entscheidende Ereignisse bzw. Veränderungen
• regelmäßige Gremiensitzungen und Gesprächsrunden	• Zukäufe, Verkäufe, Zusammenlegungen von Tochterunternehmen

Quellen: Studie 2 – K3: A.3, D.6

Tabelle 4-1: Grundlegende Muster von Adaptionsauslösern[836]

Das erste Muster meint beispielsweise regelmäßige Sitzungen des Führungsteams oder der für die strategische Planung verantwortlichen Mitarbeiter und steht im Gegensatz zum ereignisgetriebenen Muster, bei dem entscheidende

[833] Vgl. Ulrich (1994), S. 10 und Gagsch (2002), S. 43.

[834] Für eine grundsätzliche Darstellung der Auslöser von Wandel und Adaption vgl. bspw. Lehner (1996), S. 22f.

[835] Vgl. Kapitel 2.2.3, 2.2.4 und 2.2.5.

[836] Die Aussagen in Tabelle 4-1 sind von mehreren der befragten Unternehmen gemacht worden.

Veränderungen im Umfeld und/oder innerhalb des Unternehmens zu einer Adaption des strategischen Planungssystems führen. Erkennbar ist dabei ein Zusammenhang des jeweiligen Musters mit der Ausprägung des strategischen Planungssystems bzw. der Art der Strategieentstehung (geplant/ungeplant). Unternehmen mit eher formalisierter Ausprägung des SPS initiieren Adaptionsprozesse kalendergetrieben; Unternehmen mit eher ungeplanter bzw. emergenter Strategieentstehung adaptieren dahingegen vornehmlich ereignisgetrieben.[837]

Diese beiden grundsätzlichen Anlässe für eine Veränderung des strategischen Planungssystems lassen sich anhand des vorliegenden Datenmaterials weiter vertiefen und auf konkrete Auslöser hin untersuchen. In Verbindung mit der Analyse sektoraler Besonderheiten wird darauf nachfolgend eingegangen.

Bei der Analyse der Industrieunternehmen, die hauptsächlich ereignisgetrieben bzw. situativ ihre strategischen Planungssysteme adaptieren, konnte festgestellt werden, dass vornehmlich Ereignisse aus drei verschiedenen Kategorien Anlass zur Adaption geben: Ereignisse im Unternehmensumfeld, Ereignisse im Unternehmen sowie Prozess(un)zufriedenheit (vgl. Tabelle 4-2).

Ereignisklassen	**Auslöser**
• Ereignisse im Unternehmensumfeld	• dauerhafte Umfeldveränderungen • marktliche Disruptionen großen Ausmaßes („Supergau") • entsprechender Input von Stakeholdern
• Ereignisse im Unternehmen	• Wechsel der Führungsebene (bspw. anderer Vorstand) • Erreichen der kritischen Wachstumsschwelle • Vorstandsentscheidung nach Umfeldveränderungen
• Prozess(un)zufriedenheit	• strategischer Planungsprozess an sich läuft ineffizient – zu hoher Zeitbedarf – zu hoher Kapazitätsbedarf – zu hohe Komplexität • Output des Prozesses ist nicht zufrieden stellend

Quellen: Studie 2 – K3: A.3, D.6

Tabelle 4-2: Auslöser einer ereignisgetriebenen Adaption bei Industrieunternehmen

Die Industrieunternehmen, die regelmäßig geplant den Adaptionsprozess anstoßen, nennen drei zentrale Anlässe:[838]

[837] Quellen: Studie 2 – Fragen 1.7, A.3, D.6.

[838] Quellen: Studie 2 – K3: A.3, D.6.

- Die offizielle regelmäßige Durchführung (meist jährlich bzw. nach Abschluss der Planungsrunde) einer Standardkontrolle bzw. Evaluierung des strategischen Planungssystems bzw. -prozesses,
- eine eher inoffizielle (institutionalisierte) Manöverkritik des strategischen Planungssystems durch die Beteiligten (ebenfalls am Ende der Planungsrunde) sowie
- ständige Arbeitskreise zur Verbesserung des Planungsprozesses (ca. alle vier Wochen).

Die Situation in Dienstleistungsunternehmen ist teilweise vergleichbar. So kann festgestellt werden, dass die Dienstleistungsunternehmen, die hauptsächlich ereignisgetrieben bzw. situativ ihre strategischen Planungssysteme adaptieren, ebenfalls allgemeine Ereignisse innerhalb und außerhalb des Unternehmens als Auslöser angegeben. Die Kategorie „Prozess(un)zufriedenheit" wird allerdings nicht genannt (vgl. Tabelle 4-3).

Ereignisklassen	Auslöser
• Ereignisse im Unternehmensumfeld	• einschneidende Veränderungen im Unternehmensumfeld • Negative Rückmeldungen von Markt und Kunden
• Ereignisse im Unternehmen	• sich ändernde Geschäftsbedingungen (z. B. Preise, „eTrends", Ergebnisveränderungen, finanzielle Engpässe) • neue Projekte oder Opportunitäten • Wachstum des Unternehmens

Quellen: Studie 2 – K3: A.3, D.6

Tabelle 4-3: Auslöser einer ereignisgetriebenen Adaption bei Dienstleistungsunter nehmen

Trotz des beschriebenen ähnlichen Antwortverhaltens ist jedoch bemerkenswert, dass im untersuchten Sample keines der Dienstleistungsunternehmen den Adaptionsprozess regelmäßig geplant anstößt.[839] Die Vermutung liegt nahe, dass diese Besonderheit nicht zuletzt aus der Tatsache resultiert, dass die untersuchten Dienstleistungsunternehmen keine strukturierten, geplanten Strategie(entstehungs)prozesse haben, sondern überwiegend ungeplant bzw. emergent „planen".

Wenn der Datensatz entlang der Unternehmensgrößendimension geschnitten

[839] Quellen: Studie 2 – K3: A.3, D.6.

wird, ergeben sich weitere Erkenntnisse. So zeigt sich, dass keines der KMU den Adaptionsprozess regelmäßig geplant anstößt.[840] Dieser Umstand ist analog zur oben beschriebenen Beobachtung bei Dienstleistungsunternehmen wenig verwunderlich, da die betrachteten Unternehmen mit abnehmender Größe weniger formal ausgeprägte Planungssysteme und -prozesse haben.[841] Also werden als konkrete Auslöser sowohl Ereignisse im Unternehmensumfeld als auch aus dem Inneren der Unternehmen genannt. Die untersuchten Großunternehmen zeigen im Großen und Ganzen die Charakteristika, die auch schon bei den Industrieunternehmen festzustellen waren. Auf der einen Seite sind beide Muster von Adaptionsauslösern erkennbar und auf der anderen Seite sind alle drei Ereignisklassen – wie in Tabelle 4-2 dargestellt – vorhanden.

Der Frage nach den Auslösern und Gründen geht auch HOPPE nach.[842] Sie untersucht verschiedene Kontextfaktoren, die Einfluss auf die Gestaltung des strategischen Planungsprozesses nehmen. Als beeinflussende Faktoren für Veränderungen in den vergangenen fünf Jahren nennen die befragten Firmen am häufigsten Organisationsveränderungen. Diese haben bei fast zwei Dritteln der befragten Firmen Einfluss auf die Gestaltung des strategischen Planungssystems. An zweiter und dritter Stelle stehen Änderungen im Wettbewerb (54%) und Strategiewechsel (46%). Personelle Veränderungen spielen in der Untersuchung bei gut einem Drittel der Firmen eine Rolle. Dieses Ergebnis steht in deutlichem Kontrast zu den Resultaten einer Studie von KREIKEBAUM.[843] So spielten gemäß dieser Untersuchung organisationale Veränderungen – im Gegensatz zu personellen Veränderungen – vor gut 20 Jahren meist noch keine zentrale Rolle. Eine mögliche Erklärung dafür besteht darin, dass die strategische Planung heute wesentlich stärker als damals in die Organisationsstrukturen und -prozesse eingebunden ist und somit im Zuge von Organisationsveränderungen häufig angepasst wird.

4.2.1.3 Die Veränderung von Umfeldanforderungen als Auslöser von Adaptionsprozessen

Häufig wird in der Literatur die Veränderung von Umfeldfaktoren als große Herausforderungen für die Unternehmensführung angeführt: „*If there is any consensus on the nature of the management challenge today, it is that business environments are more dynamic, competitive, and unpredictable than ever before and businesses have to be more flexible, organic, and innovative in how*

[840] Quellen: Studie 2 – K3: A.3, D.6.

[841] Vgl. Kapitel 3.3.3.1.

[842] Vgl. Hoppe (2004), S. 72f.

[843] Vgl. Kreikebaum (1982).

they structure themselves. Different environmental characteristics and different organizational forms require new and different ways of defining business strategy. New concepts of strategy will inevitably require or be created by new and different processes.“[844]

Aus diesen Veränderungen resultieren wiederum verschiedene Anforderungen an die Unternehmensführung sowie die implementierten strategischen Planungssysteme.[845] Genannt werden häufig: Schnelligkeit, Transparenz, Spontaneität, Sicherheitsdenken, Flexibilität, Kooperationsbereitschaft, Kundenorientierung, Erfolgsorientierung, Veränderungsbereitschaft, Vorhalten von Alternativen, Schlankheit der Strukturen und strategisches (ganzheitliches) Denken.[846] Die Bedeutung dieser Anforderungen bzw. ihre Berücksichtigung im Rahmen der Strategiearbeit wurde in Studie 1 geprüft. Alle Items wurden in Frage 3.3 bewusst nach ihrer Umsetzung erhoben.[847] Für die Messung kam eine fünfstufige Likert-Skala zur Anwendung, die alle zwölf Anforderungen abfragte.[848] Abbildung 4-3 gibt die aggregierten Ergebnisse wieder.[849] Auffällig ist, dass zwei der in der einschlägigen Literatur genannten Anforderungen (Spontaneität und Sicherheitsdenken) in der Unternehmenspraxis offensichtlich kaum eine Rolle spielen.

---

844 Camillus (1996), S. 6.

845 Diese Anforderungen können auch als Fähigkeiten zur Problembewältigung und -handhabung bzw. als umfeldbezogene Zielgrößen verstanden werden.

846 Vgl. dazu Kapitel 2.2.5 sowie die Ausführungen von Nowak (2006), S. 313f., Macharzina (2003), S. 586f., Buchner (2002), S. 16ff., Zahn/Foschiani (2000), S. 92f., Wimmer (2000), S. 171, Zahn/Foschiani (2001), S. 413f., Lombriser/Abplanalp (1998), S. 1, Walter (1997), S. 28, Bihl u. a. (1997), S. 170, Perich (1993), S. 310ff.

847 Umfeldanforderungen bedingen bestimmte Denkhaltungen, Aktionen und nicht zuletzt konkrete Zielsetzungen beim Management und im Führungssystem von Unternehmen. Aus diesem Grund wird die Fragestellung aus Studie 1 – Frage 3.3 entsprechend interpretiert.

848 Ankreuzbar waren die Felder „bedeutungslos“, „unwichtig“, „mittel“, „wichtig“ und „sehr wichtig“.

849 Die Nennungen für die ersten drei Bewertungsoptionen wurden mit „weniger wichtig“ zusammengefasst. Die Bewertungen „wichtig“ und „sehr wichtig“ wurden mit „(sehr) wichtig“ zusammengefasst. 100% entsprechen der Gesamtzahl an Nennungen je Anforderung. Diese Zuordnung erfolgt basierend auf der Überlegung, dass die mit mittlerer Wichtigkeit bezeichneten Anforderungen – psychologisch betrachtet – keine nachhaltigen Denkanstöße für die Umsetzung geben bzw. nicht handlungsleitend sind (Diese Anforderungen sind zwar wichtig, aber nicht „so“ wichtig). Davon ist nur bei einer Wertung von wichtig oder sehr wichtig auszugehen. Statistisch betrachtet, muss also das so leicht verschobene Antwortverhalten durch eine Zuordnung der Neutralkategorie zum Bereich „weniger wichtig“ korrigiert werden.

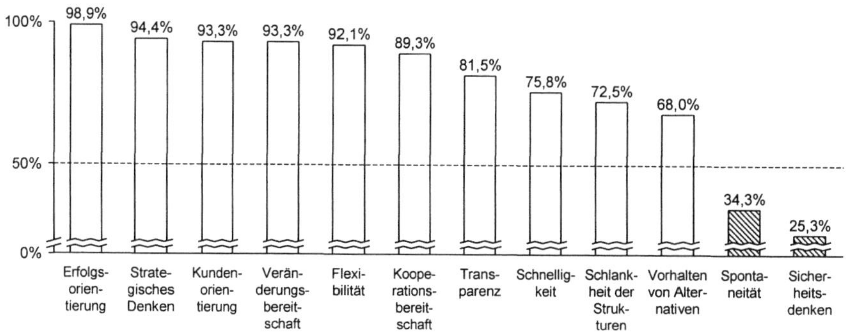

Abbildung 4-3: Bedeutung von Umfeldanforderungen[850]

Wie aus Abbildung 4-3 hervorgeht, haben die angeführten Anforderungen des Umfelds insgesamt eine recht hohe Bedeutung für strategische Planungssysteme bzw. die Unternehmensführung.[851] Ob die Erfüllung dieser Anforderungen aber auch eine höhere Intensität der Adaption strategischer Planungssysteme erklärt, muss im Weiteren näher untersucht werden.

Für die Untersuchung des Zusammenhangs zwischen Anforderungen und Adaptionsintensität wird eine bivariate Korrelationsanalyse durchgeführt. Hierbei wird der Zusammenhang zwischen beiden Variablen, genauer die Abhängigkeit der Adaptionsintensität von der jeweiligen Ausprägung der Bedeutung der einzelnen Anforderung, gemessen.

Die Auswertung dieser Analyse führt jedoch hälftig zu nicht signifikanten Ergebnissen. Betroffen davon sind die Variablen Spontaneität, Sicherheitsdenken, Flexibilität, Kundenorientierung, Vorhalten von Alternativen und Schlankheit der Strukturen. Für diese Größen stellen die ermittelten Korrelationen keine auf die Grundgesamtheit verallgemeinerbaren Ergebnisse dar. Sie sind als solche anhand von Studie 1 nicht interpretierbar.

Die andere Hälfte der Ergebnisse weist zulässige Irrtumswahrscheinlichkeiten von 7% und kleiner auf. In diesen Fällen ist zwischen dem Konstrukt

---

850 Quelle: Studie 1 – Frage 3.3. 100% entsprechen jeweils N = 178 Nennungen. Die auf 100% Fehlenden sind die Nennungen „weniger wichtig". Bei Strategisches Denken und Transparenz machen zusätzlich jeweils 0,56% keine Angabe; bei Schlankheit der Strukturen 1,12% keine Angabe.

851 Die Analyse der Anforderungen getrennt nach turbulentem und weniger turbulentem Umfeld ergibt ein ähnliches Ergebnis. Die Reihenfolge der Anforderungen ist (bei Sortierung nach turbulentem Umfeld) dieselbe und die Unterschiede zwischen weniger turbulentem und turbulentem Umfeld schwanken um maximal 10 Prozent. Quelle: Studie 1 – Frage 3.3 gekreuzt mit Kontrukt Turbulenz; N = 149.

Adaptionsintensität und den meisten Anforderungen jedoch kein ausreichend hoher Zusammenhang feststellbar. Die Werte liegen sämtlich unterhalb von R = 0,169. Lediglich bei den beiden Anforderungen, die auch schon bei der Untersuchung der Bedeutung höchste Werte ausweisen, ist ein Zusammenhang nachweisbar: „Strategisches Denken" mit R = 0,228 und „Erfolgsorientierung" mit R = 0,210.[852]

Hauptgrund für die niedrigen Signifikanzniveaus und somit auch die Schwierigkeit des Erkennens von Zusammenhängen ist die zu geringe Fallzahl des Samples. Eine Möglichkeit, dieses Problem zu lösen, bzw. besser interpretierbare Ergebnisse zu erhalten, wäre also eine größere Datenbasis.

Nachdem die Analyse der Korrelation von Kontextanforderungen und Adaptionsintensität kein zufrieden stellendes Ergebniss ergeben hat, also unklar ist, ob die Intensität der Adaption maßgeblich von der Ausprägung der Anforderungen beeinflusst wird, wird nachfolgend mittels einer qualitativen Datenanalyse der Zusammenhang aus etwas anderer Perspektive untersucht.

In zwei Fragen wurden die Unternehmen aus Studie 2 hinsichtlich der Problem- und Knackpunkte ihrer strategischen Planung bzw. der Eignung ihrer bestehenden Strategieprozesse befragt und Herausforderungen des Umfelds für die strategischen Planungssysteme ermittelt.[853] Nachfolgende Abbildung 4-4 zeigt auf der linken Seite die Ansammlung gemachter Aussagen der Unternehmen. Diese Aussagen werden interpretiert, verdichtet und in ähnliche Anforderungen wie in Studie 1 überführt (siehe rechte Seite). Im Vordergrund steht dabei neben der Exploration und Sammlung verschiedener Anforderungen auch deren Beurteilung hinsichtlich ihrer Funktion als Auslöser von Adaptionsprozessen. Eine Unterteilung in die in Kapitel 3.3.3.1 angeführten allgemeinen Auswertungskategorien wird nicht vorgenommen, da an dieser Stelle insbesondere die grundsätzliche bzw. übergreifende Bedeutung der Aussagen von Interesse ist.

---

[852] Werte für Pearsons R als Zusammenhangsmaß bei Signifikanzniveaus von 99,7% (Strategisches Denken) und 99,4% (Erfolgsorientierung).

[853] Quellen: Studie 2 – K1: 4.1, 4.3.

Quellen: Studie 2 – K1: 4.1, 4.3

Abbildung 4-4: Ableitung von Anforderungen an SPS aus Studie 2

Bei ausschließlicher Betrachtung der Zahl der Nennungen heben sich besonders die Anforderungen „Veränderungsbereitschaft“, „Flexibilität“, „Transparenz“, „Schnelligkeit“ und „Schlankheit der Strukturen“ hervor. Insgesamt zeigt sich aber, dass bei den befragten Unternehmen nicht nur die Bedeutung der Anforderungen erkannt wird, sondern dass teilweise auch ein Bewusstsein für eine dadurch bedingte Adaption strategischer Planungssysteme vorhanden ist. Klar wird dies bspw. durch Aussagen wie *„hier müssten weitere organisatorische Schritte unternommen werden“* oder die Artikulation von konkreten Veränderungsvorschlägen: *„schnelle und präzise Berichterstattung mit Maßnahmenplänen ist erforderlich“.*[854]

Grundsätzlich zeigt die Unternehmenspraxis also, dass Zusammenhänge zwischen Umfeldanforderungen und der Adaption strategischer Planungssysteme bestehen. Da beide Studien jedoch nicht zu klaren Ergebnissen kommen, ist eine weitere Erforschung dieser Zusammenhänge erforderlich. Eine quantitative Untersuchung mit hohen Fallzahlen wäre dafür die geeignete Methode.

4.2.2 Typen von Adaptionsprozessen

Des Weiteren interessiert, ob der Prozess eher formalisiert und sorgfältig gegliedert oder vielmehr situationsabhängig flexibel ausgestaltet ist. Forschungsfrage (1b) formuliert dies folgendermaßen: Welche Typen von Adaptionsprozessen strategischer Planungssysteme gibt es und wie können diese hinsichtlich ihres Ablaufs charakterisiert und erklärt werden?

Die nachfolgenden beiden Abschnitte diskutieren, welche Varianten und Ausprägungen in Unternehmen vorzufinden sind.

4.2.2.1 Adaptionsprozess als formalisierter Veränderungsprozess

Der Adaptionsprozess kann – wie im vorangegangenen Kapitel dargestellt – als sorgfältig gegliederter bzw. formalisierter Veränderungsprozess verstanden werden. Wie sich diese generelle Möglichkeit der Prozessgestaltung in der Unternehmensrealität darstellt, wird im Rahmen von Studie 1 mit verschiedenen Fragen untersucht.

Grundsätzlich stellt sich die Frage, inwiefern in Unternehmen fest vorgegebene Regeln und Routinen vorhanden sind,[855] die Einfluss auf die Arbeit von Planungsträgern (als Element strategischer Planungssysteme) haben. Die Häufigkeitsauswertung der entsprechenden Frage in Studie 1 zeigt annähernd eine Normalverteilung mit einem Mittelwert von 3,045 und einer Varianz von 0,816.[856] Dies bedeutet, dass in etwa gleichverteilt fest vorgegebene Regeln und Routinen vorhanden bzw. nicht vorhanden sind. Ebenso sind die Werte für Dienstleister bzw. produzierende Unternehmen sowie KMU bzw. Großunternehmen jeweils ähnlich. Zu beachten ist jedoch, dass sich Abweichungen bei Berücksichtigung unterschiedlich hoher Umfeldturbulenz ergeben. So nimmt das Vorhandensein fest vorgegebener Regeln bei Unternehmen im turbulenten

---

[854] Quellen: Studie 2 – K1: 4.3.

[855] Zum Konzept der Steuerung durch Regeln vgl. Burr (1998).

[856] Quelle: Studie 1 – Frage 3.1 (5); N = 177.

Umfeld einen deutlich höheren Stellenwert ein: 34,8% der Befragten bezeichnen den Einfluss als sehr hoch und hoch (im Gegensatz zu 26,8% der Unternehmen im weniger turbulenten Umfeld).[857]

Offen bleibt aber, welcher Art dieser Einfluss auf die Arbeit der Planungsträger ist. Anzunehmen ist, dass starre Strukturen bei Unternehmen in turbulenten Umfeldern eine eher hemmende Wirkung entfalten. Diese Vermutung geht konform mit Beobachtungen in Studie 2. Bei Unternehmen im turbulenten Umfeld sind hier größtenteils relativ flexible Strukturen in Strategie- und Adaptionsprozessen zu beobachten.

Um diese Erkenntnis weiter zu beleuchten, wird geprüft, inwiefern bestimmte Tätigkeiten, wie die Überwachung von Prozessen, die Veränderung bestehender Strukturen und Prozesse oder die Generierung neuer Ideen, nach fest vorgegebenen Routinen ausgeführt werden.

Zunächst wird untersucht, auf welche Art und Weise die Überwachung von Prozessen im Allgemeinen abläuft. Das Ergebnis zeigt hier eine eindeutige Verteilung (zwei Drittel zu einem Drittel) zugunsten fest vorgegebener Routinen.[858] Wird dieser Befund auf die Überwachung spezifischer Prozesse – wie die strategische Planung – übertragen, so kann vermutet werden, dass zwei Drittel der befragten Unternehmen konkrete Regeln auch hinsichtlich der kontinuierlichen Prüfung bzw. Überwachung des strategischen Planungssystems haben.

Die zweite Frage untersucht, wie daran anschließend Veränderungen an bestehenden Strukturen und Prozessen vorgenommen werden. Die Häufigkeitsauswertung der Antworten auf diese Frage zeigt, dass – ganz im Gegenteil zur Verteilung bei der Frage nach der Prozessüberwachung – klare Veränderungsregeln deutlich seltener sind als flexible Anpassungsstrategien: Eine fest vorgegebene Routine zur Veränderung zu befolgen, geben lediglich 20,2% der befragten Unternehmen an.[859] Die getrennte Analyse von Industrie- und Dienstleistungssektor, von verschiedenen Unternehmensgrößen sowie unterschiedlich turbulenten Umfeldern zeigt jeweils ähnliche Verteilungen. Dieses deutliche Votum lässt vermuten, dass Adaptionsprozesse zum größten Teil ad hoc ablaufen und eine starke situative Prägung haben.

Wird im Weiteren untersucht, wie eine damit verbundene Generierung von Ideen (bspw. Prozessinnovationen oder Veränderungen am SPS) aussieht, ergibt sich ein stimmiges Gesamtbild. 87,4% der befragten Unternehmen geben an,

---

857 Quelle: Studie 1 – Frage 3.1 (5) gekreuzt mit Konstrukt Umfeldturbulenz; N = 136.

858 Quelle: Studie 1 – Frage 3.5 (6); N = 173.

859 Quelle: Studie 1 – Frage 3.5 (3); N = 173.

Ideen unabhängig von vorgegebenen Routinen zu entwickeln, also bedarfs- und lösungsorientiert.[860] Dieses Ergebnis korrespondiert mit der Erkenntnis, dass die Adaption strategischer Planungssysteme größtenteils nicht regelmäßig erfolgt.[861] Viele Unternehmen haben also für nicht regelmäßig stattfindende Prozesse auch keine definierten Routinen, sondern orientieren sich an den Erfordernissen der jeweiligen Situation.

Dass es durchaus auch anders abläuft, zeigt HOPPE mit dem Beispiel einer der von ihr untersuchten Firmen.[862] Als Reaktion auf gewandelte Kapitalmarktanforderungen forderte die neue Führungsriege des betrachteten Unternehmens Änderungen am SPS ein. Daraus resultierte – ganz im Gegensatz zu den in der vorliegenden Arbeit untersuchten Fällen – initial eine als revolutionär beschreibbare Veränderung.[863] In der Folge wurden dann jedoch inkrementale Anpassungsmechanismen eingeführt. HOPPE beschreibt dabei die Institutionalisierung eines Adaptionsprozesses des SPS folgendermaßen: „*Zudem findet jedes Jahr nach der Planungsrunde ein strukturiertes „Debriefing“ statt. Mit Hilfe eines rund 50 Fragen umfassenden Fragebogens wird die Meinung der Planungsverantwortlichen eingeholt. Außerdem führt SGS* [Anm. des Verf.: SGS bezeichnet die Stabsfunktion Strategy and Group Steering] *Gespräche mit den CEOs und eine große Interviewrunde durch. Als weiterer Bestandteil des standardisierten Veränderungsprozesses sollen die inkrementalen Verbesserungen anschließend immer nach demselben Muster ablaufen: Nach Clustering, Aufarbeitung und Analyse der Vorschläge erarbeitet SGS ein Grobkonzept, das an alle Konzernleitungen verschickt, mit deren Feedback angepasst und in mehreren Schleifen optimiert wird. SGS stimmt dann die Hauptstoßrichtungen der Verbesserungen mit den Gesellschaftsleitungen ab und zerlegt sie in »Workstreams«. Da der Prozess an dieser Stelle nicht mehr »basisdemokratisch, sondern relativ top-down ist, wird auf Vorschläge, die die ‚alte Welt' vorschlagen, nicht mehr im Detail eingegangen« [..]. Man bemüht sich stattdessen, solchen Kritikern die neue Governance, Rahmenbedingungen und notwendige Veränderungen erneut verständlich zu machen. Die Umsetzung erfolgt gemäß der Resultatorientierung dann meist in Kurzprojekten.*“[864]

Dieses Beispiel zeigt eindrucksvoll, wie ein Adaptionsprozess institutionalisiert ablaufen kann und dass dies eine in der Praxis angewandte Adaptionsform ist.

---

860 Quelle: Studie 1 – Frage 3.5 (5); N = 174.

861 Vgl. Kapitel 4.2.1.1.

862 Vgl. Hoppe (2004), S. 112ff. mit dem Beispiel der Firma Swisscom.

863 Diese Veränderungen waren nicht zuletzt auch Folge der Privatisierung der schweizerischen Telekom PTT in die heutige Swisscom.

864 Hoppe (2004), S. 198.

4.2.2.2 Adaptionsprozess als situationsabhängig ausgeprägter Veränderungsprozess

Adaptionsprozesse laufen andererseits nicht nur formalisiert ab. Dies belegen verschiedene Aussagen der befragten Unternehmen in Studie 2:[865]

- *„Der Prozess zur Anpassung unserer strategischen Planung ist nicht formalisiert.“*
- *„Der Prozess ist lern- und veränderungsfähig, allerdings wird nicht konkret nach Effizienzverbesserungen gesucht.“*
- *„Die Veränderungsresistenz des Unternehmens und seiner Mitarbeiter erlaubt keinen formalen Prozess. Vielmehr ist ein Change Management inklusive aller Überzeugungsarbeit erforderlich.“*

Aus diesem Grund wird im nächsten Schritt untersucht, inwiefern Adaptionsprozesse auch ungeplant bzw. situationsabhängig ausgeprägt ablaufen können und was dabei charakteristisch ist.

Zunächst muss geklärt werden, was „situationsabhängig ausgeprägt“ bedeutet. Ausgangspunkt jedes Adaptionsvorgangs sind Veränderungsbedarfe und spezifische Auslöser – wie in Kapitel 4.2.1.2 beschrieben. Charakteristisch für diesen Adaptionsprozesstyp ist nun, dass er abhängig vom Veränderungsbedarf jeweils neu geprägt wird. Das heißt, dass einzelne Prozessschritte und deren Abfolge nicht mehr normativ vorgegeben sind, sondern in Abhängigkeit der Situation neu arrangiert und ausgestaltet werden. Bestünde der Prozess bspw. aus mehreren Schritten, wäre nach Absolvierung eines jeden Prozessschrittes eine neue Entscheidung über den weiteren Verlauf der Adaption erforderlich.[866]

Basierend auf den Befunden von Studie 2 können im Weiteren zwei von einander verschiedene Varianten situationsabhängig ausgeprägter Veränderungsprozesse identifiziert werden: Zum einen ist dies die Adaption durch konkrete Anpassungsmaßnahmen, zum anderen die Adaption durch Projekte (vgl. Tabelle 4-4).

---

[865] Quellen: Studie 2 – Fragen E.11, 4.3.

[866] Im Kontrast dazu hat ein formalisierter Adaptionsprozess einen fest vorgegebenen Verlauf, also bestimmte aufeinander folgende Prozessschritte. Vgl. Kapitel 4.2.2.1.

Varianten	Aussagen der befragten Unternehmen
Adaption durch konkrete Anpassungsmaßnahmen	• *„Wir verfolgen ein ausgeprägtes reaktives, situatives Vorgehen."* • *„Trotz eines relativ stabilen Planungsvorgehens lebt der Strategieprozess und wandelt sich stetig."* • *„Unser Vorgehen kann charakterisiert werden durch 70% Regelung und 30% Uniqueness. Dies ist so von der momentanen Situation des Unternehmens abhängig."*
Adaption durch Projekte	• *„Der formalisierte Strategieprozess ist stabil, wird aber auch des Öfteren modifiziert und neuen Gegebenheiten angepasst. Eine Anpassung dieses Prozesses erfolgt dann durch Projekte."*

Quelle: Studie 2 – Frage E.1

Tabelle 4-4: Varianten der situationsabhängig ausgeprägten Adaption

Die erste Variante beschreibt die Adaption durch konkrete Anpassungsmaßnahmen. Je nach Situation und konkretem Änderungsbedarf wird der Prozess an den entsprechenden Stellen verändert. Solche Stellen können bspw. Anpassung des Prozessablaufs oder auch Änderung in Entscheidungsstrukturen sein. Unabhängig von der tatsächlichen Ausprägung ist für diese Variante der Adaption die Umsetzung einzelner Anpassungsmaßnahmen charakteristisch.

Eine zweite, teilweise komplementäre Variante, ist die Adaption durch Projekte. In diesem Fall wird zur Adressierung des Änderungsbedarfs ein Projekt mit definierter, meist kurzer Laufzeit und interdisziplinärem Team aufgesetzt und abgearbeitet. Je nach Verlaufsform werden im Rahmen des Projekts weitere Entscheidungen über konkrete Maßnahmen getroffen. Wie die am Ende dieses Abschnitts dargestellten Beispiele von HOPPE zeigen, gehen projektorientierte Anpassungen meist in die erste Variante über oder damit einher.

Voraus geht beiden in Tabelle 4-4 dargestellten Varianten aber die Analyse konkreter Anpassungsbedarfe. Indizien und konkrete Aussagen hinsichtlich einer situationsabhängigen Notwendigkeit der Adaption des SPS werden von den Unternehmen in Studie 2 genannt (vgl. Tabelle 4-5).

Anpassungsgründe	Aussagen der befragten Unternehmen
mangelnde Eignung bestehender Prozesse	• Prozess ist geeignet! Aber: Schnittstellenprobleme • Der Prozess könnte verbessert, d. h. sinnvoller an die Branche angepasst werden
Untererfüllung der Erwartungen an das SPS	• *„Erwartungen der Integration von Wollen, Wissen und Tun werden momentan erfüllt, allerdings gibt es immer Verbesserungsmöglichkeiten"* • *„Die Erwartungen an die Strategische Planung werden noch nicht ganz erfüllt, aber dies liegt zum Großteil auch daran, dass diese Art des Strategischen Vorgehens erst seit drei Jahren umgesetzt wird. Seitdem sind sehr große Veränderungen bzw. Verbesserungen festzustellen und die bestehenden Verbesserungspotenziale werden auch konsequent ausgenützt."*
Problempunkte des SPS	• Effizienzmangel; Schnittstellenprobleme; kulturelle Integration ist schwierig; Problem der vielen Akquisitionen und des schnellen Wachstums

Quelle: Studie 2 – K1: 4.1, 4.2, 4.3

Tabelle 4-5: Gründe für eine situationsabhängig ausgeprägte Adaption

Zu teilweise ähnlichen Erkenntnissen kommt auch HOPPE in ihrer qualitativen Untersuchung verschiedener Unternehmen. Besonderheit dieser Fälle ist, dass Disruptionen in Umfeld und Unternehmen zu teilweise umbruchartigen Veränderungen in Struktur und Prozessen führten.[867] Sie analysiert daher, wie sich die strategischen Planungssysteme insgesamt entwickelt haben und in diesen Umbruchsituationen verändert wurden. Wie bereits im vorangehenden Abschnitt erwähnt, zeigen ihre Erkenntnisse, wie Transformationsprozesse aufgrund situationsspezifischer Auslöser verlaufen. Sie stellt im ersten und zweiten Fall eine Mischform der situationsabhängig ausgeprägten Adaption aus konkreten Anpassungsmaßnahmen und Projekten vor. Der dritte Fall beschreibt ein rein projektbasiertes Vorgehen.

Im ersten der von ihr beschriebenen Fälle wurde im Anschluss an eine Fusion mit einem anderen Unternehmen ein dreimonatiges Projekt für das Redesign des strategischen Planungssystems durchgeführt. Nach Umsetzung der geplanten Änderungen am System wurde auch ein Prozessbestandteil zur kontinuierlichen Verbesserung des SPS eingerichtet: *„Initiiert durch den für den strategischen Planungsprozess Verantwortlichen kamen im „Review-Meeting" alle Mitarbeiter von „Strategy and Planning" für einen Tag in einem Hotel zusammen;*

---

867 Dies steht im Kontrast zu den in der vorliegenden Arbeit untersuchten Fällen. Vgl. dazu auch die Ausführungen in Kapitel 4.2.2.1.

aus den Divisionen oder BUs [Anm. des Verf: BUs bezeichnen Busines Units] *waren keine Vertreter eingeladen. Vorbereitet und ohne vorherige Abstimmung war jeder der zentralen Divisionalstrategen aufgefordert, in einem Brainstorming offen über eigene Erfahrungen und das Feedback der BUs bezüglich Inhalt und Ablauf des Planungsprozesses zu berichten. Mit diesem Feedback und Anregungen aus dem Vorstand erarbeitete der Verantwortliche einen verbesserten Prozessvorschlag, der Vorstand und Abteilung erneut vorgestellt und einer zweiten Prüfungsschleife unterzogen wurde. Die endgültigen Anpassungen wurden den wichtigen an der strategischen Planung der BUs Beteiligten im zweistündigen Kickoff der nächsten Planungsrunde erläutert.*"[868]

Ein zweiter Fall beschreibt die Loslösung eines großen Konzernteils mit Börsengang und anschließender Selbstständigkeit.[869] Charakteristisch waren hier Personalneubesetzungen und die turbulente Marktsituation. So kamen der Impuls für die Adaption des SPS sowie Vorschläge zur Umgestaltung von der Unternehmensleitung und wurden von einem Prozessverantwortlichen koordiniert und umgesetzt. Ergänzend resultierten weitere Anpassungsvorschläge aus dem direkten Feedback der Anwender und aus Fragebögen, die an rund 30 Anwender verschickt wurden. Die Definition und Umsetzung der Veränderungen wurde mit dem Vorstand stets eng abgestimmt. Das neue Design des SPS wird von HOPPE als „Greenfield-Approach" mit der Frage „Wie wollen wir planen?" bezeichnet. Der Prozessentwurf wurde pilotiert und anschließend auf alle Einheiten ausgedehnt. Durch Marktereignisse getrieben, folgte kurze Zeit später eine nochmalige Überarbeitung und Verschlankung des Prozesses. In zeitlich begrenzten Kleinprojekten wurden noch Einzelheiten verändert und ein Feinschliff vorgenommen.

Verursacht durch marktliche Disruptionen wurde im dritten Unternehmen die Planungsorganisation verändert und in Folge dessen ein Projekt zur Anpassung des strategischen Planungsprozesses aufgesetzt. Aufbauend auf dem Fundament des bisherigen SPS wurden verschiedene Anpassungen und Veränderungen vollzogen. Den Ablauf des Adaptionsprozesses beschreibt HOPPE folgendermaßen: „*In der Phase der Erarbeitung, die das Team relativ autonom durchführte, erfolgte die Abstimmung mit anderen Bereichseinheiten bzw. Prozessen im wesentlichen über Workshops in den GGs* [Anm. des Verf.: GGs bezeichnen Geschäftsgebiete], *die sich über die neuen Bereichsprozesse und -verantwortlichkeiten informieren wollten.*"[870]

---

[868] Hoppe (2004), S. 126. Dieser Fall beschreibt die Situation der Firma EADS.

[869] Vgl. zum nachfolgend beschriebenen Fall der Firma Infineon Hoppe (2004), S. 147ff.

[870] Hoppe (2004), S. 174. Hoppe beschreibt hier den Fall von Siemens ICN.

Deutlich wird, dass sowohl die Befunde beider Studien 1 und 2 als auch die Beispiele von HOPPE darauf hinweisen, dass in vielen Fällen Anpassungsprozesse nicht stark formalisiert, sondern situativ ausgeprägt sind. Individuelle Unterschiede in den Vorbedingungen des Wandels oder der Wandelkultur können dabei zu anderen Veränderungsprozessarchitekturen führen.

4.2.3 Muster und Merkmale von Adaptionsprozessen

Nachdem Forschungsfrage (1a) die Untersuchung von Ursachen und Auslösern der Adaptionsprozesse strategischer Planungssysteme zum Inhalt hat und Frage (1b) die unterschiedlichen Prozesstypen betrachtet, wird im Folgenden auf charakteristische Muster und Merkmale dieser Prozesse eingegangen:

Welche Muster in Adaptionsprozessen strategischer Planungssysteme gibt es und durch welche Merkmale sind sie charakterisiert?

Diese Forschungsfrage kann – wie bereits in Kapitel 2.6 dargestellt – in verschiedene Bereiche unterteilt werden. NOWAK sowie BAMBERGER und WRONA nennen hier verschiedene Ansätze – mit Verweis auf eine Vielzahl bekannter Autoren.[871]

Als ersten Bereich stellen sie zunächst eine Orientierung an den betroffenen Wandelobjekten in den Vordergrund.[872] Objekte des Wandels können grundsätzlich alle Elemente einer Organisation sein, wie bspw. Unternehmensstrategien, Organisationsstrukturen, Geschäftsprozesse oder Managementsysteme. In diesem Zusammenhang kann auch zwischen einer Oberflächen und Tiefenstruktur differenziert werden.[873] Zur Oberflächenstruktur zugehörig sind bspw. von außen beobachtbare Merkmale wie Produkte und Technologien, zur Tiefenstruktur zugehörig sind Objekte wie Ziele oder Fähigkeiten.[874] Im vorliegenden Fall ist das Objekt des Wandels durch den Fokus auf strategische Planungssysteme festgelegt. Dieses Objekt umfasst dabei sowohl Elemente der Oberflächen- als auch der Tiefenstruktur.[875]

---

871 Vgl. Nowak (2006), S. 225ff. und Bamberger/Wrona (2004), S. 427ff.
Vgl. dazu auch Monge (1990), S. 412, Reiß (1997b), S. 18f., Gagsch (2002), S. 41ff. und Brehm (2003), S. 51.

872 Vgl. Nowak (2006), S. 223f., Bamberger/Wrona (2004), S. 423. Vgl. dazu außerdem Mintzberg/Westley (1992), S. 40ff., Streich (1997), S. 238, Ulrich (1994), S. 15 und Bamberger/Gabele (1977), S. 456.

873 Vgl. Kapitel 2.5.

874 Vgl. Nowak (2006), S. 224.

875 Als Elemente der Oberflächen sind bspw. Akteure strategischer Planungssysteme zu nennen; als Elemente der Tiefenstruktur bspw. organisationale Routinen. Vgl. dazu die Ausführungen in Kapitel 2.5 sowie insbesondere auch Abbildung 2-17.

Weitere Ausprägungsmerkmale von Wandelprozessen können über Begriffspaare mit jeweils diametraler Bedeutung charakterisiert werden. Zu nennen sind hier:

- Adaptionsverhalten: aktiv vs. reaktiv[876]
- Adaptionsart: inkrementeller vs. radikaler Wandel[877]
- Adaptionsintensität (Stärke des Wandels): hohe vs. niedrige Intensität[878]
- Adaptionsrhythmus: schneller vs. langsamer Takt[879]

Diese vier Ausprägungsmuster werden im Folgenden näher betrachtet. Sie bilden gleichzeitig den Ausgangspunkt für die Gliederung in Unterkapitel.

4.2.3.1 Adaptionsverhalten

Zur Erläuterung von Merkmalen und Mustern von Adaptionsprozessen muss an erster Stelle die Untersuchung des Adaptionsverhaltens stehen. Erklärungsbedürftig ist, was Adaptionsverhalten bedeutet. Im Vordergrund steht hier, wie die Veränderungsbereitschaft der Organisation ausgeprägt ist und welche besonderen Verhaltensmuster eine Anpassung strategischer Planungssysteme kennzeichnen.

Eine wichtige Größe des Adaptionsverhaltens ist die Bereitschaft, Änderungen am strategischen Planungssystem zu realisieren. Entscheidungsträger sind demnach gefordert, bei sich und bei den Planungsträgern die Akzeptanz für Änderungen zu schaffen und Widerstände gegen eine ggf. erforderliche Adaption aufzulösen.[880] In Studie 1 wird der Frage nach der Veränderungsbereitschaft nachgegangen und bewusst so gefragt, dass nicht nur die grundsätzliche Einstellung zu Veränderungen, sondern vielmehr die tatsächliche Bereitschaft erkennbar wird.[881] Für die Messung kam eine fünfstufige Likert-Skala zur Anwendung.[882]

---

876 Vgl. Nadler/Tushman (1989), S. 196 und (1990), S. 79ff. Vgl. dazu auch die Ausführungen in Kapitel 2.4.2.3.

877 Vgl. Bamberger/Wrona (2004), S. 429, Reiß (2000), S. 380 und Ulrich (1994), S. 8ff. Vgl. dazu ebenso die Ausführungen in Kapitel 2.4.3 und 2.4.4.

878 Vgl. Kapitel 3.2.3.2.

879 Vgl. Perich (1993), S. 269.

880 Vgl. Staehle (1999), S. 977ff. und Lippitt u. a. (1985), S. 99f.

881 Vgl. dazu die Ausführungen in Kapitel 4.2.1.3.

882 Mit den Feldern „bedeutungslos“, „unwichtig“, „mittel“, „wichtig“ und „sehr wichtig“.

Die Häufigkeitsauswertung zeigt ein eindeutiges Ergebnis. Insgesamt geben 93,3 Prozent der befragten Unternehmen an, dass Veränderungsbereitschaft für sie einen hohen und sehr hohen Stellenwert hat.[883] Eine getrennte Untersuchung von Dienstleistern, Industrieunternehmen, KMU und Großunternehmen zeigt keine wesentlichen Unterschiede: In den jeweiligen Auswertungskategorien ist die Veränderungsbereitschaft analog zur Häufigkeitsverteilung des Gesamtdatensatzes ausgeprägt. Leichte Abweichungen gibt es jedoch bei der getrennten Betrachtung verschieden turbulenter Unternehmensumfelder. Von den Firmen im turbulenten Umfeld geben 89 eine hohe und sehr hohe Veränderungsbereitschaft an; im weniger turbulenten Umfeld ergeben sich dafür 74 Nennungen.[884]

An die Klärung der grundsätzlichen Veränderungsbereitschaft schließt natürlich die Frage an, welchen Stellenwert oder welche Bedeutung die Weiterentwicklung von Bestehendem tatsächlich hat. Diese Tätigkeit bezieht sich auch auf die Weiterentwicklung strategischer Planungssysteme und wird in Studie 1 insbesondere mit Bezug auf das Selbstverständnis des jeweiligen Planungs- und Entscheidungsträgers untersucht. Die zugehörige Häufigkeitsauswertung zeigt, dass 69,1 Prozent der befragten Unternehmen die Weiterentwicklung von Bestehendem als wichtig und sehr wichtig ansehen.[885] Bei den Dienstleistungsunternehmen im Sample war der Wert mit 74,2 Prozent sogar noch etwas höher (im Gegensatz zu Industrieunternehmen mit 63,9 Prozent).[886] Ebenfalls kann festgestellt werden, dass ein Zusammenhang zwischen dem Stellenwert, Bestehendes weiterzuentwickeln und turbulenten Umfeldern besteht. Drei Viertel aller Firmen im turbulenten Umfeld gaben an, dass diese Weiterentwicklungstätigkeit für sie wichtig und sehr wichtig ist.[887] Daraus kann gefolgert werden, dass sich Unternehmen der Bedeutung durchaus bewusst sind und dies in ihren Verhaltensweisen dementsprechend reflektieren.

Dieser Befund wird nachfolgend weiter vertieft. Daher kann als weiterer Aspekt des Adaptionsverhaltens die in Kapitel 3.2.3.2 dargestellte Unterscheidung in proaktive und passiv-reaktive Verhaltensstrategien angeführt werden. Proaktive Adaption meint regelmäßiges, gezieltes sowie systematisches Verhalten des Managements und steht im Gegensatz zu passiv-reaktiver Adaption mit

---

883 Quelle: Studie 1 – Frage 3.3 (9); N = 178. Vgl. auch Abbildung 4-3.

884 Quelle: Studie 1 – Frage 3.3 (9) gekreuzt mit Konstrukt Turbulenz; N = 172.

885 Quelle: Studie 1 – Frage 2.3 (12); N = 178. Zur Messung wurde eine 5-stufige Likert-Skala mit den Ankreuzmöglichkeiten „bedeutungslos“, „unwichtig“, „mittel“, „wichtig“ und „sehr wichtig“ verwendet.

886 Quelle: Studie 1 – Frage 2.3 (12) gekreuzt mit Frage 5.3; N = 176.

887 Quelle: Studie 1 – Frage 2.3 (12) gekreuzt mit Konstrukt Turbulenz; N = 149. In der Vergleichsgruppe der Unternehmen im weniger turbulenten Umfeld gaben dies lediglich 64,3 Prozent an.

indirektem und bedarfsorientiertem Anpassungsverhalten. Diese Unterscheidung wird auch von NADLER und TUSHMAN als wichtige Größe der Typologisierung unternehmerischen Wandels gesehen.[888] Ebenso interpretiert NOWAK diese Dichotomie als Ausprägungen unternehmerischen Anpassungsverhaltens.[889]

Eine Untersuchung des Datensatzes von Studie 1 macht allerdings deutlich, dass eine eindeutige Aufteilung in Unternehmen, die entweder aktive oder passiv-reaktive Verhaltensstrategien haben, nicht ohne weiteres möglich ist. Von wenigen Ausnahmen abgesehen, verfolgen die meisten Unternehmen in dieser Hinsicht eine „Sowohl-als-auch-Strategie". Das heißt, dass aktive und passiv-reaktive Adaption fast immer in Kombination vorkommen, aber getrennt gemessen werden und bei den betrachteten Unternehmen durchaus unterschiedlich stark ausgeprägt sein können. Insgesamt sind die unterschiedlichen Verhaltensstrategien der SPS-Anpassung aber relativ ausgewogen (vgl. Abbildung 4-5).

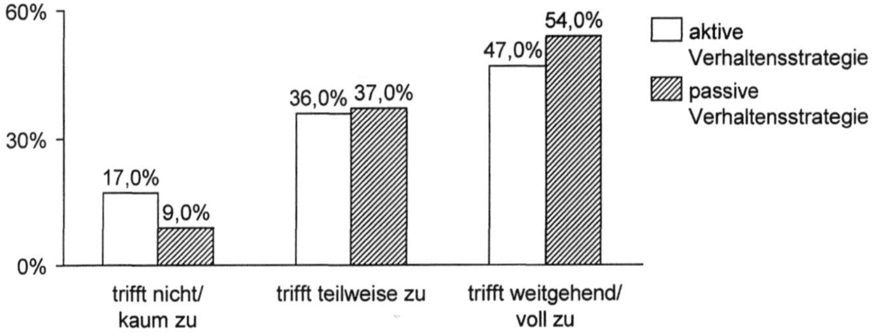

Abbildung 4-5: aktive und passiv-reaktive Verhaltensstrategien der SPS-Anpassung[890]

Die getrennte Untersuchung von Industrie- und Dienstleistungsunternehmen zeigt dennoch Besonderheiten. Während die Firmen, die sich überwiegend als produzierende Unternehmen sehen, ein in etwa ausgewogenes Verhältnis von aktiven und passiv-reaktiven Verhaltensstrategien der SPS-Anpassung haben, trifft dies für Dienstleistungsunternehmen nicht zu. Deutlich erkennbar ist eine stärkere Ausprägung von passiv-reaktiven Verhaltensstrategien (31,4% gaben an, dass solche Strategien von ihnen meist verfolgt werden). Demgegenüber

[888] Vgl. Nadler/Tushman (1995), S. 23ff.

[889] Vgl. Nowak (2006), S. 228.

[890] Quelle: Studie 1 – Frage 2.2; N = 174 (aktive Verhaltensstrategien); N = 171 (passiv-reaktive Verhaltensstrategien).

steht zwar ein Anstieg um 8,7% bei der teilweisen Anwendung aktiver Verhaltensstrategien, der jedoch wegen der mittleren Wertung („trifft teilweise zu“) deutlich weniger wiegt (vgl. Abbildung 4-6).[891]

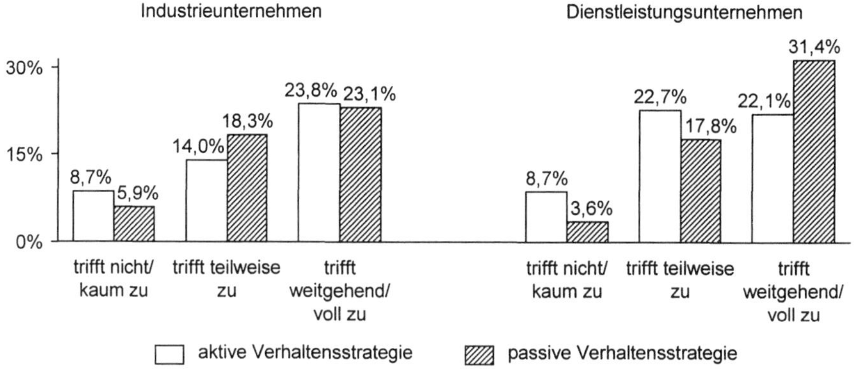

Abbildung 4-6: Aktive und passiv-reaktive Adaption bei Industrie- und Dienstleistungsunternehmen[892]

Diese Ergebnisse korrespondieren mit den Befunden aus Studie 2. Da die dort untersuchten Dienstleistungsunternehmen keine strukturierten Strategie(entstehungs)prozesse pflegen, sondern überwiegend ungeplant bzw. emergent „planen“,[893] kann vermutet werden, dass diese Art der Planung auch in Studie 1 keine große Bedeutung hat und aus diesem Grund passiv-reaktive Strategien der Anpassung eher angezeigt sind.

Ein ähnliches Ergebnis zeigt sich beim Schnitt des Datensatzes nach Großunternehmen und KMU. Passiv-reaktive Anpassungsstrategien ähneln sich in beiden Unternehmenskategorien. Die aktiven Veränderungsansätze sind jedoch in KMU längst nicht mehr so intensiv ausgeprägt wie in Großunternehmen: 16,9% der KMU (im Gegensatz zu 29,7% der Großunternehmen) geben an, dass es voll bzw. weitgehend zutrifft, dass sie eine aktive Anpassungsstrategie verfolgen.[894]

---

[891] Zur Messung der Ausprägungen wurde eine 5-stufige Likert-Skala mit den Ankreuzmöglichkeiten „trifft zu“, „trifft kaum zu“, „trifft teilweise zu“, „trifft weitgehend zu“ und „trifft voll zu“ verwendet.

[892] Quelle: Studie 1 – Frage 2.2 gekreuzt mit Frage 5.3; N = 172 (aktive Verhaltensstrategien); N = 169 (passiv-reaktive Verhaltensstrategien).

[893] Vgl. Kapitel 4.2.1.2. Vgl. dazu auch die Ausführungen in Kapitel 4.2.3.2.

[894] Quelle: Studie 1 – Frage 2.2 gekreuzt mit Frage 5.1; N = 174 (aktive Verhaltensstrategien); N = 171 (passiv-reaktive Verhaltensstrategien). Aus dieser Verteilung der

4.2.3.2 Adaptionsart

Ein zweites charakteristisches Merkmal von Adaptionsprozessen ist die Untersuchung der Adaptionsart. Darunter wird die zeitliche Komponente des Veränderungsprozessverlaufs verstanden, bei der zwischen inkrementalem Wandel, der sich in kleinen Veränderungsschritten vollzieht und radikalem bzw. revolutionärem Wandel, der durch große Veränderungen in relativ kurzer Zeit gekennzeichnet ist, unterschieden werden kann.[895]

Bei der Betrachtung ganzer Organisationen als Veränderungsobjekt kann zwischen Organisationsentwicklung, die durch evolutionäre Veränderungen gekennzeichnet ist, und Organisationstransformation, die revolutionäre Sprünge von Organisationen impliziert, unterschieden werden.[896] Inkrementaler Wandel beschränkt sich dabei auf einzelne Dimensionen, ist meist durch quantitative Veränderungen gekennzeichnet und wird von einigen Autoren auch als Wandel 1. Ordnung oder Organizational Development bezeichnet. Revolutionärer Wandel umfasst alle Ebenen, zeichnet sich durch qualitative Veränderungen sowie eine hohe Diskontinuität aus und wird als Wandel 2. Ordnung oder Organizational Transformation beschrieben.[897]

Wird als Veränderungsobjekt das strategische Planungssystem betrachtet, können ebenfalls diese beiden Ausprägungen der Adaptionsart beobachtet werden. Die Untersuchung der Unternehmen aus Studie 2 zeigt, dass die inkrementelle Anpassung gerade in turbulenten Unternehmensumfeldern die dominierende Adaptionsart ist. Dies belegen bspw. nachfolgende Aussagen:

- *„Es findet eine ständige Anpassung von Strategie und Strategieprozess durch Reviews und regelmäßiges Hinterfragen statt.“*[898]
- *„Unser Strategieprozess ist relativ stabil. Grundlegende Veränderungen erfolgen nur in größeren Zeitabständen.“*[899]

Antworten resultiert ein Anstieg bei den Ankreuzmöglichkeiten „trifft nicht/kaum/ teilweise zu“, der die Bedeutung der passiv-reaktiven Strategien für KMU nochmals verstärkt. Auch dieser Befund geht konform mit den Ergebnissen aus Studie 2.

895 Vgl. Bierfelder (1991), S. 198f., Krüger (1994a), S. 216ff., Kobi (1996), S. 39, Reiß (1997b), S. 18f., Gagsch (2002), S. 43f. und Müller-Stewens/Lechner (2005), S. 560ff. Ähnlich bezeichnen Nadler und Tushman (1995, S. 16ff.) die beiden Ausprägungen dieser Dichotomie mit „incremental“ und „discontinuous“.

896 Vgl. Kleingarn (1997), S. 40ff. oder Krüger (2002a), S. 90f. Weitere Differenzierungsvarianten werden bspw. von Mintzberg und Westley vorgestellt; sie differenzieren zwischen revolutionärem, stückweisem, fokussiertem, isoliertem und inkrementalem Wandel. Vgl. Mintzberg/Westley (1992), S. 43.

897 Vgl. Levy/Merry (1986), S. 9 und Staehle (1999), S. 900f.

898 Quelle: Studie 2 – Frage D.5.

899 Quelle: Studie 2 – K5: E.1.

Radikale Veränderungen sind eher die Ausnahme als die Regel. Bspw. verweist eines der befragten Dienstleistungsunternehmen bei der Frage nach der Adaptionsart auf seinen eher ungeplanten, emergenten Strategieprozess: *„Bei uns sichert Projektdenken die nötige Flexibilität und Variabilität des Strategieprozesses.“*[900] Eine Veränderung dieser Art Planungssystem erfolgt eher durch inkrementelle Schritte über einen längeren Zeitraum.

Gerade in turbulenten Umfeldern wird der Strategieprozess als stabilisierendes Element der strategischen Planung bzw. des strategischen Managements verstanden. Anpassungen der Strategie sind zwar von großer Bedeutung, in den meisten Fällen jedoch sind strategische Planungssysteme so angelegt, dass sie mit Veränderungserfordernissen umgehen können. Dazu sagt ein großes Industrieunternehmen mit ausgeprägt institutionalisiertem SPS: *„Durch die unterjährige Steuerung ist im Prozess so viel Flexibilität verankert, dass dieser sich auch plötzlichen Veränderungen der Umwelt anpassen kann.“*[901] Dies führt dazu, dass in solchen Unternehmen Strategien zunächst innerhalb der bestehenden Planungsstrukturen entstehen und das Planungssystem an sich eher vorsichtig adaptiert wird. Ziel ist hier zumeist, die Flexibilitätspotenziale des Systems auszubauen und zu nutzen.

Dennoch sind Fälle beobachtbar, die radikale bzw. fundamentale Anpassungen erforderlich machen. Eines der in Studie 2 untersuchten Unternehmen formuliert dies so: *„Bei uns findet eine langsame, eher inkrementale Anpassung statt, da eine schnelle Anpassung erst bei entsprechend schwerwiegenden Veränderungen erforderlich wird.“*[902] Solche Veränderungen werden zumeist durch besondere Umbruchsituationen in den Unternehmen ausgelöst. Dies sind nicht nur Auswirkungen des turbulenten Umfelds, sondern unternehmerische Krisensituationen, die auch einer kurzfristigen Lösung bedürfen. HOPPE konnte in ihrer qualitativen Untersuchung vier Unternehmen in und nach solchen Krisen- und Umbruchsituation untersuchen.[903] Ihre Befunde stützen dabei die Vermutung, dass radikale Systemveränderungen insbesondere darauf zurückzuführen sind (vgl. Abbildung 4-7).

---

[900] Quelle: Studie 2 – K5: B.6.

[901] Quelle: Studie 2 – K5: B.6.

[902] Quelle: Studie 2 – K5: B.6.

[903] Kapitel 4.2.2.

Unternehmen	Krisen- bzw. Umbruchsituationen und ihre Folgen
EADS	• Fusion mehrerer, intern sehr heterogener Partnerunternehmen • Notwendigkeit, unterschiedlichste Planungsverständnisse, -ansätze und -erfahrungen zu integrieren, um eine einheitliche Steuerung zu ermöglichen
Infineon	• Spinoff aus dem Siemenskonzern → Aufbau eigener Planungsstrukturen • massiver Markteinbruch und Krise der Halbleiterbranche aufgrund starken Nachfrage- und Preisverfalls → Instabilität des strategischen Planungsprozesses
Siemens ICN	• Zusammenführung und Integration verschiedener Geschäftsbereiche • schwierige wirtschaftliche Situation → Restrukturierung; Konsolidierung und Neuausrichtung des strategischen Planungssystems
Swisscom	• Marktliberalisierung → Privatisierung und Börsengang der vormals staatlichen Telekom PPT • Umstellung von der Monopolplanung auf ein neues, marktorientiertes Planungsdesign

Quelle: Hoppe (2004), S. 112ff.

Abbildung 4-7: Krisen- und Umbruchsituationen als Ursache radikaler SPS-Anpassung

4.2.3.3 Adaptionsintensität

An dritter Stelle können verschiedene Muster der Stärke des Wandels identifiziert werden. Auf den Vorgang der Adaption strategischer Planungssysteme bezogen, wird Stärke des Wandels mit Adaptionsintensität bezeichnet. Die theoretischen Hintergründe, der Aufbau und die statistischen Details des Konstrukts Adaptionsintensität wurden bereits in Kapitel 3.2.3.2 erläutert.[904]

Im nachfolgenden Abschnitt soll dementsprechend nicht mehr auf Zusammensetzung und Details der Adaptionsintensität eingegangen werden, sondern auf Häufigkeitsausprägungen des Konstrukts und seine Korrelationen mit anderen Variablen und Indizes aus Studie 1.

Die Adaptionsintensität spiegelt wider, wie regelmäßig, gezielt, systematisch, direkt und bedarfsorientiert strategische Planungssysteme adaptiert werden. Bei der Beurteilung der Intensität geht es nicht darum, wie dieser Anpassungsprozess konkret ausgestaltet ist (also eher proaktiv oder im Gegensatz dazu eher passiv-reaktiv)[905], sondern darum, wie intensiv verschiedene Maßnahmen in

[904] Vgl. dazu auch Abbildung B-4.

[905] Vgl. Kapitel 3.2.3.2.

Summe durchgeführt werden. Die Häufigkeitsauswertung zeigt hier, dass Adaptionsintensität als Index insgesamt sehr hoch ausgeprägt ist:[906]

- 43,8% geben eine hohe und sehr hohe Intensität der Adaption an,
- 43,8% geben eine mittlere Intensität an und
- 12,4% geben eine niedrige und sehr niedrige Intensität an.

Statistisch gesehen ist die Verteilung der Antworten rechtsschief, was die allgemeine Grundtendenz der Unternehmen zur Adaption widerspiegelt.[907]

Bei einer weiteren Fokussierung auf die Unternehmen, die eine Adaption aktiv gestalten, ergibt sich ein sehr aufschlussreiches Bild. Der Vergleich mit dem Gesamtindex der Adaptionsintensität zeigt, dass mit Gamma (aktiv) = 0,557 und einem Signifikanzniveau von 100% ein deutlich stärkerer positiver Zusammenhang vorliegt. Im Gegensatz dazu wird sichtbar, dass der Zusammenhang bei Unternehmen, die ihre strategischen Planungssysteme eher passiv – also indirekt bzw. bedarfsweise – adaptieren, weniger stark ausgeprägt ist: Gamma (passiv) = 0,249; Signifikanzniveau entspricht 95%.

Durch eine Aufteilung des Datensatzes nach Industrie- und Dienstleistungsunternehmen ergeben sich weitere Erkenntnisse.[908] Während in beiden Gruppen die Unternehmen mit niedriger und sehr niedriger Adaptionsintensität in etwa gleich stark vertreten sind, zeigen sich bei mittlerer und (sehr) hoher Ausprägung der Adaptionsintensität Unterschiede. Industrieunternehmen, deren SPS nach den Erkenntnissen aus Studie 2 ein geringeres Flexibilitätsniveau aufweisen als Dienstleistungsunternehmen,[909] begegnen den Notwendigkeiten einer Adaption ihres Planungssystems darum erwartungsgemäß mit einer etwas höheren Adaptionsintensität. Dienstleistungsunternehmen, deren SPS bereits über ein ausgeprägtes Grundmaß an Strategieflexibilität verfügen, müssen dementsprechend weniger intensiv ihre SPS adaptieren. Abbildung 4-8 illustriert diese Aussagen.

---

906 Quelle: Studie 1 – Konstrukt Adaptionsintensität; N = 169.

907 Infolge der Konzentration der Unternehmen auf mittlere, hohe und sehr hohe Adaptionsintensitäten – bei annähernd 90 Prozent der Unternehmen nimmt die Intensität der Adaption strategischer Planungssysteme einen gewichtigen Stellenwert ein – sind Unterschiede in diesen Antwortkategorien durchaus als aussagekräftig anzusehen.

908 Industrie- und Dienstleistungsunternehmen sind mit 79 zu 88 Nennungen in etwa gleichverteilt. Quelle: Studie 1 – Frage 5.3 gekreuzt mit Konstrukt Adaptionsintensität; N = 167.

909 Vgl. zu den Erkenntnissen aus Studie 2 (Fragen A.1; A.2; B.6-7; D.2-6; E.1.) die Ausführungen in Kapitel 3.3.3.2.

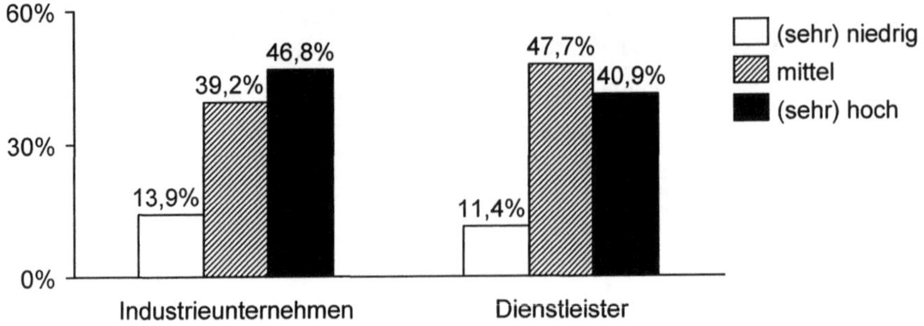

Abbildung 4-8: Adaptionsintensität bei Industrie- und Dienstleistungsunternehmen[910]

Eine Gegenüberstellung von Großunternehmen und KMU führt zu ebenfalls bedeutsamen Befunden.[911] In kleinen und mittleren Unternehmen nimmt demnach die Intensität der Adaption einen deutlich geringeren Stellenwert ein als in Großunternehmen. 15 Prozent der befragten Unternehmen geben an, dass die Anpassung ihrer SPS fast nicht oder nur wenig intensiv betrieben wird. Bei den Großunternehmen waren dies nur 10 Prozent. Auf der anderen Seite geben 40 Prozent der befragten KMU an, dass bei ihnen die SPS mit hoher und sehr hoher Intensität adaptiert werden. Im Gegensatz dazu geben dies bei den Großunternehmen annähernd 57 Prozent an (vgl. Abbildung 4-9).

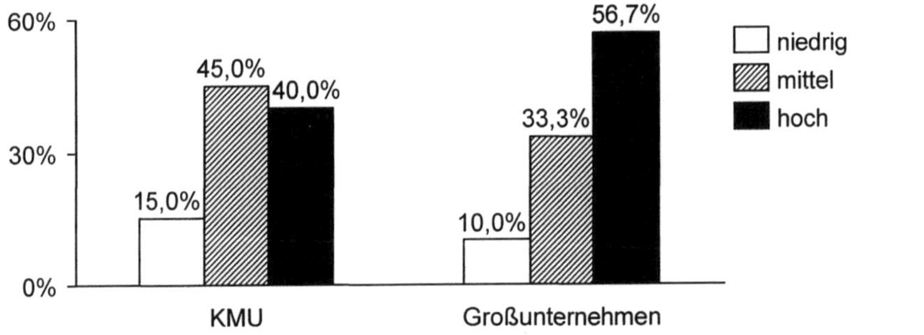

Abbildung 4-9: Adaptionsintensität bei KMU und Großunternehmen[912]

---

[910] Quelle: Studie 1 – Frage 5.3 gekreuzt mit Konstrukt Adaptionsintensität; N = 167.

[911] KMU und Großunternehmen sind mit 60 zu 60 Nennungen gleichverteilt. Quelle: Studie 1 – Frage 5.1 vorselektiert mit Frage 2.1 (b) (Weiterentwicklung notwendig) gekreuzt mit Konstrukt Adaptionsintensität; N = 120.

[912] Quelle: Studie 1 – Frage 5.1 gekreuzt mit Konstrukt Adaptionsintensität; N = 120.

Das bedeutet, dass die Adaptionsintensität in Großunternehmen relativ betrachtet deutlich höher ist als in KMU. Dies zeigt ein Vergleich der Verhältnisse von (sehr) niedriger und (sehr) hoher Intensität eindrucksvoll:

- KMU: 1 : 2,7 (sehr) niedrige zu (sehr) hoher Intensität
- Großunternehmen: 1 : 5,7 (sehr) niedrige zu (sehr) hoher Intensität

Unterstrichen wird dieser Trend z. B. durch die Tatsache, dass selbst bei hoher Umfeldturbulenz noch deutlich weniger als die Hälfte der KMU eine hohe Intensität bei der - unter diesen Rahmenbedingungen dringend erforderlichen – Anpassung ihrer strategischen Planungsprozesse an den Tag legen (vgl. Abbildung 4-10). Bei weniger turbulenten Umfeldern gilt dies sogar lediglich für knapp 30% der KMU.

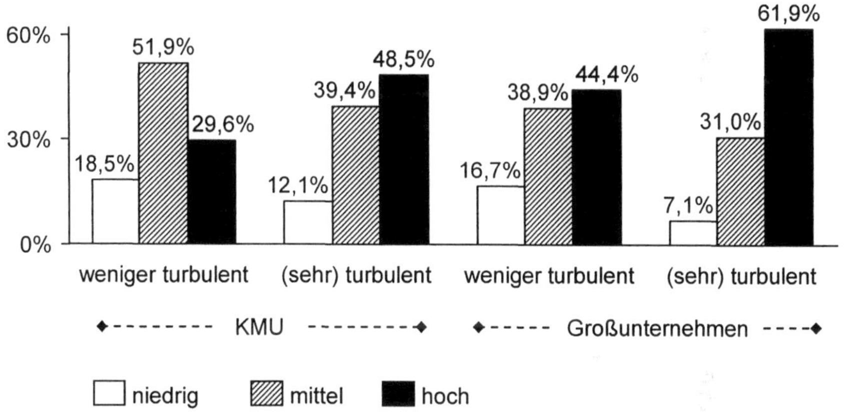

Abbildung 4-10: Adaptionsintensität in Abhängigkeit der Umfeldturbulenz[913]

Diese Ergebnisse korrespondieren mit den Erkenntnissen aus Kapitel 3.3.3.2. Analog zur Unterscheidung zwischen Industrie- und Dienstleistungsunternehmen legen die Befunde aus Studie 2 nahe, dass bei kleinen und mittleren Unternehmen die Notwendigkeit einer Adaption ihres Planungssystems aufgrund ihrer bereits vorhandenen Strategieanpassungsflexibilität weniger stark ausgeprägt ist. Des Weiteren sind aber auch strukturelle Defizite der strategischen Planungssysteme bei KMU als Ursachen denkbar.[914]

---

913 Quelle: Studie 1 – Frage 5.1 gekreuzt mit Konstrukt Adaptionsintensität; N = 120.

914 Vgl. Schön/Foschiani (2007), S. 47.

4.2.3.4 Adaptionsrhythmus

Die Frage nach dem Adaptionsrhythmus korrespondiert natürlich mit der grundlegenden Frage, wann Unternehmen ihre SPS adaptieren.[915] In diesem Zusammenhang wurde geklärt, inwiefern Überprüfungen der Notwendigkeit einer Anpassung strategischer Planungssysteme vorgenommen werden und wie regelmäßig oder unregelmäßig tatsächlich eine Adaption erfolgt. Wie Abbildung 4-2 zeigt, betreiben lediglich 17,3% eine regelmäßige und 23,7% eine teilweise regelmäßige Weiterentwicklung ihres SPS. Kombiniert mit den Befunden aus Studie 2 ergibt sich die Vermutung, dass die meisten Unternehmen eher sporadisch Adaptionsprozesse auslösen. Trotz dieser rechtsschiefen Verteilung[916] soll nachfolgend überprüft werden, in welchen Intervallen Unternehmen, die eine regelmäßige Adaption betreiben, tatsächlich Veränderungsprozesse anstoßen.

Zyklizität – und damit verbunden auch Rhythmizität – sind fundamentale zeitliche Strukturierungsprinzipien der Natur und spielen auch im sozio-ökonomischen Bereich eine Schlüsselrolle zur Systemstabilisierung. Unterschieden werden können zwei wesentliche Ausprägungen, die als Gegensatzpaar eine Dimension bilden: schneller Takt vs. langsamer Takt. Takt beschreibt dabei die Zeitdauer bis zur nächsten Wiederkehr eines Ereignisses, also die Regelmäßigkeit der Wiederkehr.[917] Die hier aufgeworfene Frage ist, in welchem Rhythmus sich Anpassungsprozesse bei regelmäßiger Adaption wiederholen.

Eines der in Studie 2 untersuchten Unternehmen macht dazu folgende Angaben: *„Die grundsätzliche Anpassung des Strategieprozesses an allgemein auftretende Veränderungen werden in regelmäßigen Strategieprozessverbesserungsrunden vorgenommen.“*[918] Das Intervall der Adaption wird also nur recht vage beschrieben, wenngleich die Aussage darauf schließen lässt, dass ein schneller Takt für die Verbesserungsrunden angelegt wird.

Konkreter äußert sich ein zweites Unternehmen: *„Der Prozess an sich ist stabil. Kleinere Veränderungen werden alle zwei bis drei Jahre, grundlegende Veränderungen oder Anpassungen alle fünf bis zehn Jahre vorgenommen. In den vergangenen drei Jahren war der Prozess stabil.“*[919]

---

[915] Vgl. Kapitel 4.2.1.1.

[916] Vgl. Abbildung 4-2.

[917] Vgl. Perich (1993), S. 269. Die Vor- und Nachteile einer solchen Rhythmisierung (oder Taktung) liegen dabei auf der Hand. Während sie vereinfacht, koordiniert und diszipliniert, Kosten spart, Erwartungssicherheit erhöht und motiviert, im Takt zu bleiben, bringt sie auch die Kehrseiten des Zeit- und Erwartungsdrucks mit sich. Vgl. Stahl/Hejl (1997), S. 519f.

[918] Quelle: Studie 2 – K4: B.6.

[919] Quelle: Studie 2 – K5: E.1.

Eine weitere Unternehmung hat sogar zwei sich überlagernde und ergänzende rhythmische Muster der Verbesserung implementiert: *„Nach jeder abgeschlossenen Planungsrunde, also einmal im Jahr, findet eine Evaluierungsrunde statt. Das heißt, die wichtigsten Beteiligten treffen sich zu einer Runde, in der Problempunkte des durchlaufenen Prozesses diskutiert werden. Es werden konkrete Änderungen und Verbesserungsvorschläge erarbeitet, die dann durch die Bereichsverantwortlichen umgesetzt werden. Außerdem kommt alle 4 Wochen ein ständiger Arbeitskreis zur Verbesserung des Planungsprozesses zusammen, da dies ein so komplexer Prozess erfordert.“*[920]

Zum gleichen Ergebnis aber mit etwas anderen Taktungsangaben kommt HOPPE.[921] Sie stellt als Resultat der von ihr durchgeführten quantitativen Studie fest, dass von den systematischen Prozessprüfern fast zwei Drittel ihr strategisches Planungssystem einer jährlichen Review unterziehen, die teilweise integrierter Bestandteil des Planungszyklus ist. Die verbleibenden 35% führen Begutachtungen in kürzeren Abständen durch (vgl. Abbildung 4-11). Dabei ist bei gut zwei Dritteln (68%) der Unternehmen der Zyklus der strategischen Planung mit dem der Prozessprüfung identisch.[922]

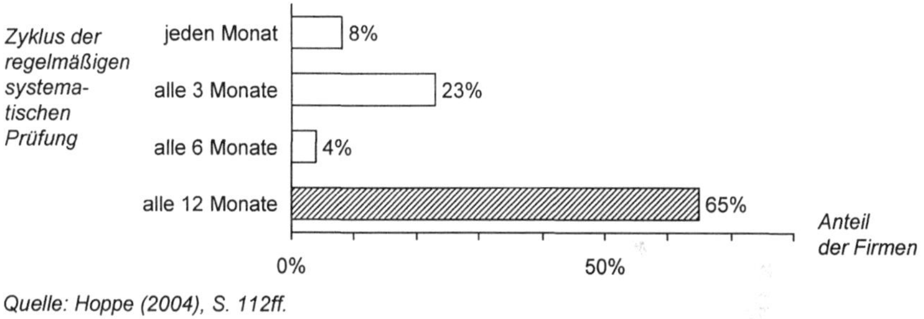

Abbildung 4-11: Rhythmus der regelmäßigen systematischen Prüfung[923]

Während bei den Unternehmen, die eine regelmäßige Adaption ihrer SPS praktizieren, also eine teilweise recht schnelle Taktung festzustellen ist, zweifelt das oben zuerst genannte Unternehmen die Sinnhaftigkeit sich allzu schnell

---

920 Quelle: Studie 2 – K4: D.6.

921 Die etwas anderen Taktungsangaben bei Hoppe resultieren wahrscheinlich aus ihrem Untersuchungsfokus auf Unternehmen in Umbruch- und Krisensituationen. Unter Berücksichtigung dieses Unterschieds ist ein Vergleich dennoch sinnvoll.

922 Vgl. Hoppe (2004), S. 84.

923 Quelle: Hoppe (2004), S. 84; N = 41.

wiederholender Adaptionsprozesse an und gibt zu bedenken: „*Strategieprozesse werden eher zu schnell geändert, so dass sich dieser* [Anmerkung des Verf.: Strategieprozess] *nur noch in einem »Veränderungsmodus« befindet. Es entsteht ein Spannungsfeld zwischen Reaktion und dem Zwang, reagieren zu müssen. Also ist eine Auswahl erforderlich: Was sind wichtige Veränderungen, auf die man reagieren muss?*“[924]

4.2.4 Umfang und Ausmaß von Veränderungen am strategischen Planungssystem

In Kapitel 2.6 wird dargestellt, dass sich die ersten drei Forschungsfragen mit dem Prozess der Adaption strategischer Planungssysteme befassen und die vierte Frage (1d) auf den Output dieser Veränderungsvorgänge eingeht.[925] Dementsprechend wird im Folgenden untersucht, welchen Umfang (bspw. Anpassungen von Planungswerkzeugen und -strukturen) und welches Ausmaß die Veränderungen am strategischen Planungssystem haben.

4.2.4.1 Adaptionsumfang

Mit der Frage nach dem Umfang der Adaption wird untersucht, welche Gegenstände (also Elemente des strategischen Planungssystems) verändert werden und wie umfangreich die Anzahl veränderter Elemente sowie betroffener Subsysteme ist. REIß bezeichnet dies auch als Breite des Wandels: „*Sie ergibt sich aus der Anzahl der Änderungen (Strategie-, Prozess- [...] und Personalveränderungen) sowie aus der Anzahl der betroffenen Bereiche [...].*“[926] Im Fokus stehen hier, wie sich der Strategieprozess, strategische Analyse- und Planungswerkzeuge und die Organisationsstruktur des SPS verändern und evtl. durch Neuerungen, wie die Steuerung mittels strategischer Projekte, ergänzt werden.

Aus der Analyse der in den Kapiteln 3.2.1 und 3.3.1 besprochenen Studien lassen sich einige übergreifende Erkenntnisse bzw. Tendenzen ableiten. Die quantitative Untersuchung von HOPPE ergibt, dass fast gleichgewichtet Anpassungen strategischer Tools[927] (38%) und Anpassungen des Prozessablaufs

---

[924] Quelle: Studie 2 – K5: E.1.

[925] Vgl. hierzu die Ausführungen zur Betrachtungsdimension „Inhalt – Prozess“ in Kapitel 2.5.

[926] Reiß (1997b), S. 18.

[927] Die strategischen Tools können in vier Untergruppen aufgeteilt werden: 39% – Methodik (bspw. Einführung der BSC), 26% – Dokumentation (bspw. Vereinfachung der Formatvorlagen), 22% – Finanzkennzahlen (bspw. Nutzung des net economic profit) und 13% – Automatisierung. Vgl. Hoppe (2004), S. 75f.

(36%) erfolgen. Daneben ermittelt sie noch Veränderungen des Planungsfokus sowie der Organisation bzw. Verantwortlichkeiten.[928] Ähnlich beschreibt auch KREIKEBAUM den Umfang der Adaption. Er ermittelt Änderungen des Planungsinhalts (43%), der Systemstruktur (22%), des Planungsablaufs (17%) und der Planungsmethoden (16%).[929] HAHN und OPPENLÄNDER gehen in ihren Studien vornehmlich auf Anpassungen von Planungsart und Planungsbereichen sowie Koordination der Planung ein. Differenzierte Detailergebnisse stellen sie jedoch nicht vor.[930] HOULDEN nennt als Veränderungsgrößen ebenfalls Planungsprozess und -organisation. Ebenso spricht er eine verstärkte Nutzung dynamischer Planungsmethoden und -verfahren an.[931]

Diese Erkenntnisse werden nachfolgend mit den Daten aus Studie 2 weiter vertieft. Zunächst stellt sich jedoch die Frage, welche Strategieprozesselemente verändert werden und welche Trends sich hier feststellen lassen. Das Spektrum der Antworten ist dabei sehr breit. Wenngleich die meisten Unternehmen, vor allem die Dienstleister, keine Veränderungsmaßnahmen benennen bzw. sich nicht konkret dazu äußern, werden dennoch einige aufschlussreiche Aussagen gemacht. Eine der Firmen aus dem Sektor Industrie (Automobil, Maschinenbau) gibt an, dass die Planungsvorgehensweise regelmäßig geprüft und teilweise angepasst wird: „*Alle drei Monate erfolgt ein Strategiereview, bei dem es manchmal auch zu einer unterjährigen Anpassung des Planungsvorgehens kommt.*"[932] Dies formuliert einer der befragten Dienstleister ähnlich: „*Unser strategisches Planungsvorgehen entspricht vielmehr einem Dealing und Wheeling«. Es wird also den Erfordernissen nach angepasst. Wenn beispielsweise »ein fetter Brocken« (also ein entsprechendes Kundenprojekt) vorbeiläuft, wird zugeschnappt – unabhängig davon, ob dies der aktuellen Strategie entspricht oder nicht.*"[933] Ein anderes Unternehmen aus dem Sektor Dienstleistung gibt weiter an, dass die Analyse- und Umsetzungsphasen des Strategieprozesses an neue Erfordernisse angepasst werden: „*Der Prozess wird in Form des Erkennens und der Ergreifung strategischer Möglichkeiten kontinuierlich angepasst.*"[934]

---

[928] Vgl. Hoppe (2004), S. 76 sowie Kapitel 3.2.2.1.

[929] Vgl. Kreikebaum (1997), S. 246f.

[930] Vgl. Hahn/Oppenländer (1999) und Hahn u. a. (1992).

[931] Vgl. Houlden (1995).

[932] Quelle: Studie 2 – Frage B.3.

[933] Quelle: Studie 2 – Frage D.1; Unternehmen aus dem Sektor/Branche (Beratung, Software).

[934] Quelle: Studie 2 – Frage B.3; Unternehmen aus dem Sektor/Branche (Handel, Bau).

Grundsätzlich zeichnet sich ein Veränderungstrend in Richtung eines offeneren, demokratischeren Prozesses mit evolutionären Elementen ab:[935]

- *„Der Strategieprozess muss immer offen sein für sich ergebende strategische Gelegenheiten.“*
- *„Evolutionär, im Sinne von Offenheit für Veränderungen, ist Grundlage des Geschäftes.“*

Diese Art Planung – also mit Berücksichtigung emergenter Einflüsse auf die Strategiearbeit –spiegelt einerseits den State of the Art der Strategieprozessforschung wider, bedarf aber andererseits auch des Verständnisses ihrer Grenzen und Fallstricke: *„Evolution im Strategieprozess ist vorstellbar und wünschenswert, allerdings muss sich dies im Rahmen halten, ohne dass persönliche Selbstverwirklichung im Vordergrund steht oder andere Teams beeinträchtigt werden (bspw. durch ein verzögertes Projekt durch „Evolution einzelner“). Iterative Prozesse sind Grundlage des Strategieprozesses bei uns; Evolution im Sinne einer Selbstfindungsehrenrunde muss allerdings die Ausnahme bleiben.“*[936] Noch vorsichtiger formuliert dies eines der Dienstleistungsunternehmen: *„Ein offener, evolutionärer Prozess wäre sicherlich ungeeignet, da Kontinuität und Stabilität sehr wichtig für die Führung des Unternehmens sind. Eine gewisse Offenheit und Anpassungsfähigkeit ist jedoch wichtig.“*[937]

Zu ähnlichen Ergebnissen kommt bspw. auch GRANT. Er analysiert in seiner Längsschnittstudie die zehn weltgrößten Unternehmen der Öl- und Gasbranche und betrachtet dabei vor allem deren Veränderungen bei Planungsinhalt, strategischem Planungsprozess und der Rolle der Planung im strategischen Managementsystem der Unternehmung.[938] Dabei stellt er fest, dass der Formalisierungsgrad des SPS abnimmt, die schriftliche Dokumentation von Prozess und Inhalt in den Hintergrund rückt und viel offener und breiter strategisch diskutiert wird. *„Less formality was also evident in a move from a regular, standardized planning cycle to more flexible and ad hoc process.“*[939]

Die zweite wichtige Veränderungsgröße ist die Gesamtheit strategischer Analyse- und Planungsinstrumente.[940] Dazu zählen bspw. Methoden wie die SWOT-Analyse, das Benchmarking oder Portfolio-Techniken. In der Literatur werden darüber hinaus eine Vielzahl weiterer Ansätze und Verfahren diskutiert,

---

935 Quelle: Studie 2 – Frage D.12.

936 Quelle: Studie 2 – Frage D.12.

937 Quelle: Studie 2 – Frage D.12.

938 Vgl. Grant (2003), S. 502ff. Vgl. auch die Ausführungen in Kapitel 3.3.1.5.

939 Grant (2003), S. 507.

940 Für die Begriffsklärung und die Darstellung verschiedener Analyse- und Planungsinstrumente vgl. Kapitel 2.3.2.2.

die bspw. BEA und HAAS im Überblick vorstellen.[941] Vor der Untersuchung der Adaption dieser Instrumente ist weiterhin wichtig zu klären, welche Methoden und Verfahren in der Unternehmenspraxis vornehmlich eingesetzt werden. In Studie 2 werden die Firmen mit einer Auswahl an Methoden konfrontiert und nach deren Anwendung im Unternehmen befragt. Darüber hinaus werden von den befragten Unternehmen noch weitere Instrumente genannt. Abbildung 4-12 gibt Auskunft darüber, wie hoch der prozentuale Anteil der Firmen ist (bezogen auf die Gesamtzahl), in denen das jeweilige Instrument zur Anwendung kommt. Ersichtlich ist, dass die Anwendung strukturierter und formalisierter Instrumente der Planung in der Praxis ein grundsätzlich wichtiges Thema darstellt. Ebenso wie in Studie 2 ermittelt, kommt FROST mit einer Untersuchung australischer und südasiatischer KMU zu der Erkenntnis, dass die am häufigsten verwendeten Tools u. a. SWOT-Analysen sind.[942]

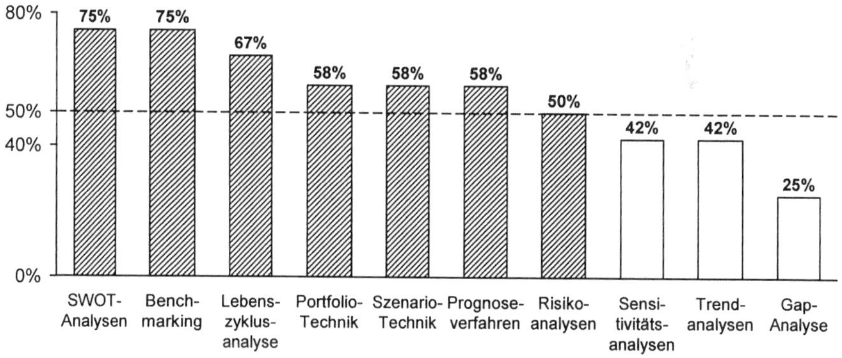

Abbildung 4-12: Auswahl der meistgenannten strategischen Analyse- und Planungsinstrumente[943]

Die Industrieunternehmen geben hinsichtlich ihrer eingesetzten Analyse- und Planungsinstrumente an, dass grundsätzlich viele verschiedene Methoden zur Anwendung kommen. Die Wahl des jeweiligen Instruments hängt dabei immer vom konkreten Anlass und Ziel ab, sodass eine bestimmte Auswahl und Reihenfolge der Anwendung nicht fest vorgegeben ist. Vielmehr können die Methoden und Verfahren als Werkzeugsammlung verstanden werden, die je nach Bedarf

---

941 Eine Übersicht verschiedener Analyse- und Planungsinstrumente geben Szyperski/ Winand (1980), S. 121ff. sowie Bea/Haas (2001), S. 54ff.

942 Vgl. Frost (2003), S. 58f.

943 Quelle: Studie 2 – Frage D.8; N = 12. Durch die niedrige Anzahl der maximal möglichen Nennungen sind die Befunde nicht ohne weiteres auf die Grundgesamtheit zu übertragen.

aus einer Art „Werkzeugkasten“ herausgeholt werden (vgl. Tabelle 4-6). Dieses Vorgehen erlaubt zum einen die selektive Adaption einzelner Instrumente sowie die Anpassung des Instrumentenportfolios im Werkzeugkasten. Durch die gegebene Wahlmöglichkeit, fallbezogen die adäquaten Methoden herausgreifen zu können, sehen allerdings die meisten Unternehmen eine Weiterentwicklungsnotwendigkeit nur bedingt als gegeben an. Zum anderen wird so auch die in Kapitel 2.3.2.2 aufgeworfene Frage beantwortet, ob ein Instrumenteneinsatz obligatorisch vorgeschrieben oder die Anwendung dem jeweiligen Planungsträger situationsabhängig freigestellt wird. Die Planungsträger sind gemäß der Erkenntnisse aus Studie 2 also relativ frei in der Wahl der entsprechenden Methoden und können im Bedarfsfall auf einen großen Fundus zugreifen.

Sektor/Branche	Aussagen der befragten Unternehmen
Industrie (Automobil, Maschinenbau)	• *„[...] Ausblendung verschiedener Instrumente, wenn diese nicht mehr ganz aktuell sind; Aber auch ein „Herauskramen“ der Instrumente, wenn die Aktualität wieder gegeben ist. Diese Sammlung kann also als eine Art „Werkzeugkasten der Methoden“ verstanden werden, aus dem je nach Bedarf die entsprechende Methode gewählt wird.“* • *„Die Methoden und Verfahren werden fallspezifisch angewendet – ähnlich einem „Werkzeugkasten“, aus dem je nach Bedarf die entsprechende Methode gewählt wird.“* • *„Ein Werkzeugkasten und punktuelles Heranziehen einzelner Instrumente ermöglicht ein einfaches Vorgehen.“*
Industrie (Sonstige)	• *„Eine Überarbeitung und Verringerung der angewandten Analyseverfahren und -methoden ist nicht erforderlich, da das verwendete Instrumentarium (sowie auch der Prozess) überschaubar sind.“* • *„Wir haben einen Werkzeugkasten an Methoden, der je nach Bedarf eingesetzt wird; Teilweise gibt es auch Unterstützung durch externe Berater. Je nach Art des Veränderungsgrads kommen entsprechend „abgeschwächte“ Methoden zur Anwendung.“*

Quelle: Studie 2 – K8: D.9

Tabelle 4-6: Adaption strategischer Analyse- und Planungsinstrumente in produzierenden Unternehmen

Bei den untersuchten Dienstleistungsunternehmen ist die Situation leicht verschieden. Zwar kommen teilweise auch Werkzeugkästen zum Einsatz, die jedoch häufig eher zur Beratung des Kunden anstatt zur eigenen Analyse und Planung verwendet werden: *„Ein Werkzeugkasten, der in Projekten zur Beratung von Kunden eingesetzt wird, dient auch der „strategischen“ Analyse. Die Anwendung der Instrumente ist einfach und unsere Mitarbeiter sind Fach-*

leute darin, da die Instrumente beim Kunden auch selbst zur Anwendung kommen. Eine Anpassung oder Vereinfachung dieser Tools ist kaum notwendig."[944] Daneben nutzen die meisten Unternehmen für ihre eigene Planung aber kaum strukturierte und formalisierte Instrumente, sondern führen ihre Wahrnehmungs-, Denk- und Planungsprozesse eher erfahrungsbasiert aus (vgl. Tabelle 4-7). Eine Adaption ist hier also eher selten erforderlich.

Sektor/Branche	Aussagen der befragten Unternehmen
Dienstleistung (Beratung, Software)	• *„Es werden kaum Methoden verwandt, da dies nicht zu einem besseren Ergebnis beiträgt. Wichtiger sind Erfahrung, Lernorientierung und die Kenntnis von Zusammenhängen anstelle der Erarbeitung von Szenarien."*
Dienstleistung (Handel, Bau)	• *„In unserer Planung werden nicht sehr viele Instrumente eingesetzt."* • *„Viele Analysen werden nicht unbedingt explizit und lehrbuchgerecht durchgeführt, sondern implizit und im Kopf erstellt."*

Quellen: Studie 2 – Fragen B.8, D.8, D.9

Tabelle 4-7: Adaption strategischer Analyse- und Planungsinstrumente in Dienstleistungsunternehmen

Im Weiteren zeigt die nähere Betrachtung des Einsatzes strategischer Managementtools in KMU, dass viele Studien diesen Bereich bislang nur unzureichend untersuchten, während das Hauptinteresse dem Planungsprozess galt. Die Gegenüberstellung der Aussagen zur Adaption strategischer Planungsmethoden aus Studie 2 macht aber gerade auch hier Unterschiede von Großunternehmen und KMU deutlich. Alles in allem scheint die Anwendungsquote solcher Instrumente in kleinen und mittleren Unternehmen recht gering zu sein. In den vier untersuchten KMU kommen nur in einem definierte Planungsinstrumente zur Anwendung. Eine Adaption ist daher ebenfalls selten notwendig. Zu einem vergleichbar enttäuschenden Ergebnis kommt auch STEHMANN.[945] Aus diesen Befunden könnte nun geschlossen werden, dass mit Entwicklung und Wachstum der Unternehmen das Interesse an Methoden und Instrumenten der strategischen Planung zunimmt. Wie FROST zeigt, trifft diese Annahme allerdings nicht zwangsläufig zu.[946]

---

944 Quelle: Studie 2 – K8: D.9; Sektor/Branche: Dienstleistung (Beratung, Software).

945 Vgl. Stehmann (1996), S. 61ff.

946 Vgl. Frost (2003), S. 55ff.

Als drittes Element der Veränderung kann die Organisationsstruktur des strategischen Planungssystems (in Ergänzung zur Veränderung des Prozessablaufs) angeführt werden.[947] Eines der Unternehmen aus Studie 2 beschreibt sein Vorgehen dazu allgemein wie folgt: *„Für die strategische Planung existiert bei uns ein 5-Jahresplan, der aber durch bestimmte Ereignisse in seiner Struktur angepasst werden kann.“*[948] Diesbezüglich zeigen weitere Auswertungen einige beispielhafte Anpassungen in den befragten Unternehmen:

- *„Die terminierte Planung ist wichtig und ermöglicht erst eine Zielerreichung. Ihre Stellung gegenüber der situativen Planung verliert aber an Wichtigkeit bzw. sollte zugunsten der Projektplanung tendenziell abnehmen.“*[949]
- *„Wir haben die Unternehmensorganisation von der reinen funktionalen Organisation (getrennt nach Wissenschaften und Berufen) hin zur kunden- bzw. projektorientierten Organisationen verändert, in der verschiedenste wissenschaftliche Disziplinen (Architekten, Statiker, Maschinenbauer, ...) direkt nebeneinander sitzen und so ein direkter Informationsfluss stattfinden kann. Dem entsprechend hat sich auch die Planung verändert.“*[950]
- *„Schnittstellenoptimierung und Effizienzsteigerung sind wichtige Ziele der Weiterentwicklung der strategischen Planung. Das Problem an dieser Stelle hat sich bei uns in jüngster Zeit vor allem durch die vielen Akquisitionen und das schnelle Wachstum verstärkt.“*[951]

Ebenso hängen die Art der SPS-Organisation (zentrale vs. dezentrale Planung) und eine damit verbundene Veränderung nach Aussage zweier Firmen nicht nur vom Unternehmen ab, sondern werden zum Teil auch durch Markt- und Branchenrestriktionen vorgegeben:

- *„Die rationale Planung steht deutlich im Vordergrund – dies ist auch durch die Branche bedingt.“*[952]

---

947 Unter Organisationsstruktur des strategischen Planungssystems wird die Aufbauorganisation (bspw. die Abteilungs- und Personenstruktur sowie deren Schnittstellen) des SPS verstanden.

948 Quelle: Studie 2 – Frage B.4.

949 Quelle: Studie 2 – Frage D.1. Industrieunternehmen aus Sektor/Branche (Automobil, Maschinenbau).

950 Quelle: Studie 2 – Frage B.1. Dienstleister aus Sektor/Branche (Handel, Bau).

951 Quelle: Studie 2 – Frage 4.3. Industrieunternehmen aus Sektor/Branche (Automobil, Maschinenbau).

952 Quelle: Studie 2 – Frage D.1.

- *„Evtl. wäre eine „festere" Planung besser. Die Anforderungen der Branche machen dies aber schwierig."*[953]

Eine Besonderheit, nach der in Studie 2 gefragt wird, ist als viertes Element die Steuerung durch strategische Projekte. Dabei geht es vor allem darum, inwiefern das strategische Planungssystem durch neue innovative Ansätze der Strategieentwicklung ergänzt wird, also aufgrund bestimmter Erfordernisse (wie bspw. Komplexitätsbewältigung usw.)[954] verändert oder angepasst wird. Im Mittelpunkt steht insbesondere die Frage, nach dem (geplanten) Einsatz einer projektorientierten Strategieentwicklung.[955] FOSCHIANI stellt dar, dass mittels dieses Ansatzes *„die Stärken der traditionellen, kalendarischen strategischen Planung mit denen einer durch strategisch relevante Ereignisse getriebenen Vorgehensweise [...] kombiniert werden. Ebenso wird die Integration von Strategieformulierung und -formierung gefördert."*[956]

Die Befunde bzgl. dieser Art der SPS-Ergänzung sind vielschichtig. Einige Unternehmen lehnen den Einsatz einer solchen Vorgehensweise kategorisch ab, andere haben sie schon umgesetzt. Wieder andere wenden sie nur problembezogen oder selektiv an (vgl. Tabelle 4-8).

In einigen Unternehmen, vor allem großen Industrieunternehmen, wird die strategische Planung bereits durch eine projektorientierte Strategieentwicklung ergänzt. Das heißt, dass hier eine Adaption an veränderte Anforderungen bzw. eine Veränderung aufgrund erzielbarer Effektivitätsverbesserungen stattgefunden hat. In einigen anderen Unternehmen ist diese Art der Anpassung geplant oder in Umsetzung. Beim dritten Fall, der Ablehnung dieser Vorgehensweise, werden vor allem Risiken in der Entkoppelung von Entwicklung und Umsetzung der Strategie sowie der Abgabe von Entscheidungs- bzw. Richtlinienkompetenz befürchtet.[957]

Wie die Auswertungen von Studie 2 zeigen, umfasst die Adaption strategischer Planungssysteme – analog zu den Befunden der am Anfang dieses Abschnitts beschriebenen Studien – verschiedene Elemente. Am deutlichsten sind dabei Änderungen am Strategieprozess sowie an strategischen Analyse- und Planungsinstrumenten zu beobachten.

---

953 Quelle: Studie 2 – Frage 4.3.

954 Vgl. hierzu die in Kapitel 4.2.1.2 diskutierten Adaptionsauslöser.

955 Vgl. Foschiani (2000).

956 Foschiani (2000), S. 352f.

957 Vgl. zu diesem Absatz Studie 2 – Fragen 3.3, 3.4.

Haltung bzgl. einer SPS-Ergänzung	Aussagen der befragten Unternehmen
erfolgte Umsetzung	• *„Projekte sind im ständigen Strategieentwicklungsprozess verankert."* • *„Wir arbeiten gerade an der Umsetzung dieser Vorgehensweise."*
selektive Anwendung	• *„Insbesondere große strategische Veränderungen werden mittels projekt-orientierter Strategieentwicklung angegangen (bspw. fundamentaler Wandel der Unternehmensausrichtung, Akquisition, Erschließung vollkommen neuer Märkte)."*
Ablehnung	• *„Diese Art der Strategieentwicklung kommt im Bereich der Technologie- und Produktstrategien zum Einsatz. Im Bereich der Gesamtstrategie ist dies wohl aber nicht denkbar."* • *„Dies würde aller Wahrscheinlichkeit nach nicht funktionieren. Zum einen passt diese Art der Strategieentwicklung nicht zum Unternehmen, zum anderen ist das Unternehmen für eine solche Art der Strategieentwicklung wohl zu klein."** • *„Für die Strategieumsetzung sind Projekte bestens geeignet; für die Strategieentwicklung aber eher nicht."*

Quellen: Studie 2 – Fragen 3.3, 3.4 * Industrieunternehmen mit ca. 700 Mitarbeitern

Tabelle 4-8: Einsatz projektorientierter Strategieentwicklung

4.2.4.2 Adaptionsausmaß

Die zweite Größe, die den Output der Veränderungsvorgänge des strategischen Planungssystems beschreibt, ist das Ausmaß der Adaption. Darunter fällt in erster Linie die Frage, wie „oberflächlich" bzw. tief greifend die Veränderung ist.[958] REIß beschreibt dies mit Tiefe des Wandels: *„Je größer das »Delta« zwischen gegenwärtigem Status quo und angestrebtem Soll-Zustand ist, desto »tiefgreifender« [...] ist ein Wandel."*[959]

Die Befragung der Unternehmen aus Studie 2 sowie die qualitative Analyse von HOPPE ermöglichen einen Einblick in die Dimension des Veränderungsausmaßes und ihrer Bandbreite:

- *„Es werden meist nur marginale Veränderungen am Prozess vorgenommen."*[960]

958 Bamberger und Wrona (2004, S. 427) sprechen hier von einem Wandel geringen Ausmaßes und einem tief greifenden Wandel. Vgl. hierzu auch die Ausführungen zur Betrachtungsdimension „Oberflächen- und Tiefenstruktur" in Kapitel 2.5.

959 Reiß (1997b), S. 18.

960 Quelle: Studie 2 – Frage D.6.

- *„[...] allerdings prägt die Kultur des Unternehmens die Bereitschaft der Mitarbeiter zu Veränderungen. Diese sind deshalb teilweise langwierig und schwierig umzusetzen.“*[961]
- *„Die inkrementelle Vorgehensweise zur Weiterentwicklung der strategischen Planung ist richtig und anders gar nicht möglich.“*[962]
- *„In der Vergangenheit, ja, da hat man Revolutionen versucht. [...] Jetzt nehmen wir jedes Mal das Bewährte mit und addieren zusätzliche Schwerpunkte. [...] Dabei soll man immer Lehren ziehen aus dem Vorjahr. Kein »Big Bang«. »Don't change it« – pass es ganz leicht an, vereinfache, streiche immer kleine Dinge weg.“*[963]
- *„Der Prozess der Veränderung war ein »Durchpeitschen«. [...] Ich glaube, in dieser Phase ist es extrem wichtig, dass die Leute einbezogen werden.“*[964]

Allerdings lassen sich aus diesen Aussagen nicht ohne weiteres Muster ablesen, die neue Erkenntnisse hinsichtlich möglicher Verhaltensunterschiede in den jeweiligen Auswertungskategorien ergeben. Die Fälle aus Studie 2 beschreiben Unternehmen, die in turbulentem Umfeld ihr strategisches Planungssystem adaptieren.[965] HOPPE beschreibt dahingegen Fälle von Unternehmen, die aufgrund einer Krisen- bzw. Umbruchsituation (radikale) Veränderungen an ihren SPS vornehmen (müssen).[966] Insofern ist anzunehmen, dass das Adaptionsausmaß mit der Veränderungssituation (turbulentes Umfeld vs. Umbruchsituation) und der Adaptionsart zusammenhängt. Eine eindeutige Korrelation kann aber nicht festgestellt werden, da bspw. das vierte Zitat (das Beispiel der Firma Swisscom) die unbedingte Gültigkeit dieser Vermutung teilweise anzweifeln lässt.

---

961 Quelle: Studie 2 – Frage B.6.

962 Quelle: Studie 2 – Frage D.6.

963 Hoppe (2004), S. 197. Zitat eines „Designers“ bei der Firma Swisscom.

964 Hoppe (2004), S. 127. Zitat eines „Anwenders“ bei der Firma EADS.

965 Hier zeigt sich, dass dieser Wandel zumeist inkrementell abläuft und zu einer „Höherentwicklung“ strategischer Planungssysteme führt, die sich bspw. im Einsatz von dynamischen Verfahren (wie der Szenario-Planung) anstelle einfacher, mechanistischer Verfahren manifestiert. Angepasst werden dabei in der Hauptsache strategische Tools und Prozessabläufe. Vgl. hierzu auch Kapitel 4.2.4.1.

966 Vgl. Kapitel 4.2.3.2.

4.3 Einflussfaktoren auf Adaptionsprozesse strategischer Planungssysteme

Im vorangegangenen Kapitel 4.2 wurden Prozessablauf und Prozessoutput der Adaption strategischer Planungssysteme thematisiert. Aufgezeigt werden konnten verschiedene Charakteristika des Adaptionsprozesses sowie Unterschiede hinsichtlich der in Kapitel 4.1 dargestellten Auswertungskategorien.

Im folgenden Abschnitt werden auf diesen Erkenntnissen aufbauend verschiedene Einflussfaktoren oder Treiber des Adaptionsprozesses erörtert. Insbesondere werden zwei zentrale Größen besprochen und deren Wirkungen und Besonderheiten geklärt. Diese Einflussfaktoren bzw. Treiber sind zum einen die bestimmenden Akteure des Adaptionsprozesses und zum anderen organisationale Lernfähigkeit als Voraussetzung adäquater Adaption.

4.3.1 Akteure in Adaptionsprozessen und ihre Rollen

Zunächst gilt es, Akteure und Rollen zu identifizieren, die den Prozess der Adaption strategischer Planungssysteme wesentlich beeinflussen oder seinen Verlauf maßgeblich bestimmen. Ebenso stellt sich die Frage, inwiefern diese Beteiligten Einfluss ausüben und wie er ausgeprägt ist. Zusammenfassend kann demnach formuliert werden: (2a) Wer sind die zentralen Akteure und welche Rolle spielen sie?

Im Allgemeinen werden in der Managementlehre drei Hierarchieebenen unterschieden. Dies sind das Topmanagement (obere Führungsebene), das mittlere Management (mittlere Führungsebene) und die untere Führungsebene (teilweise auch Frontlinienmanagement genannt).[967]

Die obere Führungsebene wirkt als Visionär und befasst sich traditionellerweise mit dem Treffen von unternehmenspolitischen Grundsatzentscheidungen; sie ist damit zumeist Treiber der strategischen Planung.[968] In aller Regel kann diese Führungsebene unterteilt werden in das Board of Directors (Vorstand bzw. Geschäftsführung), dessen Leiter, den Chief Executive Officer (CEO; Vorstandsvorsitzender bzw. Geschäftsführer) sowie weitere Topmanager (Topmanagement Team, TMT), die nicht Mitglied der Geschäftsführung sind.[969] Diese Aufteilung erscheint nicht zuletzt deshalb sinnvoll, da sowohl die Unternehmenspraxis als auch die Strategieforschung entsprechend ausgerichtet sind. Jüngere Forschungsarbeiten konzentrieren sich bei der Untersuchung von

---

[967] Vgl. Staehle (1999), S. 89ff., Zahn (1996), S. 292ff. sowie Bartlett/Ghoshal (1994), S. 29ff. und die dort angeführte Literatur.

[968] Vgl. Staehle (1999), S. 90 und Zahn (1996), S. 292f.

[969] Vgl. Henke (1998), S. 25.

Strategieprozessen stark auf den Einfluss dieser drei Gruppen.[970] Die mittlere Führungsebene ist als Bindeglied zwischen oberem und unterem Management hauptsächlich mit der Umsetzung unternehmenspolitischer Ziele in Handlungsprogramme befasst und überwacht deren Ausführung.[971] Meist wird in der Literatur darauf verwiesen, dass sowohl die mittlere als auch untere Managementebene im Rahmen des Strategieprozesses die Implementierung der Strategie verantworten.[972] Allerdings wird in einer zunehmenden Zahl von Arbeiten die Bedeutung dieser beiden Führungsebenen erheblich aufgewertet. Sie werden als treibender Motor strategischer Initiativen betrachtet, wodurch ihnen eine herausragende Stellung im Strategieprozess zukommt.[973] Neben den verschiedenen Hierarchieebenen nehmen noch eine Reihe weiterer Akteure Einfluss auf die Adaption des SPS. Dies sind bspw. unterschiedliche Funktionsbereiche, die in die Strategieentstehung eingebunden oder davon betroffen sind. Analog trifft das auch für Sparten oder Divisionen zu. Ebenso sind Projektteams oder Prozessverantwortliche mögliche Akteure und müssen deshalb in einer Untersuchung Berücksichtigung finden.

Studie 1 untersucht die Bedeutung dieser Einflussgruppen im Adaptionsprozess strategischer Planungssysteme und leistet damit einen Beitrag zur Klärung der organisatorischen Verankerung der Adaption des SPS. So gibt Frage 2.3 im Fragebogen die oben genannten Akteure als Ankreuzmöglichkeiten vor und erlaubt bei der Beantwortung ausdrücklich auch Mehrfachnennungen. Damit wird der besonderen Situation Rechnung getragen, dass die Adaption nicht ausschließlich von einem Akteur initiiert und getragen werden kann, sondern durchaus mehrere Beteiligte möglich sind. Außerdem können die Befragten mit einem „freien Antwortfeld" eigene Vorgehensweisen, Träger und Akteure als Antworten mit einsteuern.

Die Häufigkeitsauswertung der Angaben zur organisatorischen Verankerung der SPS-Adaption zeigt eine Verteilung, die die Beteiligung mehrerer Akteure bestätigt (vgl. Abbildung 4-13). In nahezu allen Unternehmen ist die obere Führungsebene maßgeblich an der Adaption beteiligt, die mittlere Führungsebene immerhin noch in 42% der befragten Firmen und die untere nur noch in 6%. In den Weiterentwicklungsprozess sind in ca. einem Fünftel der Unter-

---

970 Vgl. Johnson u. a. (1996), S. 425ff.

971 Vgl. Staehle (1999), S. 90f. Zu Bedeutung und Funktion der mittleren Führungsebene im strategischen Management vgl. Floyd/Wooldrigde (1992), Schilit (1987), Westley (1990) und Wooldrigde/Floyd (1990).

972 Vgl. exemplarisch Floyd/Wooldrigde (1992) und Guth/MacMillan (1986).

973 Vgl. bspw. Zahn (1996), S. 292f., Ghoshal/Bartlett (1994), Burgelman (1983) und Bower (1970).

nehmen auch verschiedene Funktionalbereiche eingebunden. Sparten bzw. Divisionen spielen als Akteure mit 7 Prozent nur eine nachgeordnete Rolle. Einen relativ hohen Stellenwert nehmen aber interessanterweise Projektteams und Prozessverantwortliche ein. Diese sind explizit mit der Gestaltung und Durchführung der entsprechenden Veränderungsprozesse betraut.

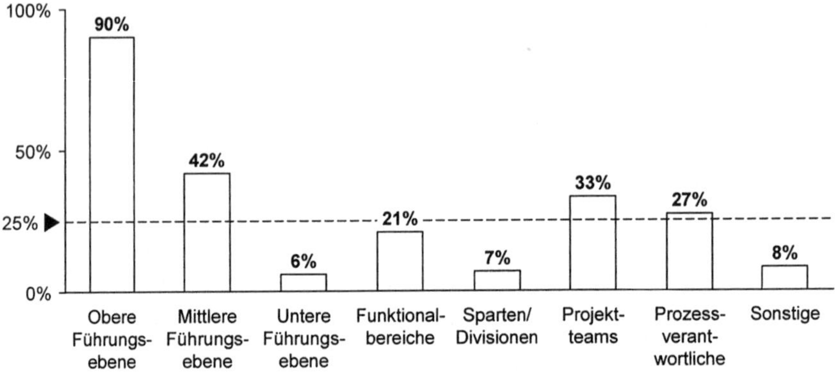

Abbildung 4-13: Organisatorische Verankerung der SPS-Adaption[974]

Die Auswertung der Ankreuzmöglichkeit „Sonstige" ergibt die Nennung weiterer Akteure. So werden von den Befragten verschiedene Beteiligte am Adaptionsprozess von innerhalb des jeweiligen Unternehmens genannt. Hierzu zählen die Personalabteilung, Qualitätsmanager, Inhouse-Beratungen sowie strategische Geschäftseinheiten und Muttergesellschaften. Als unternehmensexterne Akteure werden (externe) Berater und Mitglieder in Firmennetzwerken genannt.

Zu berücksichtigen ist allerdings, dass nahezu zwei Drittel aller befragten Unternehmen angeben, die Aufgabe der Weiterentwicklung nicht explizit organisatorisch im Unternehmen verankert zu haben.[975] Nichts desto trotz veranschaulichen diese Ergebnisse sehr gut, welchen Stellenwert die verschiedenen Akteure in der unternehmerischen Realität der SPS-Anpassung haben.

---

[974] Quelle: Studie 1 – Frage 2.3; N = 177.

[975] Quelle: Studie 1 – Frage 2.2 (6); N = 175. Die getrennte Analyse nach weniger turbulentem und turbulentem Umfeld ergibt dasselbe Ergebnis. Jeweils zwei Drittel der Befragten geben an, die Aufgabe der Weiterentwicklung im Unternehmen organisatorisch nicht explizit verankert zu haben. Quelle: Studie 1 – Frage 2.2 (6) gekreuzt mit Konstrukt Turbulenz; N = 149.

Die vergleichende Analyse von produzierenden und dienstleistenden Unternehmen sowie Großunternehmen und KMU zeigt trotz aller Unterschiede hinsichtlich ihrer SPS und deren Veränderung keine gravierenden Unterschiede in der organisatorischen Verankerung der Weiterentwicklungsaufgabe. Die Bedeutung der Führungsebenen ist analog zum Gesamtdatensatz ausgeprägt; Abweichungen sind gering und kaum nennenswert. Ebenfalls scheint die Veränderung strategischer Planungssysteme als eine sehr stark zentralisierte Aufgabe angesehen zu werden. Sowohl Fach- und Funktionalbereiche als auch dezentrale Einheiten, wie Sparten bzw. Divisionen, sind nur in geringem Maße berücksichtigt. Ebenfalls gibt es in einer überraschend großen Anzahl von Unternehmen für die Aufgabe der Weiterentwicklung eigens Projektteams oder Prozessverantwortliche.

Die statistische Kreuzung der Frage 2.3 mit dem Konstrukt Turbulenz[976] ergibt im Vergleich zur Analyse der beiden ersten Auswertungskategorien einige neue aufschlussreiche Befunde. Besonders interessant ist dabei die Untersuchung der Akteure Fachbereiche, Divisionen, Projektteams und Prozessverantwortliche (vgl. Abbildung 4-14). Fachbereiche werden von jeweils ca. einem Fünftel der Unternehmen in weniger turbulentem und turbulentem Umfeld als Beteiligte an der Adaption genannt. Dies entspricht in etwa der Angabe im Gesamtdatensatz (vgl. Abbildung 4-13). Im sehr turbulenten Umfeld sinkt dieser Anteil allerdings deutlich. Hier sind in lediglich 13% der Firmen Fachbereiche in die Weiterentwicklung eingebunden. Beim Akteur Divisionen verkehrt sich der Befund ins Gegenteil. Daraus kann geschlossen werden, dass mit zunehmender Umfeldturbulenz eine Einbeziehung der Divisionen und der Geschäftsbereiche in den Adaptionsprozess zunimmt. Analog dazu stellt GRANT fest, dass in den von ihm untersuchten Unternehmen eine Verschiebung der strategischen Planungsverantwortlichkeiten von der Zentrale hin zu den Geschäftsbereichen bzw. Tochtergesellschaften stattfindet.[977] Die Untersuchung der Bedeutung von Projektteams und Prozessverantwortlichen als Akteure im Adaptionsprozess zeigt ebenfalls eine Zunahme mit wachsender Umfeldturbulenz. Die Einbindung von Wissen aus dynamischen Bereichen wie Projekten sowie von prozessbezogenem Fachwissen gewinnt also in sehr turbulentem Umfeld an Bedeutung.

[976] Vgl. Kapitel 3.2.3.1.

[977] Vgl. Grant (2003), S. 507.

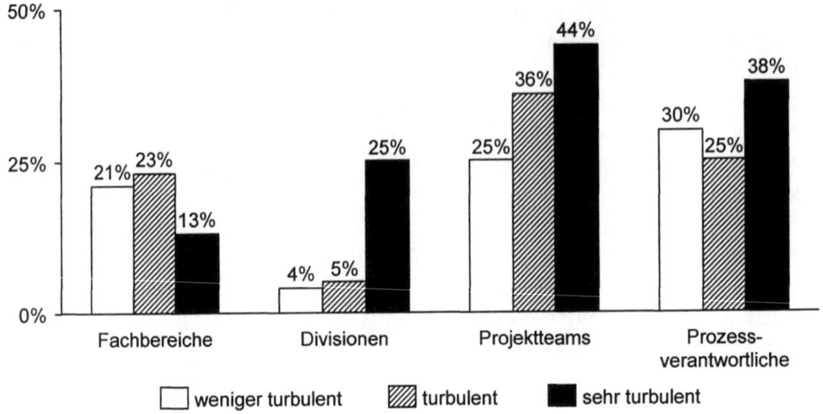

Abbildung 4-14: Organisatorische Verankerung der SPS-Adaption im turbulenten Umfeld[978]

Eine Vertiefung dieser Erkenntnisse durch qualitative Untersuchungen von Einzelfällen erfolgt im Weiteren mit Studie 2. Eingegangen wird auf die Gründe der hauptsächlichen Einbindung der oberen Führungsebene in den Adaptionsprozess und auf besondere Akteure sowie allgemeine kritische Anmerkungen der befragten Unternehmen bzgl. der Akteure des Adaptionsprozesses.

Zunächst kann festgestellt werden, dass in den befragten Unternehmen am Strategieentstehungsprozess und dessen Weiterentwicklung dieselben Akteure beteiligt sind, wie in den Firmen aus Studie 1. Genannt werden bspw. Gesellschafter und verschiedene Führungsebenen wie Geschäftsleitung bzw. Vorstand, Hauptabteilungsleiter und Direktoren sowie Abteilungs- und Teamleiter. Ebenso sind teilweise Stäbe, strategische Planungs- und Controllingabteilungen, Strategieteams, Funktionen, Geschäftsbereiche und was die Einbringung von Ideen und Vorschlägen anbetrifft teilweise auch weitere geeignete Mitarbeiter involviert.[979] Von außerhalb des Unternehmens werden Berater, Kapitalgeber und Kunden genannt.

Beobachtbar ist, dass in den meisten Fällen die obere Führungsebene mit Unterstützung von Planern den Adaptionsprozess lenkt und beeinflusst:[980]

---

978 Quelle: Studie 1 – Frage 2.3 gekreuzt mit Konstrukt Turbulenz; N = 149. Auf 100 Prozent fehlend jeweils keine Nennung (also keine Beteiligung des jeweiligen Akteurs am Adaptionsprozess).

979 Quelle: Studie 2 – Fragen A.1, A.4.

980 Quelle: Studie 2 – K6: F.2, B.8 und Frage A.4.

- *„Nur die Hauptabteilungsleiter und natürlich die Geschäftsführung sind beteiligt."*
- *„Mitarbeiter unterhalb der ersten Führungsebene sind nicht in den Prozess eingebunden."*
- *„Der Vorstandsvorsitzende hat jederzeit ein offenes Ohr für Vorschläge von Managern und Mitarbeitern. – Mitarbeiter werden zwar ernst genommen, sind allerdings so im operativen Geschäft gefangen, dass kaum Zeit bleibt für das Strategische. Sich über strategische Dinge Gedanken zu machen, ist ja auch nicht unbedingt die Aufgabe der Mitarbeiter."*

Der Frage nachgehend, warum hauptsächlich die obere Führungsebene in den Strategieentstehungsprozess und dessen Weiterentwicklung eingebunden ist, werden als Gründe meist die hohe Arbeitsbelastung und zeitliche Auslastung nachgeordneter Führungsebenen sowie der potenzielle Effizienzverlust der strategischen Planung bei Beteiligung (zu) vieler Akteure angegeben. Einige Aussagen verschiedener Industrie- und Dienstleistungsebenen sind in Tabelle 4-9 zusammengefasst.

Sektor/Branche	Aussagen der befragten Unternehmen
Industrie	• *„Die zeitliche Auslastung der Manager erlaubt kaum deren Beschäftigung mit Strategie und Strategieprozess."* • *„An strategischen Projekten Beteiligte sind Vollzeitstrategen."* • *„Die zeitliche Auslastung der Mitarbeiter ist recht hoch; Daher ist teilweise nicht ausreichend Zeit zur Beschäftigung mit strategischen Themen."* • *„Zeitliche Freiräume hat niemand. Trotzdem – wenn es die operative Auslastung zulässt, ist die strategische Beschäftigung gewünscht."* • Die Effizienz der Planung würde bei Beteiligung vieler Akteure wohl sinken: *„Viele Köche verderben den Brei!"*
Dienstleistung	• *„Die tägliche Projektarbeit der Mitarbeiter erlaubt kaum ein Beschäftigen mit der Strategie. Bei Managern sieht dies wiederum etwas anders aus. Ihre Aufgabe hat auch die Entwicklung von Strategien zum Inhalt."* • *„Mitarbeiter sind mit operativem Geschäft ausgelastet."*

Quelle: Studie 2 – K6: E.6 und K2: A.7

Tabelle 4-9: Gründe gegen eine Beteiligung nachgeordneter Führungsebenen am Adaptionsprozess

Dennoch sind in einigen Fällen auch weitere Beteiligte maßgeblich verantwortlich. So gibt bspw. eines der Industrieunternehmen an, eigens für die Betreuung des Strategieprozesses und dessen Weiterentwicklung die Rolle eines Process-Owners definiert und besetzt zu haben.[981] *„Die Anpassung des Strategieprozesses während des Ablaufes liegt in den Händen eines Process-Owners. Die grundsätzliche Anpassung des Strategieprozesses an allgemein auftretende Veränderungen werden in regelmäßigen Strategieprozessverbesserungsrunden vorgenommen."*[982] Diese Rolle bzw. Person nimmt eine Schlüsselstellung im Strategieprozess ein. *„Der Strategieprozess steht und fällt mit der Akzeptanz und Kompetenz des Process-Owners, der Inhalte, Ziele und Vorgehen vermitteln muss und somit Akzeptanz und Verständnis erzeugt."*[983] *„Diese Person hat die erforderlichen Kompetenzen – auch die sozialen – und besitzt die Legitimation durch die Geschäftsführung."*[984]

Ein anderes Industrieunternehmen probierte die Einrichtung der Rolle eines „Ombudsmannes", also eines Ansprechpartners für Kritik und Verbesserungsvorschläge hinsichtlich der Strategie oder des Strategieprozesses: *„Im Geschäftsbereich XX wurde auch testweise versucht, ein „Sounding-Board" einzurichten, wo jeder Mitarbeiter seine Meinung bzgl. der Strategie und des Strategieprozesses einbringen konnte. Dabei stellte man fest, dass die Strategie bei den „normalen" Mitarbeitern nur teilweise bzw. überhaupt nicht bekannt war. Auf Angestellten- und Managerebene waren die Ergebnisse diesbezüglich wesentlich positiver."*[985]

Trotz der eher kritischen Aussagen bzgl. der Einbindung verschiedener Akteure in den Adaptionsprozess, ermöglicht ein konkretes Nachfragen hinsichtlich der Diskussionskultur im Unternehmen und ihrer Auswirkungen auf die Strategieprozessverbesserung weitere Einblicke:[986]

- *„Diskussionen finden auch bei beteiligten Mitarbeitern statt. Diese stellen ein großes Potenzial dar, welches innerhalb gewisser Rahmenbedingungen auch genutzt wird."*
- *„Diskussionen ermöglichen Lernen und Verbessern. Dies gilt natürlich auch für Diskussionen bei beteiligten Mitarbeitern."*

---

981 Quelle: Studie 2 – Frage A.7. Vgl. dazu die Ausführungen zum Konzept des „Change Agents" in Kapitel 2.4.3.3 und zur Initiierung des Adaptionsprozesses strategischer Planungssysteme in Kapitel 4.2.1.1.

982 Quelle: Studie 2 – Frage B.6. Industrieunternehmen aus Sektor/ Branche Industrie (Diverse).

983 Quelle: Studie 2 – Frage C.6.

984 Quelle: Studie 2 – Frage A.7.

985 Quelle: Studie 2 – K6: F.3.

986 Quelle: Studie 2 – K6: F.7.

Diese Aussagen machen deutlich, dass trotz einer Konzentration auf die obere Führungsebene als Akteur im Adaptionsprozess, Ideen und Inputs unterer Führungsebenen und Mitarbeiter als wertvoll eingeschätzt werden. Darüber, inwiefern diese Verbesserungsvorschläge tatsächlich berücksichtigt werden, geben die erhobenen Daten keine Auskunft.

Von den Unternehmen aus Studie 2 werden über die Nennung der am Adaptionsprozess Beteiligten und Darstellung ihrer Rollen auch weitere Überlegungen angeregt: „*Muss der Anpassungsprozess des Planungssystems effizient sein, oder spielt nicht vielmehr die Effektivität eine zentrale Rolle?*“[987] Ferner wirft eines der Industrieunternehmen die kritische Frage auf, welches Rollenverständnis Planungsstäbe haben. Sind sie eher Assistent des Chefs oder haben sie eine Kreativfunktion? Sind sie eher Inhouse-Consultants oder schlechtes Gewissen? Die Antworten auf diese Fragen beeinflussen maßgeblich ihre Haltung und Funktion im Veränderungsprozess des strategischen Planungssystems.[988]

4.3.2 Organisationale Lernfähigkeit als Voraussetzung der Adaption

Neben der Frage, welche Akteure in den Prozess der Adaption strategischer Planungssysteme eingebunden sind und wie sie diesen beeinflussen, ist die organisationale Lernfähigkeit als zweite wichtige Größe zu betrachten.[989] Der Fokus liegt dabei darauf, Lernfähigkeit als Enabler von Wandelprozessen (also des Adaptionsprozesses) zu verstehen.[990] Dementsprechend lautet Forschungsfrage (2b): Erklärt höhere Lernfähigkeit eine besser ausgeprägte Adaption?

Organisationale Lernfähigkeit wird hier verstanden als Voraussetzung für die Beherrschung organisationaler Lernprozesse.[991] Lernprozesse auf organisationaler Ebene bilden einen Spezialfall des kollektiven Lernens und können nach KLIMECKI, LASSLEBEN und THOMAE durch einen Bezugsrahmen beschrieben werden, der auf Lernauslöser, -träger, -medien, -faktoren und ergebnisse fokussiert.[992] Mit Anpassungen wird dieser Rahmen auf das Erkenntnisobjekt

---

987 Quelle: Studie 2 – K2: E.5.

988 Quelle: Studie 2 – Frage 4.3.

989 Vgl. Kapitel 2.4.2.3.

990 Vgl. hierzu auch die Ausführungen in Kapitel 2.6.

991 Lernfähigkeit ist die „Fähigkeit einer Organisation, individuelle Lernanstöße und individuelles Wissen aufzunehmen, sowie Lernprozesse vom Typ des Anpassungs-, des Veränderungs- und des Prozesslernens überhaupt zu vollziehen.“ Müller/Hurter (1999), S. 14.

992 Vgl. Klimecki u. a. (2000).

Adaptionsprozess strategischer Planungssysteme übertragen und dort für die Identifikation und Beurteilung der adaptionsbezogenen Lernfähigkeit genutzt (vgl. Abbildung 4-15). Die nach KLIMECKI U. A. angeführten Lernauslöser, -faktoren und -ergebnisse werden für die Beurteilung der Lernfähigkeit zum Konstrukt Lernroutinen zusammengefasst und die Lernmedien werden um eine Flexibilitätskomponente ergänzt als Lernrahmen betrachtet.

Komponenten der Lernfähigkeit	Analyseleitende Fragestellungen
Lernträger	• Sind verschiedene Akteure in Lern-/Verbesserungsprozesse zur Steigerung der Varietät eingebunden?
Lernroutinen	• Gibt es definierte Vorgehensweisen/Routinen für Verbesserungsprozesse? • Wie wird auf Lernimpulse reagiert? • Stehen geeignete Lerninstrumente zur Verfügung? • Gibt es „organisationale Vorkehrungen", Gelerntes zu nutzen bzw. zu implementieren?
Lernrahmen	• Gibt es lernbegünstigende Rahmenbedingungen und wie wird der Rahmen organisationalen Lernens gestaltet? • Sind die kognitiven (Lern)Strukturen flexibel ausgelegt?

Abbildung 4-15: Analyserahmen zur Beurteilung der Lernfähigkeit

Als erste Größe sind die Lernträger anzuführen. Diese befassen sich mit der Frage, wer auf welche Weise an der kommunikativen Gestaltung des organisationalen Lernens beteiligt ist. Dabei können drei wesentliche Träger identifiziert werden: Individuen, Gruppen sowie die Organisation an sich.[993] *„Als soziales Phänomen ist organisationales Lernen auf die Kommunikation zwischen den Organisationsmitgliedern angewiesen. Deren Gelingen [...] wird schwieriger, je mehr Mitglieder ein System umfasst."*[994] Diesem Problem wird dadurch begegnet, dass das Prinzip funktionaler Differenzierung zur Anwendung kommt. Es bilden sich Zuständigkeitsbereiche in Form von Stellen und Abteilungen. Auch Lernprozesse werden auf solche Weise arbeitsteilig erledigt. Das Lernen wird in aller Regel von organisationalen Subsystemen getragen, die in der neueren Literatur zum organisationalen Lernen als „Community" oder „Gemeinschaft" bezeichnet werden. Dabei wird angenommen, dass diese Gemeinschaften entweder aus einer gemeinsamen Tätigkeit („communities of practice")[995] oder

---

[993] Vgl. Kapitel 2.4.2.3 und Pautzke (1989), S. 104.

[994] Klimecki u. a. (2000), S. 70.

[995] Vgl. Brown/Duguid (1991).

aus der Hingabe an ein gemeinschaftlich als relevant erachtetes Thema („communities of commitment")[996] erwachsen.

Die zweite Größe, Lernroutinen, bezeichnen die Auslöser und Vorgehensweisen für Lern- bzw. Verbesserungsprozesse. KLIMECKI, LASSLEBEN und THOMAE verweisen auf verschiedene Faktoren, die das Zustandekommen und den Verlauf organisationalen Lernens nachhaltig beeinflussen können: Charakteristika der Information, Homogenität der vorhandenen Wissensbasis und Anschlussfähigkeit des Wissens.[997] Informationen können von der Organisation bspw. unterschiedlich stark oder schwach bzw. eindeutig oder mehrdeutig wahrgenommen werden. Da Unternehmen risikoavers[998] und damit in gewisser Weise träge sind,[999] ist zu vermuten, dass ein gewisses Maß an informationeller Sicherheit (relevante und eindeutige Informationen) notwendig ist, um Lernprozesse in Gang zu setzen. Die homogene Wissensbasis ist Voraussetzung für eine rasche, reibungslose und erfolgreiche Interpretation der Informationen. Um Lernprozesse erfolgreich abschließen zu können, sind ein Mindestmaß an Anschlussfähigkeit des vorhandenen Wissens sowie „organisationale Vorkehrungen", Gelerntes zu nutzen bzw. zu implementieren notwendig. Darüber hinaus stellt sich die Frage, wie Veränderungswissen gewonnen wird, d. h. welche Lerninstrumente zum Einsatz kommen.[1000]

Der Lernrahmen kann in eine formelle Struktur, bspw. Lernen im Rahmen von Managementsystemen, und eine eher informelle Struktur, wie die Unternehmenskultur,[1001] unterschieden werden. Häufig wird die formelle Struktur als Hindernis betrachtet, da bspw. zentrale, stark hierarchische Strukturen eher ein Festhalten an bekannten Verhaltensmustern bedingen, wobei der Gestaltungsspielraum der Individuen eingeschränkt und eine Kontrolle benötigt wird. Allerdings kann sich die Struktur ebenso als kreativitätsfördernd erweisen, da gewisse Strukturen benötigt werden um nicht in eine Chaos-Falle zugeraten. In diesem Sinne können dezentrale, organische Strukturen die Entwicklung neuer

---

996 Vgl. Kofman/Senge (1993).

997 Vgl. Klimecki u. a. (2000), S. 70f.

998 Die organisationale Tendenz zur Vermeidung von Unsicherheit beschreiben Cyert und March (1963), S. 123ff.

999 Zur „organisationalen Trägheit" vgl. Hannan/Freeman (1984).

1000 Unter den Begriff Lerninstrumente können Prozess-Reviews, Datenbanken o. Ä. subsumiert werden.

1001 Unternehmenskultur kann definiert werden als „a set of basic tacit assumptions about how the world is and ought to be that a group of people share and that determines their perceptions, thoughts, feelings, and, to some degree, their overt behavior." Schein (1996), S. 11.

Verhaltensweisen fördern, indem sie speziell auf informelle Kommunikationsprozesse abzielen.[1002] Nicht zuletzt ist für diese Dezentralisierung ein gewisses Maß an Flexibilität erforderlich, um Ideen zu generieren und organisationales Lernen zu ermöglichen. Um Flexibilität erfolgreich nutzen zu können, ist es allerdings notwendig, dass sowohl die Fähigkeit, die Veränderung in kognitiven Strukturen zu verarbeiten, bei Individuen besteht als auch, dass die Struktur des Unternehmens diese Fähigkeiten unterstützt und ebenso flexibel auf Veränderungen reagieren kann.[1003] Demgegenüber nimmt die Unternehmenskultur Einfluss auf das Lernen in Unternehmen, indem sie bspw. die Aufgeschlossenheit der Unternehmensmitglieder gegenüber Veränderungen sowie die Qualität des Informationsaustausches bestimmt. In diesem Sinne wirkt sie implizit auf Wahrnehmungs-, Denk- und Lernprozesse sowie auf die darauf aufbauenden Handlungen ein und spiegelt sich so in den mentalen Modellen sowohl von Individuen als auch von Gruppen wieder.[1004]

Je intensiver das Vorhandensein dieser drei Komponenten ausgeprägt ist, desto höher ist die Lernfähigkeit des Unternehmens einzuschätzen. Im Folgenden wird die Lernfähigkeit der Unternehmen aus Studie 1 über drei Indizes (basierend auf verschiedenen Fragestellungen aus den Frageblöcken 4.4 und 4.5) abgebildet. Daran schließt sich die Untersuchung des Zusammenspiels mit der Adaptionsintensität an, um einen möglichen Zusammenhang zwischen Lernfähigkeit und Adaptionsintensität zu analysieren.

Der erste Index, Lernträger, wird gebildet aus den Fragen 4.4 (3) und 4.5 (4), die auf interdisziplinäre Teams und Task-Forces als Lernträger sowie flexible Teamstrukturen fokussieren. Die statistische Analyse dieses Index weist eine Reliabilität nach Cronbachs Alpha von 0,420 aus.[1005] Dieser Wert ist zwar nicht ganz so hoch wie erwartet, was jedoch zur Hauptsache der relativ geringen Fallzahl geschuldet ist.[1006] Der zweite Index, Lernroutinen, wird abgebildet durch die Fragen 4.4 (7) und 4.4 (8). Diese Fragen befassen sich damit, wie (Prozess)Wissen gespeichert und wieder zugänglich gemacht bzw. distribuiert wird. Statistisch betrachtet weist dieser Index eine Reliabilität nach Cronbachs

---

1002 Vgl. Sattelberger (1996), S. 50, Greschner (1996), S. 149f. und Brown/Eisenhardt (1998), S. 29 und S. 34ff.

1003 Vgl. Volberda (1996), S. 365.

1004 Vgl. Bamberger/Wrona (2004), S. 469, Greschner (1996), S. 154 und Fiol/Lyles (1985), S. 804.

1005 Quelle: Studie 1 – Fragen 4.4, 4.5.

1006 N = 172.

Alpha von 0,581 aus.[1007] Dem dritten Index, Lernrahmen, liegen die Fragen 4.4 (1), 4.4 (2), 4.4 (4), 4.4 (5) und 4.4 (6) zugrunde. Sie zielen analog zu den oben stehenden Ausführungen auf die Erfassung formeller Strukturen ab, wie bspw. die institutionalisierte Lernförderung durch Job-Rotation oder die Motivation durch Incentives, und informeller Strukturen, wie den grundsätzlichen Umgang der Unternehmen mit Wissen und die Förderung des informellen Informationsaustausches durch bspw. Kaffeeecken. Die Untersuchung der Reliabilität für den Index ergibt nach Cronbachs Alpha einen Wert von 0,735.[1008]

Um den Zusammenhang zwischen Lernfähigkeit und Adaption beurteilen zu können, werden jeweils Korrelationsanalysen der drei Indizes mit dem Konstrukt Adaptionsintensität durchgeführt. Für den Index Lernträger beträgt das Zusammenhangsmaß nach Pearsons R = 0,409. Für Lernroutinen nimmt Pearsons R einen Wert von R = 0,492 und für Lernrahmen einen Wert von R = 0,441 an. Für alle drei Indizes kann also ein ausgeprägter positiver Zusammenhang festgestellt werden, bei einem Signifikanzniveau von jeweils 100%. Ein Anstieg der einzelnen Indizes hat also ein Ansteigen der Adaptionsintensität zur Folge. Dies bedeutet, dass ein positiver Zusammenhang zwischen der organisationalen Lernfähigkeit und der Adaption strategischer Planungssysteme festzustellen ist.[1009] Damit kann Forschungsfrage (2b) eindeutig beantwortet werden: Höhere Lernfähigkeit erklärt eine besser ausgeprägte Adaption und wirkt somit als Enabler von Adaptionsprozessen.

Die Daten aus Studie 2 erlauben eine nähere Betrachtung bzw. Vertiefung dieser Befunde und unterstützen die Interpretation und Argumentation. Die inhaltsbezogene Auswertungskategorie K9 umfasst mehrere Fragen, die auf die Klärung der Frage abzielen, ob und inwiefern Lernfähigkeit zu einer höheren Adaptionsintensität beiträgt. Die Fragen können für eine Vertiefung der Erkenntnisse über die einzelnen Komponenten der Lernfähigkeit entsprechend aufgeteilt werden.

Die Frage danach, ob verschiedene Lernträger in Strategie- und Adaptionsprozesse eingebunden sind, lässt sich bejahen. In erster Linie sind die oberen Führungsebenen eingebunden, wobei teilweise auch nachgeordnete Führungsebenen sowie ausgewählte Mitarbeiter involviert sind.[1010] Zwei exemplarische Aussagen verdeutlichen diesen Befund:[1011]

[1007] Quelle: Studie 1 – Frage 4.4.

[1008] Quelle: Studie 1 – Frage 4.4.

[1009] Quelle: Studie 1 – Indizes aus Frage 4.4 gekreuzt mit Konstrukt Adaptionsintensität.

[1010] Vgl. dazu auch die Ausführungen in Kapitel 4.3.1.

[1011] Quelle: Studie 2 – Frage E.13.

- *„Die Träger strategierelevanten Wissens sind über das ganze Unternehmen hinweg verteilt. Gebündelt findet man dies allerdings hauptsächlich bei Managern zweiten und dritten Ranges.“*
- *„Strategischer Beirat, Geschäftsleitung und zwei ausgewählte Mitarbeiter sind in die Verbesserung des Strategieprozesses eingebunden. Ansonsten herrscht im Unternehmen fast eine Lernresistenz vor.“*

Einen Sonderweg markiert hier das bereits vorgestellte Industrieunternehmen, das einen Process-Owner für die Betreuung des Strategieprozesses und dessen Weiterentwicklung einsetzt.[1012] Dieser Process-Owner vermittelt Inhalte, Ziele und Vorgehen und erzeugt somit Akzeptanz und Verständnis. Durch diese direkte Art der Kommunikation kann eventuelles Feedback zum Prozess direkt aufgenommen und eine Verbesserung eingeleitet werden. Der Lernprozess wird dadurch enorm beschleunigt und die organisationale Lernfähigkeit entsprechend erhöht.[1013]

Zusammenfassend kann aus diesen Befunden geschlossen werden, dass grundsätzlich verschiedene Lernträger in den Adaptionsprozess eingebunden werden. Die dadurch bedingte Erhöhung der Varietät des Verbesserungswissens (im Vergleich zu einer „Nicht-Einbindung“ verschiedener Lernträger) macht eine höhere Lernfähigkeit der Unternehmen aus Studie 2 wahrscheinlich. Unterschiede zwischen Industrie- und Dienstleistungsunternehmen, Unternehmen verschiedener Größe oder auch eine Abhängigkeit von der Art des SPS waren nicht festzustellen.

Die zweite Komponente der Lernfähigkeit sind Lernroutinen. Um ein Vorhandensein und Funktionieren dieser Vorgehensweisen zu analysieren, müssen Adaptionsinformationen und Lerninstrumente betrachtet werden. Als wichtigste Größe für die Veränderung des strategischen Planungssystems wird von den befragten Unternehmen Erfahrungswissen, das aus der Durchführung des strategischen Planungsprozesses gewonnen wurde, genannt. Zwar sind Strategieprozesse grundsätzlich ergebnisorientiert, *„denn was bringt eine optimale Strategie, wenn sie nicht umgesetzt wird und so zu konkreten Ergebnissen führt. Allerdings wird ständig aus den gemachten Erfahrungen gelernt, um zukünftige Entwicklungen gestalten zu können und potenzielle Fehler zu vermeiden.“*[1014]

Die Unternehmen aus Studie 2 haben im Umgang mit Erfahrungswissen und dessen Anwendung in Bezug auf die Adaption des strategischen Planungs-

[1012] Vgl. Kapitel 4.3.1.

[1013] Quelle: Studie 2 – K9: C.6.

[1014] Quelle: Studie 2 – K9: E.7.

systems verschiedene Vorgehensweisen. Unterteilt nach Sektoren wird deutlich, dass in erster Linie Industrieunternehmen der Automobil- und Maschinenbaubranchen konsequent aus gemachten Erfahren lernen und ihre SPS verbessern. Die befragten Dienstleister attestieren Erfahrungswissen bei der Strategieentstehung zwar eine hohe Wichtigkeit, verwenden es jedoch kaum für Verbesserungen.[1015] Eine ähnliche Verteilung ergibt die Unterscheidung des Datensatzes nach der Art der strategischen Planung. Unternehmen, deren strategische Planung durch ein eher geplantes Vorgehen gekennzeichnet ist, haben in ihre Planungsabläufe auch Prozessevaluierungs- und -verbesserungsschritte eingebaut. Die SPS-Adaption hängt also offensichtlich mit einem durchdachten, formellen Strategieprozess zusammen. Firmen, die eher emergent planen, sehen dahingegen keine Notwendigkeit, mit gemachten Erfahrungen ihr Planungsvorgehen explizit zu verbessern. Sie verlassen sich auf die situationsabhängige Veränderungsfähigkeit ihres Planungssystems (vgl. Tabelle 4-10).

Art der strat. Planung	Aussagen der befragten Unternehmen
eher geplant	• *„Ja, es wird aus den bisherigen Erfahrungen des Prozessablaufes gelernt und somit auf dieser Basis der aktuelle Strategieprozess verbessert."* • *„Durch den Einsatz eines Barrier-Removal-Teams, das sich alle 4-6 Wochen zusammen setzt, wird der Prozess stetig verbessert – wenngleich auch nur in kleinen Schritten."*
eher ungeplant bzw. emergent	• *„Es wird kontinuierlich gelernt, der Strategieprozess aber nicht explizit angepasst."* • *„Der Prozess ist lern- und veränderungsfähig, allerdings wird nicht konkret nach Effizienzverbesserungen gesucht."*

Quelle: Studie 2 – K9: E.11

Tabelle 4-10: Lernroutinen in Abhängigkeit der Art des SPS

Zur Gewinnung solchen prozessbezogenen Erfahrungswissens kommen in den Unternehmen verschiedene Lerninstrumente bzw. -routinen zur Anwendung.[1016] Genannt werden bspw.

- inhaltliche Berichte,
- schriftliche Erfahrungsberichte,
- Manöverkritik nach dem Prozessdurchlauf,
- (Verbesserungs)Workshops,

[1015] Quelle: Studie 2 – K9: E11.

[1016] Quelle: Studie 2 – K9: E.9.

- Teams zur Prozessverbesserung (wie bspw. das o. g. Barrier-Removal-Team[1017]) und
- Speicherung von Detailverbesserungswissen „in den Köpfen der Beteiligten".

Als Lerninstrument für SPS-Verbesserungen wird zum Teil auch das Planungshandbuch genannt.[1018] Es zeigt sich jedoch, dass hier ebenfalls nur die Unternehmen mit eher formellem und expliziertem SPS entsprechende Angaben machen. Die Unternehmen mit eher emergenter Planung nutzen dieses Instrument nicht. Alternativ zur Nutzung der Planungsdokumentation gibt eines der Industrieunternehmen mit eher emergenter Planung an, ein Störungsmanagement („*Mitarbeiter können prozessuale Probleme melden*") installiert zu haben. Ebenso wurden in diesem Fall Prozessdesign und Verbesserungsmöglichkeiten im Rahmen der ISO-Zertifizierung festgehalten.[1019]

Als weiteres Verfahren des Prozessverbesserungslernens kommt in einzelnen Unternehmen aus Studie 2 ein Strategieprozess-Benchmarking zur Anwendung.[1020] Dabei findet im Rahmen von Kooperationen mit anderen Unternehmen derselben Branche oder auch mit Partnern aus der eigenen Wertschöpfungskette ein Austausch zur strategischen Planung und den dabei gemachten Erfahrungen statt. Einer der Interviewpartner bezeichnet dieses Vorgehen als „*sporadische Treffen mit Wettbewerbskollegen zum gemeinsamen Gedankenaustausch*".[1021]

Ebenso umfassen die Lernroutinen organisationale Vorkehrungen, Gelerntes zu nutzen bzw. in die zukünftige Planung zu überführen. Dabei stehen insbesondere Mechanismen der Wissensintegration im Vordergrund, die es den Akteuren

---

1017 Eines der Industrieunternehmen aus Sektor/Branche (Automobil, Maschinenbau) setzt ein Barrier-Removal-Team zur SPS-Verbesserung ein. Es setzt sich aus einem Koordinator der Geschäftseinheit, einem Marketing-, einem Controlling- und einem Verkaufsvertreter zusammen. Thema ist immer, wie der Prozess verbessert werden kann. Vgl. dazu Tabelle 4-10.

1018 Quelle: Studie 2 – K7: E.8.

1019 Quelle: Studie 2 – K7: E.8.

1020 Als spezielles Verfahren zur Stimulation der Kreativität im Rahmen der Strategiearbeit schlägt Greiner ein „Case Based Strategy Development" vor. Vgl. Greiner (2006), S. 611f. Grundgedanke dabei ist, strategische Vorgehensmodelle anderer Unternehmen auf die Anwendbarkeit im eigenen Unternehmen hin zu prüfen. Daran anschließend werden ggf. geeignete inhaltliche Strategiemuster, wie bspw. Geschäftsmodelle, auf den unternehmenseigenen Kontext übertragen. Neben dem Fokus auf Strategiemuster und -inhalte eignet sich diese Vorgehensweise aber auch dafür, strategische Prozesse und Strategieprozessinnovationen zu übertragen. Im Grunde kann das Verfahren so als Strategieprozess-Benchmarking bezeichnet werden.

1021 Quelle: Studie 2 – K9: E.10.

ermöglichen, ihr Wissen in den Strategieprozess einzubringen. An erster Stelle werden eher informelle Mechanismen, wie persönliche Gespräche und Diskussionsrunden im kleinen Kreis, genannt. In einzelnen Fällen wird ebenso versucht, Verbesserungswissen über Mechanismen eines rudimentären Wissensmanagements in das SPS zu integrieren. Dazu zählen bspw. Ansätze von Wissenslandkarten, die die Allokation bestimmter (Adaptions)Informationen festhalten. Insgesamt sollte das verfügbare Wissen gefiltert und gebündelt werden, sodass die Prozessverantwortlichen und Entscheidungsträger zu raschen und nachhaltig positiven Veränderungen des strategischen Planungssystems kommen.[1022]

An dritter Stelle steht der Lernrahmen, der die Bedingungen, innerhalb derer Lernen für die Verbesserung des SPS abläuft, umfasst. Dazu zählen beispielsweise, wie Berichtswege angelegt sind und Informationen bzgl. des SPS intern weitergegeben werden. Ebenso ermöglicht die Kenntnis der Diskussions- und Kommunikationskultur im jeweiligen Unternehmen ein tiefer gehendes Verständnis der Ausprägungen des Lernrahmens.

In fast allen Industrieunternehmen aus der Automobil- und Maschinenbaubranche sind Berichtswege hierarchisch organisiert (darunter fällt auch die Weitergabe von adaptionsrelevanten Informationen). Alles ist durchgeplant und größtenteils findet eine zeitliche Orientierung am (Planungs)Kalender statt. Es ist festgelegt, wer wann mit wem redet und auch das Format für die Meldung gewünschter Informationen wird zentral festgelegt.[1023] In diesem Umfeld kommen klassische Innovationsverfahren wie das Verbesserungsvorschlagswesen zur Anwendung. In den Firmen anderer Industriebranchen sowie bei den befragten Dienstleistern kann kein dominantes Muster identifiziert werden. Hier schwanken die Vorgehensweisen zwischen hierarchischer und informeller Kommunikation. Ebenso sind Mischmodelle anzutreffen: „*Es existieren formalisierte Wege, die aber auch flexibel gehandhabt werden. Zum Beispiel lässt sich die Geschäftsführung von einem involvierten Mitarbeiter direkt informieren, ohne den umständlichen Weg über dessen Vorgesetzten zu machen. Ein »Management by walking around« liefert manchmal direktere Einblicke bis zur Basis und ist somit ein unverzichtbarer Berichtsweg.*“[1024]

Inwiefern die Diskussionskultur einen Einfluss auf die Verbesserung des SPS hat, sind sich fast alle der befragten Unternehmen einig. Diskussionen ermöglichen grundsätzlich ein Lernen und Verbessern und stellen insofern auch ein großes Potenzial dar. Diskussionen hinsichtlich des Strategieprozesses finden

[1022] Quelle: Studie 2 – Frage E.14.

[1023] Quelle: Studie 2 – Frage B.9.

[1024] Quelle: Studie 2 – Frage B.9.

meist bei allen beteiligten Akteuren statt und sind in konstruktiver Variante durchaus erwünscht. Ebenso sind verschiedene Unternehmen der Überzeugung, dass Großraumbüros sowie die Einrichtung von Kaffeeecken grundsätzlich zu einer offenen Kommunikationskultur beitragen, die auch prozessuale Verbesserungen unterstützt.[1025]

Diese Befunde zeigen, dass zahlreiche Einflüsse organisationalen Lernens auf strategische Planungssysteme im Allgemeinen und strategische Planungsprozesse im Speziellen existieren. Dementsprechend bieten sich viele Möglichkeiten, das strategische Planungssystem mit Hilfe organisationalen Lernens weiterzuentwickeln und zu verändern. Inwiefern eine Veränderung des bestehenden Planungssystems allerdings wirklich ausgelöst wird, ist von vielen Faktoren abhängig und nicht nur durch die Lernfähigkeit zu bestimmen. Grundsätzlich ist anzumerken, dass Veränderungen des organisationalen Verhaltens meist zu Veränderungen im strategischen Planungssystem führen. Dabei ist allerdings radikaler Wandel aufgrund des Beharrungsvermögens strategischer Planungssysteme eher unwahrscheinlich. Vielmehr ist von langsamem Lernen und inkrementellem Wandel auszugehen, der in seinem Verlauf oft nur sehr schwer erkennbar ist.

[1025] Quelle: Studie 2 – Fragen F.7, B.9.

5 Erkenntnisse und Implikationen

5.1 Zusammenfassung und Interpretation der empirischen Ergebnisse

Die eingangs aufgeworfenen Fragen, ob in Unternehmen in turbulenten Umfeldern tatsächliche eine Adaption strategischer Planungssysteme stattfindet und diese einen Beitrag zu größerem wirtschaftlichen Erfolg leistet, konnte positiv beantwortet werden.[1026] Auf dieser Erkenntnis baut die grundlegende Fragestellung der vorliegenden Forschungsarbeit auf: Wie adaptieren Unternehmen in turbulenten Umfeldern ihre strategischen Planungssysteme? Zwei Hauptforschungsfragen, die jeweils in Teilfragen untergliedert werden, stehen dabei im Zentrum:

(1) Wie ist der Prozess der Adaption strategischer Planungssysteme von Unternehmen im turbulenten Umfeld ausgeprägt?

(2) Was sind die wesentlichen Einflussfaktoren auf den Prozess der Adaption strategischer Planungssysteme?

Diese Arbeit soll durch Beantwortung dieser Fragen einen Schritt hin zu einer Theorie des Wandels strategischer Planungssysteme leisten. Ein besonderer Fokus liegt dabei auf der Analyse der Adaptionsprozesse von Unternehmen in turbulenten Umfeldern. Es wird außerdem ein Beitrag zur „Meta-Planning Theory" und zur Kontingenztheorie der strategischen Planung geleistet, auf deren grundlegenden Erkenntnissen die Arbeit aufbaut.[1027]

Durch die Literaturanalyse wird deutlich, dass in bisherigen Forschungsbeiträgen besonders inhaltliche Anpassungen strategischer Planungssysteme (anstelle des Fokus auf Veränderungsprozesse), Veränderungen in Umbruchsituationen oder Übergänge von der Budget- zur Langfristplanung untersucht wurden. Trotz umfangreicher quantitativer und qualitativer Studien liegen nur wenige eindeutige Ergebnisse zur Umfeldabhängigkeit strategischer Planungssysteme vor. Die dynamische Anpassung solcher Systeme sowie die Ausprägungen und Charakteristika der Adaptionsprozesse betrachten ebenfalls nur wenige Untersuchungen, die allerdings keine umfassenden Antworten auf die Forschungsfragen liefern.[1028]

[1026] Vgl. Kapitel 1.3.

[1027] Vgl. Kapitel 2.2, 2.3 und 2.4.

[1028] Vgl. Kapitel 3.2.1 und 3.3.1.

Aufgrund dieses Mangels an wissenschaftlichen Beiträgen zur Forschungsthematik des Wandels strategischer Planungssysteme ist das Ziel dieser Arbeit die induktive Theoriebildung auf der Grundlage quantitativen und qualitativen empirischen Materials.[1029] Diesbezügliche Daten wurden in zwei Studien gewonnen und in den Kapiteln 3 und 4 analysiert.

Studie 1 basiert auf einer schriftlichen Befragung in Deutschland ansässiger Unternehmen und untersucht das Thema „Management im Wandel". Die Resultate dieser Querschnittserhebung wurden mit Hilfe verschiedener statistischer Verfahren, insbesondere Häufigkeitsauswertungen, Korrelationsanalysen und explorativer Faktorenanalysen, aus den Daten von 178 Firmen gewonnen.

Mithilfe der qualitativen Studie 2 werden die Befunde von Studie 1 ergänzt und vertieft. Ebenso wird die Interpretation der ersten Ergebnisse unterstützt.[1030] Untersucht werden „Strategieprozesse" in 17 ebenfalls in Deutschland ansässigen Firmen aus unterschiedlichen Branchen. Die Erkenntnisgewinnung erfolgt aus der Querschnittsanalyse vor allem durch qualitative Verfahren der Auswertung von Prozessdaten und Fallstudien.

Im Folgenden werden die Kernergebnisse der Auswertung der beiden Studien dargestellt. Die Befunde werden entlang der Forschungsteilfragen gegliedert.

Frage (1a): Wie und wann wird die Adaption strategischer Planungssysteme initiiert und was sind zentrale Auslöser?

In ungefähr 80 Prozent der in Studie 1 befragten Unternehmen wird ein regelmäßiges Hinterfragen der Angemessenheit und Zweckmäßigkeit strategischer Planungssysteme als wertvoll und notwendig erachtet. Dabei ist festzustellen, dass eine Prüfung der Veränderungsnotwendigkeit in Großunternehmen bzw. in Unternehmen mit turbulentem Umfeld deutlich regelmäßiger vorgenommen wird als in der jeweiligen Kontrollgruppe. Diese Befunde werden durch Erkenntnisse anderer Studien gestützt. Trotz regelmäßiger Prüfung resultiert daraus aber nicht zwingend eine regelmäßige Adaption. Lediglich ein kleiner Anteil dieser Unternehmen überführt die regelmäßige Prüfung in eine regelmäßige Veränderung.

Unterschiede sind auch bzgl. des Beginns von Adaptionsprozessen feststellbar. Während die Adaption in regelmäßigen Abständen (bspw. im Anschluss an einen Planungszyklus) erfolgen kann, zeigt Studie 2 auch die Muster der

[1029] Vgl. Kapitel 3.1.4.

[1030] Vgl. Kapitel 1.4.2.

sporadischen (entscheidende Ereignisse stoßen den Prozess an) und der kontinuierlichen Adaption (es findet eine kontinuierliche Verbesserung statt). Am häufigsten tritt das Muster der sporadischen Adaption auf.

Als Auslöser der Adaption können zwei grundsätzliche Muster identifiziert werden, die sich als kalendergetrieben oder als ereignisgetrieben bezeichnen lassen. Erkennbar ist ein Zusammenhang des jeweiligen Musters mit der Ausprägung des strategischen Planungssystems: Unternehmen mit eher formalisierter Ausprägung des SPS initiieren Adaptionsprozesse kalendergetrieben; Unternehmen mit eher ungeplanter bzw. emergenter Strategieentstehung adaptieren hauptsächlich ereignisgetrieben. In Unternehmen mit ereignisgetriebener Adaption lösen Ereignisse im Umfeld und innerhalb des Unternehmens Veränderungen im SPS aus. Industrieunternehmen mit ereignisgetriebener Adaption nennen außerdem Prozessunzufriedenheit als Auslöser. Industrieunternehmen mit geplanter Adaption geben ebenfalls drei zentrale Anlässe an: eine Standardevaluation, eine institutionalisierte Manöverkritik am Ende der Planungsrunde und ständige Arbeitskreise zur SPS-Verbesserung. Dienstleistungsunternehmen mit regelmäßig geplantem Adaptionsprozess sind in der Stichprobe nicht vorhanden; es kann aber vermutet werden, dass diese Besonderheit der Tatsache geschuldet ist, dass die untersuchten Dienstleistungsunternehmen überwiegend nicht bzw. emergent „planen“ und deshalb keine definierten Zeitpunkte für Prozessverbesserungsrunden haben. Ähnlich gilt dies für KMU. Da diese mit abnehmender Größe weniger formal ausgeprägte SPS haben, werden Adaptionsprozesse auch nicht regelmäßig geplant angestoßen.

Die nähere Untersuchung der Auslöser aus dem Unternehmensumfeld ergibt ein unklares Bild. Zwar zeigen die Ergebnisse aus Studie 2, dass Zusammenhänge zwischen bestimmten Umfeldanforderungen und der Adaption strategischer Planungssysteme bestehen, jedoch sind diese Zusammenhänge nur in zwei Fällen nachweisbar: Strategisches Denken und Erfolgsorientierung korrelieren positiv mit der Adaptionsintensität. Eine weitere Untersuchung der Beziehung von Umfeldanforderungen und SPS-Adaption ist deshalb erforderlich.

Frage (1b): Welche Typen von Adaptionsprozessen strategischer Planungssysteme gibt es und wie können diese hinsichtlich ihres Ablaufs charakterisiert und erklärt werden?

Die Untersuchungen bestätigen, dass es zwei unterschiedliche Typen von Adaptionsprozessen gibt: den formalisierten und den situationsabhängig ausgeprägten Veränderungsprozess. Formalisiert bedeutet, dass Verbesserungen nach einem normativen Muster gesucht werden; situationsabhängig heißt, dass einzelne Prozessschritte und deren Abfolge nicht mehr normativ vorgegeben sind, sondern in Abhängigkeit der Situation neu arrangiert und ausgestaltet werden. Ferner ist feststellbar, dass in ca. 50% der befragten Unternehmen fest vorgegebene Regeln und Routinen vorhanden sind, die Einfluss auf die Arbeit von Planungsträgern haben. Wird analysiert, wie sich diese Routinen auf die Veränderung bestehender Strukturen und Prozesse auswirken, fällt auf, dass klare Veränderungsregeln deutlich seltener sind als flexible Anpassungsstrategien. Im turbulenten Umfeld haben lediglich 20,2% der Unternehmen definierte Routinen. Es liegt daher nahe anzunehmen, dass Adaptionsprozesse größtenteils eine stark situative Prägung haben. Diese Annahme wird dadurch bekräftigt, dass über 87 Prozent der Unternehmen neue Ideen und Prozessinnovationen bedarfs- und lösungsorientiert, d. h. abseits fester Regeln, generieren.

Bei näherer Betrachtung wird erkennbar, das es zwei Varianten situationsabhängig ausgeprägter Adaptionsprozesse gibt: Adaption durch konkrete Anpassungsmaßnahmen und Adaption durch Projekte. Häufig kommen beide Varianten in Kombination oder als Sequenz[1031] vor. Das heißt, dass Anpassungen bspw. zunächst in einem Projekt erarbeitet werden und dann in einen Prozess kontinuierlicher Evaluations- und Verbesserungsrunden übergehen. Gründe für den situationsabhängig ausgeprägten Adaptionstyp sind in erster Linie mangelnde Eignung bestehender Prozesse, Untererfüllung der Erwartungen an das SPS und weitere mit dem SPS verbundene Problempunkte.

(1c) Welche Muster in Adaptionsprozessen strategischer Planungssysteme gibt es und durch welche Merkmale sind sie charakterisiert?

Die Exploration des Datenmaterials der Studien 1 und 2 ergibt vier Muster von Adaptionsprozessen: Adaptionsverhalten, Adaptionsart, Adaptionsintensität und Adaptionsrhythmus.

Das Adaptionsverhalten bezeichnet die Veränderungsbereitschaft der Organisation und das dadurch bestimmte SPS-Anpassungsverhalten. Grundsätzlich ist die Bereitschaft für Veränderungen in 93,3% der Unternehmen sehr hoch und hoch. Bezogen auf die Weiterentwicklung des SPS trifft dies ebenfalls in über zwei Dritteln der in Studie 1 befragten Unternehmen zu; bei den Unternehmen im turbulenten Umfeld sogar bei drei Vierteln. Neben der Bereitschaft zur Veränderung ist das Verhaltensmuster der Anpassung bedeutend. Es kann die proaktive und die passiv-reaktive Adaption unterschieden werden. Die Untersuchung ergibt, dass beide Muster parallel vorzufinden sind und als „Sowohl-als-auch-Strategien“ bezeichnet werden können. D. h., dass je nach Unternehmen und Situation beide Verhaltensmuster auftreten, die Schwerpunkte jedoch variieren können. Bei Dienstleistungsunternehmen und KMU kommen vermehrt passiv-reaktive Anpassungsstrategien zur Anwendung, was höchst

[1031] Zuerst wird ein Projekt zur Veränderung des SPS durchgeführt, das in der Folge in eine kontinuierliche Adaption übergeht. Vgl. Kapitel 4.2.2.2.

wahrscheinlich damit zusammenhängt, dass diese Unternehmen kaum strukturierte Strategie(entstehungs)prozesse pflegen, sondern überwiegend ungeplant vorgehen bzw. emergent „planen".

Unter Adaptionsart wird die zeitliche Komponente des Adaptionsprozessverlaufs verstanden. Zwei Varianten sind beobachtbar: Inkrementeller Wandel, der sich in kleinen Veränderungsschritten vollzieht und fundamentaler Wandel, der durch große Veränderungen in relativ kurzer Zeit gekennzeichnet ist. In turbulenten Unternehmensumfeldern ist die inkrementelle Adaption die dominierende Art. Strategische Planungssysteme sind in den meisten Fällen so ausgelegt, dass sie systemimmanente Flexibilitätspotenziale nutzen und mit plötzlichen Umfeldveränderungen und neuen Anforderungen umgehen können. Das Ziel ist, dass das SPS bei erforderlichen Strategieanpassungen als stabilisierendes Element der Planung wirkt. Dennoch sind auch Fälle fundamentaler Anpassungen beobachtbar. Diese Veränderungsart resultiert jedoch zumeist aus besonderen Umbruchsituationen, die nicht ausschließlich für turbulente Umfelder charakteristisch sind.

Adaptionsintensität spiegelt wider, wie regelmäßig, gezielt, systematisch, direkt und bedarfsorientiert strategische Planungssysteme adaptiert werden. Der Vergleich von Industrie- und Dienstleistungsunternehmen zeigt, dass Industrieunternehmen ihre SPS mit höherer Intensität adaptieren als Dienstleister. Dies ist darauf zurückzuführen, dass die untersuchten Dienstleister über größere Flexibilitätspotenziale in der Planung verfügen (dies liegt zum Teil auch an einem kürzeren Planungshorizont) und deshalb ihre SPS weniger intensiv adaptieren müssen. Analog trifft dies auch für KMU zu. Ebenso sind strukturelle Defizite der SPS von KMU Grund für eine weniger intensive Adaption. Den Gegensatz dazu bilden Großunternehmen. Sie passen ihre SPS deutlich intensiver an. Werden unterschiedliche Umfeldturbulenzniveaus berücksichtigt, wird der Unterschied zwischen der Adaptionsintensität von KMU und Großunternehmen noch deutlicher.

Mit Adaptionsrhythmus ist das Intervall gemeint, in dem Unternehmen, die regelmäßig ihre SPS adaptieren, Veränderungsprozesse anstoßen. Es werden zwei wesentliche Ausprägungen unterschieden: schneller Takt und langsamer Takt. Festzustellen ist, dass ca. 30% der Unternehmen mindestens vierteljährlich eine systematische Adaptionsprüfung durchführen. Zwei Drittel nehmen eine solche Prüfung jährlich vor.

(1d) Welchen Umfang und welches Ausmaß haben die Veränderungen am strategischen Planungssystem?

Mit der Frage nach dem Umfang der Adaption wird untersucht, welche Elemente des strategischen Planungssystems verändert werden und wie umfangreich die Anzahl veränderter Elemente ist. Die Untersuchungen zeigen, dass hauptsächlich strategische Planungsinstrumente, der Prozessablauf der Strategieentstehung sowie die Struktur des SPS angepasst werden. Grundsätzlich ist ein Veränderungstrend in Richtung eines eher offenen, demokratischen Prozesses mit evolutionären Elementen erkennbar. Dies bedeutet, dass emergente Einflüsse auf die Strategiearbeit berücksichtigt werden und der Strategieentstehungsprozess entsprechend ausgelegt ist. Der Formalisierungsgrad des SPS nimmt demnach ab, die schriftliche Dokumentation von Prozess und Inhalt verliert an Bedeutung, und es wird offener und breiter strategisch diskutiert. Dennoch hat die Anwendung strukturierter und formalisierter Instrumente der strategischen Planung in der Praxis einen hohen Stellenwert. Vor allem (in Industrieunternehmen) werden SWOT-, Benchmarking-, Lebenszyklus-, Portfolio-, Szenario- und Risikoanalysen durchgeführt. Ihre Weiterentwicklung wird jedoch in weniger als einem Drittel der Firmen als notwendig erachtet, da zumeist Werkzeugkästen zur Verfügung stehen, aus denen der jeweilige Planungsträger situationsabhängig das adäquate Tool herausgreifen kann. In Dienstleistungsunternehmen werden kaum strukturierte und formalisierte Instrumente genutzt, sondern Wahrnehmungs-, Denk- und Planungsprozesse erfahrungsbasiert durchgeführt. Eine Adaption ist daher eher selten erforderlich. In KMU ist die Anwendungsquote strategischer Tools ebenfalls gering, weshalb Adaptionsprozesse auch dort kaum Planungsinstrumente einschließen. Im Weiteren umfasst die Adaption auch die Organisationsstruktur des SPS. Eindeutige Muster sind hier nicht erkennbar; Veränderungen sind von Fall zu Fall verschieden und hängen maßgeblich von bestehenden Strukturen und neuen Anforderungen ab. Neben Anpassung der Elemente des bestehenden SPS sind auch Ergänzungen beobachtbar. Je nach Unternehmensgröße und sektoraler Verortung (vor allem große Industrieunternehmen) werden strategische Planungssysteme durch projektorientierte Ansätze der Strategieentwicklung ergänzt.

Unter Adaptionsausmaß wird die Frage subsumiert, wie „oberflächlich" bzw. tief greifend die Veränderung am SPS ist. Eindeutige Muster sind in den untersuchten Datensätzen nicht zu erkennen. Es kann aber angenommen werden, dass das Adaptionsausmaß mit der Veränderungssituation und der Adaptionsart zusammenhängt. In Umbruchsituationen werden tendenziell eher tief greifende Veränderungen vorgenommen; in turbulenten Umfeldern eher „oberflächliche" Anpassungen.

(2a) Wer sind die zentralen Akteure und welche Rolle spielen sie?

Akteure sind Träger der strategischen Planung und deren Weiterentwicklung. Sie können Elemente der Organisationsstruktur sein oder als natürliche Personen auf verschiedenen Ebenen innerhalb oder außerhalb des Unternehmens verankert sein. Der Adaptionsprozess strategischer Planungssysteme wird nicht von jeweils nur einem Akteur getragen, sondern meist von mehreren gleichzeitig. Von den internen Akteuren ist in 90% der Fälle die obere Führungsebene beteiligt, die mittlere Führungsebene immerhin noch in 42% der befragten Firmen und die untere nur noch in 6%. In den Weiterentwicklungsprozess sind in ca. einem Fünftel der Unternehmen verschiedene Funktionalbereiche eingebunden. Sparten bzw. Divisionen spielen als Akteure mit 7% nur eine nachgeordnete Rolle. Einen relativ hohen Stellenwert nehmen Projektteams mit 33% und Prozessverantwortliche mit 27% ein. Externe Akteure sind Unternehmensberater, Kapitalgeber oder Netzwerkpartner. Ferner zeigt sich, dass mit zunehmender Umfeldturbulenz eine Einbeziehung von Fachbereichen in den Adaptionsprozess abnimmt, während die von Divisionen und Geschäftsbereichen zunimmt. Das bedeutet, dass Planungsverantwortlichkeiten von der Zentrale hin zu den Geschäftsbereichen bzw. Tochtergesellschaften verschoben werden. Die Bedeutung von Projektteams und Prozessverantwortlichen nimmt mit wachsender Umfeldturbulenz ebenfalls zu. Das heißt, dass die Einbindung von prozessbezogenem Fachwissen sowie von Wissen aus Projekten (bspw. Innovations- und Produktentwicklungsprojekte) in sehr turbulentem Umfeld an Bedeutung gewinnt. Teilweise werden bei Unternehmen im eher turbulenten Umfeld auch neue Rollen, wie die eines Process-Owners oder die eines Ombudsmannes, für die Weiterentwicklung des SPS definiert.

(2b) Erklärt höhere Lernfähigkeit eine besser ausgeprägte Adaption?

Lernfähigkeit wirkt als Enabler des Adaptionsprozesses strategischer Planungssysteme. Sie setzt sich zusammen aus den Komponenten Lernträger, Lernroutinen und Lernrahmen. Je intensiver die Ausprägung dieser drei Komponenten ist, desto höher ist die Lernfähigkeit des Unternehmens. Für alle drei Komponenten ist ein ausgeprägt positiver Zusammenhang mit der Adaptionsintensität feststellbar. Damit kann Forschungsfrage (2b) eindeutig beantwortet werden: Höhere Lernfähigkeit erklärt eine besser ausgeprägte Adaption und wirkt somit als Enabler von Adaptionsprozessen.

Die Untersuchungen zeigen, dass vor allem in Unternehmen mit turbulentem Umfeld verschiedene Lernträger in den Adaptionsprozess eingebunden werden. Diese stimmen weitestgehend mit den Planungsträgern überein. Bei Betrachtung der zweiten Komponente, den Lernroutinen, wird deutlich, dass die Nutzung von Erfahrungswissen in den Firmen mit turbulentem Umfeld eine wichtige Rolle spielt. Vor allem zeigt sich, dass die Gewinnung und Nutzung dieses Wissens für die Adaption des SPS mit der Art der strategischen Planung zusammenhängt. Dies bedeutet, dass Unternehmen mit eher formalem SPS auch Erfahrungswissen konsequenter nutzen. Gewonnen wird prozess-bezogenes Erfahrungswissen in erster Linie durch verschiedene Lerninstrumente: Berichte, Manöverkritik nach dem Prozessdurchlauf, Verbesserungsworkshops und

Diskussionsprozesse. Teilweise kommen auch Planungshandbücher, Strategieprozess-Benchmarking und verschiedene Wissensmanagementansätze zum Einsatz. Als dritte Komponente umfasst der Lernrahmen die Bedingungen, innerhalb derer Lernen für die Verbesserung des SPS abläuft. Vor allem sind Kommunikationswege und -kultur wichtige Elemente. In Unternehmen mit eher formalem SPS sind auch die Kommunikationswege eher formell organisiert. Verbesserungen am SPS werden durch terminlich festgelegte Workshops oder klassische Innovationsverfahren (wie das Verbesserungsvorschlagswesen) erreicht. In Unternehmen mit eher emergenter Strategieentstehung sind vermehrt Mischmodelle vorzufinden. Die Kommunikationskultur wird nur teilweise als Potenzial erkannt. Zwar sind konstruktive Diskussionen zwischen beteiligten Lernträgern grundsätzlich erwünscht, allerdings ist nur ein Teil der befragten Unternehmen der Überzeugung, dass Gelegenheiten zur informellen Kommunikation auch zu einer Verbesserung des SPS beitragen können.

Nachstehende Abbildung 5-1 fasst die Kernergebnisse der empirischen Studien nochmals zusammen. Sie korrespondiert mit der Darstellungsweise der Forschungsfragen in Abbildung 2-18 und kann als Antwort darauf verstanden werden. Getrennt wird nach Einflussfaktoren auf den Adaptionsprozess sowie dessen Charakteristika.

Einflussfaktoren auf den Adaptionsprozess strategischer Planungssysteme

Akteure

- Akteure der SPS-Adaption sind unternehmensinterne oder -externe Personen oder Organisation(seinheit)en
- Fast immer sind die oberste und mittlere Führungsebene beteiligt
- Im turbulenten Umfeld gewinnen dezentrale Einheiten, Projektteams und Prozessverantwortliche an Bedeutung

Lernfähigkeit

- Höhere organisationale Lernfähigkeit beeinflusst den AP positiv und wirkt als Enabler des AP
- Positiv wirken die Einbindung verschiedener Lernträger, die Nutzung von Erfahrungswissen und der Einsatz verschiedener Lerninstrumente
- Unternehmen mit formalem SPS nutzen klassische Innovationsverfahren zur Prozessverbesserung; mit weniger formalem SPS eher Mischmodelle

⇨

Charakteristika des Adaptionsprozesses strategischer Planungssysteme

Initiierung

- AP beginnen meist sporadisch
- Unternehmen mit formalem SPS initiieren den AP eher kalenderorientiert; mit weniger formalem SPS eher ereignisorientiert
- Auslöser sind Ereignisse im Unternehmensumfeld, geplante Verbesserungsrunden und Prozessunzufriedenheit

Typen

- AP laufen meist situationsabhängig ausgeprägt ab; teilweise aber auch formalisiert
- Situationsabhängig ausgeprägte AP sind meist Kombinationen aus konkreten Anpassungsmaßnahmen und Projekten

Muster & Merkmale

- Veränderungsbereitschaft für eine SPS-Adaption ist sehr hoch
- Unternehmen verfolgen „Sowohl-als-auch-Strategien" der Adaption; d. h. proaktive und passiv-reaktive AP
- In turbulenten Umfeldern sind inkrementelle AP dominierend; sie werden meist in Jahresintervallen durchgeführt
- Adaptionsintensität steigt mit zunehmender Umfeldturbulenz

Umfang

- Angepasst werden hauptsächlich der Strategie(entstehungs)prozess und strategische Analyse- und Planungsinstrumente
- In kleinerem Umfang wird die Organisationsstruktur des SPS adaptiert
- In großen Industrieunternehmen wird das SPS teilweise durch eine projektorientierte Strategieentwicklung ergänzt

Ausmaß

- In turbulenten Umfeldern passen Unternehmen ihre SPS in aller Regel „oberflächlich" an
- Fundamentale Anpassungen werden in Krisen-/ Umbruchsituationen vorgenommen

Abbildung 5-1: Kernergebnisse der Forschungsarbeit[1032]

[1032] Quelle: eigene Darstellung.

5.2 Ableitung von Hypothesen

„*Im allgemeinen Sinn ist eine Hypothese eine Vermutung über einen bestehenden Sachverhalt.*“[1033] Sie ist „*ein mit Begriffen formulierter Satz, der empirisch falsifizierbar ist.*“[1034] Im sozialwissenschaftlichen Sprachgebrauch bezeichnet sie Aussagen über einen Zusammenhang zwischen zwei oder mehr Variablen.[1035] Dabei werden nachfolgend verschiedene Varianten unterschieden:[1036]

- Wenn-Dann-Hypothesen und
- Je-desto-Hypothesen.

Diese Forschungsarbeit verfolgt die Strategie der induktiven Theoriebildung.[1037] Es wird von einer begrenzten Anzahl empirischer Überprüfungen auf die Grundgesamtheit aller Untersuchungsobjekte – also von speziellen auf allgemeine Ereignisse – geschlossen.[1038] Basierend auf den Erkenntnissen der Kapitel 4.2, 4.3 und 5.1 werden verschiedene Hypothesen (H) und begründete Annahmen (A) abgeleitet.[1039] Vor allem erlaubt der gewählte Methodenmix, robuste und verallgemeinerbare Aussagen zu treffen.[1040] Diese Hypothesen und Annahmen sollen Ausgangspunkte für die Theoriebildung zum Wandel strategischer Planungssysteme sein. Sie sind im Folgenden so angeordnet, dass sie die Inhaltsstruktur der Kapitel 4.2 und 4.3 widerspiegeln.[1041]

[1033] Diekmann (2002), S. 107.

[1034] Atteslander (2003), S. 45. Genannt werden in der Literatur verschiedene Kriterien, denen die Formulierung wissenschaftlicher Hypothesen genügen muss. Dazu zählen unter anderem die Forderung nach Darstellung realer Sachverhalte bzw. allgemeingültiger Aussagen in Konditionalsätzen und deren potenzielle Falsifizierbarkeit. Vgl. Bortz/Döring (2002), S. 7ff. und Atteslander (2003), S. 45f.

[1035] Vgl. Schnell u. a. (2005), S. 53f.

[1036] Vgl. Diekmann (2002), S. 107ff. und Schnell u. a. (2005), S. 53f.

[1037] Vgl. die Kapitel 1.4.1, 3.1.3 und 3.4.

[1038] Vgl. Schnell u. a. (2005), S. 60f. Dieses Vorgehen entspricht in aller Regel dem Vorgehen qualitativer Forschung. Vgl. Meinefeld (2003), S. 266.

[1039] Begründete Annahmen sind Vermutungen über Gegebenheiten und Zusammenhänge, die aus den vorliegenden Erkenntnissen induktiv gewonnen werden. Eine Formulierung, die den Anforderungen an Hypothesen vollständig genügt (bspw. Konditionalsatz), ist allerdings nicht möglich. Daher wird diese alternative Bezeichnung verwendet.

[1040] Vgl. Eisenhardt/Graebner (2007), S. 27.

[1041] Eine zusammenfassende Übersicht der nachfolgend aufgeführten Hypothesen und begründeten Annahmen inklusive der jeweils zugrundeliegenden Fragestellungen findet sich in Anhang E.

Hypothesen und Annahmen aus Forschungsfrage (1a) – Initiierung der SPS-Adaption:

- (H1a) Je größer das Unternehmen, desto regelmäßiger wird die Veränderungsnotwendigkeit strategischer Planungssysteme geprüft.
- (H1b) Je turbulenter das Unternehmensumfeld, desto regelmäßiger wird die Veränderungsnotwendigkeit strategischer Planungssysteme geprüft.
- (H2) Je größer das Unternehmen, desto regelmäßiger wird das SPS adaptiert.
- (A1) Adaptionsprozesse strategischer Planungssysteme beginnen entsprechend dreier Muster: sporadisch, regelmäßig oder kontinuierlich.
- (H3a) Wenn das SPS eher formalisiert ausgeprägt ist, dann werden Adaptionsprozesse kalendergetrieben initiiert.
- (H3b) Wenn die Strategieentstehung eher ungeplant bzw. emergent abläuft, dann werden Adaptionsprozesse ereignisgetrieben initiiert.
- (H4a) Wenn Adaptionsprozesse ereignisgetrieben initiiert werden, dann lösen Ereignisse im Umfeld und innerhalb des Unternehmens Veränderungen im SPS aus.
- (A2) In Industrieunternehmen mit ereignisgetriebener Adaption löst im Gegensatz zu Dienstleistungsunternehmen außerdem Prozessunzufriedenheit Veränderungen am SPS aus.
- (H4b) Wenn Dienstleistungsunternehmen keinen strukturierten, geplanten Strategie(entstehungs)prozess haben, dann wird der Adaptionsprozess nur ereignisorientiert angestoßen.
- (H4c) Je kleiner ein Unternehmen, desto eher wird der Adaptionsprozess des SPS ereignisorientiert angestoßen.
- (H5) Wenn das Unternehmensumfeld Veränderungsbereitschaft, Flexibilität, Transparenz, Schnelligkeit oder Schlankheit der Strukturen fordert, dann steigt das Bewusstsein in Unternehmen für die Notwendigkeit einer SPS-Adaption.

Hypothesen und Annahmen aus Forschungsfrage (1b) – Typen der SPS-Adaption:

- (A3) Es gibt zwei Typen von Adaptionsprozessen: formalisierte und situationsabhängig ausgeprägte Veränderungsprozesse.
- (A4) Adaptionsprozessinnovationen werden situationsabhängig und bedarfsorientiert generiert.

- (A5) Es gibt zwei Varianten situationsabhängig ausgeprägter Adaptionsprozesse: Adaption durch konkrete Anpassungsmaßnahmen und Adaption durch Projekte.
- (H6) Wenn bestehende Strategie(entstehungs)prozesse nicht geeignet sind, dann ist der Adaptionsprozess situationsabhängig ausgeprägt.

Hypothesen und Annahmen aus Forschungsfrage (1c) – Muster und Merkmale der SPS-Adaption:

- (H7) Je turbulenter das Unternehmensumfeld, desto wichtiger die Weiterentwicklung strategischer Planungssysteme.
- (A6) Es gibt zwei Varianten des Adaptionsverhaltens: proaktive und passiv-reaktive Adaption.
- (H8a) Wenn Dienstleistungsunternehmen keinen strukturierten, geplanten Strategie(entstehungs)prozess haben, dann ist das Adaptionsverhalten passiv-reaktiv.
- (H8b) Je kleiner ein Unternehmen, desto eher ist das Adaptionsverhalten passiv-reaktiv.
- (A7) Es gibt zwei Varianten der Adaptionsart: inkrementelle und fundamentale Adaption.
- (H9a) Je turbulenter das Unternehmensumfeld, desto mehr Flexibilitätspotenziale hat das strategische Planungssystem.
- (H9b) Je mehr Flexibilitätspotenziale das strategische Planungssystem hat, desto eher wird auf inkrementelle Art adaptiert.
- (A8) Die Adaptionsintensität ist bei Industrieunternehmen höher als bei Dienstleistern.
- (H10a) Je größer ein Unternehmen, desto höher die Adaptionsintensität.
- (H10b) Je turbulenter das Unternehmensumfeld, desto höher die Adaptionsintensität.
- (A9) Mit einem langsamen Adaptionsrhythmus (in etwa jährlich) adaptieren zwei Drittel der Unternehmen ihre SPS; mit einem schnellen Rhythmus (mindestens alle drei Monate) ein Drittel.

Hypothesen und Annahmen aus Forschungsfrage (1d) – Einflussfaktoren auf den Adaptionsprozess:

- (A10) Die Adaption strategischer Planungssysteme umfasst in der Hauptsache strategische Planungsinstrumente, den Prozessablauf der Strategieentstehung sowie die Struktur des SPS.

- (A11) Der Formalisierungsgrad des SPS nimmt ab und strategische Diskussionen werden offener.
- (A12) In Industrieunternehmen kommen eher strukturierte und formalisierte Planungsinstrumente zum Einsatz als in Dienstleistungsunternehmen.
- (H11) Je umfangreicher der „Werkzeugkasten“ strategischer Analyse- und Planungsinstrumente, desto geringer das Adpationsausmaß einzelner Tools.
- (H12a) Je kleiner das Unternehmen, desto geringer die Anwendungsquote strategischer Planungsinstrumente.
- (H12b) Je geringer die Anwendungsquote strategischer Planungsinstrumente, desto geringer das Adpationsausmaß.
- (H13) Je größer das Unternehmen, desto eher wird das strategische Planungssystem durch eine projektorientierte Strategieentwicklung ergänzt.

Hypothesen und Annahmen aus Forschungsfrage (2a) – Akteure in Adaptionsprozessen:

- (A12) Die Adaption strategischer Planungssysteme ist eine stark zentralisierte Aufgabe.
- (H14a) Je turbulenter das Unternehmensumfeld, desto geringer ist die Einbeziehung von Fachbereichen in den Adaptionsprozess strategischer Planungssysteme.
- (H14b) Je turbulenter das Unternehmensumfeld, desto mehr werden Divisionen und Geschäftsbereiche in den Adaptionsprozess strategischer Planungssysteme eingebunden.
- (H14c) Je turbulenter das Unternehmensumfeld, desto eher werden Planungsverantwortlichkeiten von der Zentrale hin zu den Geschäftsbereichen bzw. Tochtergesellschaften verschoben.
- (H14d) Je turbulenter das Unternehmensumfeld, desto größer wird die Bedeutung von Projektteams und Prozessverantwortlichen für den Adaptionsprozess strategischer Planungssysteme.
- (H14e) Je turbulenter das Unternehmensumfeld, desto mehr gewinnt prozessbezogenes Fachwissen sowie Wissen aus dynamischen Bereichen wie Projekten für den Adaptionsprozess strategischer Planungssysteme an Bedeutung.

Hypothesen und Annahmen aus Forschungsfrage (2b) – Organisationale Lernfähigkeit:

- (A13) Organisationale Lernfähigkeit setzt sich aus den Komponenten Lernträger, Lernrahmen und Lernroutinen zusammen.
- (H15) Je höher die Lernfähigkeit, desto höher die Adaptionsintensität.
- (H16) Wenn verschiedene Akteure in den Adaptionsprozess strategischer Planungssysteme involviert sind, nimmt die Lernfähigkeit zu.
- (H17) Wenn ein Unternehmen verschiedene Lernmechanismen einsetzt, nimmt die Lernfähigkeit zu.
- (H18) Wenn ein Unternehmen ein eher formales strategisches Planungssystem hat, dann wird Erfahrungswissen für dessen Adaption konsequenter genutzt.
- (H19) Je besser die Rahmenbedingungen organisationalen Lernens, desto höher die Lernfähigkeit.

Diese Hypothesen und Annahmen resultieren aus den Erkenntnissen zweier Studien. Sie sind in den untersuchten Sachverhalten empirisch begründet, basieren jedoch teilweise auf singulären Phänomenen und müssen in weiteren Untersuchungen auf Gültigkeit und wissenschaftliche Anschlussfähigkeit überprüft werden. Im Folgenden werden sie dazu verwendet, Hinweise und Empfehlungen für die Gestaltung von Adaptionsprozessen strategischer Planungssysteme von Unternehmen in turbulenten Umfeldern zu geben.

5.3 Praktische und theoretische Implikationen

5.3.1 Gestaltungskonzept für den Wandel strategischer Planungssysteme

Das Wissenschaftsziel der Forschungsarbeit besteht darin, über die Beschreibung und Erklärung theoretischer und praktischer Probleme hinauszugehen und für die Unternehmens- und Managementpraxis umsetzbare Lösungsvorschläge zu erarbeiten.[1042] Konkret bedeutet dies, dass Gestaltungsempfehlungen und grundsätzlich umsetzbare Lösungsvorschläge für die Unternehmens- und Managementpraxis entwickelt werden. Dementsprechend ist auch die dritte Forschungsfrage formuliert:

(3) Welche Empfehlungen können Unternehmen in turbulenten Umfeldern für die Adaption ihrer strategischen Planungssysteme gegeben werden?

[1042] Vgl. Kapitel 1.4.1.

In Kapitel 1.2.2 wurden die Bedeutung strategischer Planungssysteme und die Notwendigkeit ihrer Weiterentwicklung bei Unternehmen in turbulenten Umfeldern aufgezeigt. Des Weiteren wird deutlich, dass die Adaption strategischer Planungssysteme zur Verbesserung des Unternehmenserfolgs beiträgt.[1043] Damit soll diese Arbeit bei Topmanagement und Planungsträgern ein Bewusstsein für die Relevanz der Thematik schaffen.

Darüber hinaus wurden durch die beiden durchgeführten Studien detaillierte Einblicke in die Adaptionsprozesse strategischer Planungssysteme von Unternehmen in turbulenten Umfeldern gegeben. Die Darstellung der Befunde kann somit eine Lehrfunktion übernehmen. Sowohl die quantitative Studie 1 als auch die qualitative Studie 2 decken verschiedene Sektoren, Branchen und Unternehmensgrößen ab. Ebenso werden unterschiedlichste Ausprägungen strategischer Planungssysteme berücksichtigt. Dennoch sollte vor einer Übertragung der Erkenntnisse auf das eigene Unternehmen gewissenhaft geprüft werden, inwiefern eine Transferierbarkeit möglich ist.

Untersucht wurden zwei Hauptforschungsfragen, die verschiedene Facetten eines Adaptionsprozesses und seiner Einflussfaktoren abdecken. Die daraus abgeleiteten Hypothesen und Annahmen werden nachfolgend in Hinweise für die Gestaltung überführt.[1044] Dargestellt werden zunächst grundsätzliche Empfehlungen und daran anschließend an den Forschungsfragestellungen ausgerichtete Gestaltungshinweise.

Grundsätzliche Hinweise für die Gestaltung von Adaptionsprozessen:

Als Vorbedingung für die adäquate Gestaltung strategischer Planungssysteme ist es erforderlich, das Unternehmensumfeld und dessen Turbulenzniveau zu analysieren. Ebenso müssen die Anforderungen, die an Unternehmensführung und Strategie(entstehungs)prozesse gestellt werden, erfasst werden (*H5*). Je turbulenter das Unternehmensumfeld ist, desto wichtiger ist die Weiterentwicklung strategischer Planungssysteme (*H7*).[1045] Ebenso hängen die Form des SPS und der Anspruch an seine Flexibilität maßgeblich vom Grad der Umfeldturbulenz ab.[1046]

[1043] Vgl. Kapitel 1.3.

[1044] Die den Gestaltungshinweisen zugrundeliegenden Hypothesen und Annahmen werden jeweils in Klammer angeführt.

[1045] Zu einem ähnlichen Ergebnis kommen Nadkarni und Narayanan. Sie stellen fest, dass turbulenten Umfeldern strategische Flexibilität und Adaptionsfähigkeiten wichtig sind, während in weniger turbulenten Umfeldern der Fokus eher auf die Stabilisierung der Systeme gerichtet sein sollte. Vgl. Nadkarni/Narayanan (2007), S. 264.

[1046] Vgl. dazu auch Buchner (2002), S. 124ff. und Schwaninger (1985), S. 28f.

Für die (Um)Gestaltung strategischer Planungssysteme von Unternehmen im turbulenten Umfeld schlagen BUCHNER und SCHWANINGER vor, regelmäßige Optimierungen durchzuführen, Kommunikations- und Flexibilitätspotenziale auszubauen, verschiedene Akteure in den AP einzubeziehen und geeignete Rahmenbedingungen für Adaptionsprozesse zu schaffen. Ein funktionierendes SPS mit ausreichenden Flexibilitätspotenzialen unterstützt die Unternehmensführung bei der Konzentration auf erforderliche inhaltliche Neuausrichtungen der Strategie. Darüber hinaus wird die institutionelle Verankerung des Veränderungsprozesses strategischer Planungssysteme als zwingend erforderlich angesehen.[1047]

Diese Vorschläge und Forderungen werden von den beiden Autoren nicht empirisch fundiert. Allerdings ergeben die Erkenntnisse aus den im Rahmen dieser Arbeit durchgeführten Studien ähnliche Hinweise für die Gestaltung der Adaption strategischer Planungssysteme.

Hinweise für die Initiierung von Adaptionsprozessen:

Bei Unternehmen in turbulenten Umfeldern sollte die Notwendigkeit der Veränderung strategischer Planungssysteme regelmäßig überprüft werden (*H1b*). Dies trifft vor allem für Großunternehmen zu (*H1a*). Aber nicht nur die Prüfung, sondern auch die Umsetzung von Anpassungen muss regelmäßig erfolgen (*H2*). Neben einer regelmäßigen Initiierung des AP ist ebenso die Einrichtung organisationaler Vorkehrungen für kontinuierlichen Wandel denkbar. Dies kann bspw. über die Benennung eines Prozessverantwortlichen erreicht werden (*A1, H14d*).

AP sollten ferner abhängig von der Art des SPS (also der Art der Strategieentstehung) initiiert werden: Für Unternehmen mit eher ungeplanter Strategieentstehung, wie bspw. KMU oder bestimmte Dienstleister, bedeutet das, dass sie sensibel auf Ereignisse im Umfeld oder innerhalb des Unternehmens achten und dementsprechend Veränderungen am SPS vornehmen müssen (*H3b, H4a, H4b, H4c*); Unternehmen mit eher formalisiertem SPS sollten außerdem ihre bestehenden Strukturen nutzen und zusätzlich kalenderorientiert Anpassungen vornehmen (bspw. im Anschluss an strategische Planungsrunden) (*H3a*). In Fällen, in denen bereits definierte AP vorhanden sind, muss überdies die Unzufriedenheit mit dem bestehenden Prozess zu einer Veränderung führen (*A2*).

[1047] Vgl. Buchner (2002), S. 168f. und Schwaninger (1985), S. 10ff.

Hinweise für die Ausgestaltung von Adaptionsprozessen:

Möglich ist es, Struktur und Ablauf von AP grundsätzlich festzulegen. Allerdings ist meist eine situationsadäquate Prägung sinnvoller. D. h., dass in Fällen, in denen bspw. bestehende Strategie(entstehungs)prozesse nicht geeignet sind oder die Erwartungen an das SPS nicht erfüllt werden, Adaptionsprozesse auf die besonderen Anforderungen zugeschnitten werden müssen (*H6*). Eine vorab definierte Vorgehensweise wie das SPS verändert wird, kann nur in Ausnahmefällen funktionieren. Je nach Umfang des Änderungsbedarfs empfiehlt es sich, eine Mischform der situativen Adaption zu wählen: Zunächst werden eventuelle große Veränderungen durch ein Change-Projekt adressiert; daran anschließend werden kontinuierliche Anpassungen durch inkrementelle Schritte vorgenommen (*A5, A7*). Hauptsächlich sollten Unternehmen in turbulenten Umfeldern ihre SPS aber inkrementell anpassen und sich damit bei der Entwicklung schnell veränderlicher, flexibler Strategien ein im Kern stabiles Strategieentwicklungsvorgehen bewahren; nur in Umbruch- oder Krisensituationen ist eine fundamentale Veränderungsart angezeigt (*H9a, H9b*). Um mit den Veränderungen bei hoher Turbulenz Schritt halten zu können, sollten AP mindestens jährlich durchgeführt werden (*A9*).

KMU und Dienstleistungsunternehmen mit eher emergenter Strategieentstehung sollten sich hinsichtlich der SPS-Anpassung passiv-reaktiv verhalten (*H8a, H8b*). Dies hängt zum einen mit der geringeren Ressourcenausstattung für strategische Belange und zum anderen mit dem Mangel konkreter Angriffspunkte für eine Verbesserung zusammen und resultiert aus dem Fehlen eines institutionalisierten SPS. Ähnlich verhält es sich mit der Adaptionsintensität: In turbulentem Umfeld ist hauptsächlich bei Groß- und Industrieunternehmen eine Veränderung mit hoher Intensität, d. h. ein regelmäßiges, gezieltes, systematisches, direktes und gleichzeitig bedarfsorientiertes Anpassungsvorgehen, geeignet. Für KMU und Dienstleister reicht es häufig aus, ihr SPS weniger intensiv zu verändern (*A8, H10a, H10b*). Begründet liegt diese Unterscheidung in den bestehenden Flexibilitätspotenzialen. Nicht zuletzt deshalb, weil Strategie(entstehungs)prozesse bei KMU und Dienstleistern weniger formal gestaltet sind, haben sie im Allgemeinen flexiblere Herangehensweisen an Strategiegenerierung, -umsetzung und -veränderung, woraus eine höhere Flexibilität für strategisches Denken und Handeln sowie die Veränderung desselben resultiert. Es darf jedoch nicht angenommen werden, dass ein „strategieloses“ Vorgehen mit höherer Flexibilität gleichzusetzen und damit vorteilhaft ist.

Hinweise für die Festlegung von Adaptionsumfang und -ausmaß:

Unternehmen in turbulenten Umfeldern müssen in erster Linie ihre Strategie(entstehungs)prozesse, ihre strategischen Analyse- und Planungsinstrumente und die Struktur ihrer SPS überwachen und ggf. überarbeiten (*A10*).

Das bedeutet, dass der Formalisierungsgrad des SPS abnehmen muss, die schriftliche Dokumentation und Festschreibung von Prozess und Inhalt zurückgefahren wird und offene strategische Diskussionen verstärkt in den Vordergrund rücken (*A11*). Turbulenter Umfeldwandel erfordert eine schnelle Abfolge strategischer Innovationen, die z. B. nicht durch unflexible Strukturen oder Bewahrung von teilweise überholten Geheimhaltungsvorgaben behindert werden sollten.

Planungsinstrumente können flexibilisiert werden, indem komplizierte Planungsverfahren durch modular aufgebaute Systeme dynamischer Analyse- und Planungstools (Stichwort „Werkzeugkasten") ersetzt werden. Für die Akteure der strategischen Planung bedeutet dies, dass Sie je nach strategischer Fragestellung und Situation aus einem Portfolio bestehender Instrumente das geeignete Analyse- und Planungsverfahren auswählen können. Sie greifen damit auf Werkzeuge zu, die im Unternehmen bereits zur Anwendung kamen und aufgrund gemachter Erfahrungen an die jeweiligen Anforderungen angepasst wurden. Dadurch können Flexibilitäts- und Reaktionspotenziale gesteigert und Umfang und Ausmaß der SPS-Adaption verringert werden: Je umfangreicher der Werkzeugkasten dieser Instrumente, desto geringer das Adaptionsausmaß einzelner Tools (*A12, H11*). Mit zunehmendem Unternehmenswachstum nimmt in aller Regel auch die Anwendung von Planungsinstrumenten zu. Hier ist es zweckmäßig, die eingesetzten Verfahren auf ein sinnvolles und überschaubares Maß zu begrenzen, um das daraus resultierende Adaptionsmaß zu limitieren (*H12a, H12b*).

Vor allem in turbulenten Unternehmensumfeldern muss der Aufbau von Flexibilitätspotenzialen in strategischen Planungssystemen gefördert werden, um eine nicht vorhergesehene Veränderung der Umfeldanforderungen abfedern zu können. Dafür kann ergänzend zur Anwendung von „Methodenwerkzeugkästen" die Erweiterung bestehender SPS durch neue Verfahren und Herangehensweisen der Generierung von Strategien sinnvoll sein: In vielen Fällen, vor allem bei Großunternehmen, eignet sich der Einsatz einer projektorientierten Strategieentwicklung (*H13*). Strategieinnovationen werden dabei in interdisziplinären Teams, die im Rahmen eines Projekts bestimmte Problemfelder explorieren, erarbeitet. Stärken dieses Vorgehens sind die Ergänzung kalendarischer strategische Planung durch Projektplanung, Nutzung einer breiten Wissensbasis und Einbindung verschiedener Managementebenen bei Strategiegenerierung und -umsetzung.

Hinweise für die Einbindung von Akteuren:

In der Regel ist die Entwicklung von Unternehmensstrategien eine stark zentralisierte Angelegenheit. Dadurch erklärt sich, dass Gleiches für die Weiterentwicklung strategischer Planungssysteme gilt (*A12*). In turbulenten

Umfeldern ist es jedoch wichtig, dass verschiedene Akteure in den AP einbezogen werden (*H15, H16*). Die im Unternehmen vorhandene Vielfalt an Erfahrungen und neuen Gestaltungsideen wird somit genutzt. Das bedeutet, dass sowohl verschiedene Führungsebenen, Geschäftsbereiche und Tochtergesellschaften als auch externe Berater eingebunden werden müssen (*H14b, H14c*). Ebenso sollten mit strategischen Aufgaben betraute Projektteams und Prozessverantwortliche, die Wissen aus dynamischen Unternehmensbereichen einbringen, einbezogen werden (*H14d, H14e*).

Hinweise für die Gestaltung der Lernfähigkeit als Einflussfaktor auf den Adaptionsprozess:

Neben der direkten Gestaltung des AP ist Aufbau und Pflege organisationaler Lernfähigkeit von großer Wichtigkeit. Je stärker diese Lernfähigkeit ausgeprägt ist, desto eher ist ein Unternehmen in der Lage, seine SPS an neue Anforderungen anzupassen (*H15*). Zentrale Bedeutung hat dabei die Nutzung von Erfahrungswissen im Umgang mit strategischer Planung und deren Weiterentwicklung. Dieses Wissen sollte vor allem durch den Einsatz verschiedener Lernmechanismen und -routinen expliziert und einer weiteren Verwendung zugeführt werden (*H17*). Geeignete Verfahren sind Erfahrungsberichte, Manöverkritik nach dem Prozessdurchlauf, Verbesserungsworkshops, Durchführung von Strategieprozess-Benchmarks sowie Explikation von Detailverbesserungswissen und Überführung und Speicherung in Wissensmanagementsystemen oder Wissenslandkarten.

Bei der Gewinnung dieses Wissens spielt ebenso die Schaffung geeigneter Rahmenbedingungen eine große Rolle (*H19*). Dazu zählen die Schaffung kurzer und sinnvoller Berichtswege sowie Aufbau und Unterstützung einer offenen Kommunikations- und Diskussionskultur. Incentives für die Wissensweitergabe und die Förderung eines informellen Wissensaustausches tragen dazu bei. Vor allem sollte die Unternehmensführung mit gutem Beispiel vorangehen und damit zur Motivation der anderen Lernträger und der an der Adaption des SPS beteiligten Akteure beitragen.

Abbildung 5-2 fasst die vorstehend formulierten Gestaltungsempfehlungen zusammen und stellt diese nochmals im Überblick dar.

Grundsätzliche Hinweise

- Ermittlung veränderter Anforderungen und Analyse des Umfeldturbulenzniveaus
- Je turbulenter das Unternehmensumfeld ist, desto wichtiger ist die Weiterentwicklung strategischer Planungssysteme

Einflussfaktoren auf den Adaptionsprozess strategischer Planungssysteme

Akteure

- Die Entwicklung von Strategien sowie die Adaption von SPS ist eine Topmanagement-Aufgabe
- In turbulenten Umfeldern ist es jedoch wichtig, verschiedene Akteure in den AP einzubeziehen
- Es müssen sowohl verschiedene Führungsebenen, Geschäftsbereiche und Tochtergesellschaften als auch externe Berater eingebunden werden
- Mit strategischen Aufgaben betraute Projektteams und Prozessverantwortliche sollten Wissen aus dynamischen Unternehmensbereichen einbringen

Lernfähigkeit

- Je besser diese Lernfähigkeit ausgeprägt ist, desto eher ist ein Unternehmen in der Lage, seine SPS an neue Anforderungen anzupassen
- Aufbau und Pflege organisationaler Lernfähigkeit ist daher wichtig
- Erfahrungswissen im Umgang mit strategischer Planung und deren Weiterentwicklung muss genutzt werden
- Dieses Wissen sollte vor allem durch den Einsatz verschiedener Lernmechanismen und -routinen expliziert und einer weiteren Verwendung zugeführt werden
- Es müssen kurze Berichtswege sowie eine offene Kommunikations- und Diskussionskultur geschaffen werden

⇨

Charakteristika des Adaptionsprozesses strategischer Planungssysteme

Initiierung des Adaptionsprozesses

- Die Veränderungsnotwendigkeit von SPS muss regelmäßig geprüft werden; dies trifft vor allem für Großunternehmen zu
- Die Umsetzung von Anpassungen muss regelmäßig erfolgen
- Die Benennung eines Prozessverantwortlichen ermöglicht einen kontinuierlichen AP
- Unternehmen mit eher ungeplanter Strategieentstehung sollten sensibel auf Ereignisse im Umfeld achten und dementsprechend ihre SPS adaptieren
- Unternehmen mit eher formalisiertem SPS sollten außerdem ihre bestehenden Strukturen nutzen und zusätzlich kalenderorientiert Anpassungen vornehmen

Ausgestaltung des Adaptionsprozesses

- AP sollten situationsabhängig gestaltet werden; also auf die situativen Anforderungen an die Führung zugeschnitten werden; eine vorab definierter AP funktioniert nur in Ausnahmefällen
- Unternehmen in turbulenten Umfeldern sollten ihre SPS inkrementell anpassen
- AP sollten mindestens jährlich durchgeführt werden
- KMU und Dienstleister mit eher emergenter Strategieentstehung sollten passiv-reaktiv adaptieren
- Für Groß- und Industrieunternehmen ist eine Veränderung mit hoher Intensität geeignet

Festlegung von Adaptionsumfang und -ausmaß

- In erster Linie müssen Strategie(entstehungs)prozesse, strategische Analyse- und Planungsinstrumente und die Struktur des SPS überwacht und ggf. überarbeitet werden
- Der Formalisierungsgrad des SPS muss abnehmen, die schriftliche Dokumentation und Festschreibung von Prozess und Inhalt muss zurückgefahren werden und offene strategische Diskussionen verstärkt in den Vordergrund rücken
- Planungsinstrumente können flexibilisiert werden, indem komplizierte Planungsverfahren durch modular aufgebaute Systeme dynamischer Analyse- und Planungstools (Stichwort „Werkzeugkasten") ersetzt werden
- Dennoch ist es zweckmäßig, die eingesetzten Verfahren auf ein überschaubares Maß zu begrenzen, um das daraus resultierende Adaptionsausmaß zu limitieren
- Die Ergänzung bestehender SPS durch neue Verfahren der Generierung von Strategien (bspw. projektorientierte Strategieentwicklung) kann sinnvoll sein

Abbildung 5-2: Gestaltungsempfehlungen für die SPS-Adaption im turbulenten Umfeld[1048]

[1048] Quelle: eigene Darstellung.

5.3.2 Wissenschaftlicher Beitrag und Rückkoppelungen in die Theorie

Die Forschungsarbeit ist der Frage nach der Anpassung bzw. dem Prozess der Anpassung strategischer Planungssysteme nachgegangen. Sie hat die Bedeutung der Veränderung strategischer Planungssysteme bei Unternehmen im turbulenten Umfeld durch Aufzeigen ihrer theoretischen und empirischen Relevanz herausgestellt. Insofern gibt sie Impulse für weiterführende Forschungsbemühungen.

Der Beitrag dieser Arbeit für die wissenschaftliche Diskussion beschränkt sich aber nicht nur darauf, die Bedeutung des Wandels bzw. der Adaption strategischer Planungssysteme erarbeitet zu haben. Es wurden Antworten auf die zentralen Fragen gewonnen, ob, wie und in welchem Umfang bzw. Ausmaß Anpassungen strategischer Planungssysteme stattfinden und durch welche Faktoren sie beeinflusst werden. Außerdem wurden Hypothesen und begründete Annahmen abgeleitet, die einen Beitrag für die Theoriebildung und für zukünftige, auch theorieprüfende Forschung leisten.

Durch Öffnen der „Black-Box" des Adaptionsprozesses hat diese Arbeit des Weiteren Einblicke in den komplexen Ablauf der Anpassung strategischer Planungssysteme gegeben. Der Hinweis auf zahlreiche beeinflussende Faktoren kann als weitere Bestätigung dafür angesehen werden, dass der streng mechanistische Kontingenzansatz für strategische Planungssysteme zu kurz greift und Managemententscheidungen sowie weitere Einflussfaktoren (wie bspw. Macht, Unternehmenskultur, usw.) eine wichtige Rolle spielen.

Ebenso wird deutlich, dass im Kontext der Untersuchung strategischer Planung bzw. strategischer Planungssysteme die rein quantitative Forschung nicht zu zufrieden stellenden Ergebnissen führt. Vielmehr muss ein Methoden-Mix zum Einsatz kommen, der eine reichhaltigere empirische Forschung ermöglicht.[1049] Vor allem für die Exploration neuer Forschungsfelder führt daran kein Weg vorbei.

[1049] Vgl. Weick (2007), S. 14ff.

6 Schlussbetrachtung

Turbulente Umfelder stellen höchste Anforderungen an die Responsivität und Flexibilität der Unternehmen. Damit diese in dem hier typischen schnellen Wandel bestehen können, müssen vor allem strategische Planungssysteme kontinuierlich hinterfragt und kontextabhängig angepasst werden. Solche Anpassungen lassen positive Performancewirkungen erwarten und erscheinen gerade in hochturbulenten Umfeldern unverzichtbar.

Ziel der Arbeit war es, Adaptionsprozesse strategischer Planungssysteme von Unternehmen in solchen Umfeldern zu analysieren, Einflussfaktoren auf diese Adaptionsprozesse zu beurteilen und prozessuale und inhaltliche Gestaltungsfelder zur Schaffung von Flexibilitätspotenzialen strategischer Planungssysteme sowie deren Anpassung an sich kontinuierlich verändernde Kontexte zu identifizieren.

Als Ausgangserkenntnis wurde dafür in Kapitel 1 ermittelt, dass Unternehmen mit der Adaption strategischer Planungssysteme einen Beitrag zum Unternehmenserfolg leisten. Die nähere Untersuchung der Veränderung bzw. Weiterentwicklung strategischer Planungssysteme ist daher sowohl für die unternehmerische Praxis als auch für die am ökonomischen Erfolg von Unternehmen orientierte Betriebswirtschaftslehre relevant.

Kapitel 2 bildete die theoretische Basis für diese Untersuchung und hatte zum Ziel, einen Überblick über den aktuellen Stand des relevanten Forschungsfelds zu geben. Im Mittelpunkt standen dabei drei Elemente: (1) der Untersuchungskontext, d. h. das turbulente Umfeld und seine Implikationen, (2) das Erfahrungsobjekt, d. h. strategische Planungssysteme und (3) das Erkenntnisobjekt, der organisationale Wandel. Mit der Übersicht der theoretischen Grundlagen wurde die Voraussetzung für die Auswertung der empirischen Studien geschaffen. Die Ausführungen mündeten in einen Untersuchungsrahmen für die Analyse der Adaption strategischer Planungssysteme und ermöglichten die Konkretisierung der Forschungsfragen.

Im dritten Teil, der sich aus den Kapiteln 3 und 4 zusammensetzt, wurden bestehende empirische Untersuchungen sowie die beiden im Rahmen dieser Arbeit genutzten Studien des Verfassers vorgestellt. Die Auswertung erfolgte entlang der in Kapitel 2.6 dargestellten Forschungsfragen und wurde als Mix quantitativer und qualitativer empirischer Methoden anhand des in Kapitel 1.4.2 diskutierten Vertiefungsmodells durchgeführt.

In Teil 4 wurden die Erkenntnisse und ihre Implikationen zusammengefasst und übersichtlich dargestellt. Die Kernergebnisse werden dabei in verschiedene Bereiche eingeteilt. Bezogen auf die Charakteristika des Adaptionsprozesses strategischer Planungssysteme sind vor allem folgende Befunde hervorzuheben: die Veränderungsbereitschaft für eine SPS-Anpassung ist generell sehr hoch und die Adaptionsintensität steigt mit zunehmender Umfeldturbulenz; angepasst werden hauptsächlich Strategie(entstehungs)prozesse und strategische Analyse- und Planungsinstrumente, wobei Adaptionsprozesse meist sporadisch beginnen und situationsabhängig ausgeprägt ablaufen. Als Einflussfaktoren auf den Adaptionsprozess sind fast immer die obere und mittlere Führungsebene zu nennen, während im turbulenten Umfeld auch dezentrale Einheiten, Projektteams und Prozessverantwortliche an Bedeutung gewinnen; als weiterer zentraler Einflussfaktor konnte die organisationale Lernfähigkeit ermittelt werden.

Auf diesen Erkenntnissen basierend wurden abschließend – im Sinne der induktiven Forschung – Hypothesen und begründete Annahmen abgeleitet und in Gestaltungsempfehlungen für die Initiierung und Ausgestaltung von Adaptionsprozessen überführt.[1050] Damit wird sowohl dem theoretischen als auch dem pragmatischen Wissenschaftsziel der Arbeit, d. h. über die Beschreibung und Erklärung theoretischer und praktischer Probleme hinauszugehen und für die Unternehmens- und Managementpraxis umsetzbare Lösungsvorschläge zu erarbeiten, Rechnung getragen.[1051]

Im Weiteren soll an dieser Stelle auf einige forschungsmethodische Grenzen hingewiesen werden, die gleichzeitig Möglichkeiten für die zukünftige Forschung aufzeigen:

Die grundlegende Sichtweise dieser Forschungsarbeit ist die Kontingenzperspektive. Sie eröffnet neue Potenziale für die Gestaltung strategischer Planungssysteme und erlaubt explizit die Berücksichtigung unternehmens- und situationsspezifischer Besonderheiten. Diese Perspektive ermöglicht es außerdem, an zahlreich vorhandene Forschungsbeiträge anzuknüpfen. Ebenso wurden ausführlich die Systemtheorie, die Strategieforschung und die Forschung zum organisationalen Wandel berücksichtigt. Darüber hinaus bieten andere theoretische Perspektiven, wie bspw. ressourcenorientierte oder machtpolitische Ansätze, Möglichkeiten zur Erweiterung der Beschreibung und Erklärung der Adaption strategischer Planungssysteme im turbulenten Umfeld.

Neben den theoretischen Perspektiven der Forschungsarbeit ergeben sich auch aus den empirischen Vorgehensweisen und gewonnenen Daten Ansätze für

---

[1050] Vgl. Kapitel 5.2 und 5.3.

[1051] Vgl. Kapitel 1.4.1.

weitere Forschung. Zur Anwendung kamen quantitative und qualitative Forschungsmethoden, die über ein Vertiefungsmodell miteinander kombiniert wurden. Diese Vorgehensweise kommt in dieser Form selten zur Anwendung, da die Ausgangsbasis empirischer Forschung in vielen Fällen relativ umfangreich ist. Im vorliegenden Fall war der Erkenntnisstand über die Adaption strategischer Planungssysteme eher gering, weshalb ein Verfahren, das verschiedene Datensätze und Erhebungsmethoden nutzt, am erfolgsversprechendsten ist.[1052] Die Daten von Studie 1 wurden mittels einer Zufallsstichprobe ausgewählt und durch Fragebögen erhoben. Das „Sample“ umfasst Unternehmen aus verschiedenen Sektoren und Branchen des deutschsprachigen Raums. Die dabei erzielte Antwortquote ist als zufriedenstellend zu betrachten, die Fallzahl könnte für manche statistische Auswertungen aber durchaus größer sein. In Studie 2 wurden Daten von Unternehmen derselben Grundgesamtheit erhoben. Die Fallstudienauswahl erfolgte durch ein nicht zufallsgesteuertes Auswahlverfahren typischer Fälle. Hier ist insbesondere anzumerken, dass die Ergebnisse aus dieser Untersuchung durch die getroffene Vorauswahl der Unternehmen evtl. beinflusst wurden; eine Wiederholung mit einer anderen Stichprobe wäre für eine Plausibilisierung der Erkenntnisse denkbar. Dieses Vorgehen bei der Fallauswahl kam allerdings nicht zuletzt deshalb zum Einsatz, da es erklärtes Ziel war, durch ein exploratives Vorgehen bewusst auch Einzelfälle und innovative Adaptionsansätze zu entdecken und zu beschreiben.[1053]

Dennoch könnte die Generalisier- bzw. Übertragbarkeit der Ergebnisse auf andere Unternehmen über die Replikation der Studien mit Unternehmen anderer Größenklassen, anderer Länder oder anderer Branchen geprüft werden. Außerdem wird in der Literatur teilweise darauf hingewiesen, dass Ergebnisse der Prozessforschung durch die Anwendung von Längsschnittuntersuchungen fundierter und belastbarer werden.[1054] Eine Hürde hinsichtlich des Zugangs zu Unternehmen bzw. Ansprechpartnern könnte deren Sorge um die Vertraulichkeit der Daten sein, da Strategie(entstehungs)prozesse ein wichtiges Führungsinstrument sein können. Wenn es jedoch gelingt, herauszustellen, dass effiziente strategische Planungssysteme stets firmenspezifisch ausgeprägt sind und an die jeweiligen Umfeldbedingungen und Unternehmensbedürfnisse individuell angepasst werden müssen, sollte die Gewinnung geeigneter Untersuchungsobjekte möglich sein.

Weitere zukünftige Forschungaufgaben könnten außerdem darin liegen, die induktiv erarbeiteten Hypothesen und begründeten Annahmen empirisch-

---

[1052] Vgl. Kapitel 1.4.2, 3.1.4 und 4.1.

[1053] Vgl. Siggelkow (2007), S. 20ff.

[1054] Vgl. Kapitel 1.4.2.

deduktiv zu prüfen und eine detaillierte Untersuchung einzelner Variablen, z. B. die Auswirkung der Veränderungen von Umfeldanforderungen oder die konkreten Rollen(verständnissse) der Akteure der Adaptionsprozesse, vorzunehmen.

Mit den in Kapitel 5 dargestellten Ergebnissen zur Initiierung und Ausgestaltung von Adaptionsprozessen, zur Festlegung von Adaptionsumfang und -ausmaß sowie der Gestaltung von Einflussfaktoren auf die Adaptionsprozesse ist diese Arbeit ein wesentlicher Schritt hin zu einer Theorie der Adaption strategischer Planungssysteme („meta-planning-theory“). Weitere Untersuchungen auf diesem Feld sind jedoch erforderlich, um die erarbeiteten Resultate zu bestätigen und zu ergänzen.

Anhang A: Fragebogen zu Studie 1

Universität Stuttgart

Lehrstuhl für Planung und Strategisches Management
Prof. Dr. Erich Zahn

Management im Wandel

Wettbewerbsvorteile durch Wandlungsfähigkeit?

Unternehmen werden zunehmend mit neuen Konkurrenzsituationen, höheren Kundenanforderungen und sich verändernden Markt- bzw. Branchenbedingungen konfrontiert. Globalisierung, EU-Osterweiterung, M&A-Aktivitäten oder neue gesetzliche Regelungen können beispielsweise Ursachen für derartige Entwicklungen sein. Diese turbulenten Zeiten stellen völlig neue Anforderungen an das Management von Unternehmen.

In diesem Zusammenhang verfolgt die vorliegende Studie* das Ziel, den derzeitigen Umgang mit sich schnell verändernden Umfeldern in deutschen Unternehmen aufzunehmen und zu analysieren. Mit Hilfe des folgenden Fragebogens werden ausgewählte Unternehmen aus unterschiedlichen Branchen zu relevanten Themenbereichen befragt.

Wir bitten Sie, durch das Ausfüllen des Fragebogens zum Gelingen dieser Studie beizutragen. Ihre Angaben dienen ausschließlich wissenschaftlichen Zwecken, werden strikt vertraulich behandelt und anonym ausgewertet. Falls Sie Interesse an den Ergebnissen der Studie haben, geben Sie bitte auf dem beigefügten Adressblatt Ihre Email-Adresse an.

Hinweise zur Bearbeitung:

- Sollten Sie einem größeren Unternehmen angehören, beantworten Sie die Fragen bitte aus Sicht Ihres Unternehmensbereichs.
- Möchten Sie den Fragebogen per Fax/E-Mail beantworten, so können Sie ihn über http://www.bwi.uni-stuttgart.de/index.php?id=1388 herunterladen.

Rücksendung des Fragebogens bitte bis zum 31. Oktober an:

Universität Stuttgart
Lehrstuhl für Planung und
Strategisches Management
Dipl.-Kfm. Michael Schön
Keplerstr. 17
70174 Stuttgart

Tel: 0711-121-3468
Fax: 0711-121-3191
E-Mail: michael.schoen@bwi.uni-stuttgart.de

* Gefördert von der Deutschen Forschungsgemeinschaft im Rahmen des Sonderforschungsbereichs 467.

Teil 1: Turbulenz des Unternehmensumfeldes

Wie eingangs bereits beschrieben, sind viele Branchen durch sich verändernde Bedingungen gekennzeichnet. Dies kann sich einerseits in gestiegener Veränderungsdynamik und andererseits in erhöhter Komplexität von Produkten und Märkten niederschlagen.

1.1 Wie ist die Situation Ihres Unternehmens in den nachfolgend genannten Bereichen und wie beurteilen Sie die Entwicklungstendenz?

(„↓“ eher abnehmend; „=“ eher gleich bleibend; „↑“ eher zunehmend)

	Unternehmenssituation					Tendenz			
	sehr niedrig	niedrig	mittel	hoch	sehr hoch	↓	=	↑	weiß nicht
Umfeldturbulenz (*Komplexität, Dynamik*)	□	□	□	□	□	□	□	□	□
Vielfalt der Kundenanforderungen	□	□	□	□	□	□	□	□	□
Umsatzkonzentration (*Verteilung des Umsatzes auf geographische Bereiche*)	□	□	□	□	□	□	□	□	□
Anzahl direkter Konkurrenten	□	□	□	□	□	□	□	□	□
Variantenvielfalt der Produkte/Dienstleistungen	□	□	□	□	□	□	□	□	□
Beschäftigungskonzentration (*Mitarbeiteranzahl nach geographischen Bereichen*)	□	□	□	□	□	□	□	□	□
Standortkonzentration (*Verteilung der Standorte auf geographische Bereiche*)	□	□	□	□	□	□	□	□	□
Forschungs- und Entwicklungs-Aufwand (*im Vergleich zum Umsatz*)	□	□	□	□	□	□	□	□	□
Anzahl der im Forschungs- und Entwicklungs-Bereich tätigen Mitarbeiter	□	□	□	□	□	□	□	□	□
Ausmaß der Beeinflussung durch politisch-rechtliche Regelungen	□	□	□	□	□	□	□	□	□

1.2 Wie ist die heutige Situation Ihres Unternehmens in den nachfolgend genannten Bereichen im Vergleich zu vor 3 Jahren und wie beurteilen sie die Prognostizierbarkeit?

(„–“ schlecht, „=“ mittel, „+“ gut prognostizierbar)

	Situation im Vergleich zu vor 3 Jahren					Prognostizierbarkeit			
	deutlich niedriger	etwas niedriger	etwa gleich	etwas höher	deutlich höher	–	=	+	weiß nicht
Kundenanforderungen	□	□	□	□	□	□	□	□	□
Umsatz	□	□	□	□	□	□	□	□	□
Wettbewerbsintensität	□	□	□	□	□	□	□	□	□
Marktaktivitäten der Konkurrenz	□	□	□	□	□	□	□	□	□
Wachstumschancen	□	□	□	□	□	□	□	□	□
Beschäftigungsstand	□	□	□	□	□	□	□	□	□
Innovationsrate (*Anzahl neuer Produkte im Vergleich zu bereits bestehenden Produkten*)	□	□	□	□	□	□	□	□	□
Forschungs- und Entwicklungs-Aufwand im Verhältnis zum Umsatz	□	□	□	□	□	□	□	□	□
Anzahl gesetzlicher Neuerungen	□	□	□	□	□	□	□	□	□

Teil 2: Managementsysteme

In Unternehmen werden Manager bei ihren Gestaltungs-, Lenkungs- und Weiterentwicklungsaufgaben durch Managementsysteme unterstützt. Managementsysteme sind dabei als Instrumentarium (Strukturen, Prozesse, Methoden, Werkzeuge) zur Erfüllung dieser Aufgaben zu verstehen.

2.1 Wie schätzen Sie in Ihrem Unternehmen die Bedeutung der aufgeführten Managementsysteme für die Führung ein und wie beurteilen Sie die Notwendigkeit ihrer kontinuierlichen Weiterentwicklung?

	Bedeutung von Managementsystemen					Weiterentwicklung		
	sehr niedrig	niedrig	mittel	hoch	sehr hoch	nicht notwendig	notwendig	weiß nicht
Zielsystem *(z. B. Entwicklung von Visionen, Strategien und Zielen)*	☐	☐	☐	☐	☐	☐	☐	☐
Planungssystem *(z. B. Strategische Planung, Budgetierung, ...)*	☐	☐	☐	☐	☐	☐	☐	☐
Kontrollsystem *(z. B. Balanced Scorecard, Kennzahlen, ...)*	☐	☐	☐	☐	☐	☐	☐	☐
Informations- und Kommunikationssysteme *(z. B. Risikomanagement, Informationstechnische Unterstützung, Intranet, Datenbanken, ...)*	☐	☐	☐	☐	☐	☐	☐	☐
Personalmanagementsysteme *(z. B. Anreizmodelle, Personalentwicklung, ...)*	☐	☐	☐	☐	☐	☐	☐	☐
Organisationssystem *(z. B. Gestaltung von Organisationsstrukturen und Prozessen)*	☐	☐	☐	☐	☐	☐	☐	☐
Wissensmanagementsysteme *(z. B. Unterstützung für Lernen und Wissensaustausch)*	☐	☐	☐	☐	☐	☐	☐	☐

2.2 Inwieweit treffen folgende Aussagen für Ihr Unternehmen zu?

* zum besseren Verständnis des Begriffs Managementsystem vgl. Frage 2.1	trifft nicht zu	trifft kaum zu	trifft teilweise zu	trifft weitgehend zu	trifft voll zu	weiß nicht
Es wird bei uns regelmäßig überprüft, ob Managementsysteme* verändert werden müssen.	☐	☐	☐	☐	☐	☐
In unserem Unternehmen werden Managementsysteme* gezielt optimiert.	☐	☐	☐	☐	☐	☐
Eine Veränderung von Managementsystemen* wird indirekt unterstützt *(z. B. durch Management-Trainings oder Einführung neuer Methoden und Instrumente)*.	☐	☐	☐	☐	☐	☐
Managementsysteme* werden in unserem Unternehmen systematisch weiterentwickelt.	☐	☐	☐	☐	☐	☐
Eine Weiterentwicklung von Managementsystemen* findet bedarfsweise statt.	☐	☐	☐	☐	☐	☐
Die Weiterentwicklung von Managementsystemen* ist organisatorisch verankert *(z. B. ist eine Person, ein Team oder eine Abteilung damit betraut)*.	☐	☐	☐	☐	☐	☐

2.3 Wer ist in Ihrem Unternehmen mit der Optimierung von Managementsystemen* betraut?

(Mehrfachnennungen möglich)

* zum besseren Verständnis des Begriffs Managementsystem vgl. Frage 2.1

☐ Obere Führungsebene ☐ Mittlere Führungsebene ☐ Untere Führungsebene

☐ Fachbereiche ☐ Divisionen ☐ Projektteams ☐ Prozessverantwortliche

☐ Sonstige ______________________________ ☐ weiß nicht

2.4 Wie wichtig sind Ihrer Meinung nach folgende Ansätze, um die Flexibilität des Managements zu gewährleisten?

	bedeu-tungslos	unwichtig	mittel	wichtig	sehr wichtig	weiß nicht
Schaffung von Anreizen zur Verbesserung organisatorischer Abläufe.	☐	☐	☐	☐	☐	☐
Regelmäßiges Überprüfen eigener Management-Vorgehensweisen.	☐	☐	☐	☐	☐	☐
Schaffung von Anreizen zur Erhöhung der Veränderungsbereitschaft bei Führungskräften.	☐	☐	☐	☐	☐	☐
Ausstattung von Abteilungen und Bereichen mit einer gewissen Autonomie und Eigenverantwortung *(z. B. Center-Konzepte)*.	☐	☐	☐	☐	☐	☐
Regelmäßige Anpassung (eingefahrener) organisatorischer Abläufe, damit neue strategische Konzepte nicht behindert werden.	☐	☐	☐	☐	☐	☐
Entscheidungsträger für das Ausprobieren von Neuem *(z. B. Strategien, Instrumente, ...)* begeistern.	☐	☐	☐	☐	☐	☐
Förderung eines offenen Wissensaustausches im Unternehmen.	☐	☐	☐	☐	☐	☐
Förderung der Bereitschaft und Fähigkeit auch (grundlegende) strategische Ziele ggf. anzupassen.	☐	☐	☐	☐	☐	☐
Regelmäßige, kritische Überprüfung gesetzter Ziele.	☐	☐	☐	☐	☐	☐
Beteiligung der mittleren bzw. unteren Führungsebene bei der Sammlung strategisch relevanter Informationen und Entwicklung neuer Strategien.	☐	☐	☐	☐	☐	☐

Teil 3: Tätigkeiten im Managementbereich

Die Arbeit im Managementbereich eines Unternehmens ist durch einen großen Anteil geistiger Tätigkeiten gekennzeichnet. Diese sind schwer zu beschreiben, da oft nur die Ergebnisse der Tätigkeiten beobachtbar sind.

3.1 Welchen Einfluss haben die folgenden Aspekte auf die Qualität Ihrer Arbeit?

	sehr niedrig	niedrig	durch-schnittlich	hoch	sehr hoch	weiß nicht
Reihenfolge der Arbeitsschritte, die für die Erfüllung einer Aufgabe notwendig sind	☐	☐	☐	☐	☐	☐
Qualifikation der mitwirkenden Mitarbeiter	☐	☐	☐	☐	☐	☐
Qualität der eingesetzten Arbeitsmittel *(z. B. PC, ...)*	☐	☐	☐	☐	☐	☐
Klare Zielvorgaben	☐	☐	☐	☐	☐	☐
Vorhandensein fest vorgegebener Regeln	☐	☐	☐	☐	☐	☐
Vorhandensein fest vorgegebener OrganisationsStrukturen	☐	☐	☐	☐	☐	☐
Reger Informationsaustausch	☐	☐	☐	☐	☐	☐
Sonstiges____________________	☐	☐	☐	☐	☐	☐

3.2 Welchen Stellenwert haben die folgenden Tätigkeiten im Rahmen Ihrer täglichen Arbeit?

	bedeu-tungslos	unwichtig	mittel	wichtig	sehr wichtig	weiß nicht
Berichten	☐	☐	☐	☐	☐	☐
Planen	☐	☐	☐	☐	☐	☐
Organisationseinheiten/Mitarbeiter führen	☐	☐	☐	☐	☐	☐
Bewerten	☐	☐	☐	☐	☐	☐
Initiieren	☐	☐	☐	☐	☐	☐
Koordinieren	☐	☐	☐	☐	☐	☐
Informieren	☐	☐	☐	☐	☐	☐
Überwachen	☐	☐	☐	☐	☐	☐
Kommunizieren	☐	☐	☐	☐	☐	☐
Entscheiden	☐	☐	☐	☐	☐	☐
Implementieren	☐	☐	☐	☐	☐	☐
Bestehendes weiterentwickeln	☐	☐	☐	☐	☐	☐
Neues schaffen	☐	☐	☐	☐	☐	☐
Projekte/Mitarbeiter unterstützen	☐	☐	☐	☐	☐	☐

3.3 Welche Bedeutung haben die folgenden Ziele im Rahmen Ihrer Tätigkeit?

	bedeu-tungslos	unwichtig	mittel	wichtig	sehr wichtig	weiß nicht
Schnelligkeit	☐	☐	☐	☐	☐	☐
Transparenz	☐	☐	☐	☐	☐	☐
Spontaneität	☐	☐	☐	☐	☐	☐
Sicherheitsdenken	☐	☐	☐	☐	☐	☐
Flexibilität	☐	☐	☐	☐	☐	☐
Kooperationsbereitschaft	☐	☐	☐	☐	☐	☐
Kundenorientierung	☐	☐	☐	☐	☐	☐
Erfolgsorientierung	☐	☐	☐	☐	☐	☐
Veränderungsbereitschaft	☐	☐	☐	☐	☐	☐
Vorhalten von Alternativen	☐	☐	☐	☐	☐	☐
Schlankheit der Strukturen	☐	☐	☐	☐	☐	☐
Strategisches (ganzheitliches) Denken	☐	☐	☐	☐	☐	☐
Sonstiges________________________	☐	☐	☐	☐	☐	☐

3.4 Inwiefern stimmen Sie den folgenden Aussagen zu?

	stimme nicht zu	stimme kaum zu	stimme teilweise zu	stimme weitgehend zu	stimme voll zu	weiß nicht
Ihre Arbeits- und Vorgehensweise zur Bewältigung Ihrer täglichen Aufgaben wird dokumentiert.	□	□	□	□	□	□
Wichtige Entscheidungen können in Ihrem Zuständigkeitsbereich schnell gefällt werden.	□	□	□	□	□	□
Es gibt Potenziale Planungs- und Entscheidungsprozesse in Ihrem Zuständigkeitsbereich zu optimieren.	□	□	□	□	□	□

3.5 Führen Sie die folgenden Tätigkeiten immer nach einer fest vorgegebenen Routine aus?

	ja	nein	weiß nicht
Planung von Zielen	□	□	□
Fällen wichtiger Entscheidungen	□	□	□
Veränderung bestehender Strukturen/Prozesse	□	□	□
Koordinieren von Mitarbeitern/Projekten	□	□	□
Generierung neuer Ideen	□	□	□
Überwachung von Bereichen/Prozessen	□	□	□
Implementierung neuer Lösungen	□	□	□
Bewertung von Konzepten	□	□	□

Teil 4: Wissen im Unternehmen

Heutzutage wird Wissen häufig auch als „Ressource" bzw. „Produktionsfaktor" bezeichnet. Wissen drückt sich in Fähigkeiten von Mitarbeitern aus und basiert auf Informationen, die beispielsweise in Handbüchern, Datenbanken oder auch im Erfahrungsschatz von Personen vorhanden sein können.

4.1 Wie schätzen Sie allgemein die Bedeutung von Wissen für Ihr Unternehmen ein?

□ sehr niedrig □ niedrig □ durchschnittlich □ hoch □ sehr hoch □ weiß nicht

**4.2 Mit Blick auf die Unternehmensergebnisse der letzten Jahre:
Wie schätzen Sie den Anteil von Wissen als Grundlage des Erfolgs ein?**

□ sehr niedrig □ niedrig □ durchschnittlich □ hoch □ sehr hoch □ weiß nicht

**4.3 Trifft folgende Aussage für Sie zu:
Um schnell reagieren zu können, wird häufig Wissen benötigt, welches im Unternehmen vorhanden, aber im entscheidenden Moment nicht verfügbar ist.**

□ nicht zu □ kaum zu □ teils/teils zu □ weitgehend zu □ voll zu □ weiß nicht

4.4 Welche der folgenden Aussagen treffen auf Ihr Unternehmen zu?

	trifft nicht zu	trifft kaum zu	trifft teilweise zu	trifft weitgehend zu	trifft voll zu	weiß nicht
Mitarbeiter werden regelmäßig auch an anderen Arbeitsplätzen eingesetzt, um Kenntnisse über die dortigen Arbeitsabläufe zu erlangen *(z. B. für Urlaubsvertretungen)*.	□	□	□	□	□	□
Mitarbeiter, die spezielles Wissen *(z. B. über Kunden oder Arbeitsverbesserungen)* im Unternehmen weitergeben werden belohnt.	□	□	□	□	□	□

Zu schwierigen Fragestellungen werden interdisziplinäre Teams *(z. B. abteilungsübergreifend)* zur Gesamtlösung gebildet.	□	□	□	□	□	□
Die Organisationsstruktur ermöglicht einfache Arbeitsplatzwechsel zwischen verschiedenen Bereichen.	□	□	□	□	□	□
Das Management lebt einen offenen Umgang mit Wissen im Unternehmen vor.	□	□	□	□	□	□
Das Management unterstützt informellen Informationsaustausch *(z. B. durch Akzeptanz von Kaffeeecken oder informellen Besprechungen).*	□	□	□	□	□	□
Eine Wissensdatenbank als Informationsquelle für die tägliche Arbeit wird gepflegt.	□	□	□	□	□	□
Fachübergreifende Informationen über Produkte/ Prozesse sind für Mitarbeiter leicht zugänglich.	□	□	□	□	□	□

4.5 Inwieweit stimmen Sie Ihrer Meinung nach folgenden Aussagen zu?

	stimme nicht zu	stimme kaum zu	stimme teilweise zu	stimme weitgehend zu	stimme voll zu	weiß nicht
Es ist wichtig, dass die Führung die Grundlage für eine offene, wissensteilende Kultur schafft.	□	□	□	□	□	□
Das Einräumen von Möglichkeiten zum Lernen ist eine bedeutende Aufgabe der Führung.	□	□	□	□	□	□
Die Schaffung von Freiräumen *(z. B. in finanziellen oder zeitlichen Vorgaben)* verbessert die Lernbereitschaft der Mitarbeiter.	□	□	□	□	□	□
Unkompliziert veränderbare Arbeitsgruppen können besser mit wechselnden Anforderungen umgehen.	□	□	□	□	□	□
Die Strukturen eines Unternehmens *(z. B. die Anzahl der Hierarchiestufen)* beeinflussen die Weitergabe von Wissen.	□	□	□	□	□	□
Wenn Mitarbeiter/Gruppen Spielräume zur Selbstorganisation bekommen, verbessert dies den Wissensaustausch.	□	□	□	□	□	□
Mitarbeiter, die flexibel sind *(z. B. einsetzbar an mehreren Arbeitsplätzen)*, sind ein wichtiger Faktor, um auf unvorhergesehene Anforderungen zu reagieren.	□	□	□	□	□	□
Mitarbeiter geben ihr Wissen verstärkt weiter, wenn Sie materielle oder immaterielle Anreize bekommen.	□	□	□	□	□	□
Mitarbeiter nutzen ihr Wissen zur Verbesserung von Prozessen eigenständig.	□	□	□	□	□	□
Wissensdatenbanken helfen bei unerwarteten Aufgaben schneller zielgerichtet zu reagieren.	□	□	□	□	□	□
Eine Wissensdatenbank ist eine wichtige Unterstützung zur Wissensweitergabe.	□	□	□	□	□	□
Der systematische Umgang mit Wissen bedarf eines gezielten Managements *(z. B. Umgang mit Wissen ausscheidender Mitarbeiter, Richtlinien zur internen Informationsweitergabe).*	□	□	□	□	□	□

Teil 5: Angaben zum Unternehmen

Bitte machen Sie im Folgenden noch einige Angaben zu Ihrem Unternehmen.

5.1 Wie viele Mitarbeiter beschäftigt Ihr Unternehmen?

☐ 1-100 ☐ 101-250 ☐ 251-500 ☐ 501-2000 ☐ > 2000 ☐ weiß nicht

5.2 Wie hat sich Ihr Unternehmen im Vergleich zu Ihren zwei wichtigsten Wettbewerbern in den letzten 3 Jahren Ihrer Einschätzung nach entwickelt?

	deutlich schwächer	etwas schwächer	etwa gleich	etwas besser	deutlich besser	weiß nicht
Mitarbeiterwachstum	☐	☐	☐	☐	☐	☐
Gewinnspanne	☐	☐	☐	☐	☐	☐
Innovationsrate bei Produkten/Dienstleistungen	☐	☐	☐	☐	☐	☐
Innovationsrate bei Unternehmensprozessen	☐	☐	☐	☐	☐	☐
Anwendung neuer Technologien	☐	☐	☐	☐	☐	☐
Produkt-/Dienstleistungsqualität	☐	☐	☐	☐	☐	☐
Angebotsbreite bei Produkten/Dienstleistungen	☐	☐	☐	☐	☐	☐
Kundenzufriedenheit	☐	☐	☐	☐	☐	☐

5.3 Sehen Sie Ihr Unternehmen überwiegend als…

☐ … produzierendes Unternehmen? ☐ … Dienstleister?

5.4 Welchem Wirtschaftszweig bzw. welcher Branche gehört Ihr Unternehmen an?

☐ Chemie
☐ Pharma und medizinische Produkte
☐ Konsumgüterindustrie
☐ Industrie (sonstige)
☐ Finanzdienstleister & Versicherung
☐ Dienstleister (sonstige)
☐ Handel
☐ Energiewirtschaft
☐ Bauwirtschaft
☐ Sonstige____________________

5.5 Welche Position haben Sie in Ihrem Unternehmen?

☐ Oberes Management (z. B. Geschäftsführer, Vorstand, Generalbevollmächtigter)
☐ Mittleres Management (z. B. Abteilungsleiter, Betriebsleiter)
☐ Unteres Management (z. B. Gruppenleiter)
☐ Mitarbeiter (z. B. Sachbearbeiter)

Vielen Dank für das Ausfüllen des Fragebogens!

Anhang B: Konstrukte aus Studie 1

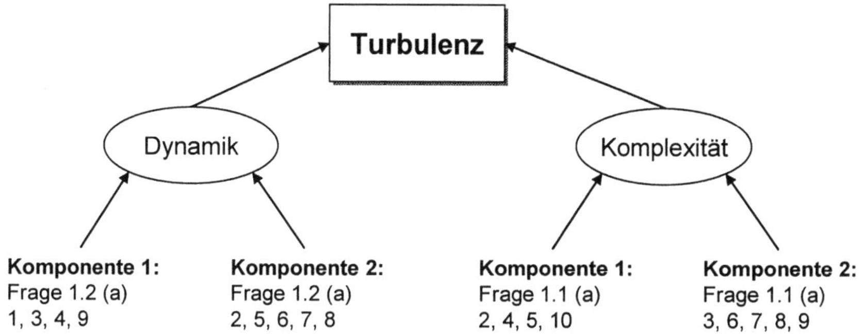

Abbildung B-1: Zusammensetzung des Konstrukts Turbulenz

Konstrukt Komplexität: Faktorladungen und Reliabilität

Studie 1 – Frage 1.1 (a)	Faktorladungen Komponente 1	Faktorladungen Komponente 2	Durch das Konstrukt erklärte Varianz der eingehenden Faktoren	Reliabilität gemessen nach Cronbachs Alpha
Vielfalt der Kundenanforderungen	0,599			
Anzahl der direkten Konkurrenten	0,614			
Variantenvielfalt der Produkte/ Dienstleistungen	0,483			
Ausmaß der Beeinflussung durch politisch-rechtliche Regelungen	0,479			
Umsatzkonzentration		0,577		
Beschäftigungskonzentration		0,621		
Standortkonzentration		0,659		
F&E-Aufwand		0,722		
Anzahl der im F&E-Bereich tätigen Mitarbeiter		0,720		
Gesamt			36,4%	69,5% (und 24%)

Quelle: Studie 1 – Frage 1.1 (a)

Abbildung B-2: Faktorenanalyse des Konstrukts Komplexität

Konstrukt Dynamik: Faktorladungen und Reliabilität				
Studie 1 – Frage 1.2 (a)	Faktorladungen Komponente 1 (aus Faktor 2 und 3)	Faktorladungen Komponente 2	Durch das Konstrukt erklärte Varianz der eingehenden Faktoren	Reliabilität gemessen nach Cronbachs Alpha
Kundenanforderungen	0,442**			
Wettbewerbsintensität	0,737*			
Marktaktivitäten der Konkurrenz	0,793*			
Anzahl gesetzlicher Neuerungen	0,492**			
Umsatz		0,641		
Wachstumschancen		0,584		
Beschäftigungsstand		0,638		
Innovationsrate		0,723		
Forschungs- und Entwicklungsaufwand im Verhältnis zum Umsatz		0,529		
Gesamt			61,1%	61,1% (und 70,2%)

Quelle: Studie 1 – Frage 1.2 (a) ** = Faktorladungen aus Faktor 2, ** = Faktorladungen aus Faktor 3*

Abbildung B-3: Faktorenanalyse des Konstrukts Dynamik

Konstrukt Adaptionsintensität: Faktorladungen und Reliabilität				
Studie 1 – Frage 2.2	Faktorladungen Komponente 1	Faktorladungen Komponente 2	Durch das Konstrukt erklärte Varianz der eingehenden Faktoren	Reliabilität gemessen nach Cronbachs Alpha
Es wird bei uns regelmäßig überprüft, ob MGSe verändert werden müssen	0,896			
Eine Veränderung von MGSe wird indirekt unterstützt	0,899			
In unserem Unternehmen werden MGSe gezielt optimiert	0,777			
MGSe werden in unserem Unternehmen systematisch weiterentwickelt	0,905			
Eine Weiterentwicklung von MGSe findet bedarfsweise statt		0,989		
Gesamt			81,5%	80,7%

Quelle: Studie 1 – Frage 2.2

Abbildung B-4: Faktorenanalyse des Konstrukts Adaptionsintensität

Konstrukt Erfolg: Faktorladungen und Reliabilität

Studie 1 – Frage 5.2	Faktorladungen	Durch das Konstrukt erklärte Varianz der eingehenden Faktoren	Reliabilität gemessen nach Cronbachs Alpha
Mitarbeiterwachstum	0,418		
Gewinnspanne	0,589		
Innovationsrate bei Produkten/ Dienstleistungen	0,731		
Innovationsrate bei Unternehmensprozessen	0,665		
Anwendung neuer Technologien	0,677		
Produkt-/ Dienstleistungsqualität	0,703		
Angebotsbreite bei Produkten/ Dienstleistungen	0,582		
Kundenzufriedenheit	0,725		
Gesamt		41,40%	78%

Quelle: Studie 1 – Frage 5.2

Abbildung B-5: Faktorenanalyse des Konstrukts Erfolg

Anhang C: Interviewleitfaden zu Studie 2

1. Allgemeine Fragen

Frage-Nr.	Frageninhalt und -umfang
1.1	• Was für eine Position im Unternehmen bekleiden Sie?
1.2	• Wie war die Umsatzentwicklung Ihres Unternehmens in den vergangenen 10 Jahren?
1.3	• Wie war die Entwicklung der Mitarbeiteranzahl Ihres Unternehmens in den vergangenen 10 Jahren?
1.4	• Wie beurteilen Sie den Erfolg Ihres Unternehmens (RoI, Gewinn) in den vergangenen 10 Jahren?
1.5	• Wie entwickelte sich der Marktanteil Ihres Unternehmens im Vergleich zum Branchendurchschnitt in den vergangenen 10 Jahren?
1.6	• Wie schätzen Sie die Sinnhaftigkeit (Sinn und Zweck) der strategischen Planung (aus Unternehmenssicht) ein? Was für Erwartungen verknüpfen Sie damit konkret?
1.7	• Wie läuft der Strategie(entstehungs)prozess in Ihrem Unternehmen ab und wie lange kommt der Prozess in dieser Form schon zur Anwendung?

2. Fragen zu internen Kontextfaktoren

A – Unternehmensführung

Frage-Nr.	Frageninhalt und -umfang
A.1	• Wer initiiert den Strategieprozess?
A.2	• Geschieht dies durch Vorgaben des Topmanagements (getriggert, Top-down)? Bedient man sich einer strategischen Planung (systematisch Vorgehensweise)? Oder wird Freiraum für die Entfaltung alternativer Ansätze außerhalb dieser Vorgehensweisen geschaffen (Bottom-up)?
A.3	• Wann wird der Strategieprozess oder dessen mögliche Änderungen angestoßen? Geschieht dies kalendergetrieben/terminorientiert oder ereignisgetrieben/-orientiert?
A.4	• Hält es das Topmanagement für wichtig, Manager verschiedenster Bereiche am Strategie(entstehungs)prozess zu beteiligen und haben diese auch Einfluss auf die (inhaltliche) Agenda bzw. die festzulegenden Issues (Topmanagement vs. „Selling Issues to the topmanagement")?
A.5	• Wie weckt das Topmanagement das Interesse der Mitarbeiter und wie motiviert es sie, an der Strategieentwicklung aktiv mitzuwirken?
A.6	• Wie wird (bei entsprechender Agenda-Beteiligung der Mitarbeiter) der Kreativ-Teil des Strategieprozesses geführt und gelenkt?
A.7	• Wie schätzen Sie Effizienz und Qualität des Strategieentwicklungsprozesses bei Beteiligung vieler Mitarbeiter ein?
A.8	• Wird bei Ihnen zuerst an Strategieentwicklung und dann an die Umsetzung gedacht oder findet die Umsetzbarkeit bei der Entwicklung Berücksichtigung?

A – Unternehmensführung (Fortsetzung)

Frage-Nr.	Frageninhalt und -umfang
A.9	• Liegen Entwicklung und Umsetzung in einer Hand, d.h. sind die Strategieentwickler auch für die Umsetzung verantwortlich (Group-think) oder gibt es eine klare Aufgabentrennung? Reden Entwickler und Umsetzer an einander vorbei (bspw. schwelender Konflikt zwischen Werk und Zentrale)?
A.10	• Wie werden Strategie und Implementierung bzw. Implementierung und Strategie (Feedback) gekoppelt? Gibt es dafür Instrumente/Verfahren (BSC)? Läuft dies traditionell nach einem Top-Down- oder einem Gegenstromverfahren ab?
A.11	• Wird der Strategieprozess bzw. sein Output – also die Strategie - von den Mitarbeitern (vom Controller/Planer bis zum Tanklastfahrer) generell akzeptiert (d.h. sind diese zufrieden)?
A.12	• Wird die Strategie(prozess)akzeptanz der Mitarbeiter gefördert und erreicht? Wenn ja wie?
A.13	• Wer ist in welchen Phasen/Themenbereichen (Analyse, Entwicklung, ...) am Strategieprozess wie beteiligt? Phasen des Strategieentwicklungsprozesses: Zielplanung – Analysephase – „Kreativ"-Phase – Bewertung/Auswahl – Umsetzung – Kontrolle.
A.14	• Wie sind Verantwortlichkeiten / Kompetenzen verteilt?
A.15	• Werden auch scheinbar ausgefallene Ideen i.S. eines Ideenpluralismus berücksichtigt? (D.h. ist der Strategieprozess sehr fokussiert oder auch Ausgefallenem gegenüber offen? Wird eher nüchtern geplant oder gibt es auch die Möglichkeit, tatsächlich zu „spinnen" („Dreamteam" ohne Beschränkungen)?)
A.16	• Kommt es bei der Strategieentwicklung in Stäben und im Vorstand zu Konflikten bzw. Meinungsverschiedenheiten (Ideen- und Erfahrungsaustausch, Diskussionen)?
A.17	• Wie (bzw. von wem) werden Kompromisse gefunden (Chef vs. gemeinsam)? Werden diese schnell gefunden?

B – Organisation des Strategie(entstehungs)prozesses

Frage-Nr.	Frageninhalt und -umfang
B.1	• Ist der Strategieprozess unternehmens- oder abteilungsübergreifend organisiert? Wie wird mit der dadurch gestiegenen Komplexität im Strategieentwicklungsprozess umgegangen? (Gemeinsame Gremien, Projektgruppen und weitere Formen der Zusammenarbeit)
B.2	• Können die am Strategieprozess beteiligten Stellen problemlos koordiniert werden? Wie werden sie koordiniert? Wer koordiniert (evtl. Steuerungsgremium, bilaterale Abstimmung, definierter Prozess)?
B.3	• Ist die Strategieformulierung ein periodischer Vorgang oder wird sie kontinuierlich weiterentwickelt, angepasst und verbessert? Wie sieht die kontinuierliche Anpassung konkret aus?
B.4	• Wie ist der Zeitrahmen des Strategieprozesses gestaltet (strategische und operative Planung, Feedback/iterative Schleifen)? Wie viel Zeit sollte bspw. ein fixer Planungsprozess oder unregelmäßig stattfindende Projektinitiativen in Anspruch nehmen?
B.5	• Sind feste Planungszyklen vorgesehen? Wie sind diese angelegt (bezogen auf den Zeitraum)?
B.6	• Ist die Organisation/Struktur des Strategieprozesses so flexibel, sich veränderten/ gewandelten Anforderungen anzupassen (z. B.: Mitarbeiter-Zuordnung, Prozessablauf, Prozesssteuerung, Zeitplanung, ...)? Wie sieht diese Anpassung konkret aus?

B – Organisation des Strategie(entstehungs)prozesses (Fortsetzung)

Frage-Nr.	Frageninhalt und -umfang
B.7	• Wie wird Flexibilität im Strategieprozess erzeugt (bspw. durch den Einbau von organisatorischem Slack)? Geht dies zu Lasten der Effizienz oder Stabilität des Prozesses?
B.8	• Werden Freiräume für Kreativität geschaffen und dabei möglichst viele „Strategieköpfe" eingebunden? Wird dadurch das Ziel der Effizienz nicht aus den Augen verloren?
B.9	• Gestalten sich die Berichtswege determiniert und „streng" oder eher informell? (Gibt es bspw. Absprachen zwischen Prozessbeteiligten?)

C – Gewinnung und Verarbeitung strategischer Informationen

Frage-Nr.	Frageninhalt und -umfang
C.1	• Sind die Prozesse der Informationsgewinnung (Monitoring) und der Informationsverarbeitung der Art strukturiert, dass die allenthalben vorhandene Flut an Informationen beherrscht wird? (selektive Informationsgewinnung/-verarbeitung)
C.2	• Wie werden aus der täglichen Informationsflut strategisch relevante Informationen gefiltert? Gibt es hierfür Bewertungsverfahren oder obliegt die Auswahl und Beurteilung dem „erfahrenen Mitarbeiter" und gibt es informationstechnische Unterstützung?
C.3	• Besteht ein Informationsfluss zwischen den am Strategieprozess beteiligten Bereichen, Abteilungen oder Divisionen?
C.4	• Wie wird der formelle und informelle Informationsaustausch zwischen den am Strategieprozess Beteiligten gewährleistet/geregelt/gesteuert? (z. B.: institutionalisiert, bilateral, multilateral)
C.5	• Ist der Informationsfluss ausreichend oder gibt es dahingehend noch Verbesserungspotenziale?
C.6	• Strategiekommunikation + Kommunikation von Informationen über den Prozess: Wie werden Informationen bzgl. des Strategieprozesses intern weitergegeben? Gibt es dafür ein informationstechnisches System bzw. ein bereits installiertes Instrument (bspw. Intranet, Newsletter, Unternehmensnachrichten, ...)?
C.7	• Gibt es Regeln, die die Informationsweitergabe und damit die Transparenz des Strategieprozesses einschränken oder fördern (Geheimhaltung, Informationssicherheit)?

D – Planung und Kontrolle

Frage-Nr.	Frageninhalt und -umfang
D.1	• Aus Gründen der prozessualen Effizienz mag es sinnvoll erscheinen, Strategien detailliert zu planen. Lassen sich Strategien in Ihrem Unternehmen immer umfassend und logisch planen (rational-analytisch) oder spielt der Zufall (im Sinne emergenter Strategien) auch eine gewisse Rolle?
D.2	• Auf welche Art und Weise läuft die Strategische Planung ab? • Ist ein expliziter Prozess formuliert/designed? Wird eher intuitiv und erfahrungsbasiert geplant? Gibt es eine Kombination der beiden vorgenannten Varianten? • Ist die Planung eher als Fortschreibung des bisherigen strategischen Verhaltens organisiert (im Sinne marginaler Anpassungen) oder wird i jedem Zyklus vollständig von Neuem geplant?
D.3	• Inwieweit gibt es Prämissen oder Vorgaben der Unternehmensleitung bezüglich des Strategieprozesses (zeitliche, personelle, finanzielle Vorgaben)?
D.4	• Wird der Strategieprozess dadurch (D.3) eingeengt oder ermöglicht der Vorgabekorridor dennoch ein breites Spektrum an strategischen Optionen/Möglichkeiten?
D.5	• Ist die zeitliche Flexibilität des Strategieprozesses in dem Sinne gegeben, dass neue Aspekte auch zu einem späteren Zeitpunkt Eingang in den Prozess finden?
D.6	• Was sind aus Ihrer Sicht Anlässe für eine (Ver-)Änderung bzw. Anpassung des Strategieprozesses und führen diese auch zu tatsächlichen Veränderungen?
D.7	• Umfasst die Strategiearbeit tatsächlich nur langfristige Erwägungen oder werden auch kurzfristige berücksichtigt? (Was wird im Unternehmen unter langfristig bzw. kurzfristig verstanden? Evtl. Angabe von Jahreszahlen zu den verschiedenen zeitlichen Perspektiven) Können Sie eine Gewichtung vornehmen?
D.8	• Wie viele und welche Methoden (Analyseinstrumente, Kreativitätstechniken) stehen im Strategieentwicklungsprozess zur Verfügung?

Portfolio-Technik	Sensitivitätsanalysen	Delphi-Methode
Modellrechnung (SD)	SWOT-Analysen	Trendanalysen
Computer-Simulation	Benchmarking	Prognoseverfahren
Szenario-Technik	Lebenszyklusanalyse	Risikoanalysen

D.9	• Werden Anstrengungen unternommen, die Vielzahl der angewandten (Analyse-)Verfahren und -methoden zu reduzieren, um so die Strategische Planung zu vereinfachen?
D.10	• Wird das Problem der redundanten bzw. mehrfachen Informationsgewinnung und Methodenanwendung adressiert?
D.11	• Inwieweit wird der Prozess strukturiert und anhand von Meilensteinen in seinem Fortschritt überprüft? Sind somit Lücken transparent zu machen? Abbruch bei Fehlentwicklung?
D.12	• Wäre es vorstellbar/wünschenswert, die Strategieentstehung im Sinne eines offenen evolutionären Prozesses zu gestalten?
D.13	• Inwieweit besteht die Möglichkeit einer Selbstorganisation innerhalb des durch Prämissen gegebenen Korridors?

E – Ressourcen, Wissen, Lernen, Innovation

Frage-Nr.	Frageninhalt und -umfang
E.1	• Es gibt bei der Gestaltung des Strategieprozesses zum einen die Möglichkeit, den Prozess möglichst (terminiert und somit) stabil zu halten (Stabilität) und zum anderen die Option, den Fokus auf dessen Wandlungsfähigkeit zu legen (Flexibilität). Wie würden Sie Ihr Unternehmen an dieser Stelle zeitraumbezogen einordnen? Was würden Sie als sinnvoller erachten: Stabilität oder Flexibilität?
E.2	• Sind die zur Durchführung des Strategieprozesses notwendigen Ressourcen (finanzielle Mittel, Know-how) immer im gewünschten Umfang vorhanden oder wird der Bedarf nicht gedeckt?
E.3	• Macht man sich schon bei der Entwicklung der Strategie über den Ressourcenbedarf (Zeit und Bereitschaft der Mitarbeiter, finanzielle Mittel) Gedanken?
E.4	• Findet die Ressourcenplanung in Form einer Budgetfortschreibung (Vergleich mit dem vergangenen Jahr oder einem vergleichbaren Strategieprozess) oder als Neuplanung statt?
E.5	• Lohnt sich Ihre Art der Strategischen Planung? Stehen Aufwand und Nutzen in einem ausgewogenen Verhältnis?
E.6	• Annahme: Beteiligung von Managern erwünscht Erlaubt die zeitliche Auslastung der Mitarbeiter deren kontinuierliche Beschäftigung mit dem Strategieprozess oder ist die Einbindung aus Effizienzgründen weniger sinnvoll?
E.7	• Wird der Strategieprozess auch als ein ständiger Lernprozess im Sinne strategischen Lernens verstanden oder ist er eher ergebnisorientiert? Ist das Ziel des Strategieprozesses der Gipfel (die Strategie/das Programm) oder ist das Ziel der Weg zum Gipfel (der Lernprozess)?
E.8	• Inwieweit ist der Strategieentwicklungsprozess dokumentiert (Planungshandbuch)? (z. B. Abläufe, Prozesse, Zwischenstände, Ziele, Ergebnisse, ...)
E.9	• Werden einzelne Ablaufergebnisse durchgeführter Strategieprozesse dokumentiert und so auch zur Verbesserung zukünftiger Prozesse genutzt? Wird ein aktives Wissensmanagement bzgl. des strategierelevanten Wissens betrieben (Kummerkasten der Strategieentwicklung, Schulungen, Training, Wissensdatenbanken) oder ist ein solches Vorgehen mit einem zu großen Aufwand verbunden?
E.10	• Führen Sie ein „Strategieprozess-Benchmarking" mit Konkurrenten oder anderen Branchen durch?
E.11	• Wird aus den bisherigen Erfahrungen des Prozessablaufes gelernt und somit auf dieser Basis der aktuelle Strategieprozess verbessert? Kann man diesbezüglich eine Effektivitäts- bzw. Effizienzverbesserung feststellen?
E.12	• Kommen evtl. Instrumente wie die BSC, die ein permanentes strategisches Feedback bzw. strategisches Lernen ermöglichen, zum Einsatz?
E.13	• Wer verfügt im Unternehmen Ihrer Meinung nach über strategierelevantes Wissen? Provokativer: Ist es bei Ihnen tatsächlich so, dass nur Führungskräfte über strategierelevantes Wissen verfügen? Oder sind auch Führungskräfte der 2. und 3. Hierarchieebene mit diesem Know-how vertraut (auch Qualifikation, Vorbildung)?
E.14	• Wie wird das im Unternehmen verteilte Wissen (Fähigkeiten, Kompetenzen, Erfahrungen, Einschätzungen) der Mitarbeiter im Strategieprozess berücksichtigt? Gibt es Mechanismen der Wissensintegration, die es den Mitarbeitern ermöglichen, ihr Wissen in den Strategieprozess einzubringen (z. B. Gelbe Seiten, Datenbanken)?

F – Selbstverständnis des Unternehmens

Frage-Nr.	Frageninhalt und -umfang
F.1	• Können die Mitarbeiter (alle Mitarbeiter oder nur die Prozessbeteiligten) mit ihren Ideen und Vorschlägen die Strategie beeinflussen und wenn ja auf welche Weise?
F.2	• Wie ist die Beteiligung von nachgeordneten Führungskräften und Mitarbeitern am Strategieprozess geregelt?
F.3	• Sind sich die Manager der Strategie des Unternehmens bewusst? (Strategiekommunikation) • Nutzen sie ihre Möglichkeiten der Strategiepartizipation (im Strategieprozess: bei Entwicklung oder Umsetzung) im Sinne einer strategic awareness?
F.4	• Findet ein ständiges Hinterfragen der bestehenden Strategie statt? Falls ja, ist im Strategieprozess eine systematische Überprüfung vorgesehen?
F.5	• *Frage gestrichen*
F.6	• Wird bei Ihnen versucht, die Diskussion über kontroverse Themen innerhalb des Strategieentstehungsprozesses eher in geregelten Bahnen zu halten oder wird jedes Thema bis zum Ende/Konsens aus-/durchdiskutiert? (Frage der Zeit)
F.7	• Wo finden Diskussionen statt: Nur in der Unternehmensführung, auch bei Mitarbeitern? Führen Diskussionen zu einer Strategieprozess- und/oder Strategieverbesserung?

3. Projektorientierte Strategieentwicklung

Frage-Nr.	Frageninhalt und -umfang
3.1	• Zur Bedeutung von Projekten allgemein: Werden Projekte und Projektmanagement-methoden im Unternehmen eingesetzt? • Bei welchen Aufgaben und mit welcher Häufigkeit? Wo liegen die Vorteile einer projekt-orientierten Vorgehensweise?
3.2	• Werden die Projektmanagementmethoden und ggf. auch Methoden für ein Multiprojektmanagement (also koordinierendes Management mehrerer Projekte) beherrscht?
3.3	• Werden Projekte auch im Strategischen Management eingesetzt? Wenn ja, wo (z. B. bei der Strategieumsetzung oder bei der Strategiefindung)?
3.4	• Wäre aus Sicht des Befragten eine Strategieentwicklung in Projekten/eigens eingerichteten Projektteams denkbar (im Sinne einer projektorientierten Strategie-entwicklung)?
3.5	• Wenn ja, was wären Voraussetzungen hierfür (Mitarbeiter-Fähigkeiten, Unternehmens-kultur, koordinierendes Multiprojektmanagement, ...)?

4. Einschätzung und Bewertung von Strategieprozessen

Frage-Nr.	Frageninhalt und -umfang
4.1	• Inwieweit sind die bestehenden Prozesse geeignet?
4.2	• Inwieweit werden Ihre Erwartungen/die Erwartungen des Unternehmens an die strategische Planung erfüllt?
4.3	• Wo sehen Sie entscheidende Problempunkte/Knackpunkte im strategischen Management (bezogen auf Ihr Unternehmen)? (z. B. Analyse/Entwicklung/Umsetzung)

Anhang D: Inhaltskategorien zur Auswertung von Studie 2

K1 – Anforderungen an das SPS im turbulenten Umfeld

Frage-Nr.	Frageninhalt und -umfang
4.1	• Eignung bestehender Prozessstrukturen
4.2	• Erwartungen an das strategische Planungssystem
4.3	• Problem-/Knackpunkte der strategischen Planung

K2 – Planungseffizienz

Frage-Nr.	Frageninhalt und -umfang
A.7	• Effizienz/Qualität des Planungsprozesses bei Beteiligung vieler Mitarbeiter
E.5	• Lohnt sich die Art der strategischen Planung (Aufwand-Nutzen-Verhältnis)

K3 – Auslöser von SPS-Anpassungen

Frage-Nr.	Frageninhalt und -umfang
A.3	• Modus der Änderung/Adaption des SPS (ereignis- oder kalendergetrieben)
B.7	• Wie wird Flexibilität im Strategieprozess erzeugt?
D.6	• Anlass für Veränderung bzw. Anpassung des SPS
D.9	• Anzahl an Instrumenten, Verfahren, Methoden des SPS
E.9	• Dokumentation als Auslöser
E.10	• SPS-Benchmarking mit Konkurrenten als Auslöser
F.4	• Systematische Prüfung/ständiges Hinterfragen der Angemessenheit des SPS
F.7	• Diskussionen als Auslöser

K4 – Adaptionsansatz, Geschwindigkeit der Adaption

Frage-Nr.	Frageninhalt und -umfang
B.6	• Art der Anpassung an veränderte/gewandelte Anforderungen
B.7	• Art der Erzeugung von Flexibilität im SPS
D.6	• Tatsächliche Veränderung
D.9	• Reduktion von Methoden, Verfahren und Instrumenten des SPS
E.11	• Adaption anhand des Erfahrungswissens über das SPS

K5 – Flexibilität des SPS

Frage-Nr.	Frageninhalt und -umfang
B.6	• Maß der Flexibilität des SPS
E.1	• Ziel-Aggregatszustand (Stabilität vs. Flexibilität)

K6 – Eigenschaften/Befähigung der Beteiligten

Frage-Nr.	Frageninhalt und -umfang
B.8	• Kreativität der Beteiligten
E.6	• zeitliche Auslastung der Mitarbeiter
F.2	• Beteiligung der Mitarbeiter
F.3	• Vorhandensein eines Strategiebewusstseins
F.3	• Partizipation der Manager

K7 – Umsetzungsgrad

Frage-Nr.	Frageninhalt und -umfang
E.8	• Dokumentation des SPS

K8 – Inhaltliche Veränderung des SPS

Frage-Nr.	Frageninhalt und -umfang
1.7	• Beschreibung des Strategieprozesses
D.9	• Reduktion von Methoden, Verfahren, Instrumenten des SPS
E.12	• Einführung neuer/angepasster Instrumente

K9 – Lernprozesse

Frage-Nr.	Frageninhalt und -umfang
C.6	• interner Informationsaustausch bzgl. des SPS
D.9	• Reduktion von Methoden, Verfahren und Instrumenten des SPS → SPS-Vereinfachung
E.7	• Strategieprozess als ständiger Lernprozess
E.9	• Wissensmanagement und Dokumentation als Handlungslinien der Adaption
E.10	• SPS-Benchmarking als Handlungslinie der Adaption über das SPS
E.11	• Adaption anhand des Erfahrungswissens
E.12	• Einsatz von Instrumenten zum strategischen Lernen
F.7	• Strategieprozessverbesserungen aufgrund von Diskussionen

Anhang E: Zuordnungstabelle von Hypothesen und Annahmen

Hypothese/ Annahme	Kapitel	Quellen
H1a, H1b	4.2.1.1	Studie 1 – 2.2 (1)
H2	4.2.1.2	Studie 2 – K3
A1	4.2.1.1	Studie 2 – K3
H3a, H3b	4.2.1.2	Studie 2 – 1.7, A.3, D.6
H4a - H4c	4.2.1.2	Studie 2 – K3
A2	4.2.1.2	Studie 2 – K3
H5	4.2.1.3	Studie 1 – 3.3
A3	4.2.2	Studie 2 – E.11, 4.3
A4	4.2.2.1	Studie 1 – 3.5 (5)
A5	4.2.2.2	Studie 2 – E.1
H6	4.2.2.2	Studie 2 – K1
H7	4.2.3.1	Studie 1 – 2.3 (12)
A6	4.2.3.1	Studie 1 – 2.2
H8a, H8b	4.2.3.1	Studie 1 – 2.2 Studie 2 – K3
A7	4.2.3.2	Studie 2 – D.5, K5
H9a, H9b	4.2.3.2	Studie 2 – K5

Hypothese/ Annahme	Kapitel	Quellen
A8, H10a, H10b	4.2.3.3	Studie 1 – 2.2
A9	4.2.3.4	Studie 2 – K4, K5
A10	4.2.4.1	Studie 2 – K8, B.3/4, D.1
A11	4.2.4.1	Studie 2 – D.12
H11	4.2.4.1	Studie 2 – K8
A12, H12a, H12b	4.2.4.1	Studie 2 – K8, B.8, D.8
H13	4.2.4.1	Studie 2 – 3.3, 3.4
A12	4.3.1	Studie 1 – 3.3 Studie 2 – K6, A.4
H14a - H14e	4.3.1	Studie 1 – 3.3 Studie 2 – K2, K6
A13	4.3.2	Studie 1 – 4.4, 4.5
H15	4.3.2	Studie 1 – 4.4
H16	4.3.2	Studie 2 – E.13, K9
H17, H18	4.3.2	Studie 2 – K7, K9
H19	4.3.2	Studie 2 – F.7, B.9

Literaturverzeichnis

Abels, H. (1975), Lebensweltanalyse von Fernstudenten: Qualitative Inhaltsanalyse – theoretische und methodische Überlegungen, Werkstattbericht, Hagen 1975

Ackoff, R. L. (1981), Creating the Corporate Future, New York [u.a.] 1981

Aderhold, J.; Jutzi, K. (2003), Theorie sozialer Systeme, in: Weik, E.; Lang, R. (Hrsg.), Moderne Organisationstheorien 2: Strukturorientierte Ansätze, Wiesbaden 2003, S. 121-151

Adizes, I. (1988), Corporate Lifecycles: How and Why Corporations Grow and Die and What to Do About It, Englewood Cliffs, NJ. 1988

AK „Integrierte Unternehmensplanung" der Schmalenbach-Gesellschaft (1991), Grenzen der Planung – Herausforderungen an das Management, in: Zeitschrift für betriebswirtschaftliche Forschung, 43 (1991) 9, S. 811-829

Al-Ani, A. (2000), Das Neue Strategische Management: Strategieentwicklung in der Post-Reengineering Ära, in: Hinterhuber, H. H.; Friedrich, S. A.; Al-Ani, A.; Handlbauer, G. (Hrsg.), Das neue strategische Management: Perspektiven und Elemente einer zeitgemäßen Unternehmensführung, Wiesbaden 2000, S. 51-72

Aldrich, H. E. (1979), Organizations and Environments, Englewood Cliffs, NJ. 1979

Al-Laham, A. (1997), Strategieprozesse in deutschen Unternehmungen: Verlauf, Struktur und Effizienz, Wiesbaden 1997

Amit, R.; Schoemaker, P. J. H. (1993), Strategic Assets and Organizational Rent, in: Strategic Management Journal, 14 (1993) 1, S. 33-46

Andersson, G. (1989), Induktion, in: Seiffert, H.; Radnitzky, G. (Hrsg.), Handlexikon zur Wissenschaftstheorie, München 1989, S. 150-153

Andrews, K. R. (1971), The Concept of Corporate Strategy, Homewood, Ill. 1971

Ansoff, H. I. (1965), Corporate Strategy: An Analytic Approach to Business Policy for Growth and Expansion, New York [u.a.] 1965

Ansoff, H. I. (1991), Strategic Management in a Historical Perspective, in: International Review of Strategic Management, 2 (1991) 1, S. 3-69

Ansoff, H. I.; Declerck, R. P.; Hayes, R. L. (1976), From Strategic Planning to Strategic Management, London [u.a.] 1976

Ansoff, H. I.; Sullivan, P. A. (1993), Optimizing Profitability in Turbulent Environments: A Formula for Strategic Success, in: Long Range Planning, 26 (1993) 10, S. 11-23

Arbeitsgruppe Bielefelder Soziologen (1976), Kommunikative Sozialforschung: Alltagswissen und Alltagshandeln, München 1976

Argyris, C.; Schön, D. A. (1978), Organizational Learning: A Theory of Action Perspective, Reading, Mass. [u.a.] 1978

Armenakis, A. A.; Bedeian, A. G. (1999), Organizational Change: A Review of Theory and Research in the 1990s, in: Journal of Management, 25 (1999) 3, S. 293-315

Armstrong, S. J. (1982), The Value of Formal Planning for Strategic Decisions: Review of Empirical Research, in: Strategic Management Journal, 3 (1982) 3, S. 197-211

Ashkenas, R. (2000), How to Loosen Organizational Boundaries, in: Journal of Business Strategy, 21 (2000) 2, S. 11-12

Atteslander, P. (2003), Methoden der empirischen Sozialforschung, 10. Aufl., Berlin 2003

Axelrod, R. (1995), Die Evolution der Kooperation, 3. Aufl., München [u.a.] 1995

Bagozzi, R. P.; Phillips, L. W. (1982), Representing and Testing Organizational Theories: A Holistic Construal, in: Administrative Science Quarterly, 27 (1982) 3, S. 21-35

Bain, J. S. (1956), Barriers to New Competition: Their Character and Consequences in Manufacturing Industries, Cambridge, Mass. 1956

Bain, J. S. (1959), Industrial Organization, New York [u.a.] 1959

Balve, P. (2002), Ein Rahmenkonzept zur Gestaltung wandlungsfähiger Auftragsmanagementsysteme, Heimsheim 2002

Bamberger, I.; Cappallo, S. (2003), Problembereiche und Ansätze der Strategischen Prozessforschung, in: Ringlstetter, M. J.; Henzler, H. A.; Mirow, M. (Hrsg.), Perspektiven der strategischen Unternehmensführung: Theorien, Konzepte, Anwendungen; Werner Kirsch zum 65. Geburtstag, Wiesbaden 2003, S. 93-120

Bamberger, I.; Gabele, E. (1977), Prozessanalyse – Die Planung tiefgreifender Veränderungen von Organisationen als Gegenstand theoretischer und empirischer Untersuchungen, in: Betriebswirtschaftliche Forschung und Praxis, 29 (1977) 5, S. 452-469

Bamberger, I.; Wrona, T. (1996), Der Ressourcenansatz und seine Bedeutung für die Strategische Unternehmensführung, in: Zeitschrift für betriebswirtschaftliche Forschung, 48 (1996) 2, S. 130-153

Bamberger, I.; Wrona, T. (2004), Strategische Unternehmensführung: Strategien, Systeme, Prozesse, München 2004

Barney, J. B. (1991), Firm Resources and Sustained Competitive Advantage, in: Journal of Management, 17 (1991) 1, S. 99-120

Barney, J. B. (2001), Resource-based Theories of Competitive Advantage: A Ten Year Retrospective on the Resource-based View, in: Journal of Management, 27 (2001) 6, S. 643-650

Bartlett, C. A.; Ghoshal, S. (1993), Beyond the M-Form: Toward a Managerial Theory of the Firm, in: Strategic Management Journal, 14 (1993) Special Issue, Winter, S. 23-46

Bea, F. X.; Haas, J. (2001), Strategisches Management, Stuttgart 2001

Beck, U.; Bonß, W. (1989), Weder Sozialtechnologie noch Aufklärung? Analysen zur Verwendung sozialwissenschaftlichen Wissens, Frankfurt a. M. 1989

Beckmann, H. (1996), Theorie einer evolutionären Logistik-Planung: Basiskonzepte der Unternehmensentwicklung in Zeiten zunehmender Turbulenz unter Berücksichtigung des Prototypingansatzes, Dortmund 1996

Bennis, W. G.; Benne, D. D.; Chin, R. (1969), The Planning of Change, New York 1969

Berger, M.; Buchner, H. (2000), Strategische Früherkennung durch Messung der Turbulenz im Unternehmensumfeld am Beispiel der Festo AG & Co., in: Controlling, 12 (2000) 1, S. 29-36

Bertalanffy, L. von (1950), General System Theory: A New Approach to Unity of Science, Baltimore, Md. 1950

Bertalanffy, L. von (1972), Zu einer allgemeinen Systemlehre, in: Bleicher, K. (Hrsg.), Organisation als System, Wiesbaden 1972, S. 31-45

Bertalanffy, L. von (1974), The History and Status of General Systems Theory, in: Academy of Management Journal, 15 (1974) 4, S. 407-426

Bierfelder, W. H. (1991), Entwicklungsdynamik von Unternehmen: Gestaltung von Übergängen und Selbstorganisation, Wiesbaden 1991

Bihl, G.; Thanner, E.; Wächter, J. (1997), Anforderungen neuer Arbeitstrukturen an Führungskräfte und Mitarbeiter, in: Zeitschrift Führung und Organisation, 66 (1997) 3, S. 168-172

Bircher, B. (1989), Planungssystem, in: Szyperski, N.; Winand, U. (Hrsg.), Handwörterbuch der Planung, Stuttgart 1989, Sp. 1503-1515

Birley, S.; Westhead, P. (1990), Growth and Performance Contrasts Between 'Types' of Small Firms, in: Strategic Management Journal, 11 (1990) 7, S. 535-557

Blake, R. R.; Mouton, J. S. (1964), The Managerial Grid, Houston 1964

Bleicher, K. (2004), Das Konzept Integriertes Management: Visionen, Missionen, Programme, 7. Aufl., Frankfurt a. M. [u.a.] 2004

Bleicher, K.; Meyer, E. (1976), Führung in der Unternehmung: Formen und Modelle, Reinbek bei Hamburg 1976

Bliss, C. (2000), Management von Komplexität: Ein integrierter, systemtheoretischer Ansatz zur Komplexitätsreduktion, Wiesbaden 2000

Bohnsack, R. (2000), Rekonstruktive Sozialforschung: Einführung in Methodologie und Praxis qualitativer Forschung, 4. Aufl., Opladen 2000

Booth, W. C.; Colomb, G. G.; Williams, J. M. (1995), The Craft of Research, Chicago, Ill. [u.a.] 1995

Bortz, J. (1993), Statistik für Sozialwissenschaftler, 4. Aufl., Berlin [u.a.] 1993

Bortz, J.; Döring, N. (2002), Forschungsmethoden und Evaluation: für Human- und Sozialwissenschaftler, 3. Aufl., Bern [u.a.] 2002

Bourgeois, L. J. I. (1980), Strategy and Environment: A Conceptual Integration, in: Academy of Management Review, 5 (1980) 1, S. 25-39

Bourgeois, L. J. I. (1981), On the Measurement of Organizational Slack, in: Academy of Management Review, 6 (1981) 1, S. 29-39

Bourgeois, L. J. I. (1984), Strategic Management and Determinism, in: Academy of Management Review, 9 (1984) 4, S. 586-596

Bower, J. L. (1970), Managing the Resource Allocation Process, Boston, Mass. 1970

Boyd, B. K. (1991), Strategic Planning and Financial Performance a Meta-analytic Review, in: Journal of Management Studies, 28 (1991) 4, S. 353-374

Boyd, B. K.; Reuning-Elliott, E. (1998), A Measurement Model of Strategic Planning, in: Strategic Management Journal, 19 (1998) 2, S. 181-192

Brehm, C. R. (2003), Organisatorische Flexibilität: Bausteine eines erfolgreichen Wandels, Wiesbaden 2003

Breilmann, U. (1990), Die Berücksichtigung der strategischen Wahl im Rahmen eines neokontingenz-theoretischen Ansatzes, Frankfurt a. M. [u.a.] 1990

Brewer, J.; Hunter, A. (1989), Multimethod Research: A Synthesis of Styles, Newbury Park [u.a.] 1989

Brink, H.-J.; Reiß, M. (1980), Unternehmensplanung: Merkmale und Einordnung, in: WISU, 9 (1980) 5, S. 228-233

Bronner, R. (1989), Grenzen der Planung und Planungszwänge, in: Szyperski, N.; Winand, U. (Hrsg.), Handwörterbuch der Planung, Stuttgart 1989, Sp. 590-598

Brosius, F. (2004), SPSS 12, Bonn 2004

Brown, J. S.; Duguid, P. (1991), Organizational Learning and Communities-of-Practice: Toward a Unified View of Working, Learning, and Innovation, in: Organization Science, 2 (1991) 1, S. 40-57

Brown, S. L.; Eisenhardt, K. M. (1998), Competing on the Edge – Strategy as Structured Chaos, Boston, Mass. 1998

Bryman, A. (2001), Social Research Methods, Oxford [u.a.] 2001

Buchko, A. A. (1994), Conceptualization and Measurement of Environmental Uncertainty: An Assessment of the Miles and Snow Perceived Environmental Uncertainty Scale, in: Academy of Management Journal, 37 (1994) 2, S. 410-425

Buchner, H. (2002), Planung im turbulenten Umfeld: Konzeption idealtypischer Planungssysteme für Unternehmenskonfigurationen, München 2002

Buer, C. (1997), Gestaltung von ganzheitlichen Managementsystemen im Hotel: Die Bedeutung des Informationsbedarfes, der Informationsgewinnung und Informationsverarbeitung für ein Führungssystem in einem ganzheitlichen Hotelbetrieb, Bern [u.a.] 1997

Burgelman, R. A. (1983), A Model of the Interaction of Strategic Behavior, Corporate Context, and the Concept of Strategy, in: Academy of Management Review, 8 (1983) 1, S. 61-70

Burgelman, R. A. (1991), Intraorganizational Ecology of Strategy Making and Organizational Adaptation: Theory and Field Research, in: Organization Science, 2 (1991) 3, S. 239-262

Burmann, C. (2001), Strategische Flexibilität und Strategiewechsel in turbulenten Märkten: Neue theoretische Ansätze zur Unternehmensflexibilität, in: Die Betriebswirtschaft, 61 (2001) 2, S. 169-188

Burmann, C. (2002), Strategische Flexibilität und Strategiewechsel als Determinanten des Unternehmenswertes, Wiesbaden 2002

Burmann, C. (2005), Strategische Flexibilität und der Marktwert von Unternehmen, in: Kaluza, B.; Blecker, T. (2005a, Hrsg.), Erfolgsfaktor Flexibilität: Strategien und Konzepte für wandlungsfähige Unternehmen, Berlin 2005, S. 29-53

Burnes, B. (2004), Kurt Lewin and the Planned Approach to Change: A Re-appraisal, in: Journal of Management Studies, 41 (2004) 6, S. 977-1002

Burns, T.; Stalker, G. M. (1961), The Management of Innovation, London 1961

Burr, W. (1998), Organisation durch Regeln: Prinzipien und Grenzen der Regelsteuerung in Organisationen, in: Die Betriebswirtschaft, 58 (1998) 3, S. 312-331

Burr, W. (1999), Koordination durch Regeln in selbstorganisierenden Unternehmensnetzwerken, in: Zeitschrift für Betriebswirtschaft, 69 (1999) 10, S. 1159-1179

Burr, W. (2003), Das Konzept des verteidigungsfähigen Wettbewerbsvorteils – Ansatzpunkte zur Dynamisierung und Operationalisierung, in: Die Unternehmung, 57 (2003) 5, S. 357-373

Burr, W. (2004), Modularisierung als Prinzip der Ressourcenorganisation – aus Sicht der ökonomischen Theorie, in: Die Betriebswirtschaft, 64 (2004) 4, S. 448-470

Burr, W.; Musil, A.; Stephan, M.; Werkmeister, C. (2005), Unternehmensführung: Strategien der Gestaltung und des Wachstums von Unternehmen, München 2005

Burrell, G.; Morgan, G. (1979), Sociological Paradigms and Organisational Analysis: Elements of the Sociology of Corporate Life, Aldershot [u.a.] 1979

Cameron, K. S. (1978), Measuring Organizational Effectiveness in Institutions of Higher Education, in: Administrative Science Quarterly, 23 (1978) 4, S. 604-632

Camillus, J. C. (1982), Reconciling Logical Incrementalism and Synoptic Formalism – An Integrated Approach to Designing Strategic Planning Processes, in: Strategic Management Journal, 3 (1982) 3, S. 277-283

Camillus, J. C. (1996), Reinventing Strategic Planning, in: Strategy & Leadership, 1 (1996) 5, S. 6-12

Campbell, D. T. (1969), Variation and Selective Retention in Socio-Cultural Evolution, in: General Systems, 14 (1969) 1, S. 69-85

Capon, N.; Farley, J. U.; Hulbert, J. M. (1994), Strategic Planning and Financial Performance: More Evidence, in: Journal of Management Studies, 31 (1994) 1, S. 105-110

Chakravarthy, B. S. (1982), Adaptation: A Promising Metaphor for Strategic Management, in: Academy of Management Review, 7 (1982) 1, S. 35-44

Chakravarthy, B. S. (1987), On Tailoring a Strategic Planning System to its Context: Some Empirical Evidence, in: Strategic Management Journal, 8 (1987) 6, S. 517-534

Chakravarthy, B. S. (1997), A New Strategy Framework for Coping With Turbulence, in: MIT Sloan Management Review, 38 (1997) 2, S. 69-82

Chakravarthy, B. S.; Doz, Y. (1992), Strategy Process Research: Focusing on Corporate Self-Renewal, in: Strategic Management Journal, 13 (1992) Special Issue, Summer, S. 5-14

Chakravarthy, B. S.; Lorange, P. (1991a), Managing the Strategy Process, Englewood Cliffs, NJ. 1991

Chakravarthy, B. S.; Lorange, P. (1991b), Adapting Strategic Planning to the Changing Needs of a Business, in: Journal of Organizational Change, 4 (1991) 2, S. 6-18

Chandler, A. D. (1962), Strategy and Structure, Cambridge, Mass. 1962

Child, J. (1972), Organizational Structure, Environment and Performance: The Role of Strategic Choice, in: Sociology, 6 (1972) 1, S. 2-21

Chmielewicz, K. (1994), Forschungskonzeptionen der Wirtschaftswissenschaft, 3. Aufl., Stuttgart 1994

Chomsky, N. (1973), Sprache und Geist, Frankfurt a. M. 1973

Christensen, C. M. (1997), The Innovator's Dilemma: When New Technologies Cause Great Firms to Fail, Boston, Mass. 1997

Christenson, C. J. (1982), Strategic Planning Systems from a Systems Science Point of View, in: Lorange, P. (Hrsg.), Implementation of Strategic Planning, Englewood Cliffs, NJ. 1982, S. 25-36

Cordes, E.; Gentz, M.; Küspert, P.; Weber, M. (2001), Wertorientierte Unternehmensführung bei DaimlerChrysler: Strategische Planung und Controlling in einem globalen Konzern, in: Hahn, D.; Hungenberg, H. (Hrsg.), PuK: Planung und Kontrolle, Planungs- und Kontrollsysteme, Planungs- und Kontrollrechnung, wertorientierte Controllingkonzepte, 6. Aufl., Wiesbaden 2001, S. 967-1033

Corti, L.; Witzel, A.; Bishop, L. (2005), Sekundäranalyse qualitativer Daten: Forum Qualitative Sozialforschung, http://www.qualitative-research.net/fqs/fqs-d/inhalt1-05-d.htm, Stand: 01.04.2005

Crabtree, B. F.; Miller, W. L. (1992), Doing Qualitative Research, Newbury Park, Calif., London 1992

Cyert, R. M.; March, J. G. (1963), A Behavioral Theory of The Firm, Englewood Cliffs, NJ. 1963

Daft, R. L.; Lewin, A. Y. (1990), Can Organization Studies Begin to Break Out of the Normal Science Straightjacket? An Editorial Essay, in: Organization Science, 1 (1990) 1, S. 1-9

D'Aveni, R. (1994), Hypercompetition: Managing the Dynamics of Strategic Maneuvering, New York 1994

D'Aveni, R. (1999), Strategic Supremacy Through Disruption and Dominance, in: MIT Sloan Management Review, 40 (1999) 3, S. 127-135

Davila, T. (2005), An Exploratory Study on the Emergence of Management Control Systems: Formalizing Human Resources in Small Growing Firms, in: Accounting, Organizations and Society, 30 (2005) 3, S. 223-248

De Geus, A. P. (1988), Planning as Learning, in: Harvard Business Review, 66 (1988) 2, S. 70-74

Dess, G. G.; Beard, D. W. (1982), Objective Measurement of Organizational Environments, in: Academy of Management Proceedings 1982, S. 245-249

Dess, G. G.; Beard, D. W. (1984), Dimensions of Organizational Task Environments, in: Administrative Science Quarterly, 29 (1984) 1, S. 52-73

Diekmann, A. (2002), Empirische Sozialforschung: Grundlagen, Methoden, Anwendungen, 8. Aufl., Reinbek bei Hamburg 2002

Dill, W. R. (1958), Environment as an Influence On Mangerial Autonomy, in: Administrative Science Quarterly, 2 (1958) 4, S. 409-443

Drazin, R.; Sandelands, L. (1992), Autogenesis: A Perspective on the Process of Organizing, in: Organization Science, 3 (1992) 2, S. 230-249

Drazin, R.; Van de Ven, A. H. (1985), Alternative Forms of Fit in Contingency Theory, in: Administrative Science Quarterly, 30 (1985) 4, S. 514-539

Duck, J. D. (1993), Managing Change: The Art of Balancing, in: Harvard Business Review, 71 (1993) 6, S. 109-118

Duden (2006a), Duden – Das Fremdwörterbuch, 9. Aufl., Mannheim 2006

Duden (2006b), Duden – Die deutsche Rechtschreibung, 24. Aufl., Mannheim 2006

DuMont, M. (1999), Change-Management: Japanische Erfolgskonzepte für turbulente Umwelten, Lohmar [u.a.] 1999

Duncan, R. B. (1972), Characteristics of Organizational Environments and Perceived Environmental Uncertainty, in: Administrative Science Quarterly, 17 (1972) 3, S. 313-327

Duncan, R. B.; Weiss, A. (1979), Organizational Learning: Implications for Organizational Research, in: Cummings, L.L.; Staw, B. M. (Hrsg.), Research in Organizational Behavior: An Annual Series of Analytical Essays and Critical Reviews, Greenwich [u.a.] 1979, S. 75-124

Dyllick, T. (1982), Gesellschaftliche Instabilität und Unternehmungsführung: Ansätze zu einer gesellschaftsbezogenen Managementlehre, Bern [u.a.] 1982

Ebers, M. (2004), Kontingenzansatz, in: Schreyögg, G.; Werder, A. von (Hrsg.), Handwörterbuch Unternehmensführung und Organisation, 4. Aufl., Stuttgart 2004, Sp. 653-667

Ehrmann, H. (2007), Unternehmensplanung, 5. Aufl., Ludwigshafen am Rhein 2007

Eichhorn, W. (1979), Die Begriffe Modell und Theorie in der Wirtschaftswissenschaft, in: Raffée, H.; Abel, B. (Hrsg.), Wissenschaftstheoretische Grundfragen der Wirtschaftswissenschaften, München 1979, S. 60-104

Eisenhardt, K. M. (1989), Building Theories from Case Study Research, in: Academy of Management Review, 14 (1989) 4, S. 532-550

Eisenhardt, K. M.; Graebner, M. E. (2007), Theory Building from Cases: Opportunities and Challenges, in: Academy of Management Journal, 50 (2007) 1, S. 25-32

Eisenhardt, K. M.; Martin, J. A. (2000), Dynamic Capabilities: What Are They?, in: Strategic Management Journal, 21 (2000) 10/11, S. 1105-1121

Eisenhardt, K. M.; Zbaracki, M. J. (1992), Strategic Decision Making, in: Strategic Management Journal, 13 (1992) 1, S. 17-37

Elenkov, D. S. (1997), Strategic Uncertainty and Environmental Scanning: The Case for Institutional Influences on Scanning Behavior, in: Strategic Management Journal, 18 (1997) 4, S. 287-302

Emery, F. E.; Trist, E. L. (1965), The Causal Texture of Organizational Environments, in: Human Relations, 18 (1965) 1, S. 21-32

Emshoff, J. R. (1978), Planning the Process of Improving the Planning Process: A Case Study in Meta-Planning, in: Management Science, 24 (1978) 11, S. 1095-1108

Engelhardt, W.; Freiling, J. (1998), Aktuelle Tendenzen der marktorientierten Unternehmensführung, in: Wirtschaftswissenschaftliches Studium, 27 (1998) 11, S. 565-572

Epstein, R. (2006), Wertsteigerung scheitert oft an Gewohnheiten, in: Handelsblatt Beilage Consulting vom 01.03.2006, Düsseldorf 2006

Erickson, W. B. (1999), Environmental Monitoring and Strategic Performance Measures, in: Journal of Strategic Performance Measurement, 3 (1999) 3, S. 45-48

Etzioni, A. (1963), The Epigenesis of Political Communities at the International Level, in: American Journal of Sociology, 68 (1963) 4, S. 407-421

Europäische Kommission (2007), Definition der Kleinstunternehmen sowie der kleinen und mittleren Unternehmen, http://ec.europa.eu/enterprise/enterprise_policy/sme_definition/index_de.htm, Stand: 22.05.2007

F.A. Brockhaus (1996), Brockhaus – die Enzyklopädie, 20. Aufl., Leipzig 1996

Fahey, L.; Christensen, H. K. (1986), Evaluating the Research on Strategy Content, in: Journal of Management, 12 (1986) 2, S. 167-183

Fiegenbaum, A.; Karnani, A. (1991), Output Flexibility – A Competitive Advantage for Small Firms, in: Strategic Management Journal, 12 (1991) 2, S. 101-114

Fiol, M. C.; Lyles, M. A. (1985), Organizational Learning, in: Academy of Management Review, 10 (1985) 4, S. 803-813

Fiss, P. C.; Zajac, E. J. (2006), Thy Symbolic Management of Strategic Change: Sensegiving via Framing and Decoupling, in: Academy of Management Journal, 49 (2006) 6, S. 1173-1193

Flick, U. (2000), Qualitative Forschung: Theorie, Methoden, Anwendung in Psychologie und Sozialwissenschaften, 5. Aufl., Reinbek bei Hamburg 2000

Floyd, S. W.; Wooldridge, B. (1992), Middle Management Involvement in Strategy and its Association with Strategic Type: A Research Note, in: Strategic Management Journal, 13 (1992) 5, S. 153-167

Forrester, J. W. (1972), Grundzüge einer Systemtheorie, Wiesbaden 1972

Foschiani, S. (2000), Projektorientierte Strategieentwicklung, in: Foschiani, S.; Habenicht, W.; Schmid, U.; Wäscher, G. (Hrsg.), Strategisches Management im Zeichen von Umbruch und Wandel: Erich Zahn zum 60. Geburtstag, Stuttgart 2000, S. 341-370

Foschiani, S. (2003), Strategisches Management in mittelständischen Unternehmen: Ein Strategie-Check zur Analyse von Strategieprozessen und der strategischen Ausrichtung, in: Zahn, E.; Foschiani, S. (Hrsg.), Strategien auf dem Prüfstand: Innovative Antworten auf neue Herausforderungen, Aachen 2003, S. 135-157

Foschiani, S. (2005), Strategieprozessforschung im Spiegel der wissenschaftlichen Literatur, in: Foschiani, S.; Habenicht, W.; Wäscher, G. (Hrsg.), Strategisches Wertschöpfungsmanagement in dynamischer Umwelt: Erich Zahn zum 65. Geburtstag, Frankfurt a. M. [u.a.] 2005, S. 95-114

Fredrickson, J. W. (1986), The Strategic Decision Process and Organizational Structure, in: Academy of Management Review, 11 (1986) 2, S. 280-297

Fredrickson, J. W.; Iaquinto, A. L. (1989), Inertia and Creeping Rationality in Strategic Decision Processes, in: Academy of Management Journal, 32 (1989) 3, S. 516-542

French, W. L.; Bell jr., C. H. (1990), Organisationsentwicklung – Sozialwissenschaftliche Strategien zur Organisationsveränderung, 3. Aufl., Bern, Stuttgart 1990

Friedrichs, J. (1990), Methoden empirischer Sozialforschung, 14. Aufl., Opladen 1990

Frost, F. A. (2003), The Use of Strategic Tools by Small and Medium-sized Enterprises: An Australasian Study, in: Strategic Change, 12 (2003) 1, S. 49-62

Fuchs-Heinritz, W. (1995), Lexikon zur Soziologie, 3. Aufl., Opladen 1995

Gadenne, V. (2001), Wozu sind Hypothesen gut? Zum Prinzip der Offenheit in der qualitativen Sozialforschung, in: Hoock, C.; Böhm, J. M. (Hrsg.), kontrapunkt. Jahrbuch für kritische Sozialwissenschaft und Philosophie, Band 1, Methodologie qualitativer Sozialforschung, Münster 2001, S. 11-26

Gagsch, B. (2002), Wandlungsfähigkeit von Unternehmen: Konzept für ein kontextgerechtes Management des Wandels, Frankfurt a. M. [u.a.] 2002

Gebert, D. (1978), Organisation und Umwelt: Probleme der Gestaltung innovationsfähiger Organisationen, Stuttgart [u.a.] 1978

Gehring, U. W.; Weins, C. (2002), Grundkurs Statistik für Politologen, 3. Aufl., Wiesbaden 2002

Gibbons, P. T.; O'Connor, T. (2005), Influences on Strategic Planning Processes among Irish SMEs, in: Journal of Small Business Management, 43 (2005) 2, S. 170-186

Giere, J.; Wirtz, B. W.; Schilke, O. (2006), Mehrdimensionale Konstrukte: Konzeptionelle Grundlagen und Möglichkeiten ihrer Analyse mithilfe von Strukturgleichungsmodellen, in: Die Betriebswirtschaft, 66 (2006) 6, S. 678-695

Gilmore, W. S.; Camillus, J. C. (1996), Do Your Planning Processes Meet the Reality Test?, in: Long Range Planning, 29 (1996) 6, S. 869-879

Girtler, R. (1992), Methoden der qualitativen Sozialforschung: Anleitung zur Feldarbeit, 3. Aufl., Wien [u.a.] 1992

Glaister, K. W.; Falshaw, R. J. (1999), Strategic Planning: Still Going Strong?, in: Long Range Planning, 32 (1999) 1, S. 107-116

Glaser, B. G.; Strauss, A. L. (2005), Grounded Theory: Strategien qualitativer Forschung, 2. Aufl., Bern 2005

Gläser, J.; Laudel, G. (2001), Re-Analyse als Vergleich von Konstruktionsleistungen: Forum Qualitative Sozialforschung, http://www.qualitative-research.net/fqs/fqs-d/inhalt1-05-d.htm, Stand: 01.04.2001

Gomez, P.; Müller-Stewens, G. (1994), Corporate Transformation: Zum Management fundamentalen Wandels großer Unternehmen, in: Gomez, P.; Hahn, D.; Müller-Stewens, G.; Wunderer, R. (Hrsg.), Unternehmerischer Wandel: Konzepte zur organisatorischen Erneuerung, Knut Bleicher zum 65. Geburtstag, Wiesbaden 1994, S. 135-198

Gomez, P.; Zimmermann, T. (1997), Unternehmensorganisation: Profile, Dynamik, Methodik, 3. Aufl., Frankfurt a. M. [u.a.] 1997

Goode, R. L.; Hatt, P. K. (1956), Die Einzelfallstudie, in: König, R. (Hrsg.), Beobachtung und Experiment in der Sozialforschung, Köln 1956, S. 299-313

Gouillart, F. J.; Kelly, J. N. (1995), Business Transformation: Reframing – Visionen und Ziele, Restructuring – Prozesse und Infrastruktur, Revitalizing – Märkte und Produkte, Renewing – Mitarbeiter und Organisation, Wien 1995

Grant, R. M. (1991), The Resource-based Theory of Competitive Advantage: Implications for Strategy Formulation, in: California Management Review, 33 (1991) 3, S. 114-135

Grant, R. M. (1996), Toward a Knowledge-based Theory of the Firm, in: Strategic Management Journal, 17 (1996) Special Issue, Winter, S. 109-122

Grant, R. M. (2003), Strategic Planning in a Turbulent Environment: Evidence From the Oil Majors, in: Strategic Management Journal, 24 (2003) 6, S. 491-517

Gray, D. H. (1986), Uses and Misuses of Strategic Planning, in: Harvard Business Review, 64 (1986) 1, S. 89-97

Greiner, L. E. (1972), Evolution and Revolution as Organizations Grow, in: Harvard Business Review, 50 (1972) 4, S. 37-46

Greiner, O. (2006), Musterbasierte Strategieentwicklung, in: Controlling, 18 (2006) 11, S. 611-612

Greschner, J. (1996), Lernfähigkeit von Unternehmen, Frankfurt a. M. [u.a.] 1996

Griggs, H. E. (2002), Strategic Planning System Characteristics and Organisational Effectiveness in Australian Small-Scale-Firms, in: The Irish Journal of Management, 23 (2002) 1, S. 23-52

Grinyer, P.; Al-Bazzaz, S.; Yasai-Ardekani, M. (1986), Towards a Contingency Theory of Corporate Planning: Findings in 48 U.K. Companies, in: Strategic Management Journal, 7 (1986) 1, S. 3-28

Grochla, E. (1978), Einführung in die Organisationstheorie, Stuttgart 1978

Grünig, R. (1996), Das Planungskonzept: Instrument zur Gestaltung der Planung und ihrer Kontrolle, Stuttgart 1996

Guth, W. D.; MacMillan, I. C. (1986), Strategy Implementation Versus Middle Management Self-interest, in: Strategic Management Journal, 7 (1986) 4, S. 313-327

Haas, J. (1997), Die Entwicklungsfähigkeit von Unternehmungen: Eine theoretische und pragmatische Analyse, Frankfurt a. M. [u.a.] 1997

Hage, J.; Powers, C. H. (1992), Post-industrial Lives: Roles and Relationships in the 21st Century, Newbury Park [u.a.] 1992

Hahn, D. (1994), Unternehmungsziele im Wandel, in: Gomez, P.; Hahn, D.; Müller-Stewens, G.; Wunderer, R. (Hrsg.), Unternehmerischer Wandel: Konzepte zur organisatorischen Erneuerung, Knut Bleicher zum 65. Geburtstag, Wiesbaden 1994, S. 59-83

Hahn, D. (1999a), Stand und Entwicklungstendenzen der Strategischen Planung, in: Hahn, D.; Taylor, B. (Hrsg.), Strategische Unternehmungsplanung, strategische Unternehmungsführung: Stand und Entwicklungstendenzen, 8. Aufl., Heidelberg 1999, S. 1-27

Hahn, D. (1999b), Planungs- und Kontrollsysteme als Gegenstand strategischer Planung, in: Hahn, D.; Taylor, B. (Hrsg.), Strategische Unternehmungsplanung, strategische Unternehmungsführung: Stand und Entwicklungstendenzen, 8. Aufl., Heidelberg 1999, S. 664-681

Hahn, D.; Oppenländer, K. H. (1999), Stand und Entwicklungstendenzen der strategischen Unternehmensplanung und Unternehmensführung in der Bundesrepublik Deutschland – Ergebnisse eines empirischen Forschungsprojektes, in: Hahn, D.; Taylor, B. (Hrsg.), Strategische Unternehmungsplanung, strategische Unternehmungsführung: Stand und Entwicklungstendenzen, 8. Aufl., Heidelberg 1999, S. 1095-1136

Hahn, D.; Oppenländer, K. H.; Scholz, L. (1992), Stand und Entwicklungstendenzen der strategischen Unternehmenplanung in der Bundesrepublik Deutschland: Erste Ergebnisse eines empirischen Forschungsprojektes, in: Hahn, Dietger; Taylor, Bernard (Hrsg.), Strategische Unternehmungsplanung, strategische Unternehmungsführung: Stand und Entwicklungstendenzen, 6. Aufl., Heidelberg 1992, S. 971-1010

Hahn, D.; Taylor, B. (1999), Vorwort zur 8., aktualisierten Auflage, in: Hahn, D.; Taylor, B. (Hrsg.), Strategische Unternehmungsplanung, strategische Unternehmungsführung: Stand und Entwicklungstendenzen, 8. Aufl., Heidelberg 1999, S. V-XIX

Haken, H. (1995), Erfolgsgeheimnisse der Natur: Synergetik: die Lehre vom Zusammenwirken, Reinbek bei Hamburg 1995

Hamel, G.; Prahalad, C. K. (1994), Competing for the Future, in: Harvard Business Review, 72 (1994) 4, S. 122-128

Hannan, M. T.; Freeman, J. (1977), The Population Ecology of Organizations, in: American Journal of Sociology, 82 (1977) 5, S. 929-964

Hannan, M. T.; Freeman, J. (1984), Structural Inertia and Organizational Change, in: American Sociological Review, 49 (1984) 2, S. 149-164

Hannan, M. T.; Freeman, J. (1989), Organizational Ecology, Cambridge, Mass., London 1989

Hart, S. L.; Banbury, C. (1994), How Strategy-Making Processes Can Make a Difference, in: Strategic Management Journal, 15 (1994) 4, S. 251-269

Hartmann, M. (1995), Merkmale zur Wandlungsfähigkeit von Produktionssystemen für die mehrstufige Serienfertigung bei turbulenten Aufgaben: Dissertation an der Universität Magdeburg, Magdeburg 1995

Hartmann, M. (1998), Produzieren am Pulse des Marktes – Faktoren der Wandlungsfähigkeit, in: Hartmann, M. (Hrsg.), DYNAPRO III – Erfolgreich produzieren in turbulenten Märkten. Band 3: Betrieb und Weiterentwicklung dynamischer Unternehmensstrukturen, Stuttgart 1998, S. 31-45

Hawley, A. H. (1950), Human Ecology: A Theory of Community Structure, New York 1950

Hax, A. C.; Majluf, N. S. (1984a), Strategic Management: An Integrative Perspective, Englewood Cliffs, NJ. [u.a.] 1984

Hax, A. C.; Majluf, N. S. (1984b), The Corporate Strategic Planning Process, in: Interfaces, 14 (1984) 1, S. 47-60

Hax, A. C.; Majluf, N. S. (1991), Strategisches Management: Ein integratives Konzept aus dem MIT, Frankfurt a. M., New York 1991

Hedberg, B. (1981), How Organizations Learn and Unlearn, in: Nystrom, P. C.; Starbuck, W. H. (Hrsg.), Handbook of Organizational Design, Oxford [u.a.] 1981, S. 3-27

Henke, K. (1998), Topmanagement-Team-Analyse, Dissertation an der Universität St. Gallen, St. Gallen 1998

Henzler, H. A. (1988), Von der strategischen Planung zur strategischen Führung: Versuch einer Positionsbestimmung, in: Zeitschrift für Betriebswirtschaft, 58 (1988) 12, S. 1286-1307

Hill, W.; Fehlbaum, R.; Ulrich, P. (1998), Organisationslehre: Theoretische Ansätze und praktische Methoden der Organisation sozialer Systeme, Bern [u.a.] 1998

Hinterhuber, H. H. (1992), Strategische Unternehmensführung, Band 1: Strategisches Denken, Vision, Unternehmungspolitik, Strategie, 5. Aufl., Berlin 1992

Hofer, C. W. (1975), Toward a Contingency Theory of Business Strategy, in: Academy of Management Journal, 18 (1975) 4, S. 784-810

Hofer, C. W.; Schendel, D. E. (1978), Strategy Formulation: Analytical Concepts, St. Paul [u.a.] 1978

Homburg, C.; Giering, A. (1997), Konzeptualisierung und Operationalisierung komplexer Konstrukte, in: Marketing – Zeitschrift für Forschung und Praxis, 18 (1997) 1, S. 5-24

Homburg, C.; Krohmer, H.; Workman, J. P. J. (1999), Strategic Consensus and Performance: The Role of Strategic Type and Market-Related Dynamism, in: Strategic Management Journal, 20 (1999) 4, S. 339-357

Hope, J.; Fraser, R. (2003), Beyond Budgeting: How Managers Can Break Free From the Annual Performance Trap, Boston, Mass. 2003

Hopkins, W. E.; Hopkins, S. A. (1997), Strategic Planning-Financial Performance Relationships in Banks: A Causal Examination, in: Strategic Management Journal, 18 (1997) 8, S. 635-652

Hoppe, S. (2004), Veränderung strategischer Planungsprozesse bei Kontextwandel, St. Gallen 2004

Horváth, P. (2003), Controlling, 9. Aufl., München 2003

Horváth, P.; Weber, J. (1997), Controlling, in: Pfohl, H.-C. (Hrsg.), Betriebswirtschaftslehre der Mittel- und Kleinbetriebe: Größenspezifische Probleme und Möglichkeiten zu ihrer Lösung, 3. Aufl., Berlin 1997, S. 335-376

Hoskisson, R. E.; Hitt, M. A.; Wan, W. P.; Yiu, D. (1999), Theory and Research in Strategic Management: Swings of a Pendulum, in: Journal of Management, 25 (1999) 3, S. 417-456

Hossain, L. (2001), Management Challenges for the Telecom Operators: A Framework for Understanding the Telecommunications Strategic Planning Process for the Case of the Telephone Organisation of Thailand (1954-1996), in: Technovation, 21 (2001) 7, S. 449-461

Houlden, B. (1995), How Corporate Planning Adapts and Survives, in: Long Range Planning, 28 (1995) 4, S. 99-108

Hrebiniak, L. G.; Joyce, W. F. (1985), Organizational Adaptation: Strategic Choice and Environmental Determinism, in: Administrative Science Quarterly, 30 (1985) 3, S. 336-349

Huff, A. S.; Reger, R. K. (1987), A Review of Strategic Process Research, in: Journal of Management, 13 (1987) 2, S. 211-236

Hülse, G. (2001), Unternehmensplanung und Führungssystem bei Haniel, in: Hahn, D.; Hungenberg, H. (Hrsg.), PuK: Planung und Kontrolle, Planungs- und Kontrollsysteme, Planungs- und Kontrollrechnung, wertorientierte Controllingkonzepte, 6. Aufl., Wiesbaden 2001, S. 1033-1153

Hurmerinta-Peltomäki, L.; Nummela, N. (2006), Mixed Methods in International Business Research: A Value-added Perspective, in: Management International Review, 46 (2006) 4, S. 439-459

Huyett, W. I.; Viguerie, S. P. (2005), Extreme Competition, in: McKinsey Quarterly (2005) 1, S. 47-55

Idenburg, P. (1993), Four Styles of Strategy Development, in: Long Range Planning, 26 (1993) 6, S. 132-137

Institut für Mittelstandsforschung Bonn (2007), Mittelstand – Definition und Schlüsselzahlen, http://ifm-bonn.org, Stand: 14.05.2007

Jacob, H. (1974), Unsicherheit und Flexibilität: Zur Theorie der Planung bei Unsicherheit, in: Zeitschrift für Betriebswirtschaft, 44 (1974) 5, S. 299-326

Jahns, C. (1999), Integriertes strategisches Management: Neue Perspektiven zur Theorie und Praxis des strategischen Managements, Sternenfels [u.a.] 1999

Jahns, C. (2001), Präskriptives und deskriptives strategisches Management: Meinungen, Paradigmen, Kritik, in: Wirtschaftswissenschaftliches Studium, 30 (2001) 11, S. 593-598

Javidan, M. (1984), The Impact of Environmental Uncertainty on Long-Rang Planning Practices of the U.S. Savings and Loan Industry, in: Strategic Management Journal, 5 (1984) 4, S. 381-392

Javidan, M. (1987), Perceived Attributes of Planning Staff Effectiveness, in: Journal of Management Studies, 24 (1987) 3, S. 295-312

Jenner, T. (2003), Strategieforschung zwischen Content und Process, in: WISU, 32 (2003) 3, S. 341-346

Jennings, D. (2000), PowerGen: The Development of Corporate Planning in a Privatized Utility, in: Long Range Planning, 33 (2000) 7, S. 201-219

Jennings, D. (2001), PowerGen: Plannings and Strategic Change, in: Strategic Change, 10 (2001) 7, S. 391-401

Jeschke, W. (1992), Managementmodelle: Ein kritischer Vergleich, Herrsching 1992

Johnson, J. L.; Daily, C. M.; Ellstrand, A. E. (1996), Board of Directors: A Review and Research Agenda, in: Journal of Management, 22 (1996) 3, S. 409-438

Jurkovich, R. (1974), A Core Typology of Organizational Environment, in: Administrative Science Quarterly, 19 (1974) 3, S. 380-394

Jutzi, K.; Aderhold, J. (2003), Selbstorganisation, in: Weik, E.; Lang, R. (Hrsg.), Moderne Organisationstheorien 2: Strukturorientierte Ansätze, Wiesbaden 2003, S. 243-277

Kaduk, S. (2002), Organisationale Wandelfähigkeit: Eine konstruktivistische Sichtweise, Wiesbaden 2002

Kaluza, B.; Blecker, T. (2005a, Hrsg.), Erfolgsfaktor Flexibilität: Strategien und Konzepte für wandlungsfähige Unternehmen, Berlin 2005

Kaluza, B.; Blecker, T. (2005b), Flexibilität – State of the Art und Entwicklungstrends, in: Kaluza, B.; Blecker, T. (Hrsg., 2005a), Erfolgsfaktor Flexibilität: Strategien und Konzepte für wandlungsfähige Unternehmen, Berlin 2005, S. 1-25

Kammel, A. (2000), Strategischer Wandel und Management Development: Integriertes Konzept, theoretische Grundlagen und praktische Lösungsansätze, Frankfurt a. M. [u.a.] 2000

Kast, F. E.; Rosenzweig, J. E. (1970), Organization and Management: A Systems Approach, New York [u.a.] 1970

Kelder, J.-A. (2005), Using Someone Else's Data: Problems, Pragmatics and Provisions: Forum Qualitative Sozialforschung, http://www.qualitative-research.net/fqs-texte/1-05/05-1-39-e.htm, Stand: 28.01.2005

Ketchen Jr., D. J.; Thomas, J. B.; McDaniel Jr., R. R. (1996), Process, Content and Context: Synergistic Effects on Organizational Performance, in: Journal of Management, 22 (1996) 2, S. 231-257

Khandwalla, P. (1977), The Design of Organizations, New York [u.a.] 1977

Kieser, A. (1974), Der Einfluß der Umwelt auf die Organisationsstruktur der Unternehmung, in: Zeitschrift Führung und Organisation, 43 (1974) 4, S. 302-314

Kieser, A. (1996), Moden & Mythen des Organisierens, in: Die Betriebswirtschaft, 56 (1996) 1, S. 21-39

Kieser, A. (2002a), Evolutorische Ansätze in der Organisationstheorie – eine kritische Bestandsaufnahme, in: Zeitschrift für Betriebswirtschaft, 72 (2002) Ergänzungsheft 2, S. 67-74

Kieser, A. (2002b), Organisationstheorien, 5. Aufl., Stuttgart [u.a.] 2002

Kieser, A.; Walgenbach, P. (2003), Organisation, 4. Aufl., Stuttgart 2003

Kim, D. H. (1993), The Link between Individual and Organizational Learning, in: MIT Sloan Management Review, 35 (1993) 1, S. 37-50

Kimberly, J. R.; Miles, R. H. (1980), The Organizational Life Cycle: Issues in the Creation, Transformation, and Decline of Organizations, San Francisco [u.a.] 1980

King, W. R. (1983), Evaluating Strategic Planning Systems, in: Strategic Management Journal, 4 (1983) 3, S. 263-277

Kirsch, W. (1989), Planung – Kapitel einer Einführung, in: Kirsch, W.; Maaßen, H. (Hrsg.), Managementsysteme: Planung und Kontrolle, Herrsching 1989, S. 23-126

Kirsch, W. (1992), Kommunikatives Handeln, Autopoiese, Rationalität: Sondierungen zu einer evolutionären Führungslehre, Herrsching 1992

Kirsch, W. (1997a), Strategisches Management: Die geplante Evolution von Unternehmen, Herrsching 1997

Kirsch, W. (1997b), Wegweiser zur Konstruktion einer evolutionären Theorie der strategischen Führung, 2. Aufl., Herrsching 1997

Kirsch, W.; Heeckt, N.-N. (2001), Evolutionäre Organisationstheorie IV: Unternehmenspolitik, Arbeitstext am Seminar für Strategische Unternehmensführung, München 2001

Kirsch, W.; Maaßen, H. (1989a), Einleitung: Managementsysteme, in: Kirsch, W.; Maaßen, H. (Hrsg.), Managementsysteme: Planung und Kontrolle, Herrsching 1989, S. 1-20

Kirsch, W.; Maaßen, H. (1989b), Vorwort, in: Kirsch, Werner; Maaßen, Hartmut (Hrsg.), Managementsysteme: Planung und Kontrolle, Herrsching 1989, S. I

Klammer, B. (2005), Empirische Sozialforschung: Eine Einführung für Kommunikationswissenschaftler und Journalisten, Konstanz 2005

Kleingarn, H. (1997), Change Management: Instrumentarium zur Gestaltung und Lenkung einer lernenden Organisation, Wiesbaden 1997

Klimecki, R. G.; Laßleben, H.; Thomae, M. (2000), Organisationales Lernen – Zur Integration von Theorie, Empirie und Gestaltung, in: Schreyögg, G.; Conrad, P. (Hrsg.), Organisatorischer Wandel und Transformation, Wiesbaden 2000, S. 63-98

Klimecki, R. G.; Probst, G. J.; Eberl, P. (1991), Systementwicklung als Managementproblem, in: Staehle, W. H.; Sydow, J. (Hrsg.), Managementforschung 1: Selbstorganisation und systemische Führung, Berlin, New York 1991, S. 103-162

Klimecki, R. G.; Probst, G. J.; Gmür, M. (1993), Flexibilisierungsmanagement, Bern 1993

Knyphausen-Aufseß, D. zu (1995), Theorie der strategischen Unternehmensführung: State of the Art und neue Perspektiven, Wiesbaden 1995

Kobi, J.-M. (1996), Management des Wandels: Die weichen und harten Bausteine erfolgreicher Veränderung, 2. Aufl., Bern [u.a.] 1996

Koch, H. (1961), Betriebliche Planung, Wiesbaden 1961

Kofman, F.; Senge, P. (1993), Communities of Commitment – The Heart of Learning Organizations, in: Organizational Dynamics, 4 (1993) 1, S. 5-23

Köhler, R. (1978), Forschungsobjekte und Forschungsstrategien: Entwicklungslinien und heutiger Stand, in: Die Unternehmung, 32 (1978) 3, S. 181-196

König, E.; Bentler, A. (2003), Arbeitsschritte im qualitativen Forschungsprozess – ein Leitfaden, in: Friebertshäuser, B.; Prengel, A. (Hrsg.), Handbuch Qualitative Forschungsmethoden in der Erziehungswissenschaft, Weinheim, München 2003, S. 88-96

Kortzfleisch, G. von (1959), Zum Wesen der betriebswirtschaftlichen Planung, in: Ries, J.; Kortzfleisch, G. von (Hrsg.), Betriebswirtschaftliche Planung in industriellen Unternehmungen, Berlin 1959, S. 9-19

Kreder, M. (1983), Situation, Struktur, Erfolg: Eine Analyse des Erfolgsbeitrages situationsadäquater Strukturformen, München 1983

Kreikebaum, H. (1982), Einführung und Weiterentwicklung strategischer Planungssysteme – Bericht über ein empirisches Forschungsprojekt, in: Schmalenbachs Zeitschrift für betriebswirtschaftliche Forschung, 35 (1982) Sonderheft 15, S. 83-86

Kreikebaum, H. (1992), Die Einführung strategischer Planungssysteme in der Praxis, in: Zeitschrift für Betriebswirtschaft, 62 (1992) 6, S. 671-683

Kreikebaum, H. (1995), Strategische Führung, in: Wunderer, R.; Kieser, A.; Reber, G. (Hrsg.), Handwörterbuch der Führung, Stuttgart 1995

Kreikebaum, H. (1997), Strategische Unternehmensplanung, 6. Aufl., Stuttgart [u.a.] 1997

Kreikebaum, H.; Suffel, W. (1981), Der Entwicklungsprozess der strategischen Planung, Thun 1981

Krogh, G. von; Ichijo, K.; Nonaka, I. (2000), Enabling Knowledge Creation, Oxford 2000

Kromrey, H. (2002), Empirische Sozialforschung: Modelle und Methoden der standardisierten Datenerhebung und Datenauswertung, 10. Aufl., Opladen 2002

Krüger, W. (1994a), Organisation der Unternehmung, 3. Aufl., Stuttgart [u.a.] 1994

Krüger, W. (1994b), Transformations-Management: Grundlagen, Strategien, Anforderungen, in: Gomez, P.; Hahn, D.; Müller-Stewens, G.; Wunderer, R. (Hrsg.), Unternehmerischer Wandel: Konzepte zur organisatorischen Erneuerung, Knut Bleicher zum 65. Geburtstag, Wiesbaden 1994, S. 199-228

Krüger, W. (2002a), Das 3W-Modell: Bezugsrahmen für das Wandlungsmanagement, in: Krüger, W. (Hrsg.), Excellence in Change: Wege zur strategischen Erneuerung, 2. Aufl., Wiesbaden 2002, S. 15-29

Krüger, W. (2002b), Strategische Erneuerung: Programme, Prozesse und Probleme, in: Krüger, W. (Hrsg.), Excellence in Change: Wege zur strategischen Erneuerung, 2. Aufl., Wiesbaden 2002, S. 35-96

Kubicek, H. (1975), Empirische Organisationsforschung, Stuttgart 1975

Kubicek, H. (1977), Heuristische Bezugsrahmen und heuristisch angelegte Forschungsdesigns als Elemente einer Konstruktionsstrategie empirischer Forschung, in: Köhler, R. (Hrsg.), Empirische und handlungstheoretische Forschungskonzeptionen in der Betriebswirtschaftslehre, Stuttgart 1977, S. 3-36

Kubicek, H.; Thom, N. (1976), Umsystem, betriebliches, in: Grochla, E.; Wittmann, W. (Hrsg.), Handwörterbuch der Betriebswirtschaft, 4. Aufl., Stuttgart 1976, Sp. 3977-4017

Kuhn, T. S. (1976), Die Struktur wissenschaftlicher Revolutionen, 2. Aufl., Frankfurt a. M. 1976

Kuivalainen, O.; Sundqvist, S.; Puumalainen, K.; Cadogan, J. W. (2004), The Effect of Environmental Turbulence and Leader Characteristics on International Performance: Are Knowledge-Based Firms different?, in: Canadian Journal of Administrative Sciences, 21 (2004) 1, S. 35-49

Kukalis, S. (1991), Determinants of Strategic Planning Systems in Large Organizations: A Contigency Approach, in: Journal of Management Studies, 28 (1991) 2, S. 143-160

Lamberti, J. (2001), Einstieg in die Methoden empirischer Forschung: Planung, Durchführung und Auswertung empirischer Untersuchungen, Tübingen 2001

Lamnek, S. (1993), Qualitative Sozialforschung, Band 1: Methodologie, Weinheim 1993

Lamnek, S. (1995), Qualitative Sozialforschung, Band 2: Methoden und Techniken, 3. Aufl., Weinheim 1995

Lamnek, S. (2000), Sozialforschung in Theorie und Praxis – Zum Verhältnis von qualitativer und quantitativer Forschung, in: Clemens, W.; Strübing, J. (Hrsg.), Empirische Sozialforschung und gesellschaftliche Praxis: Bedingungen und Formen angewandter Forschung in den Sozialwissenschaften, Opladen 2000, S. 23-46

Lamnek, S. (2002), Methoden, qualitative und quantitative, in: Wörterbuch der Soziologie (2002), S. 360-361

Lamnek, S. (2005), Qualitative Sozialforschung, 4. Aufl., Weinheim [u.a.] 2005

Langley, A. (1999), Strategies for Theorizing From Process Data, in: Academy of Management Review, 24 (1999) 4, S. 691-710

Langley, A. (2005), Qualitative Research Methods for Analyzing Process Data: Präsentation im Rahmen der "Process-Research-PDWs" der Academy of Management Konferenzen der Jahre 2005 und 2006, http://www. processresearchmethods.org/Langley-ProcessPDW-AOM2005.pdf, Stand: 11.08.2005

Lawrence, P. R.; Lorsch, J. W. (1967), Organization and Environment. Managing Differentiation and Integration, Homewood, Ill. 1967

Lechner, C. (2006), A Primer to Strategy Process Research, Göttingen 2006

Lechner, C.; Müller-Stewens, G. (1999), Strategy Process Research: What Do We Know, What Should We Know?, in: Diskussionsbeiträge des Instituts für Betriebswirtschaft der Universität St. Gallen: Band 33, St. Gallen 1999, S. 1-30

Lehner, J. M. (1996), Implementierung von Strategien: Konzeption unter Berücksichtigung von Unsicherheit und Mehrdeutigkeit, Wiesbaden 1996

Leonard-Barton, D. (1992), Core Capabilities and Core Rigidities: A Paradox in Managing New Product Development, in: Strategic Management Journal, 13 (1992) Special Issue, Summer, S. 111-125

Levy, A.; Merry, U. (1986), Organizational Transformation: Approaches, Strategies, Theories, New York [u.a.] 1986

Lewin, K. (1946), Action Research and Minority Problems, in: Journal of Social Issues, 2 (1946) 2, S. 34-46

Lewin, K. (1951), Field Theory in Social Science, New York 1951

Likert, R. (1961), New Patterns of Management, New York 1961

Lindblom, C. E. (1959), The Science of "Muddling Through", in: Public Administration Review, 19 (1959) 1, S. 79-88

Lindsay, W. M.; Rue, L. W. (1980), Impact of the Organization Environment on the Long-Range Planning Process: A Contingency View, in: Academy of Management Journal, 23 (1980) 3, S. 385-404

Link, J. (2004), Führungssysteme: Strategische Herausforderung für Organisation, Controlling und Personalwesen, 2. Aufl., München 2004

Lippitt, G. L.; Langseth, P.; Mossop, J. (1985), Implementing Organizational Change, San Francisco 1985

Lippitt, G. L.; Schmidt, W. H. (1967), Crises in a Developing Organization, in: Harvard Business Review, 45 (1967) 6, S. 102-112

Lippl, B. (2003), Lehr- und Arbeitsmaterialien zur empirischen Sozialforschung I + II, 5. Aufl., Berlin 2003

Löffler, C. (1995), Die Wirkung der strategischen Planung auf den Unternehmenserfolg, Wiesbaden 1995

Lombriser, R.; Abplanalp, P. A. (1998), Strategisches Management: Visionen entwickeln, Strategien umsetzen, Erfolgspotentiale aufbauen, 2. Aufl., Zürich 1998

Lorange, P.; Vancil, R. F. (1976), How to Design a Strategic Planning System, in: Harvard Business Review, 54 (1976) 5, S. 75-81

Lorange, P.; Vancil, R. F. (1977), Strategic Planning Systems, Englewood Cliffs, NJ. 1977

Lovas, B.; Ghoshal, S. (2000), Strategy as Guided Evolution, in: Strategic Management Journal, 21 (2000) 9, S. 875-896

Luhmann, N. (1973), Vertrauen: Ein Mechanismus der Reduktion sozialer Komplexität, 2. Aufl., Stuttgart 1973

Luhmann, N. (1975), Komplexität, in: Luhmann, N. (Hrsg.), Soziologische Aufklärung: Band 2, Aufsätze zur Theorie der Gesellschaft, Opladen 1975, S. 204-220

Luhmann, N. (1984), Soziale Systeme: Grundriss einer allgemeinen Theorie, Frankfurt a. M. 1984

Lyles, M. A. (1990), A Research Agenda for Strategic Management in the 1990s, in: Journal of Management, 27 (1990) 4, S. 363-375

Lynch, R. (2003), Corporate Strategy, 3. Aufl., Harlow [u.a.] 2003

Macharzina, K. (2003), Unternehmensführung: Das internationale Managementwissen; Konzepte – Methoden – Praxis, 4. Aufl., Wiesbaden 2003

Mag, W. (1995), Unternehmensplanung, München 1995

Maier, R. (2002), Knowledge Management Systems, Berlin [u.a.] 2002

Malhotra, N. K. (1993), Marketing Research – An Applied Orientation, Englewood Cliffs, NJ. 1993

Malik, F. (2000), Systemisches Management, Evolution, Selbstorganisation: Grundprobleme, Funktionsmechanismen und Lösungsansätze für komplexe Systeme, 2. Aufl., Bern [u.a.] 2000

Malik, F. (2003), Strategie des Managements komplexer Systeme: Ein Beitrag zur Management-Kybernetik evolutionärer Systeme, 8. Aufl., Bern [u.a.] 2003

March, J. G. (1981), Footnotes to Organizational Change, in: Administrative Science Quarterly, 26 (1981) 4, S. 563-577

March, J. G.; Olsen, J. P. (1976), Ambiguity and Choice in Organizations, Bergen 1976

March, J. G.; Simon, H. A. (1958), Organizations, New York [u.a.] 1958

Markides, C. C. (1999), A Dynamic View of Strategy, in: Sloan Management Review, 40 (1999) 3, S. 55-63

Marten, I. (2000), Strategieprozesse in dynamisch komplexen Umfeldern: Dargestellt am Beispiel einer globalen Universalbank, Bern [u.a.] 2000

Martin, A. (1989), Die empirische Forschung in der Betriebswirtschaftslehre: Eine Untersuchung über die Logik der Hypothesenprüfung, die empirische Forschungspraxis und die Möglichkeit einer theoretischen Fundierung realwissenschaftlicher Untersuchungen, Stuttgart 1989

Mason, E. S. (1939), Price and Production Policies of Large-Scale Enterprises, in: American Economic Review, 29 (1939) 1, S. 61-74

Mayring, P. (1999), Zum Verhältnis qualitativer und quantitativer Analyse, in: Bolscho, D.; Michelsen, G. (Hrsg.), Methoden der Umweltbildungsforschung, Opladen 1999, S. 13-25

Mayring, P. (2001), Kombination und Integration qualitativer und quantitativer Analyse: Forum Qualitative Sozialforschung, 2 (2001) 1, http://qualitativeresearch.net/fqs/fqs.htm, Stand: 03.02.2003

Mayring, P. (2002), Einführung in die qualitative Sozialforschung: Eine Anleitung zu qualitativem Denken, 5. Aufl., Weinheim [u.a.] 2002

McCann, J. E.; Selsky, J. (1984), Hyperturbulence and the Emergence of Type 5 Environments, in: Academy of Management Review, 9 (1984) 3, S. 460-470

McCaskey, M. B. (1974), A Contingency Approach to Planning: Planning with Goals and Planning without Goals, in: Academy of Management Journal, 17 (1974) 2, S. 281-291

McKelvey, B.; Aldrich, H. E. (1983), Populations, Natural Selection, and Applied Organizational Science, in: Administrative Science Quarterly, 28 (1983) 1, S. 101-128

Meffert, H. (1985), Größere Flexibilität als Unternehmenskonzept, in: Zeitschrift für betriebswirtschaftliche Forschung, 37 (1985) 2, S. 121-137

Meinefeld, W. (2003), Hypothesen und Vorwissen in der qualitativen Sozialforschung, in: Flick, U. (Hrsg.), Qualitative Forschung: Ein Handbuch, 2. Aufl., Reinbek bei Hamburg 2003, S. 265-275

Mento, A. J.; Jones, R. M.; Dirndorfer, W. (2002), A Change Management Process: Grounded in Both Theory and Practice, in: Journal of Change Management, 3 (2002) 1, S. 45-59

Merton, R. K. (1968), Social Theory and Social Structure, New York 1968

Merton, R. K.; Kendall, P. L. (1979), Das fokussierte Interview, in: Hopf, C.; Weingarten, E. (Hrsg.), Qualitative Sozialforschung, Stuttgart 1979, S. 171-204

Meuser, M.; Nagel, U. (1991), ExpertInneninterviews – vielfach erprobt, wenig bedacht: Ein Beitrag zur qualitativen Methodendiskussion, in: Garz, D.; Kraimer, K. (Hrsg.), Qualitativ-empirische Sozialforschung: Konzepte, Methoden, Analysen, Opladen 1991, S. 441-468

Meyer, A. D. (1982), Adapting to Environmental Jolts, in: Administrative Science Quarterly, 27 (1982) 4, S. 515-537

Meyer, A. D.; Brooks, G. R.; Goes, J. B. (1990), Environmental Jolts and Industry Revolutions: Organizational Responses to Discontinuous Change, in: Strategic Management Journal, 11 (1990) Special Issue: Corporate Entrepreneurship, S. 93-110

Meyer, J. W.; Rowan, B. (1977), Institutionalized Organizations: Formal Structure as Myth and Ceremony, in: American Journal of Sociology, 83 (1977) 2, S. 340-363

Meyer, S. (2007), Wandlungsfähigkeit durch Wissensmanagement: Konzept zum Management wissensbasierter Wandlungsfähigkeit in Unternehmen, Frankfurt a. M. [u.a.] 2007

Meyer, S.; Nowak, M.; Schön, M. (2005), Management im Wandel – Ergebnisse einer empirischen Studie: Unveröffentlichtes Arbeitspapier am betriebswirtschaftlichen Institut der Universität Stuttgart, Stuttgart 2005

Miles, R. E.; Snow, C. C. (1978), Organizational Strategy, Structure, and Process, New York 1978

Miller, C. C.; Cardinal, L. B. (1994), Strategic Planning and Firm Performance: A Synthesis of More Than Two Decades of Research, in: Academy of Management Journal, 37 (1994) 6, S. 1649-1665

Miller, D. (1982), Evolution and Revolution: A Quantum View of Structural Change in Organizations, in: Journal of Management Studies, 19 (1982) 2, S. 131-151

Miller, D. (1987), Strategy Making and Structure: Analysis and Implications for Performance, in: Academy of Management Journal, 30 (1987) 1, S. 7-32

Miller, D. (1987), The Structural and Environmental Correlates of Business Strategy, in: Strategic Management Journal, 1987 (1987) 1, S. 55-76

Miller, D.; Friesen, P. H. (1980), Archetypes of Organizational Transition, in: Administrative Science Quarterly, 25 (1980) 2, S. 268-299

Miller, D.; Friesen, P. H. (1983), Strategy-Making and Environment: The Third Link, in: Strategic Management Journal, 4 (1983) 3, S. 221-235

Miller, D.; Friesen, P. H. (1984), Organizations: A Quantum View, Englewood Cliffs, NJ. 1984

Miller, D.; Lant, T. K.; Milliken, F.; Korn, H. J. (1996), The Evolution of Strategic Simplicity: Exploring Two Models of Organizational Adaption, in: Journal of Management, 22 (1996) 6, S. 863-887

Mintzberg, H. (1973), Strategy-Making in Three Modes, in: California Management Review, 16 (1973) 2, S. 44-53

Mintzberg, H. (1978), Patterns in Strategy Formation, in: Management Science, 24 (1978) 9, S. 934-948

Mintzberg, H. (1984), Power and Organization Life Cycles, in: Academy of Management Review, 9 (1984) 2, S. 207-224

Mintzberg, H. (1987), The Strategy Concept I: Five Ps for Strategy, in: California Management Review, 30 (1987) 1, S. 11-24

Mintzberg, H. (1990), Strategy Formation: Ten Schools of Thought, in: Fredrickson, J. W. (Hrsg.), Perspectives on Strategic Management, New York 1990, S. 105-235

Mintzberg, H. (1994a), The Fall and Rise of Strategic Planning, in: Harvard Business Review, 72 (1994) 1, S. 107-114

Mintzberg, H. (1994b), That's Not "Turbulence", Chicken Little, It's Really Opportunity, in: Planning Review, 22 (1994) 6, S. 7-9

Mintzberg, H. (1995), Die strategische Planung: Aufstieg, Niedergang und Neubestimmung, München 1995

Mintzberg, H. (1999), The Innovative Organization, in: Mintzberg, H.; Quinn, J. B.; Ghoshal, S. (Hrsg.), The Strategy Process: Revised European Edition, London [u.a.] 1999, S. 405-418

Mintzberg, H.; Lampel, J. (1999), Reflecting on the Strategy Process, in: MIT Sloan Management Review, 40 (1999) 3, S. 21-30

Mintzberg, H.; McHugh, A. (1985), Strategy Formation in an Adhocracy, in: Administrative Science Quarterly, 30 (1985) 2, S. 160-197

Mintzberg, H.; Waters, J. A. (1982), Tracking Strategy in an Entrepreneurial Firm, in: Academy of Management Journal, 25 (1982) 3, S. 465-499

Mintzberg, H.; Westley, F. R. (1992), Cycles of Organizational Change, in: Strategic Management Journal, 13 (1992) 8, S. 39-59

Monge, P. (1990), Theoretical and Analytical Issues in Studying Organizational Processes, in: Organization Science, 1 (1990) 4, S. 406-430

Moores, K.; Yuen, S. (2001), Management Accounting Systems and Organizational Configurations: A Life-Cycle Perspective, in: Accounting, Organizations and Society, 26 (2001) 4/5, S. 351-389

Morecroft, J. (2007), Strategic Modelling and Business Dynamics, Chicester 2007

Morecroft, J.; Sanchez, R.; Heene, A. (2002), Integrating Systems Thinking and Competence Concepts in a New View of Resources, Capabilities, and Management Processes, in: Morecroft, J.; Sanchez, R.; Heene, A. (Hrsg.), Systems Perspective on Resources, Capabilities, and Management Processes, Amsterdam [u.a.] 2002, S. 3-16

Müller, W. R.; Hurter, M. (1999), Führung als Schlüssel zur organisationalen Lernfähigkeit, in: Schreyögg, G.; Sydow, J. (Hrsg.), Managementforschung 9: Führung neu gesehen, Berlin, New York 1999, S. 1-54

Müller-Stewens, G.; Fontin, M. (1997), Management unternehmerischer Dilemmata: Ein Ansatz zur Erschließung neuer Handlungspotentiale, 3. Aufl., Stuttgart 1997

Müller-Stewens, G.; Lechner, C. (2005), Strategisches Management: Wie strategische Initiativen zum Wandel führen, 3. Aufl., Stuttgart 2005

Nadkarni, S.; Narayanan, V. (2007), Strategic Schemas, Strategic Flexibility, and Firm Performance: The Moderating Role of Industry Clockspeed, in: Strategic Management Journal, 28 (2007) 3, S. 243-270

Nadler, D. A. (1988), Concepts for the Management or Organizational Change, in: Tushman, M. L.; Moore, W. L. (Hrsg.), Readings in Management of Innovation, New York 1988, S. 718-731

Nadler, D. A.; Tushman, M. L. (1989), Organizational Frame Bending: Principles for Managing Reorientation, in: Academy of Management Executive, 3 (1989) 3, S. 194-204

Nadler, D. A.; Tushman, M. L. (1990), Beyond the Charismatic Leader: Leadership and Organizational Change, in: California Management Review, 32 (1990) 2, S. 77-97

Nadler, D. A.; Tushman, M. L. (1995), Types of Organizational Change: From Incremental Improvement to Discontinuous Transformation, in: Nadler, D. A.; Shaw, R. B.; Walton A. E. (Hrsg.), Discontinuous Change: Leading Organizational Transformation, San Francisco, Calif. 1995, S. 15-34

Naisbitt, J. (1984), Megatrends: Ten New Directions Transforming Our Lives, 2. Aufl., New York 1984

Nickerson, J. A.; Silverman, B. S. (2003), Why Firms Want to Organize Efficiently and What Keeps Them from Doing so: Inappropriate Governance, Performance, and Adaptation in a Deregulated Industry, in: Administrative Science Quarterly, 48 (2003) 3, S. 433-465

Nicolai, A. (2004), Der "trade-off" zwischen "rigour" und "relevance" und seine Konsequenzen für die Managementwissenschaft, in: Zeitschrift für Betriebswirtschaft, 74 (2004) 2, S. 99-118

Niemeier, J. (1986), Wettbewerbsumwelt und interne Konfigurationen: Theoretische Ansätze und empirische Prüfung, Frankfurt a. M. [u.a.] 1986

Nilsson, F. (2002), Strategy and Management Control Systems: A Study of the Design and Use of Management Control Systems Following Takeover, in: Accounting and Finance, 42 (2002) 1, S. 41-71

Nippa, M. (1988), Gestaltungsgrundsätze für die Büroorganisation: Konzepte für eine informationsorientierte Unternehmungsentwicklung unter Berücksichtigung neuer Bürokommunikationstechniken, Berlin 1988

Nowak, M. (2006), Führungsrelevante Prozesse: Systematisierung und Gestaltung, Frankfurt a. M. [u.a.] 2006

Oelsnitz, D. von der (2007), Unternehmensstrategie zwischen Planung und Überraschung, in: WISU, 36 (2007) 5, S. 679-683

Oswald, H. (2003), Was heißt qualitativ forschen?, in: Friebertshäuser, B.; Prengel, A. (Hrsg.), Handbuch Qualitative Forschungsmethoden in der Erziehungswissenschaft, Weinheim, München 2003, S. 71-87

Paine, F. T.; Anderson, C. R. (1977), Contingencies Affecting Strategy Formulation and Effectiveness: An Empirical Study, in: Journal of Management Studies, 14 (1977) 2, S. 147-158

Panfely, P.; Sonnier, L.-A. (1996), Learning form Best Practices in Strategic Planning, in: Strategy & Leadership, 24 (1996) 5, S. 48

Parsons, R. (1951), The Social System, New York 1951

Pautzke, G. (1989), Die Evolution der organisatorischen Wissensbasis: Bausteine zu einer Theorie des organisatorischen Lernens, München 1989

Pearce, J. A.; Freeman, E. B.; Robinson Jr., R. B. (1987), The Tenuous Link between Formal Strategic Planning and Financial Performance, in: Academy of Management Review, 12 (1987) 4, S. 658-675

Penrose, E. T. (1959), The Theory of the Growth of the Firm, Oxford 1959

Perich, R. (1993), Unternehmungsdynamik: Zur Entwicklungsfähigkeit von Organisationen aus zeitlich-dynamischer Sicht, 2. Aufl., Bern [u.a.] 1993

Peteraf, M. A. (1993), The Cornerstones of Competitive Advantage: A Resource-based View, in: Strategic Management Journal, 14 (1993) 3, S. 179-191

Peters, T. J. (1987), Thriving on Chaos: Handbook for a Management Revolution, New York [u.a.] 1987

Pettigrew, A. M. (1987), Context and Action in the Transformation of the Firm, in: Journal of Management Studies, 24 (1987) 6, S. 649-670

Pettigrew, A. M. (1992), The Character and Significance of Strategy Process Research, in: Strategic Management Journal, 13 (1992) Special Issue, Winter, S. 5-16

Pettigrew, A. M.; Woodman, R. W.; Cameron, K. S. (2001), Studying Organizational Change and Development: Challenges for Future Research, in: Academy of Management Journal, 44 (2001) 4, S. 697-713

Pfeffer, J.; Salancik, G. R. (1978), The External Control of Organizations: A Resource Dependence Perspective, New York 1978

Picot, A. (2002), Organisation: eine ökonomische Perspektive, 3. Aufl., Stuttgart 2002

Picot, A.; Reichwald, R.; Wigand, R. T. (2003), Die grenzenlose Unternehmung: Information, Organisation und Management, 5. Aufl., Wiesbaden 2003

Pitts, R. A. (1980), Towards a Contingency Theory of Multibusiness Organization Design, in: Academy of Management Review, 5 (1980) 2, S. 203-210

Poensgen, O. H.; Hort, H. (1981), Die situativen Einflüsse auf die unternehmerische Planung, in: Zeitschrift für Betriebswirtschaft, 51 (1981) 1, S. 3-32

Polley, D. (1997), Turbulence in Organizations: New Methaphors for Organizational Research, in: Organization Science, 8 (1997) 5, S. 445-457

Popper, K. R. (1965), Das Elend des Historizismus, Tübingen 1965

Popper, K. R. (1994), Logik der Forschung, 10. Aufl., Tübingen 1994

Porter, M. E. (1980), Competitive Strategy: Techniques For Analyzing Industries And Competitors, New York [u.a.] 1980

Porter, M. E. (1981), The Contributions of Industrial Organization to Strategic Management, in: Academy of Management Review, 6 (1981) 4, S. 609-620

Porter, M. E. (1985), Competitive Advantage: Creating and Sustaining Superior Performance, New York, London 1985

Powell, T. C. (1992), Strategic Planning as Competitive Advantage, in: Strategic Management Journal, 13 (1992) 7, S. 551-558

Prahalad, C. K.; Hamel, G. (1990), The Core Competence of the Corporation, in: Harvard Business Review, 68 (1990) 3, S. 79-91

Probst, G. J. (1992), Organisation: Strukturen, Lenkungsinstrumente und Entwicklungsperspektiven, Landsberg a. L. 1992

Punch, K. F. (2005), Introduction to Social Research: Quantitative and Qualitative Approaches, 2. Aufl., London 2005

Quinn, J. B. (1978), Strategic Change: "Logical Incrementalism", in: MIT Sloan Management Review, 20 (1978) 1, S. 7-21

Quinn, J. B. (1980), Strategies for Change: Logical Incrementalism, Homewood, Ill. 1980

Quinn, J. B.; Voyer, J. (1999), Logical Incrementalism: Managing Strategy Formation, in: Mintzberg, H.; Quinn, J. B.; Ghoshal, S. (Hrsg.), The Strategy Process: Revised European Edition, London [u.a.] 1999, S. 103-120

Quinn, R. E.; Cameron, K. S. (1983), Organizational Life Cycles and Shifting Criteria of Effectiveness: Some Preliminary Evidence, in: Management Science, 29 (1983) 1, S. 33-51

Raffée, H. (1995), Grundprobleme der Betriebswirtschaftslehre, 9. Aufl., Göttingen 1995

Rajagopalan, N.; Spreitzer, G. M. (1996), Toward a Theory of Strategic Change: A Multi-lens Perspective and Integrative Framework, in: Academy of Management Review, 22 (1996) 1, S. 48-79

Ramanujam, V.; Venkatraman, N. (1987), Planning System Characteristics and Planning Effectiveness, in: Strategic Management Journal, 8 (1987) 5, S. 453-468

Ramanujam, V.; Venkatraman, N.; Camillus, J. C. (1986), Multi-Objective Assessment of Effectiveness of Strategic Planning: A Discriminant Analysis Approach, in: Academy of Management Journal, 29 (1986) 2, S. 347-372

Rapoport, A. (1988), Allgemeine Systemtheorie: Wesentliche Begriffe und Anwendungen, Darmstadt 1988

Reglin, B. (1993), Managementsysteme: Eine organisationstheoretische Fundierung, Herrsching 1993

Reinecke, J. (1991), Interviewer- und Befragtenverhalten: Theoretische Ansätze und methodische Konzepte, Opladen 1991

Reinhart, G. (1997), Innovative Prozesse und Systeme – Der Weg zu Flexibilität und Wandlungsfähigkeit, in: Milberg, J.; Reinhart, G. (Hrsg.), Mit Schwung zum Aufschwung, Landsberg a. L. 1997, S. 173-202

Reinhart, G.; Dürrschmidt, S.; Hirschberg, A.; Selke, C. (1999), Wandel – Bedrohung oder Chance?, in: IO New Management, 68 (1999) 5, S. 20-24

Reiß, M. (1993), Komplexitätsmanagement (I), in: WISU, 22 (1993) 1, S. 54-60

Reiß, M. (1997a), Aktuelle Konzepte des Wandels, in: Reiß, M.; Rosenstiel, L. von; Lanz, A. (Hrsg.), Change Management: Programme, Projekte und Prozesse, Stuttgart 1997, S. 31-90

Reiß, M. (1997b), Change Management als Herausforderung, in: Reiß, M.; Rosenstiel, L. von; Lanz, A. (Hrsg.), Change Management: Programme, Projekte und Prozesse, Stuttgart 1997, S. 5-29

Reiß, M. (1998), Wandel im Management des Wandels, in: Scheer, A.-W. (Hrsg.), Neue Märkte, neue Medien, neue Methoden – Roadmap zur agilen Organisation, Heidelberg 1998, S. 263-276

Reiß, M. (2000), Organisation: Management von Strukturen und Wandel, in: Busse von Colbe, W.; Coenenberg, A. G.; Kajüter, P.; Linnhoff, U. (Hrsg.), Betriebswirtschaft für Führungskräfte, Stuttgart 2000, S. 359-389

Reuter, A. Y. (2003), Ganzheitliche Integration themenspezifischer Managementsysteme: Entwicklung eines Modells zur Gestaltung und Bewertung integrierter Managementsysteme 2003

Rieckmann, H. (1997), Managen und Führen am Rande des 3. Jahrtausends: Praktisches, Theoretisches, Bedenkliches, Frankfurt a. M. [u.a.] 1997

Rigby, D. (2001), Management Tools and Techniques: A Survey, in: California Management Review, 43 (2001) 2, S. 139-160

Rigby, D. (2003), Management Tools Survey 2003: Usage Up as Companies Strive to Make Headway in Tough Times, in: Strategy & Leadership, 31 (2003) 5, S. 4-11

Rigby, D.; Bilodeau, B. (2005), The Bain 2005 Management Tool Survey, in: Strategy & Leadership, 33 (2005) 4, S. 4-12

Rigby, D.; Bilodeau, B. (2007), Bain's Global 2007 Management Tools and Trends Survey, in: Strategy & Leadership, 35 (2007) 5, S. 9-16

Romanelli, E.; Tushman, M. L. (1986), Inertia, Environments, and Strategic Choice: A Quasi-Experimental Design for Comparative-Longitudinal Research, in: Management Science, 32 (1986) 5, S. 608-621

Roney, C. W. (2003), Planning for Strategic Contingencies, in: Business Horizons, 46 (2003) 2, S. 35-42

Rüegg-Stürm, J. (2002), Das neue St. Galler Management-Modell: Grundkategorien einer integrierten Managementlehre. Der HSG-Ansatz, Bern [u.a.] 2002

Rüegg-Stürm, J. (2003), Organisation und organisationaler Wandel: Eine theoretische Erkundung aus konstruktivistischer Sicht, Wiesbaden 2003

Rühli, E.; Schmidt, S. L. (2001), Strategieprozessforschung, in: Zeitschrift für Betriebswirtschaft, 71 (2001) 5, S. 531-550

Rynes, S. L.; Bartunek, J. M.; Daft, R. L. (2001), Across the Great Divide: Knowledge Creation and Transfer Between Practitioners and Academics, in: Academy of Management Journal, 44 (2001) 2, S. 340-355

Sachs, S.; Hauser, A. (2002), Das ABC der betriebswirtschaftlichen Forschung: Anleitung zum wissenschaftlichen Arbeiten, Zürich 2002

Sanchez, R. (1995), Strategic Flexibility in Product Competition, in: Strategic Management Journal, 16 (1995) Special Issue, Summer, S. 135-159

Sanchez, R.; Heene, A. (2002), Managing Strategic Change: A Systems View of Strategic Organizational Change and Strategic Flexibility, in: Morecroft, J.; Sanchez, R.; Heene, A. (Hrsg.), Systems Perspective on Resources, Capabilities, and Management Processes, Amsterdam [u.a.] 2002, S. 71-91

Sattelberger, T. (1996), Die lernende Organisation im Spannungsfeld von Strategie, Struktur und Kultur, in: Sattelberger, T. (Hrsg.), Die lernende Organisation: Konzepte für eine neue Qualität der Unternehmensentwicklung, 3. Aufl., Wiesbaden 1996, S. 11-56

Schanz, G. (1977), Jenseits von Empirismus[1]: Eine Perspektive für die betriebswirtschaftliche Forschung, in: Köhler, R. (Hrsg.), Empirische und handlungstheoretische Forschungskonzeptionen in der Betriebswirtschaftslehre, Stuttgart 1977, S. 65-84

Schanz, G. (1995), Wissenschaftstheoretische Grundlagen der Führungsforschung, in: Wunderer, R.; Kieser, A.; Reber, G. (Hrsg.), Handwörterbuch der Führung, Stuttgart 1995, S. 2189-2197

Schanz, G. (2004), Wissenschaftsprogramme in der Betriebswirtschaftslehre, in: Bea, F. X.; Friedl, B.; Schweitzer, M. (Hrsg.), Allgemeine Betriebswirtschaftslehre: Band 1: Grundfragen, 9. Aufl., Stuttgart 2004, S. 83-164

Schein, E. H. (1996), Three Cultures of Management: The Key to Organizational Learning, in: Sloan Management Review, 38 (1996) 1, S. 9-20

Schendel, D. E. (1992a), Introduction to the Summer 1992 Special Issue on 'Strategy Process Research', in: Strategic Management Journal, 13 (1992) Special Issue, Summer, S. 1-4

Schendel, D. E. (1992b), Introduction to the Winter 1992 Special Issue: 'Fundamental Themes in Strategy Process Research', in: Strategic Management Journal, 13 (1992) Special Issue, Winter, S. 1-3

Schendel, D. E.; Hofer, C. W. (1979), Strategic Management: A New View of Business Policy and Planning, Boston, Mass. und Toronto 1979

Scheurer, S. (2000), Strategische Unternehmensentwicklung durch strategisches Multiprojektmanagement, in: Zeitschrift für Planung, 11 (2000), S. 379-409

Schilit, W. K. (1987), An Examination of the Influence of Middle-level Managers in Formulating and Implementing Strategic Decisions, in: Journal of Management Studies, 24 (1987) 3, S. 271-293

Schmalenbach, E. (1911/12), Die Privatwirtschaftslehre als Kunstlehre, in: Zeitschrift für handelswissenschaftliche Forschung, 6 (1911), S. 304-316

Schmidt, C. (2003a), Analyse von Leitfadeninterviews, in: Flick, U. (Hrsg.), Qualitative Forschung: Ein Handbuch, 2. Aufl., Reinbek bei Hamburg 2003, S. 447-456

Schmidt, C. (2003b), "Am Material": Auswertungstechniken für Leitfadeninterviews, in: Friebertshäuser, B.; Prengel, A. (Hrsg.), Handbuch Qualitative Forschungsmethoden in der Erziehungswissenschaft, Weinheim, München 2003, S. 544-568

Schmidt, S. L. (2000), Megamerger in der pharmazeutischen Industrie: Ein Beitrag zur Strategieprozessforschung, Bern [u.a.] 2000

Schnell, R.; Hill, P. B.; Esser, E. (2005), Methoden der empirischen Sozialforschung, 7. Aufl., München [u.a.] 2005

Schön, M.; Foschiani, S. (2007), Zur Veränderung der strategischen Planung in kleinen und mittleren Unternehmen, in: Meyer, J.-A. (Hrsg.), Planung in kleinen und mittleren Unternehmen: Jahrbuch der KMU-Forschung und -Praxis 2007, Lohmar, Köln 2007, S. 45-60

Schön, M.; Meyer, S.; Nowak, M. (2005), In unruhigem Fahrwasser: Turbulenz und ihr Einfluss auf das Innovationsmanagement, in: Wissenschaftsmanagement, 11 (2005) 4, S. 17-22

Schreyögg, G. (1984), Unternehmensstrategie: Grundfragen einer Theorie strategischer Unternehmensführung, Berlin [u.a.] 1984

Schreyögg, G. (1993), Umfeld der Unternehmung, in: Handwörterbuch der Betriebswirtschaft (1993), Sp. 4231-4247

Schreyögg, G. (2003), Organisation: Grundlagen moderner Organisationsgestaltung; mit Fallstudien, Wiesbaden 2003

Schreyögg, G.; Eberl, P. (1998), Organisationales Lernen: Viele Fragen, noch zu wenig neue Antworten, in: Die Betriebswirtschaft, 58 (1998) 4, S. 516-536

Schreyögg, G.; Kliesch, M. (2006), Zur Dynamisierung organisationaler Kompetenzen – "Dynamic Capabilities als Lösungsansatz?", in: Schmalenbachs Zeitschrift für betriebswirtschaftliche Forschung, 58 (2006) 6, S. 455-476

Schreyögg, G.; Noss, C. (1995), Organisatorischer Wandel: Von der Organisationsentwicklung zur lernenden Organisation, in: Die Betriebswirtschaft, 55 (1995) 2, S. 169-185

Schuhmacher, T. (2003), Strategischer Wandel als identitätsbildender Prozess, St. Gallen 2003

Schüppel, J. (1996), Wissensmanagement: Organisatorisches Lernen im Spannungsfeld von Wissens- und Lernbarrieren, Wiesbaden 1996

Schwaninger, M. (1985), Zur Gestaltung von Planungssystemen, in: Diskussionsbeiträge des Instituts für Betriebswirtschaft der Universität St. Gallen: Band 9, St. Gallen 1985

Schwaninger, M. (1994), Managementsysteme, New York 1994

Schweitzer, M. (2004), Gegenstand und Methoden der Betriebswirtschaftslehre, in: Bea, F. X.; Friedl, B.; Schweitzer, M. (Hrsg.), Allgemeine Betriebswirtschaftslehre: Band 1: Grundfragen, 9. Aufl., Stuttgart 2004, S. 23-82

Semmel, M. (1984), Die Unternehmung aus evolutionstheoretischer Sicht: Eine kritische Bestandesaufnahme aktueller evolutionärer Ansätze der Organisations- und Managementlehre, Bern [u.a.] 1984

Sharfman, M. P.; Dean, J. W. J. (1991), Conceptualizing and Measuring the Organizational Environment: A Multidimensional Approach, in: Journal of Management, 17 (1991) 4, S. 681-700

Shea-van Fossen, R.; Rothstein, H. R.; Korn, H. J. (2006), Thirty-five Years of Strategic Planning and Firm Performance Research: A Meta-Analysis, in: Academy of Management Proceedings 2006

Sherman, P. M. (1982), Strategic Planning for Technology Industries, Reading, Mass. 1982

Shrader, C. B.; Taylor, L.; Dalton, D. R. (1984), Strategic Planning and Organizational Performance: A Critical Appraisal, in: Journal of Management, 10 (1984) 2, S. 149-171

Shrivastava, P. (1983), A Typology of Organizational Learning Systems, in: Journal of Management Studies, 20 (1983) 1, S. 7-28

Sievers, B. (1977), Organisationsentwicklung als Problem, Stuttgart 1977

Siggelkow, N. (2007), Persuasion with Case Studies, in: Academy of Management Journal, 50 (2007) 1, S. 20-24

Siggelkow, N.; Rivkin, J. W. (2005), Speed and Search: Designing Organizations for Turbulence and Complexity, in: Organization Science, 16 (2005) 2, S. 101-122

Simons, R. (1995), Levers of Control: How Managers Use Innovative Control Systems to Drive Strategic Renewal, Boston, Mass. 1995

Snow, C. C.; Thomas, J. B. (1994), Field Research Methods in Strategic Management: Contributions to Theory Building and Testing, in: Journal of Management Studies, 31 (1994) 4, S. 457-480

Spath, D.; Baumeister, M.; Dill, C. (2001), Ist Flexibilität genug?: Zum Management von Turbulenzen sind neue Fähigkeiten gefragt, in: ZWF Zeitschrift für wirtschaftlichen Fabrikbetrieb, 96 (2001) 5, S. 235-241

Stacey, R. D. (1997), Unternehmen am Rande des Chaos: Komplexität und Kreativität in Organisationen, 3. Aufl., Stuttgart 1997

Staehle, W. H. (1987), Management: Eine verhaltenswissenschaftliche Perspektive, 3. Aufl., München 1987

Staehle, W. H. (1989), Kontingenztheorie der Planung, in: Szyperski, N.; Winand, U. (Hrsg.), Handwörterbuch der Planung, Stuttgart 1989, Sp. 881-888

Staehle, W. H. (1999), Management: Eine verhaltenswissenschaftliche Perspektive, 8. Aufl., München 1999

Stahl, H. K.; Hejl, P. M. (1997), Zeitbewußte Unternehmensführung: Grenzen und Möglichkeiten der Handhabung von Zeit aus einer systemtheoretischen Perspektive, in: Die Betriebswirtschaft, 57 (1997) 4, S. 517-528

Starbuck, W. H. (1983), Organizations as Acting Generators, in: American Sociological Review, 48 (1983) 1, S. 91-102

Starbuck, W. H.; Dutton, J. E. (1973), Designing Adaptive Organizations, in: Journal of Business Policy, 3 (1973) 1, S. 21-28

Statistisches Bundesamt Deutschland (2006), Bruttowertschöpfung nach Wirtschaftsbereichen, www.destatis.de/indicators/d/lrvgr01ad.htm, Stand: 24.02.2006

Staw, B. M.; Sandelands, L. E.; Dutton, J. E. (1981), Threat-Rigidity Effects in Organizational Behavior: A Multilevel Analysis, in: Administrative Science Quarterly, 26 (1981) 4, S. 501-524

Steckler, A.; McLeroy, K. R.; Goodman, R. M.; Bird, S. T.; McCormick, L. (1992), Toward Integrating Qualitative and Quantitative Methods: An Introduction, in: Health Education Quarterly, 19 (1992), S. 1-8

Stehmann, A. (1996), Instrumente zur strategischen Planung in kleinen und mittleren Unternehmungen, Bern [u.a.] 1996

Steinbrunner, J. O. (1974), The Cybernetic Theory of Decision, Princetown, NJ. 1974

Steiner, G. A. (1979), Strategic Planning: What Every Manager Must Know, New York [u.a.] 1979

Steiner, G. A.; Kunin, H.; Kunin, E. (1983), Formal Strategic Planning in the United States Today, in: Long Range Planning, 16 (1983) 3, S. 12-17

Steinle, C. (1985), Organisation und Wandel, Berlin [u.a.] 1985

Steinmann, H.; Schreyögg, G. (2005), Management: Grundlagen der Unternehmensführung: Konzepte, Funktionen, Fallstudien, 6. Aufl., Wiesbaden 2005

Sterman, J. D. (2000), Business Dynamics: Systems Thinking and Modeling for a Complex World, Boston [u.a.] 2000

Stier, W. (1999), Empirische Forschungsmethoden, 2. Aufl., Berlin [u.a.] 1999

Stone, M. M.; Brush, C. G. (1996), Planning in Ambiguous Contexts: The Dilemma of Meeting Needs for Commitment and Demands for Legitimacy, in: Strategic Management Journal, 17 (1996) 8, S. 633-652

Streich, R. K. (1997), Veränderungsprozessmanagement, in: Reiß, M.; Rosenstiel, L. von; Lanz, A. (Hrsg.), Change Management: Programme, Projekte und Prozesse, Stuttgart 1997, S. 237-254

Stuhldreier, J. (1998), Grundzüge des Reorganisations- und Veränderungsmanagements: Ein Reader für die Praxis, Regensburg 1998

Stünzner, L. (1996), Systemtheorie und betriebswirtschaftliche Organisationsforschung: Eine Nutzenanalyse der Theorien autopoietischer und selbstreferentieller Systeme, Berlin 1996

Sull, D. N. (1999), Why Good Companies Go Bad, in: Harvard Business Review, 77 (1999) 4, S. 42-52

Sydow, J. (1992), Strategische Netzwerke: Evolution und Organisation, Wiesbaden 1992

Szyperski, N.; Müller-Böling, D. (1980), Gestaltungsparameter der Planungsorganisation, in: Die Betriebswirtschaft, 40 (1980) 3, S. 357-372

Szyperski, N.; Winand, U. (1980), Grundbegriffe der Unternehmensplanung, Stuttgart 1980

Tacke, V. (2004), Systemtheorie, in: Schreyögg, G.; Werder, A. von (Hrsg.), Handwörterbuch Unternehmensführung und Organisation, 4. Aufl., Stuttgart 2004, Sp. 1392-1400

Taylor, B. (1999), The Return of Strategic Planning – with a Difference, in: Hahn, D.; Taylor, B. (Hrsg.), Strategische Unternehmungsplanung, strategische Unternehmungsführung: Stand und Entwicklungstendenzen, 8. Aufl., Heidelberg 1999, S. 972-989

Teece, D. J.; Pisano, G. (1994), The Dynamic Capabilities of Firms: An Introduction, in: Industrial and Corporate Change, 3 (1994) 3, S. 537-556

Teece, D. J.; Pisano, G.; Shuen, A. (1997), Dynamic Capabilities and Strategic Management, in: Strategic Management Journal, 18 (1997) 7, S. 509-533

Thiele, M. (1997), Kernkompetenzorientierte Unternehmensstrukturen: Ansätze zur Neugestaltung von Geschäftsbereichsorganisationen, Wiesbaden 1997

Thom, N. (1995), Change Management, in: Corsten, H.; Reiß, M. (Hrsg.), Handbuch Unternehmungsführung: Konzepte, Instrumente, Schnittstellen, Wiesbaden 1995, S. 869-880

Thompson, A. A.; Strickland, A. J. (2004), Strategic Management: Concepts and Cases, 13. Aufl., Boston, Mass. [u.a.] 2004

Thompson, J. D. (1967), Organizations in Action: Social Science Bases of Administrative Theory, New York [u.a.] 1967

Thorén, K.; Brown, T. E. (2004), Die Entwicklung von Management-kontrollsystemen in einer rasch wachsenden Kleinfirma, in: Zeitschrift für KMU & Entrepreneurship, 52 (2004) 4, S. 253-276

Thune, S. S.; House, R. J. (1970), Where Longe-Range Planning Pays Off, in: Business Horizons, 13 (1970) 4, S. 81-87

Tilebein, M. (2005), Nachhaltiger Unternehmenserfolg in turbulenten Umfeldern: Die Komplexitätsforschung und ihre Implikationen für die Gestaltung wandlungsfähiger Unternehmen, Frankfurt a. M. 2005

Tilebein, M.; Schindera, F.; Schwarz, C. (1998), Konzeption eines Führungssystems für wandlungsfähige Unternehmen, in: Controlling, 10 (1998) 4, S. 218-225

Töpfer, A. (1989), Planungssystemkonzeptionen, in: Szyperski, N.; Winand, U. (Hrsg.), Handwörterbuch der Planung, Stuttgart 1989, Sp. 1515-1528

Tschirky, H.; Bucher, P. (2003), Der Weg zum zukunftsfähigen Unternehmen: Die Herausforderung, wettbewerbs- und entwicklungsstrategische Projekte simultan zu führen, in: IO New Management, 72 (2003) 6, S. 25-31

Tung, R. L. (1979), Dimensions of Organizational Environments: An Exploratory Study of Their Impact on Organization Structure, in: Academy of Management Journal, 22 (1979) 4, S. 672-693

Türk, K. (1989), Neuere Entwicklungen in der Organisationsforschung: Ein Trend-Report, Stuttgart 1989

Tushman, M. L.; Romanelli, E. (1985), Organizational Evolution: A Metamorphosis Model of Convergence and Reorientation, in: Cummings, L.L.; Staw, B. M. (Hrsg.), Research in Organizational Behavior: An Annual Series of Analytical Essays and Critical Reviews, Greenwich [u.a.] 1985, S. 171-222

Udy, S. (1958), "Bureaucratic" Elements in Organizations: Some Research Findings, in: American Sociological Review, 23 (1958) 4, S. 415-418

Ulrich, H. (1968), Die Unternehmung als produktives soziales System: Grundlagen der allgemeinen Unternehmungslehre, Bern [u.a.] 1968

Ulrich, H. (1971), Der systemorientierte Ansatz in der Betriebswirtschaftslehre, in: Kortzfleisch, G. von (Hrsg.), Wissenschaftsprogramm und Ausbildungsziele der Betriebswirtschaftslehre: Bericht von der wissenschaftlichen Tagung in St. Gallen, Berlin 1971, S. 43-60

Ulrich, H. (1990), Unternehmenspolitik, 3. Aufl., Bern, Stuttgart 1990

Ulrich, H. (1994), Reflexionen über Wandel und Management, in: Gomez, P.; Hahn, D.; Müller-Stewens, G.; Wunderer, R. (Hrsg.), Unternehmerischer Wandel: Konzepte zur organisatorischen Erneuerung, Knut Bleicher zum 65. Geburtstag, Wiesbaden 1994, S. 5-29

Ulrich, H. (2001), Die Betriebswirtschaftslehre als anwendungsorientierte Sozialwissenschaft, in: Ulrich, Hans (Hrsg.), Gesammelte Schriften, Band 5: Management: Aufsätze 2. Teil, 1981-1998, Bern [u.a.] 2001, S. 17-51

Ulrich, H.; Krieg, W. (1972), Das St. Galler Management-Modell, Bern [u.a.] 1972

Ulrich, H.; Probst, G. J. (1995), Anleitung zum ganzheitlichen Denken und Handeln: Ein Brevier für Führungskräfte, 4. Aufl., Bern [u.a.] 1995

Ulrich, K. J. O. (1993), Die Evolution von Managementsystemen: Zur sprachtheoretischen Fundierung einer angewandten Führungslehre, Herrsching 1993

Ulrich, P.; Hill, W. (1976), Wissenschaftstheoretische Grundlagen der Betriebswirtschaftslehre, in: Wirtschaftswissenschaftliches Studium, 5 (1976) 7, S. 304-309

Vaghefi, M. R.; Huellmantel, A. B. (1998), Strategic Leadership at General Electric, in: Long Range Planning, 31 (1998) 2, S. 280-294

Vahs, D. (1997), Unternehmenswandel und Widerstand, in: IO Management, 66 (1997) 12, S. 18-24

Vahs, D. (2005), Organisation: Einführung in die Organisationstheorie und -praxis, 5. Aufl., Stuttgart 2005

Vahs, D.; Leiser, W. (2007), Change Management in schwierigen Zeiten: Erfolgsfaktoren und Handlungsempfehlungen für die Gestaltung von Veränderungsprozessen, Wiesbaden 2007

Van de Ven, A. H. (1992), Suggestions for Studying Strategy Process: A Research Note, in: Strategic Management Journal, 13 (1992) 5, S. 169-191

Van de Ven, A. H.; Huber, G. P. (1990), Longitudinal Field Research Methods for Studying Processes of Organizational Change, in: Organization Science, 1 (1990) 3, S. 213-219

Van de Ven, A. H.; Poole, M. S. (1995), Explaining Development and Change in Organizations, in: Academy of Management Review, 20 (1995) 3, S. 510-540

Van de Ven, A. H.; Poole, M. S. (2005), Alternative Approaches for Studying Organizational Change, in: Organization Studies, 26 (2005) 9, S. 1377-1404

Veliyath, R.; Shortell, S. M. (1993), Strategic Orientaton, Strategic Planning System Characteristics and Performance, in: Journal of Management, 30 (1993) 3, S. 359-381

Venkatraman, N.; Camillus, J. C. (1984), Exploring the Concept of "Fit" in Strategic Management, in: Academy of Management Review, 9 (1984) 3, S. 513-525

Volberda, H. W. (1996), Toward the Flexible Form: How to Remain Vital in Hypercompetitive Environments, in: Organization Science, 7 (1996) 4, S. 359-374

Voss, W. (2000), Praktische Statistik mit SPSS, 2. Aufl., München [u.a.] 2000

Voßbein, R. (1974), Unternehmensplanung: Grundlagen und praktische Anwendung der Planung als Steuerungs-Instrument, Düsseldorf, Wien 1974

Wagner, H.-P.; Wehking, F. (1990), Neue Führungssysteme tun not, in: Harvard Business Manager, 12 (1990) 4, S. 18-23

Walter, N. (1997), Globaler Wettbewerb im 21. Jahrhundert – Sind wir vorbereitet?, in: Zahn, E.; Foschiani, S. (Hrsg.), Wettbewerb um die Zukunft, Stuttgart 1997, S. 19-30

Watson, G. (1975), Widerstand gegen Veränderungen, in: Bennis, W. G.; Benne, D. D.; Chin, R. (Hrsg.), Änderung des Sozialverhaltens, Stuttgart 1975, S. 415-429

Weber, I. K. (2000), Das Planungs- und Kontrollsystem der mittelständischen Unternehmung, Frankfurt a. M. 2000

Weick, K. E. (1977), Organization Design: Organizations as Self-Designing Systems, in: Organizational Dynamics, 6 (1977) 2, S. 30-46

Weick, K. E. (1979), The Social Psychology of Organizing, 2. Aufl., Reading, Mass. 1979

Weick, K. E. (1985), Der Prozeß des Organisierens, Frankfurt a. M. 1985

Weick, K. E. (2007), The Generative Properties of Richness, in: Academy of Management Journal, 50 (2007) 1, S. 14-19

Weik, E.; Lang, R. (2001, Hrsg.), Moderne Organisationstheorien 1: Eine sozialwissenschaftliche Einführung, Wiesbaden 2001

Weik, E.; Lang, R. (2003, Hrsg.), Moderne Organisationstheorien 2: Strukturorientierte Ansätze, Wiesbaden 2003

Welge, M. K. (1985), Unternehmungsführung: Band 1: Planung, Stuttgart 1985

Welge, M. K.; Al-Laham, A. (2005), Strategisches Management: Grundlagen – Prozess – Implementierung, 4. Aufl., Wiesbaden 2005

Welge, M. K.; Rüth, D. (1989), Empirische Studien zur Planungseffizienz, in: Szyperski, N.; Winand, U. (Hrsg.), Handwörterbuch der Planung, Stuttgart 1989, Sp. 348-360

Wernerfelt, B. (1984), A Resource-based View of the Firm, in: Strategic Management Journal, 5 (1984) 2, S. 171-180

Wernerfelt, B. (1995), The Resource-based View of the Firm: Ten Years After, in: Strategic Management Journal, 16 (1995) 3, S. 171-174

Westkämper, E.; Briel, R. von; Kirchner, S.; Winkler, R.; Wiendahl, H. H.; Weis, J. C. (2003), Studie "Turbulenz und Wandlungsfähigkeit": Umfrage unter 200 deutschen Industrieunternehmen, Unveröffentlichtes Arbeitspapier am Fraunhofer Institut für Produktionstechnik und Automatisierung, Stuttgart 2005

Westkämper, E.; Zahn, E. (2005), Wandlungsfähige Unternehmensstrukturen: Das Stuttgarter Unternehmensmodell, Unveröffentlicher Ergebnisbericht des Sonderforschungsbereichs 467 an der Universität Stuttgart, Stuttgart 2005

Westkämper, E.; Zahn, E.; Balve, P.; Tilebein, M. (2000), Ansätze zur Wandlungsfähigkeit von Produktionsunternehmen: Ein Bezugsrahmen für die Unternehmensentwicklung im turbulenten Umfeld, in: wt Werkstattstechnik, 90 (2000) 1/2, S. 22-26

Westley, F. R. (1990), Middle Managers and Strategy: Microdynamics of Inclusion, in: Strategic Management Journal, 11 (1990) 5, S. 337-351

Wiegand, M. (1996), Prozesse organisationalen Lernens, Wiesbaden 1996

Wiendahl, H.-H. (2002), Situative Konfiguration des Auftragsmanagements im turbulenten Umfeld, Heimsheim 2002

Wiklund, J.; Shepherd, D. A. (2003), Knowledge-based Resources, Entrepreneurial Orientation, and the Perfomance of Small and Medium-sized Businesses, in: Strategic Management Journal, 24 (2003) 13, S. 1307-1314

Wild, J. (1966), Grundlagen und Probleme der betriebswirtschaftlichen Organisationslehre, Berlin 1966

Wild, J. (1974), Grundlagen der Unternehmungsplanung, Reinbek bei Hamburg 1974

Willke, H. (2000), Systemtheorie I: Grundlagen: Eine Einführung in die Grundprobleme der Theorie sozialer Systeme, 6. Aufl., Stuttgart 2000

Wilson, I. (1994), Strategic Planning Isn't Dead – It Changed, in: Long Range Planning, 27 (1994) 4, S. 12-24

Wilson, I. (1998), Strategic Planning for the Millenium: Resolving the Dilemma, in: Long Range Planning, 31 (1998) 4, S. 507-513

Wimmer, R. (2000), Die Zukunft von Führung: Brauchen wir noch Vorgesetzte im herkömmlichen Sinn?, in: Trebesch, K. (Hrsg.), Organisationsentwicklung: Konzepte, Strategien, Fallstudien, Stuttgart 2000, S. 161-178

Witzel, A. (1982), Verfahren der qualitativen Sozialforschung: Überblick und Alternativen, Frankfurt a. M. [u.a.] 1982

Wolf, J. (2003), Organisation, Management, Unternehmensführung: Theorien und Kritik, Wiesbaden 2003

Wolff, B. (2003), Wie funktioniert praxisrelevante Forschung? Ein Diskussionsbeitrag, in: Die Betriebswirtschaft, 63 (2003) 5, S. 585-589

Woodward, J. (1958), Management and Technology, London 1958

Wooldridge, B.; Floyd, S. W. (1990), The Strategy Process, Middle Management Involvement, and Organizational Performance, in: Strategic Management Journal, 11 (1990) 3, S. 231-241

Yasai-Ardekani, M. (1986), Structural Adaptations to Environment, in: Academy of Management Review, 11 (1986) 1, S. 9-21

Yasai-Ardekani, M.; Haug, R. S. (1997), Contextual Determinants of Strategic Planning Processes, in: Journal of Management Studies, 34 (1997) 5, S. 729-767

Yin, R. K. (1984), Case Study Research: Design and Methods, Beverly Hills, Cal. [u.a.] 1984

Zahn, E. (1972), Systemforschung in der Bundesrepublik Deutschland, Göttingen 1972

Zahn, E. (1979), Strategische Planung zur Steuerung der langfristigen Unternehmensentwicklung: Grundlagen zu einer Theorie der Unternehmensplanung, Berlin 1979

Zahn, E. (1989), Strategische Planung, in: Szyperski, N.; Winand, U. (Hrsg.), Handwörterbuch der Planung, Stuttgart 1989, Sp. 1903-1916

Zahn, E. (1996), Führungskonzepte im Wandel, in: Bullinger, H.-J.; Warnecke, H. J. (Hrsg.), Neue Organisationsformen im Unternehmen: ein Handbuch für das moderne Management, Berlin [u.a.] 1996, S. 279-296

Zahn, E. (1997), Rüsten für den Wettbewerb um die Zukunft, in: Zahn, E.; Foschiani, S. (Hrsg.), Wettbewerb um die Zukunft, Stuttgart 1997, S. 1-17

Zahn, E. (1998a), Innovation, Wachstum, Ertragskraft – Wege zu einer nachhaltigen Unternehmensentwicklung, in: Zahn, E.; Foschiani, S. (Hrsg.), Innovation, Wachstum, Ertragskraft – Wege zu einer nachhaltigen Unternehmensentwicklung, Stuttgart 1998, S. 1-24

Zahn, E. (1998b), Wettbewerbsfähigkeit durch strategische Erneuerung, in: Becker, M.; Kloock, J.; Schmidt, R.; Wäscher, G. (Hrsg.), Unternehmen im Wandel und Umbruch: Transformation, Evolution und Neugestaltung privater und öffentlicher Institutionen, Stuttgart 1998, S. 383-410

Zahn, E. (1999), Strategiekompetenz – Voraussetzung für maßgeschneiderte Strategien, in: Zahn, E.; Foschiani, S. (Hrsg.), Maßgeschneiderte Strategien: der Weg zur Alleinstellung im Wettbewerb, Stuttgart 1999, S. 1-22

Zahn, E. (2001), Wertorientierung mit dynamischen Strategien, in: Zahn, E.; Foschiani, S. (Hrsg.), Geschäftsstrategien im dynamischen Wettbewerb, Aachen 2001, S. 1-24

Zahn, E. (2003a), Leadership und Unternehmensentwicklung: Beitrag des Top Managements zur Unternehmensperformance, in: Speck, P.; Wagner, D. (Hrsg.), Personalmanagement im Wandel: Vom Dienstleister zum Businesspartner ; Karl-Friedrich Ackermann zum 65. Geburtstag, Wiesbaden 2003, S. 37-58

Zahn, E. (2003b), Strategien beurteilen und erneuern, in: Zahn, E.; Foschiani, S. (Hrsg.), Strategien auf dem Prüfstand: Innovative Antworten auf neue Herausforderungen, Aachen 2003, S. 1-29

Zahn, E.; Dillerup, R. (1995), Beherrschung des Wandels durch Erneuerung, in: Reichwald, R.; Wildemann, H. (Hrsg.), Kreative Unternehmen – Spitzenleistungen durch Produkt- und Prozessinnovationen, Stuttgart 1995, S. 35-76

Zahn, E.; Foschiani, S. (2000), Strategien und Strukturen für den Hyperwettbewerb, in: Wojda, F. (Hrsg.), Innovative Organisationsformen: Neue Entwicklungen in der Unternehmensorganisation, Stuttgart 2000, S. 89-113

Zahn, E.; Foschiani, S. (2001), Strategiekompetenz und Strategieinnovation für den dynamischen Wettbewerb, in: Controlling, 13 (2001) 8/9, S. 413-418

Zahn, E.; Foschiani, S. (2003, Hrsg.), Strategien auf dem Prüfstand: Innovative Antworten auf neue Herausforderungen, Aachen 2003

Zahn, E.; Foschiani, S.; Tilebein, M. (2000), Nachhaltige Wettbewerbsvorteile durch Wissensmanagement, in: Krallmann, H. (Hrsg.), Wettbewerbsvorteile durch Wissensmanagement: Methodik und Anwendungen des Knowledge Management, Stuttgart 2000, S. 239-270

Zahn, E.; Hülsmann, O. (2007), System Dynamics: eine Methode zur Analyse komplexer Supply Chain Systeme, in: Supply Chain Management, 7 (2007) 3, S. 57-60

Zahn, E.; Kapmeier, F. (2002), Systemanalyse, in: Küpper, H.-U.; Wagenhofer, A. (Hrsg.), Handwörterbuch Unternehmensrechnung und Controlling, Stuttgart 2002, Sp. 1919-1932

Zahn, E.; Nowak, M. (2006), Wandlungsfähige Produktionsunternehmen – das Stuttgarter Unternehmensmodell, in Geißinger, J (Hrsg.), Forschungs stärken – Produktion sichern, Engelbert Westkämper zum 60. Geburtstag, Berlin 2006, S. 47-59

Zahn, E.; Nowak, M.; Schön, M. (2005), Flexible Strategien für wandlungsfähige Unternehmen, in: Kaluza, B.; Blecker, T. (Hrsg., 2005a), Erfolgsfaktor Flexibilität: Strategien und Konzepte für wandlungsfähige Unternehmen, Berlin 2005, S. 71-103

Zahn, E.; Schmid, U. (1997), Produktionswirtschaft im Wandel, in: Wirtschaftswissenschaftliches Studium, 26 (1997) 9, S. 455-460

Zahn, E.; Schön, M. (2003), Dynamische Strategien, in: Horváth, P.; Gleich, R. (Hrsg.), Neugestaltung der Unternehmensplanung: Innovative Konzepte und erfolgreiche Praxislösungen, Stuttgart 2003, S. 167-183

Zahn, E.; Tilebein, M. (1998), Führung wandlungsfähiger Unternehmen – eine Herausforderung in neuen Dimensionen, in: Industrie Management, 14 (1998) 6, S. 49-52

Zahn, E.; Tilebein, M. (2000), Lernprozesse in Organisationen, in: Welge, M. K.; Häring, K.; Voss, A. (Hrsg.), Management-Development: Praxis, Trends und Perspektiven, Stuttgart 2000, S. 117-137

Zelewski, S. von (1999), Grundlagen, in: Betriebswirtschaftslehre (1999), S. 1-125

Zollo, M.; Winter, S. G. (2002), Deliberate Learning and the Evolution of Dynamic Capabilities, in: Organization Science, 13 (2002) 3, S. 339-351

Zucker, L. G. (1987), Institutional Theories of Organization, in: Annual Review of Sociology, 13 (1987) 1, S. 443-464

SCHRIFTEN ZUR UNTERNEHMENSPLANUNG

Band 1 Bernhard Früh: Entscheidungsträgermodelle bei Planungstechniken. 1984.

Band 2 Ekbert Hering: Planung neuer Produkt-Marktbereiche unter besonderer Berücksichtigung der Realisierung in Klein- und Mittelbetrieben. 1984.

Band 3 Thomas Hintsch: Geschäftsfeldsteuerung in Kreditinstituten. Eine Konzeption für die strategische Planung in Banken. 1984.

Band 4 Rainer Mager: Investitions- und Steuerplanung mit Systemsimulation. 1984.

Band 5 August Zimmermann: Evolutionsstrategische Modelle bei einstufiger, losweiser Produktion. Simultane Programm-, Losgrößen- und Lossequenzplanung mit Hilfe der Simulation auf der Basis biologischer Evolutionsfaktoren. 1985.

Band 6 Paul Bäuerle: Finanzielle Planung mit Hilfe heuristischer Kalküle. Ein Beitrag zur Methodologie modellgestützter Entscheidungsfindung, konkretisiert am Beispiel der Investitions- und Finanzplanung in Klein- und Mittelbetrieben. 1987.

Band 7 Hans-Jürgen Hillmer: Planung der Unternehmensflexibilität. Eine allgemeine theoretische Konzeption und deren Anwendung zur Bewältigung strategischer Flexibilitätsprobleme. 1987.

Band 8 Wilfried H. Schwarz: Systeme der Entscheidungsunterstützung im Rahmen der strategischen Planung. 1987.

Band 9 Horst Michael: Steigerung der Effektivität betriebswirtschaftlicher Planungsprozesse durch das Leitbild des kritischen Rationalismus. Zu den Möglichkeiten eines Methodentransfers zwischen realwissenschaftlicher Forschung und betriebswirtschaftlicher Planung. 1988.

Band 10 Reiner Beutel: Unternehmensstrategien international tätiger mittelständischer Unternehmen. 1988.

Band 11 Andreas Bunz: Strategieunterstützungsmodelle für Montageplanungen. System Dynamics-Modelle zur Analyse und Gestaltung der Flexibilität von Montagesystemen. 1988.

Band 12 Lienhard Hopfmann: Flexibilität im Produktionsbereich. Ein dynamisches Modell zur Analyse und Bewertung von Flexibilitätspotentialen. 1989.

Band 13 Andreas M. Kleinhans: Wissensverarbeitung im Management. Möglichkeiten und Grenzen wissensbasierter Managementunterstützungs-, Planungs- und Simulationssysteme. 1989.

Band 14 Klaus J. Enßlin: Technologische Spin-off-Effekte aus der Raumfahrt. Vom staatspolitischen Anspruch zum unternehmenspolitischen Problem. 1989.

Band 15 Günther Unterkofler: Erfolgsfaktoren innovativer Unternehmensgründungen. Ein gestaltungsorientierter Lösungsansatz betriebswirtschaftlicher Gründungsprobleme. 1989.

Band 16 Wolfgang Kömpf: Unternehmensführung in erfolgreichen Klein- und Mittelbetrieben. Eine empirische Untersuchung. 1989.

Band 17 Wolfgang Brandt: Strategien für Rundfunkanstalten. Strategische Entwicklungsmöglichkeiten der öffentlich-rechtlichen Rundfunkanstalten. 1989.

Band 18 Uwe Schmid: Umweltschutz - Eine strategische Herausforderung für das Management. 1989.

Band 19 Josef Röhrle: Unternehmensführung und Unternehmensentwicklung. Ein Führungskonzept zur ganzheitlichen Steuerung der Unternehmensentwicklung. 1990.

Band 20 Harald W. Sondhof: Finanzdienstleistungsmärkte im Wandel. Eine industrieökonomische Branchenanalyse für strategische Zwecke. 1990.

Band 21 Ulrich Kreutle: Die Marketing-Konzeption in deutschen Chemieunternehmen – eine betriebswirtschaftlich-historische Analyse am Beispiel der BASF Ludwigshafen. 1992.

Band 22 Dieter Schmidt: Strategisches Management komplexer Systeme. Die Potentiale computergestützter Simulationsmodelle als Instrumente eines ganzheitlichen Managements – dargestellt am Beispiel der Planung und Gestaltung komplexer Instandhaltungssysteme. 1992.

Band 23 Heinrich Huber: Wettbewerbsorientierte Planung des Informationssystem (IS)-Einsatzes. Theoretische und konzeptionelle Grundlagen zur Entwicklung eines integrierten Planungsmodells. 1992.

Band 24 Wolfram Anders: Strategische Einkaufsplanung. Kernbereich eines strategischen Einkaufsmanagements. 1992. 2. Aufl. 1994.

Band 25 Maria Barth-Renz: Planungs- und Kontrollsysteme öffentlich-rechtlicher Rundfunkanstalten. Anpassung des Planungsverhaltens an neue strategische Herausforderungen. 1992.

Band 26 Ottmar Schneck: Finanzmanagement von Rundfunkanstalten. Ein Finanzplanungs-, -kontroll- und -organisationskonzept für öffentlich-rechtliche Rundfunkanstalten. 1993.

Band 27 Ralf Bertram: Informations- und Kommunikationsmanagement im Marketing mittelständischer Unternehmen der Investitionsgüterindustrie. Eine empirische Untersuchung. 1993.

Band 28 Thomas Keiser: Absatzprognosen für modeabhängige Unternehmen. Ein zweistufiges Absatzprognosesystem für Unternehmen mit modisch orientiertem Sortiment. 1993.

Band 29 Thomas Gumsheimer: Informationspartnerschaften. Konzeptionelle Grundlagen für die Gestaltung von Partnerschaften im Informationsmanagement. 1994.

Band 30 Dino Ivan Dogan: Strategisches Management der Logistik. Der logistische Kreis als Antwort auf die neuen logistischen Herausforderungen 'Umweltschutz' und 'Zeit'. 1994.

Band 31 Stefan Foschiani: Strategisches Produktionsmanagement. Ein Modellsystem zur Unterstützung produktionsstrategischer Entscheidungen. 1995.

Band 32 Jan Schäfer-Kunz: Strategische Allianzen im deutschen und europäischen Kartellrecht. 1995.

Band 33 Frank-Jürgen Richter: Die Selbstorganisation von Unternehmen in strategischen Netzwerken. Bausteine zu einer Theorie des evolutionären Managements. 1995.

Band 34 Udo Wupperfeld: Management und Rahmenbedingungen von Beteiligungsgesellschaften auf dem deutschen *Seed-Capital*-Markt. Empirische Untersuchung. 1996.

Band 35 Hartmut Feucht: Implementierung von Technologiestrategien. 1996.

Band 36 Hans-Jürgen Reichardt: Sachstand und Probleme umweltorientierter Unternehmensführung in der mittelständischen Industrie. Ergebnisse und Lösungsansätze aus einer empirischen Untersuchung. 1996.

Band 37 Jürgen Bruck: Entwicklung einer Gesamtkonzeption für das Management strategischer Allianzen im F&E-Bereich. 1996.

Band 38 Jürgen Greschner: Lernfähigkeit von Unternehmen. Grundlagen organisationaler Lernprozesse und Unterstützungstechnologien für Lernen im strategischen Management. 1996.

Band 39 Stefan Hagemann: Strategische Unternehmensentwicklung durch Mergers & Acquisitions. Konzeption und Leitlinien für einen strategisch orientierten Mergers & Acquisitions-Prozeß. 1996.

Band 40 Uwe Schmid: Ökologiegerichtete Wertschöpfung in Industrieunternehmungen. Industrielle Produktion im Spannungsfeld zwischen Markterfolg und Naturbewahrung. 1996.

Band 41 Bernhard Leitermann: Wahl der Zusammenschlußform von Unternehmen. Eine transaktionsökonomische Entscheidungskonzeption. 1996.

Band 42 Andreas Seebach: Betriebswirtschaftliche Systemanalyse des Fahrzeug-Recyclings in der Bundesrepublik Deutschland. Eine System-Dynamics-Studie. 1996.

Band 43 Nicole Karle-Komes: Anwenderintegration in die Produktentwicklung. Generierung von Innovationsideen durch die Interaktion von Hersteller und Anwender innovativer industrieller Produkte. 1997.

Band 44 Andreas Weidler: Entwicklung integrierter Innovationsstrategien. 1997.

Band 45 Frank Braun: Strategische Wettbewerbsforschung. Ein Simulationsmodell zur Erforschung der möglichen Wirkungen des EG-Binnenmarktes auf den Wettbewerb in der PKW-Branche. 1997.

Band 46 Jürgen Haas: Die Entwicklungsfähigkeit von Unternehmungen. Eine theoretische und pragmatische Analyse. 1997.

Band 47 Franz Xaver Bea / Alfred Kötzle / Kuno Rechkemmer / Alexander Bassen: Strategie und Organisation der Daimler-Benz AG. Eine Fallstudie. 1997.

Band 48 Klaus Zehender: Unternehmensführung in fraktalen Unternehmungen. Aufgaben, Architektur und Funktionsweise. 1998.

Band 49 Markus Göltenboth: Global Sourcing und Kooperationen als Alternativen zur vertikalen Integration. 1998.

Band 50 Richard M. Hesch: Das Management der Verlagerung von Wertschöpfungsstufen. Ein phasenorientiertes Modell, dargestellt am Beispiel Deutschland und Mittelosteuropa. 1998.

Band 51 Ralf Dillerup: Strategische Optionen für vertikale Wertschöpfungssysteme. 1998.

Band 52 Rainer Schmidbauer: Konzeption eines unternehmenswertorientierten Beteiligungs-Controlling im Konzern. 1998.

Band 53 Lars Gierke: Instrumentarium zur Planung und Umsetzung von Zulieferer-Hersteller-Netzwerken. 1999.

Band 54 Florian Kall: Controlling im Turnaround-Prozeß. Theoretischer Bezugsrahmen, empirische Fundierung und handlungsorientierte Ausgestaltung einer Controlling-Konzeption für den Turnaround-Prozeß. 1999.

Band 55 Klemens Berktold: Strategien zur Revitalisierung von strategischen Geschäftseinheiten. Eine empirische Untersuchung zur Ermittlung einer Typologie von Unternehmenskrisen und von typischen Strategien zu deren Bewältigung. 1999.

Band 56 Claus J. Kathke: Handlungsziele und Gestaltungsmöglichkeiten des Insolvenzverwalters im neuen Insolvenzrecht. 2000.

Band 57 Susanne Thissen: Strategisches Desinvestitionsmanagement. Entwicklung eines Instrumentariums zur Bewertung ausgewählter Desinvestitionsformen. 2000.

Band 58 Iris K. Weber: Das Planungs- und Kontrollsystem der mittelständischen Unternehmung. Gestaltungsmöglichkeiten in Abhängigkeit von der Unternehmensentwicklungsphase. 2000.

Band 59 Hermann Schnaitmann: Prozeßorientierte Unternehmensführung. 2000.

Band 60 Ulrike Suhr: Gestaltungsempfehlungen für interne Dienstleistungs-Anbieter. 2002.

Band 61 Claus Herbst: Interorganisationales Schnittstellenmanagement. Ein Konzept zur Unterstützung des Managements von Transaktionen. 2002.

Band 62 Andreas Hertweck: Strategische Erneuerung durch integriertes Management industrieller Dienstleistungen. 2002.

Band 63 Cyrus B. Bark: Integrationscontolling bei Unternehmensakquisitionen. Ein Ansatz zur Einbindung der Post-Merger-Integration in die Planung, Steuerung und Kontrolle von Unternehmensakquisitionen. 2002.

Band 64 Bernd Gagsch: Wandlungsfähigkeit von Unternehmen. Konzept für ein kontextgerechtes Management des Wandels. 2002.

Band 65 Tilmann Barth: Outsourcing unternehmensnaher Dienstleistungen. Ein konfigurierbares Modell für die optimierte Gestaltung der Wertschöpfungstiefe. 2003.

Band 66 Steffen Kinkel: Dynamische Standortbewertung und strategisches Standortcontrolling. Erfolgsmuster, kritische Faktoren, Instrumente. 2003.

Band 67 Jochen Schellinger: Konzeption eines wertorientierten strategischen Personalmanagements. 2004.

Band 68 Martin Weinmann: Wertorientiertes Management von Unternehmenszusammenschlüssen. 2004.

Band 69 Meike Tilebein: Nachhaltiger Unternehmenserfolg in turbulenten Umfeldern. Die Komplexitätsforschung und ihre Implikationen für die Gestaltung wandlungsfähiger Unternehmen. 2005.

Band 70 Björne Raetzell: Logistische Netzwerke. Ein Modell zur Ermittlung strategischer Handlungsempfehlungen. 2006.

Band 71 Andreas Falkinger: Riskomanagement im strategischen Fit. 2007.

Band 72 Anja Kern: The Use of Key Figures and its Impact on Activity. The Case of a Hospital. 2007.

Band 73 Michael Nowak: Führungsrelevante Prozesse. Systematisierung und Gestaltung. 2006.

Band 74 Florian Kapmeier: Dynamics of Interorganizational Learning in Learning Alliances. 2007.

Band 75 Martin Brändle: Strategisches Controlling auf Märkten im Wandel. Führungsunterstützung durch Inhalte, Prozesse und Verhalten. 2007.

Band 76 Martin Stanik: Kooperative Full-Service Strategien. 2007.

Band 77 Caspar Cromberg: Selbstorganisation bei Koordination komplexer Produktentwicklungsprozesse. 2007.

Band 78 Sebastian Meyer: Wandlungsfähigkeit durch Wissensmanagement. Konzept zum Management wissensbasierter Wandlungsfähigkeit in Unternehmen. 2007.

Band 79 Hadia H. Abdel Aziz: Factors Affecting Customers' Decisions to Buy Retail Banking Services. Their Implications on the New Service Development Process. Empirical Study on the Egyptian Market. 2008.

Band 80 Patrice Lienhard: Kompetenzbasierte Entwicklung junger Unternehmen unter Ausnutzung dienstleistungsbezogener Wachstumspotenziale. 2008.

Band 81 Andreas Jost: Modellgestützes Management von Prozessinnovationen. Ein methodisches Konzept zur Unterstützung von Prozessinnovationen in der automobilen Produktentstehung auf Basis systemdynamischer Modellierung und Simulation. 2008.

Band 82 Michael Schön: Wandel strategischer Planungssysteme. Konzept für eine adaptive Unternehmensführung im turbulenten Umfeld. 2009.

www.peterlang.de

For the avoidance of doubt, input of the whole or any part of this publication
into any generative artificial intelligence model, chatbot, program, software or technology
is expressly prohibited without the prior written consent of the publisher.

Printed by
CPI books GmbH, Leck

FSC
www.fsc.org
MIX
Papier | Fördert
gute Waldnutzung
FSC® C083411

Kolibri 360 GmbH
Ferdinand-Jühlke-Straße 7
99095 Erfurt, Deutschland
produktsicherheit@kolibri360.de